이사야 40-66장에 나타난 종들의 기업

텍스트 언어학적 접근

이사야 40–66장에 나타난 종들의 기업
텍스트 언어학적 접근

2024년 8월 2일 1쇄 인쇄
2024년 8월 9일 1쇄 발행

지은이 | 이희성
펴낸이 | 박영호
펴낸곳 | 도서출판 솔로몬

주소 | 서울시 동작구 사당로 143
전화 | 599–1482
팩스 | 592–2104
직영서점 | 596–5225

등록일 | 1990년 7월 31일
등록번호 | 제 16–24호

ISBN 978-89-8255-625-8 03230

이사야 40-66장에 나타난

종들의 기업

텍스트 언어학적 접근

THE INHERITANCE OF THE SERVANTS OF THE LORD IN ISAIAH 40-66

이희성 지음

솔로몬

서론

지난 30년 동안 이사야서 연구는 이사야서의 통일성을 중심으로 논의되어왔다. 학자들은 이사야서 각 부분의 문예적 연관성을 무시한 채 독립적으로 읽는 것이 과연 타당한지에 대해 의문을 제기해왔다. 하지만 이사야서를 전체적으로 읽는 것에 대해서는 동의하나 '어떻게' 그리고 '왜' 이사야서의 서로 다른 부분을 전체로 읽어야 하는지에 대해서는 학자들 마다 다양한 방법론적 입장을 제시한다. 따라서 본 논문은 이사야서 40-66장을 전체로 읽기 위해 이사야 40-66장에 나타난 종들과 기업의 주제 전개와 그 문예적이며 신학적 의미를 연구한다. 넓은 문맥안에 나타난 종들과 기업의 의미를 해석하기 위해 우리는 본문의 연결성을 강조하는 텍스트학 이론을 사용할 것이다. 본 연구는 이사야 54:11-17, 58:1-14, 그리고 65:8-16을 확장된 문맥은 물론 인접 본문인 49:1-55:13, 56:1-63:6, 그리고 64:7-66:24 안에서 연구할 것이다. 우리는 또한 각 장에서 다음과 같은 부분을 다룰 것이다. (1) 본문 단락 구획 (2) 본문 안에서의 주제의 전개 (3) 본문의 의사소통의 기능, 그리고 (4) 신학적 의미들.

제1장은 이사야서 연구의 최근 동향과 종의 주제에 대한 학자들의 논의를 살펴본다. 그 동안 이사야서 연구에 사용되어왔던 각종 비평적 방법론들을 논하고 평가한다. 그리고 이 논의를 기반으로 본 논문의 연구 목적과 범위를 설정한다.

제2장은 본 연구에 사용될 방법론에 대해 논하다. 먼저 언어의 기본적 개념(의미론, 의사소통 행위, 그리고 은유)을 살펴본다. 또한 어떻게 서로 다른 부분의 텍스트들이 텍스트 연결성에 의하여 서로 연결되었는지를 다루는 텍

스트학을 연구한다. 또한 본문의 신학적 이해를 위해 필요한 원리들을 다룬다.

제3장은 이사야 40-55장에 나타난 '종'에서 '종들'로의 주제 변이를 다룬다. 고난의 종은 자신의 사역을 통하여 그에게 반응하는 열방들과, 이스라엘 안에 죄를 고백하는 공동체, 그리고 이스라엘의 자녀들이 '종들'의 공동체의 일원이 되도록 이들을 의롭게 한다. 종들은 시온의 회복과 의를 하나님으로부터 기업으로 상속받게 된다.

제4장은 '종들'과 기업의 주제가 백성의 반응과 관련되어 이사야서 56:1-63:6 안에서 어떻게 발전되었나를 살펴본다. 하나님을 신뢰하고 이웃들을 의와 공의로 대하는 신실한 자들은 땅과 거룩한 산을 기업으로 상속할 것이다. 그러나 이스라엘 공동체 내의 모든 사람들은 하나님께 믿음과 인격으로 반응하는 것에 대해 실패한다. 따라서 하나님 자신이 홀로 시온의 영광스런 회복을 약속하며 자기 백성들에게 구원을 가져오신다. 하나님의 주동적 구원을 소개한다.

제5장은 기업의 상실에 대한 종들의 탄원 기도와 기업을 확증하는 하나님의 응답을 다룬다. 종들의 기도에 대한 하나님의 응답은 두가지 측면이 있다. 종들에 대한 신원과 악인에 대한 보복의 두 측면이 있다. 하나님께서는 종들에게 가나안 땅과 새 창조를 기업으로 확증하시나 우상을 숭배하며 신뢰하는 악인들에게는 심판을 선언하신다. 마지막 6장은 본 연구의 결론과 요약이다.

이 논문을 나의 사랑하는 아내 은영과

소중한 자녀 요셉과 다니엘에게 헌정(獻呈)합니다.

이들은 하나님의 신실한 종들입니다.

차 례

약어 목록

ABD	Anchor Bible Dictionary
AOTC	Apollos Old Testament Commentry
BETL	Bibliotheca Ephemeridum theologicarum Lovaniensium
BHS	*Biblia Hebraica Stuttgartensia*
Bib	*Biblica*
BN	*Biblische Notizen*
BZ	*Biblische Zeitschrift*
BZAW	Beihefte zur Zeitschrift für die alttestamentliche Wissenschaft
CBQ	*Catholic Biblical Quarterly*
ConBOT	Coniectanea Biblica, Old Testament
EstBib	*Estudios Bíblicos*
FOTL	Forms of Old Testament Literature
HALOT	*The Hebrew and Aramaic Lexicon of the Old Testament*
HBT	*Horizons in Biblical Theology*
Int	*Interpretation*
JBL	*Journal of Biblical Literature*
JETS	*Journal of the Evangelical Theological Society*
JPS	Jewish Publication Society OT
JSOT	*Journal for the Study of the Old Testament*
JSOTSup	Journal for the Study of the Old Testament Supplement Series
JTSA	*Journal of Theology for Southern Africa*
JTS	*Journal of Theological Studies*
JVLVB	*The Journal of Verbal Learning and Verbal Behaviour*
NAS	New American Standard Bible
NICOT	New International Commentary on the Old Testament
NIDOTTE	*New International Dictionary of Old Testament Theology and Exegesis*
NIV	New Interantional Version
NKJ	New King James

NLT	New Living Translation
NRSV	New Revised Standard Version
SBT	Studies in Biblical Theology
SJOT	*Scandinavian Journal of the Old Testament*
SEAJT	*South East Asia Journal of Theology*
TNK	Tanakh
TynBul	*Tyndale Bulletin*
VT	*Vetus Testamentum*
VTSup	Supplements to Vetus Testamentum
WBC	Word Biblical Commentary
ZAW	*Zeitschrift für die alttestamentliche Wissenschaft*

1장
서론

최근 이사야서 연구 동향

둠(Duhm)은 자신의 주석서(1982년)에서 이사야서를 세 부분으로 나누었다. 둠에 따르면 제 1(1-39장), 제 2(40-55장), 그리고 제 3(56-66장) 이사야서는 각각 독특한 편집적, 역사적, 그리고 사회학적인 측면들을 가지고 있다. 그는 다음과 같이 주장한다.

> 이들 가운데 가장 오래된 것은 후대의 삽입을 제외하고 40-55장의 저자인 소위 제2 이사야이다. 그는 아마도 BC 540경 레바논에 위치한 장소, 또는 아마도 페니키아에서 기록하였을 것이다. 포로 후기의 기록으로는 종의 노래들이다: 42:1-4; 49:1-6; 50:4-9; 52:13-53:12. 이 모든 본문들은 의심의 여지가 없이 한 사람의 작품이며, 아마도 그의 시들 가운데 한 부분을 구성하고 있었을 것이다. 이에 포함되지 않은 시들은 아마도 일찍 소실 되었든지 아니면 이 시들의 극히 개인적인 어조로 인하여 선지서 기록에 포함되지 않았을 것이다. 이 노래들은 형식이나 내용면으로 볼때 아마도 단일 저자의 작

품이며 세번째 기록물인 56-66장 보다 더 오래되었을 것이며 56-66장의 저자를 우리는 간략하게 제 3 이사야라고 부른다. 56-60장과 61-66장은 편집자에 의해 교차 삽입되었을 것이다. 이들은 느헤미야의 활동 이전에 예루살렘에서 기록되었다.[1]

위와 같은 둠의 이사야서 삼등분 이론은 지난 한 세기동안 이사야서 연구에 지배적인 학설이었다. 그의 접근방식은 이사야서가 오랜 역사의 복잡한 과정을 걸쳐 결합된 짧은 시적 형태의 신어(神語) 수집물이라는 전제에 근거한다.[2] 그의 전제는 많은 학자들이 선지자 '자신의 말들'과 '선지자의 말들이라고 간주되는 것들'을 구분하여 이사야서를 이해하도록 오도하였다.[3] 둠의 가설의 영향으로 이사야서는 서로 상관없는 작은 단위의 조각물들이 서로 논리적인 일관성과 전체로서의 통일성이 없이 수집된 수집물이라고 간주되어 왔다. 따라서 그의 주장은 헤르만 궁켈(Hermann Gunkel)이나 그의 추종자들에 의해 제기된 양식 비평의 전조(前兆)가 되었다.[4]

베르메일렌(Vermeylen)이 지적하듯이 둠(Duhm) 이후에 많은 비평학자

1 B. Duhm, *Das Buch Jesaia* (5th ed.; Göttingen: Vandenhoeck & Ruprecht, 1968), 14-15. 본 연구에서 사용된 제 1 이사야, 제 2 이사야, 제 3 이사야라는 용어는 단지 이사야 1-39장, 40-55장, 56-66장의 문학적 구분을 위해 사용한다.

2 Bertile Wiklander, *Prophecy as Literature: A Text Linguistic and Rhetorical Approach to Isaiah 2-4* (ConBOT 22; Stockholm: Liber Tryck, 1984), 14.

3 좀더 깊은 논의를 위해서는 다음 자료를 참조하라. G. Fohrer, *Introduction to the Old Testament* (trans. David E. Green; Nashville: Abingdon, 1965), 349-51; idem, "Entstehung, Komposition, und Überlieferung von Jesaja 1-39," *BZAW* 99 (1967): 113-47; idem, "Jesaja 1 als Zusammenfassung der Verkündigung Jesajas," *BZAW* 99 (1967): 148-67.

4 Claus Westermann, *Isaiah 40-66*, (OTL; Philadelphia: Westminster, 1969); Otto Kaiser, *Isaiah 1-12* (Philadelphia: Westminster, 1983); and Hans Wildberger, *Isaiah 1-12* (CC; Minneapolis: Fortress, 1991); idem, *Isaiah 13-27* (CC; Minneapolis: Fortress, 1997); idem, *Isaiah 28-39* (CC; Minneapolis: Fortress, 2002). 양식 비평은 이사야서를 수 많은 작은 단위로 파편화 시켰으며 이사야서의 여러 부분들 사이에 나타나는 본질적인 연결점을 발견하는데는 실패했다. 따라서 이 방법론은 이사야서를 전체로 읽는 것에는 기여하지 못했다.

들은 '왜' 또는 '어떻게' 다양한 자료들이 한 권의 책으로 엮어졌는지에 대해서는 충분한 설명을 못해 왔다.[5] 그러나 20세기 중반에 와서 모윙켈(Mowinckel), 죤스(Jones), 그리고 이톤(Eaton)과 같은 몇몇 학자들은 이사야서 안에서 서로 다른 부분들 사이에 다소 밀접한 연결점을 제시하려는 시도를 하였다.[6] 그들은 이사야 선지자가 미래를 위해 이사야 전승을 보존하는 "선지자 공동체" 또는 "선지자 학교"(사 8:16)를 설립했다고 가정했다. 그들은 어느 한 개인보다 제자 공동체가 한 권의 이사야서 형성에 중요한 역할을 했다고 간주했다. 이사야서의 통일성은 8세기 예루살렘의 이사야 선지자와 이사야 40-66장을 제작한 후기 제자들 사이의 연속성 가운데 확증될 수 있다고 주장한다. 이들은 적어도 이사야서를 한권의 책으로 읽어야 한다는 것에 대한 가능성을 열어 놓았다.

지난 30년 간의 이사야서 연구는 이사야서 통일성을 중심으로 논의되었다. 학자들은 가장 널리 수용되어 왔던 둠의 이론에 대해 심각한 의문을 제기하기 시작했다. 이들은 이사야서의 서로 다른 부분들을 읽을 때 문학적 편집적 연관성을 무시하고 읽는 것이 과연 타당한가라는 질문을 제기했다. 이사야서를 한권으로 읽어야 한다는 점에 대해서는 학자들마다 동의하나 여러 다른 부분의 이사야서가 어떻게 통일성을 가지고 연결되었는가를 설명하는 점에 있어서는 서로 다른 방법론적인 입장을 취하고 있다. 따라서 현 이사야서 학계의 동향 가운데 필자의 접근방식을 제시하기 위해서 먼저 여러 해석학적 방법론들을 설명하고 평가하는 것이 필요하다.

---

5 J. Vermeylen, "L'Unité du livre d'Isaïe," in *The Book of Isaiah* (ed. Jacques Vermeylen; BETL 81; Leuven: University Press, 1989), 12-27.

6 S. Mowinckel, *Prophecy and Tradition: The Prophetic Books in the Light of the Study of the Growth and History of the Tradition* (Oslo: Jacob Dybwad, 1946), 67-70; D. R. Jones, "The Tradition of the Oracles of Isaiah of Jerusalem," *ZAW* 67 (1955): 226-46; J. H. Eaton, "The Origin of the Book of Isaiah," *VT* 9 (1959): 138-57.

우리는 최근 이사야서를 연구하는 여러 방법론들을 세 가지로 분류하여 설명한다: (1) 편집 비평적 접근, (2) 정경적 접근, (3) 신문학적 접근.

편집 비평적 연구

최근 수십 년간은 편집자들의 역할에 대한 여러 주장들과 더불어 이사야서 통일성은 학자들 사이에 논쟁의 중심이 되었다. 과거에는 편집자들을 단지 선지자들의 말들을 수집하거나 기계적으로 편집하는 사람들로 간주해 왔으나 최근 비평학자들은 그들을 창의적인 편집자들로 보았다.[7] 점점 많은 학자들은 이사야서가 편집자의 의도적인 계획을 반영하는 하나의 통일된 편집물(*eine redaktionelle Einheit*)이라고 보고 있다.[8]

클레맨츠(R. E. Clements)는 "이사야서의 전반적인 구조는 편집적인 계획의 흔적을 보여주며 일정한 단계에서 이 책을 전체적으로 읽고 해석하려는 시도가 있었다"고 주장한다.[9] 그는 이사야 40-55장은 이사야 1-35장과 따로 분리된 책이 아니고 오히려 예루살렘의 이사야 선지자의 말들을

7 좀 더 자세한 논의는 다음을 참조하라. Marvin A. Sweeney, *Isaiah 1-4 and the Post-Exilic Understanding of the Isaianic Tradition* (BZAW 171; Berlin/New York: Walter de Gruyter, 1988), 2; John Barton, *Reading the Old Testament* (Philadelphia: Westminster, 1984), 201-2.

8 자이츠(C. R. Seitz)는 최근 편집주의자(redactionists)들을 두 타입으로 분류화했다: 타입 A와 타입 B. 타입 A 비평가들은 (Duhm)의 각 권의 부분적으로 발전했다고 추정하여 여전히 책의 통일성은 형식적인 관점임을 고수한다. 반면 타입 B 학자들은 편집 발전 상의 제2이사야로부터 제1이사야의 엄격한 독립성을 줄여서 강조한다. 더 상세한 논의를 위해서 다음을 참고하라. Christopher R. Seitz, Zion's Final Destiny. *The Development of the Book of Isaiah: A Reassessment of Isaiah 36-39* (Minneapolis: Fortress, 1991), 17-30.

9 R. E. Clements, "The Unity of the Book of Isaiah," *Int* 36 (1982): 120; idem, "The Prophecies of Isaiah and the Fall of Jerusalem in 587 B.C.," *VT* 30 (1980): 421-36; idem, "Beyond Tradition-History: Deutero-Isaianic Develppment of First Isaiah's Themes," *JSOT* 31 (1985): 95-113.

더욱더 발전시키려는 의도가 그 안에 있었다고 주장한다.[10] 따라서 이사야 1-39장과 40-55장은 따로 분리해서 읽기 보다는 서로간의 의존적 관계성을 염두에두고 읽어야 한다고 말한다. 그의 주장을 뒷받침하는 증거로 클레멘츠는 소위 제1 이사야의 어록 모음으로부터 의식적으로 발전되었다고 말하는 이사야 40-55장에서 두개의 중요한 주제를 발견한다. 즉, 이스라엘의 눈멀고 소경됨과 이스라엘의 선택.[11] 클레멘트는 이사야서 전반에 나타나는 이 주제들이 편집적인 통일성을 말하는 중요한 증거라고 주장한다. 그 이외도 그는 4단계의 독특한 편집 과정 - 제 8세기(포로 전), 제 7세기(요시아), 포로기, 그리고 포로 후기 편집 - 을 주장한다. 이 여러 부분의 편집 단계는 "이사야의 예언들이 그들에게 임한 사건들에 대한 이유를 이해하기 위해 BC 587의 생존자들에 의해 사용되고 해석되었고" 또한 "어떻게 심판과 궁극적인 구원과 신원을 통하여 이스라엘과 앗수르를 향한 여호와의 계획이 성취되었는가"를 제시한다고 말한다.[12] 그의 주장을 요약하면, 이스라엘의 변화하는 역사적 운명들이 편집과정에 있어서 주요한 요인이 되었다는 것이다.

클레멘트는 이사야 1-39장의 이사야 40-55장에 대한 영향력을 주장하는 반면에 렌트로프는(Rendtorff) 이사야 40-55장이 다른 두 부분(1-39장과 56-66장)에 구성적, 편집적 영향력을 미쳤다고 주장한다. 즉 이사야 40-55장이 1-39장의 자료를 회고적 독법(retrospective reading)을 통하여 변형했다고 주장한다. 그는 이사야 40-55장이 이사야 1-39장과 56-66장의 편집에 있어서 출발점이라고 말한다.[13] 또한 그는 "세 번째 부분(사 56-66)

---

10 Clements, "Beyond Tradition-History," 101.

11 Ibid., 101-6.

12 Clements, "The Unity of the Book of Isaiah," 124, 127.

13 Rolf Rendtorff, "Zur Komposition des Buches Jesaja," *VT* 34 (1984): 318. 또한 다음을

이 첫 번째(사 1-39)와 두 번째 부분(사 40-55)들의 주제와 단어들을 함께 묶어준다"고 주장한다."[14] 따라서, 이사야 56-66장은 독립적인 자료로 존재하지 않으며, 오히려 이사야 56-66장의 근원은 이사야서 전체의 편집과의 관계에서 이해되어야 한다. 이사야서의 최종 편집형태를 설명하면서 렌트로프(Rendtorff)는 세 부분의 이사야서를 하나로 묶어주는 몇몇의 주제 단어를 제시한다. 위로(נחם), 죄(עון), 이스라엘의 거룩한 자(קדש ישראל), 그리고 의(צדקה).[15] 그는 또한 통시적 방법의 난해함을 충분히 이해하면서 동시에 복잡한 공시적 연구를 병행하는 본문의 공시적-통시적 연구의 결합에 상당한 방법론적 가치를 두고 있다.[16]

윌리암슨(H. G. M. Williamson)은 이사야서 형성의 좀 더 포괄적인 설명을 개진하고 있다. 그는 이사야 1-39장과 40-55장 사이에 상호 영향력의 가능성에 대해 자신의 의견을 펼친다. 자신의 논지를 설명하기 위해, 그는 이사야서의 편집 구성 과정에 있어서 소위 제 2 이사야 선지자(Deutero-Isaiah, 알려지지 않은 선지자)의 역할에 대해 초점을 맞춘다. 소위 제 2 이사야 선지자(Deutero-Isaiah)는 예루살렘의 이사야 선지자의 문학 작품에 의해 영향을 받

보아라idem, *The Old Testament: An Introduction* (Philadelphia: Fortress Press, 1991); idem, "Jesaja 6 im Rahmen der Komposition des Jesajabuches," *The Book of Isaiah: Le livre d'Isaïe* (Louvain: Leuven University, 1989), 73-82. 그는 다음과 같이 주장한다. "이사야서는 여러 개의 크고 작은 부분들로 구성되어 있으며 각각은 고유한 구조와 기능을 가지고 있다. 서로 완전히 독립적인지는 않지만 그 사이에는 책을 의도적으로 전체로 구성했다는 표시로 해석하고 인식할 수 있는 명확한 관계가 있다"(Ibid., 296). 따라서 분명히 그는 사 1-39장과 40-55장의 독립적 관계를 주장하는 역사 비평학자들의 견해와 자신을 구분시킨다.

14 Rendtorff, *The Old Testament*, 200. He provides an example of the usage of the term צדקהצֶדק. 그는 사 1-39장은 주로 משפט와 관련이 되어 있으며 반면에 사 40-55장은 צדקה에서부터 기인하는 단어들과 관련이 있다는 것을 발견하며, 사 56-66장을 소개하는 사 56:1에서는 이 두개의 단어 사용이 병치 구조로 함께 나타난다고 말한다.

15 Ibid., 198-200.

16 Rolf Rendtorff, "The Book of Isaiah: A Complex Unity. Synchronic and Diachronic Reading," *New Vision of Isaiah* (ed. Roy F. Melugin and Marvin A. Sweeney; JSOTSup 214; Sheffield: Sheffield Academic, 1996), 32-49.

았고 따라서 제 1 이사야의 몇몇주제, 이미지, 표현 방식등을 자신의 사역 기간 중 사용했다.[17] 윌리암슨은은 소위 제 2 이사야 선지자가 자신이 처한 환경에서 새로운 해석적 틀을 가지고 이사야 1-39장의 몇몇 부분들을 의도적으로 재배열했다고 주장한다.[18] 제 2 이사야 선지자는 포로기 공동체의 믿음을 위해 시온 전승과 출애굽 전승을 재해석하여 구원의 날을 제시했다고 한다.[19] 윌리암슨은 자신의 주장을 펼치면서 어휘적, 언어학적, 주제적 연관성을 통하여 이사야 1-39장과 40-55장의 문학적 의존성을 증명하고자 했다. 그는 복잡한 역사적 발전과 함께 "이사야서 전체 또는 상당한 부분에 걸쳐 나타나는 구문과 주제들"에 특별한 관심을 기울이며 이사야서 통일성을 설명하고자 했다.[20] 요약하면, 윌리암슨의 연구는 역사 비평적 주해와 문학 비평과 관련된 '주제적·구조적 분석'이라는 방법론적 기술을 사용하고 있다.

다른 편집비평가들과 함께 스윈니(M. A. Sweeney)는 주제적, 문학적, 그리고 구조적 관점으로 이사야서의 편집 비평적 통일성을 주장한다. 그의 주된 가설은 "이사야 1-39장은 포로 후기 유대 공동체의 관심사를 선포하는 방식으로 편집자들에 의해 해석되고 제시되었다"고 주장한다.[21] 따라서

17 H. G. M. Williamson, *The Book Called Isaiah: Deutero-Isaiah's Role in Composition and Redaction* (New York: Clarendon/Oxford University Press, 1994), 28, 240. 그는 제 2 이사야가 심판이 지나고 구원의 날이 올 때까지 봉인된 원 이사야의 사역에 대해 잘 알고 있었다고 가정한다(사 8:16-17). 제2 이사야는 사역을 시작할 때 자신을 이사야서를 여는 사람으로 여겼다. 그는 문학적 의존의 한 예로 사 6:2에 나오는 하나님에 대한 표현("높고 높으신")이 이사야의 사역에 깊은 영향을 미쳤다고 주장한다.

18 더 자세한 논의를 위해 다음을 보라 같은 책(ibid). 116- 94. 예를 들어, 윌리암슨은 사 2:2-4, 5:25-29, 8:21-22, 11:11-12:6, 24:1-27:13 과 36:1-39:8과 같은 몇몇 구절들이 제 2 이사야에 의해 재배치된다고 주장한다.

19 Ibid., 240-42.

20 Williamson, *Variations on a Theme: King, Messiah and Servant in the Book of Isaiah* (Carlisle: Paternoster, 1998), 1.

21 Marvin A. Sweeney, *Isaiah 1-4 and the Post-Exilic Understanding of the Isaianic*

그는 최종 편집의 관점과 문학적 특징들을 식별하기 위해 개념적 구조, 장르, 배경, 편집자들의 의도를 설명하고자 시도한다.[22] 그는 주전 5세기 후반 예루살렘 유대 공동체의 관심사를 선포하는 방식위해 몇몇의 편집적 손들이 이사야 1-5장에 나타난다고 주장한다.[23]

위에서 살펴본 바와 같이 편집 비평적 접근은 둠(Duhm)의 오랜 가설에 도전했으며 편집자들의 창조적 역할을 강조하며 우리의 관심사를 이사야서의 통일성으로 이끌었다. 더욱이 이 방법론은 중요한 패러다임의 전환을 가져왔다. 구전을 식별하고자 하는 양식 비평학자들과는 달리 편집 비평가들은 역사적 상황 가운데 재해석의 지속적인 과정속에서 기록된 본문에 초점을 맞추었다.[24] 이 방법론은 이사야서 연구에 큰 영향을 미쳤음에도 불구하고 몇 가지의 한계가 있다. 이 접근의 심각한 결점은 다음과 같다. 첫째, 편집 단계의 역사에 대한 학자들의 제시는 단지 그들의 사색으로부터 나왔고 설득력있는 증거도 없는 가정에서 출발한다. 이들이 제시하는 역사적 재구성의 기본은 비록 불가능하지는 않을지라도 단순한 추측으로부터 나온 발상이다. 둘째, 이 학자들은 선지자의 의도와 후기 편집자들의 의도 사이를 전적으로 구분지었다. 이들의 주장에 대해서는 다음과 같은 질문을 제기할 수 있을 것이다. 만약 후대 편집자들의 관점이 전승의 후기 단계에서 본문의 의미를 지배한다면 선지자의 원래 의도는 어디에

Tradition (BZAW 171; Berlin/New York: Walter de Gruyter, 1988), 24-25. 그는 개념적 구조는 선지자 이사야의 메시지를 동시대 세대에게 전달하려는 편집자의 목적을 보여준다고 말한다.

22 Idem, "The Book of Isaiah in Recent Research," *CR:BS* 1 (1993): 147; idem, "Prophetic Exegesis in Isaiah 65-66," *Writing and Reading the Scroll of Isaiah: Studies of an Interpretive Tradition* (ed. Craig C. Broyles and Craig A. Evans; SVT 70; Leiden: Brill, 1977), 455-74.

23 Idem, *Isaiah 1-39 with an Introduction to Prophetic Literature* (FOTL, vol 16; Grand Rapids: Eerdmans, 1996), 60-62. Cf. idem, *Isaiah 1-4*, 101-84.

24 B. S. Childs, *Isaiah* (Louisville: Westminster John Knox, 2001), 2.

있는가?[25] 저자(이사야 선지자)의 의도는 단지 임의적인가? 다른 말로 하면 비평학자들은 소위 "의도의 오류(Intentional fallacy)"의 덫에 빠져있다고 말할 수 있다.[26]

정경적 접근

이사야서의 통일성에 대한 논의는 챠일즈(B. S. Childs)의 정경적 접근과 함께 새로운 국면으로 접어든다. 챠일즈는 본문의 다중 층(the multilayered quality of the text)에 대한 현대의 편집 비평적 강조가 과연 이사야서의 통일성을 이해하는데 있어서 만족스러운 결과를 가져다줄지에 대해 의문을 품었다. 따라서 그는 "이스라엘과 함께 하는 하나님의 길들에 대한 일괄적인 증언으로서의 책의 정경적 권위"를 인식하고자 했다.[27] 그의 접근 방식은 본문의 최종형태 또는 현 형태에 대한 지대한 관심을 보인다는 점에서 다른 비평적 방법론과 구분될 수 있다. 이사야서에 대해서 챠일즈는 몇몇의 정경적 형태의 특성들을 제시한다. 첫째, 이사야 40-55장은 역사적 정황을 떠나 새로운 신학적 상황 속에 놓여있다. 둘째, 이사야 1-39장과 40-55장 사이의 "예언과 성취" 관계는 반복되는 이전 일과 후대의 일이란 주제에 의해 확증된다. 셋째 이사야 1-39장은 심판과 종말론적 구원이라는 주제적 패턴에 의해 구성되었고 이 주제는 이사야 40-66장에서도 지속된다.[28] 챠일즈의 주된 관심은 본문의 편집층(redactional layer)의 역사적 형성

---

25 Gail P. C. Streete, "Redaction Criticism," *To Each Its Own Meaning* (ed. S. L. McKenzie and S. R. Haynes; Louisville: Wesminster John Knox, 1999), 116.

26 Cf. Peter Lamarque, "The Intentional Fallacy," *Literary Theory and Criticism: An Oxford Guide* (ed. Patricia Waugh; Oxford: Oxford University, 2006), 177-88.

27 B. S. Childs, *Isaiah* (Louisville: Westminster John Knox, 2000), 4.

28 Idem, *Introduction to the Old Testament as Scripture* (Philadelphia: Fortress, 1979),

에 있지 않고 오히려 "이사야 선지자와 동일시되는 신학적 증언의 질"에 있다.[29] 따라서, 그의 방법론적 관심사들 중 하나는 최종 편집자가 어떻게 본문의 다중층을 일관된 전체로 형성했는가에 대한 신학적 설명을 제시하는 텍스트의 연관성에 있다.[30]

크리스토퍼 쟈이츠(Christopher Seitz)는 또한 둠(Duhm)의 비평적 이론에 도전한다. 왜냐하면 "이는 이사야서 66장 전체에 나타난 하나님의 말씀을 들을 수 있도록 우리를 돕는 몇몇의 내적 특징들을 희미하게 하거나 또는 애매모호하게 위협한다"[31] 즉 그는 우리의 관심을 책의 최종형태와 믿음의 공동체에 의한 수납으로 이끌고 있다. 그는 자신의 방법론을 "새로운 편집비평" 또는 "정경비평"의 관점이라 한다. 왜냐하면 그는 "현 이사야서의 최종형태를 산출한 본문의 여러 다중 층들의 합병의 이면에 나타난 의도에 대한 분명한 설명"에 관심이 있기 때문이다.[32] 이사야서의 통일성을 설명하기 위해 쟈이츠는 단일 저작권이나 또는 동일한 역사적 상황으로부터 해결책을 찾기 보다는 오히려 이사야서의 문학적, 역사적, 신학적 복

325-34.

29 Idem, *Isaiah*, 4. Cf. idem, *Biblical Theology of the Old and New Testaments: Theological Reflection on the Christian Bible* (Minneapolis: Fortress, 1993).

30 Ibid. 이러한 접근 방식에 대해 차일즈는 "신학적으로 가장 큰 의의는 편집자들이 각기 다른 목소리와 신선한 해석으로 합창단을 구성하는 것을 자신의 임무로 생각했지만 모두 다른 방식, 다른 이슈, 다른 시대에 하나님의 백성을 위한 하나님의 구원 목적에 대한 동일하고 진실한 증거의 일부를 다루고 있다는 것을 드러낸다는 점"이라고 주장한다.

31 Christopher R. Seitz, "Isaiah 1-66: Making Sense of the Whole," *Reading and Preaching the Book of Isaiah* (Philadelphia: Fortress, 1988), 107.

32 Idem, "The One Isaiah//The Three Isaiahs," in Reading and Preaching the Book of Isaiah,18-19. Cf. idem, *Zion's Final Destiny. The Development of the Book of Isaiah: A Reassessment of Isaiah 36-39* (Minneapolis: Fortress Press, 1991. 그의 책에서 자이츠는 이사야서 전체에서 사 36-39장의 기능에 초점을 맞추어 이사야서의 편집적 통일성을 설명하려고 한다. 자이츠는 이사야서의 성장은 주전 586년 이후 시온의 최종 운명을 정교하게 설명하고자 했던 편집자의 신학적 의도에서 비롯된 것이라고 지적한다.

합성에서 찾았다.[33] 신학적 통일성에 관하여 자이츠는 "하나님 또는 하나님의 대변인인 이사야 선지자의 한 관점이 66장 전체에 퍼져있다고 주장한다."[34]

정경비평적 접근 방식은 두 가지 면에서 이사야 통일성 연구에 중요한 영향력을 미쳤다. 첫째, 이 접근 방식은 본문의 역사적 발전 과정에 관심을 두기 보다는 본문의 최종 형태를 권위있는 연구의 대상으로 보았다. 둘째, 정경적 접근은 이사야서 연구에 있어서 신학적인 관점의 중요성을 상기시켜 주었다. 따라서 이는 "본문이 의미했던 것"과 "본문이 의미하는 것" 사이에 간격을 줄여준다. 그러나 챠일즈의 본문의 최종형태에 대한 지나친 강조는 이사야 선지자의 메시지에 영향을 미쳤을 저자의 역사적 정황의 중요성을 무시해 버렸다는 점에서 큰 우려를 드러내고 있다. 따라서 캘러웨이(Callaway)가 지적한 것처럼 "본문의 역사적 상황을 떠난 성경이해는 하나님의 말씀(Word)을 희생하면서 말들(words)을 절대화시키는 위험성의 길을 열어놓는다."[35] 더 심각한 것은 정경 비평적 방법은 신 문학 비평의 관심사와 같이 저자(이사야 선지자)의 의도를 무시해 버린다는 점이다.[36]

33 Seitz, "Isaiah 1-66," 20-21. 그는 역사적 맥락과 문학적 맥락 사이의 긴장이 완전히 해소될 수 없음을 인정한다. 따라서 그는 한 명의 역사적 저자를 찾는 대신 신학적 주장을 펼치는 데 중점을 둔다.

34 Idem, *Word without End: The Old Testament as Abiding Theological Witness* (Grand Rapids: Eerdmans, 1998), 127-28. 신학적으로 '이사야의 환상'이란 마지막 66장이 이스라엘의 한 분 하나님, 이스라엘의 거룩하신 하나님을 증거하는 것을 의미한다.

35 Mary C. Callaway, "Canonical Criticism," *To Each Its Own Meaning*, 153.

36 John Barton, *Reading the Old Testament: Method in Biblical Study* (Louisville: Westminster John Knox, 1984), 101-3.

신 문학 비평적 접근

신 문학 비평은 역사 비평에 대한 불만족으로부터 출현되었다. 역사 비평적 방법과는 달리 이 접근 방식은 본문의 역사적 재구성이나 통시적 관점에서 본 원 저자의 의도에 대해서는 관심이 없다. 오히려 본문 전체와 구조, 스타일, 그리고 본문의 공시적 관점에서의 심미적인 면에 더욱 관심이 많다. 즉, 성경 본문 그 자체가 이사야서 통일성 연구의 대상이 된다는 것이다. 또한 신 문학 비평은 해석에 있어서 본문의 의미를 산출하는 독자의 역할을 강조한다. 따라서 구조 비평, 수사 비평, 그리고 독자 반응 비평(reader-response criticism) 등은 이 신 문학 비평적 접근 방식으로부터 발전된 것이다.

웹(Webb)은 이사야서를 구조적 주제적 통일성을 가지고 읽어야 한다는 점에서 본문의 문학적 증거들에 대해 특별한 관심을 보이며 신 문학 비평을 사용하고 있다. 그는 네 가지의 문학적 증거들을 소개한다. (1) "이사야의 환상"(1:1, 2:1), (2) "하늘과 땅"(1:2, 66:22; cf. 65:17), (3) 이사야서 전체에서 히스기야 네러티브의 역할(36-39장), 그리고 (4) 이사야서 전체에서 "예루살렘/시온"과 "남은자"에 대한 주제이다.[37]

기타이(Gitay)에 의해 사용된 수사 비평은 청중들에게 영향을 미치기 위해 선지자가 사용한 설득적 화법의 기술을 소개하기 위해 고안된 접근 방식이다. 기타이(Gitay)는 작거나 고립된 본문의 단위는 선지자의 의도와 그의 청중에 대한 이해에 관하여 해석자들을 오도하기에 더 이상 해석의 기

37 상세한 논의를 위해서는 다음을 참조하여라. Barry G. Webb, "Zion in Transformation," *The Bible in Three Dimensions: Essays in Celebration of Forty Years of Biblical Studies in the University of Sheffield* (Sheffield: JSOT, 1990), 65-84.

본 단위가 아니라고 주장한다.[38] 기타이(Gitay)에게는 선지서 본문이 잘 짜여진 편집물이 아니고 "본문의 수사학적 상황과 전체 주제"를 기반으로 해석될 수 있는 역동적인 의사소통적 담화이다.[39] 예를 들어 그는 이사야 1-12장은 청중들과 효과적인 의사 전달을 위해 한 특정한 주제나 스타일의 순서에 따라 배열된 연속적인 담화들이라고 말한다.[40] 기타이(Gitay)는 화자(또는 기록자)가 자신의 청중들에게 메시지를 효과적으로 전달하기 위해 사용한 선지자의 설득적인 의도와 잘 고안된 선지서 담화의 수사학적 장치들을 연구하고자 시도한다.[41] 수사학적 분석을 진행함에 있어서 고려해야 할 요소들이 있다. 수사학적 단위, 수사학적 상황, 장치, 구조, 그리고 스타일.[42] 그는 "수사학적 분석은 담화의 세 측면(화자/기록자, 청중, 그리고 작품[기록물] 자체) 사이에 상호 관계성을 연구하는 것"이라고 지적한다. - 화자/기록자, 청중, 그리고 작품(기록물) 자체 - ."[43]

콘라드(Edgar W. Conrad)는 이사야서 본문 전체의 객관적이고 실용적 측

38 Yehoshua Gitay, "Reflections on The Study of the Prophetic Discourse," *VT* 33 (1983): 207-21.

39 Ibid., 208, 220.

40 Yehoshua Gitay, *Isaiah and His Audience: The Structure and Meaning of Isaiah 1-12* (Assen/ Maastricht: Van Gorcum, 1991), 4-13.

41 Idem, "Deutero-Isaiah: Oral or Written?" *JBL* 99/2 (1980): 185-97. 참조. 뮬렌버그(James Muilenburg)와 에드윈 웹스터(Edwin C. Webster) 또한 기타이와 유사한 관점을 가진다. James Muilenburg, "A Study in Hebrew Rhetoric: Repetition and Style," *VT Sup 1* (1953): 97-111; idem, "The Book of Isaiah: Chapters 40-66: Introduction and Exegesis," *The Interpreter's Bible V* (ed. George Arthur Buttrick; New York/Nashville: Abingdon Press, 1956); Edwin C. Webster, "A Rhetorical Study of Isaiah 66," *JSOT* 34 (1986): 93-108; idem, "The Rhetoric of Isaiah 63-65," *JSOT* 47 (1990): 89-102.

42 좀 더 자세한 논의에 대해서는 다음을 참조하라. idem, "A Study of Amos's Art of Speech: A Rhetorical Analysis of Amos 3:1-15," *CBQ* 42 (1980): 293-309; idem, *Prophecy and Persuasion* (Forum Theologiae Linguisticae 14; Bonn: Lingustica Biblica, 1981), 36-41. 참조. 장치는 로고스(*logos*)(이성과 이해와 관련), 파토스(*pathos*)(감정에 호소), 또는 에토스(*ethos*)(화자의 인격을 신뢰하는 것에 호소하는 것).

43 Ibid., 309.

면을 염두에 두고 이해하려고 한다. 현대 문학 비평가들의 관심사를 따라 그는 저자 대신에 텍스트와 독자에 초점을 맞춘다. 그는 이사야서를 역사적 정황과 저자의 의도와는 별개로 한 문학 작품으로 이해해야 한다고 제안한다. 그는 자신의 관점을 다음과 같이 설명한다. "나의 연구의 주된 목적은 본문의 구조에 특별한 관심을 기울이며 전체 본문을 이해하는 것이다."[44] 콘라드(Conrad)는 또한 이사야서의 통일된 구조를 위해 전략적으로 위치한 두 개의 제왕 네러티브를 제시한다. 아하스 네러티브(7장)와 그 다음 10:24-27에 나타나는 전쟁 어구(oracle)와 동일한 패턴을 따라 나타나는 히스기야 네러티브(36-39장)와 이사야 41, 43, 44장에 나타나는 전쟁 어구이다.[45] 콘라드(Conrad)에게는 구조적 통일성은 반복적으로 나타나는 수사학적 장치들, 단어, 주제, 그리고 본문의 결속성이 만들어지는 형태 등으로 특징지워진다고 주장한다.[46] 그의 해석학적 접근의 또 다른 두드러진 특징은 함의된 청중과 독자들을 강조하는 실용적인 측면에 대한 관심이다. 콘라드(Conrad)가 말하는 본문 의미의 위치는 해석학적 공동체의 성경 본문의 수납에 놓여 있다. 그는 함의된 독자와 청중을 "본문 안에서 기호화된 이론적 구성"으로 본다."[47]

지금까지 우리는 역사 비평에서 해석학적 전환을 이룬 신 문학 비평에

44 Edgar W. Conrad, *Reading Isaiah* (Minneapolis: Fortress, 1991), 29.

45 Ibid., 34-51.

46 Ibid., 30. 그는 또한 "이 책에서 반복은 문자 그대로의 반복이 아니라 항상 차이가 있는 반복이다. 텍스트에서 반복되는 요소의 변화는 움직임과 진행을 암시한다"라고 언급한다. 본문 자체의 문학적 세계에 대한 그의 관심은 "예언자가 책을 제시하는 것이 아니라 책이 예언자를 제시하는 것"을 분별하려는 시도로 이어진다.

47 Ibid., 31. Cf. idem, "Prophet, Redactor and Audience," *New Vision of Isaiah* (ed. R. F. Melugin and M. A. Sweeney; Sheffield: JSOT, 1996), 324-26. 콘라드(Conrad)는 신학과와 종교학과라는 두 개의 학문적 해석 커뮤니티를 보여준다. 참조. K. P. Darr, *Isaiah's Vision and the Family of God* (Lousiville: Westminster/John Knox, 1994). 다르(Darr)는 또한 이사야의 통일성은 편집자의 의도가 아니라 독자의 공시적 읽기에 근거한다고 주장한다.

대해 논의하였다. 신 문학 비평은 본문의 스타일, 구조, 그리고 주제적 특징들을 문학적 관점으로 분석함으로 이사야서 통일성 연구에 기여를 하였다. 이 접근 방식은 독자/청중의 역할에 대해 관심을 가짐으로 텍스트의 의사소통 기능에 대한 중요한 안목을 해석자들에게 제공한다. 더욱이 신 문학 비평은 해석자들이 문학적 민감성과 함께 성경 본문의 설득적인 의도와 그 효과에 대해 관심을 기울이도록 해주었다. 따라서 신 문학 비평은 복잡한 문학 세계 안에서 텍스트를 볼 수 있도록 해석자들의 안목을 날카롭게 해주었다. 그러나 위의 공헌에도 불구하고 이 접근 방식은 고려해야 할 문제점을 가지고 있다. 신 문학 비평은 신학적, 역사적 요인들과 같이 본문 너머에서 볼 수 있는 지시적 성격(referential nature)을 무시하면서 이사야서를 단지 한 문학적 작품으로 이해하였다.[48] 무엇보다 본문의 의미를 해석하는데 있어서 독자의 결정적 역할에 대한 강조는 문제가 있다. 왜냐하면 저자(이사야 선지자)의 의도보다 독자의 의도가 본문의 내용을 결정짓기 때문이다. 따라서 본문의 의미가 독자의 이전 개념이나 문화적 배경에 따라 바뀔 수 있는 위험성을 지니고 있다.

지금까지 다룬 이사야서에 대한 여러 접근 방식을 기억하면서 이제 우리는 종의 주제에 대한 학자들의 논의를 살펴보고자 한다.

종은 누구인가?

둠(Duhm)의 기념비적인 주석 이후로 구약 주해 연구에 있어서 가장 중

48 콘라드는 다음과 같이 말한다. "이사야서는 고대부터 내려오는 문학 작품으로 현대 세계에 존재합니다. 우리는 이사야서의 실제 저자나 이사야서가 쓰여진 원래 독자에 대해 아는 바가 없습니다." (Conrad, *Reading Isaiah*, 154).

심적이며 논쟁적인 이슈들 가운데 하나는 이사야 40-55장에 나타난 수수께끼 같은 종의 정체성에 대한 문제였다.[49] 학자들의 지배적인 의문점은: "이사야 40-55장에서 언급된 신비로운 종이 과연 누구인가?"라는 것이다. 1948년 노트(C. R. North)는 그의 저서 *The Suffering Servant in Deutero-Isaiah*에서 소위 종의 본문의 해석에 대한 학자들의 경향을 설명했다.[50] 그는 종의 정체성에 대해 4가지의 서로 다른 관점을 제시한다: 역사적인 개인, 신화적 인물, 메시야적 인물, 집합적인 공동체.[51] 여러 관점들을 주의깊게 분석한 후에 노트(North)는 메시야적인 해석이 종에게 적용되어야 한다고 결론지었다. 그는 이사야 40-55장이 "미래에 대한 사진적 이전 환상(a photographic prevision of the future)"을 제시하려고 했다기 보다는 "기대된 역사 또는 이후 환상(provisional or anticipated history)" 제시하려고 했다고 주장한다. 그는 결론적으로 "하나님의 계획 안에서 종의 노래들은 주로 예수께로 인도하기 위해 의도되었다"고 제안한다.

로울리(H. H. Rowley)의 저서 *The Servant of the Lord and Other Essays on the Old Testament*[52]은 노트(North)의 주장을 기반으로 쓰였다. 그러나 로울리는 노트보다 한걸음 더 나아간다. 로울리는 여호와의 고난 받는 종을 메시야와 동일시하는 그 어떤 결정적 증거를 발견하지 못했기 때문에 "메

49 Duhm, *Das Buch Jesaia*, 14-15. 그는 "이사야서는 고대의 문학적 기념물로서 현대 세계에 존재한다. 우리는 이사야서가 쓰여진 실제 저자나 원래 독자에 대해 아는 것이 없다"고 말한다."

50 Christopher R. North, *The Suffering Servant in Deutero-Isaiah: An Historical and Critical Study* (2d ed.; Oxford: Oxford University Press, 1956). 노트(North) 이후의 종의 노래에 대한 학문적 논의는 다음을 참조하라. Colin G. Kruse, "The Servant Songs: Interpretive Trends since C. R. North," *SBT* 8 (1978): 3-27.

51 Ibid., 192-219.

52 H. H. Rowley, *The Servant of the Lord and Other Essays on the Old Testament* (Oxford: Basil Blackwell, 1965), 1-93.

시야적"이란 용어를 사용하기를 주저한다.[53] 로울리는 종이 '집합적인 공동체'와 '한 개인' 사이에 서로 유동적인 변화를 가지고 나타난 다는 점을 발견했다. 종의 사역을 통하여 이스라엘 민족은 하나님의 종들이 된다(54:17).

미팅거(Tryggve N. D. Mettinger)는[54] 소위 종의 노래 본문을 언어학적, 양식 비평적, 편집적, 그리고 내용의 관점으로 연구하면서 둠(Duhm)의 비평적 이론에 도전하였다. 그는 소위 종의 노래 본문을 이사야 40-55장 전체의 문맥 가운데 이해하려고 하며 또한 소위 종의 노래 본문은 제왕적인 특징뿐 아니라 수 많은 개인적인 측면을 담고 있으며, 집단적(공동체)인 해석도 문제가 없어 보인다고 주장한다. 그는 종을 전체 이스라엘이라고 이해한다. 이사야 53장의 종은 "하나님의 사람들, 그의 이스라엘, 그리고 특별히 포로 공동체"라고 주장한다.

와이브레이(R. N. Whybray)는 종은 소위 제 2 이사야 자신이라고 주장한다. 와이브레이의 주장은 이사야서의 몇몇 부분에서 종으로서 이스라엘의 임무는 수동적이라고 주장하며; 반면에 42:1-4에서는 종의 능동적 임무를 강조하고 있다.[55] 더욱이 종의 실망에 대한 언급(49:4)은 소위 제 2 이사야가 자신의 임무를 수행함에 있어서 회의를 나타내는 다른 본문들과 상응한다고 한다. 종이 제 2 이사야 선지자라는 자신의 주장을 입증하기 위해

---

53 자세한 논의는 다음을 참조하라. ibid., 63-93.

54 Tryggve N. D. Mettinger, *A Farewell to the Servant Songs: A Critical Examination of an Exegetical Axiom* (Lund: CWK Gleerup, 1983). 스나이스(N. Snaith)는 종의 구절을 전체적으로 사 40-55장의 맥락에서 읽어야 한다는 메팅거(Mettinger)와 비슷한 견해를 공한다. See N. Snaith, "The So-called Servant Songs," *ExpTim* 56 (1944/45): 79-81. See also Hans M. Barstad, "The Future of the 'Servant Songs': Some Reflections on the Relationship of Biblical Scholarship to Its Own Tradition," *Language, Theology, and the Bible: Essays in Honour of James Barr* (ed. Samuel E. Balentine and John Barton; Oxford: Clarendon, 1994), 261-70.

55 R. N. Whybray, *The New Century Bible Commentary: Isaiah 40-66* (Grand Rapids: Eerdmans, 1975).

와이브레이는 49:3에 나타나는 이스라엘이라는 단어는 단지 주석(gloss)이라고 한다. 54:17에 나타나는 복수 종들에 대해 와이브레이는 복수 명사는 이스라엘을 가리키고 따라서 이 구절의 저자는 제 2 이사야가 아니라고 주장한다.

블렌킨솝(Joseph Blenkinsopp)은 종의 본문의 구조적, 언어적 특징은 이사야서 전체의 형성 과정에 공헌했다고 주장한다.[56] 고대 근동 아시아 비문으로부터 증거를 제시하면서 그는 "종"이란 단어를 사회-정치적 배경에 입각하여 논의하며 이사야 40-48장에서 종의 임무 위탁에 사용된 언어들이 초기 페르시아 시기에 사용된 언어라고 말한다.[57] 블렌킨솝은 이사야 40-48장에 나타난 종의 본 정체는 고레스 왕이라고 말한다. 블렌킨솝은 이사야 49-53장의 "종"과 이사야 54-66장에 나타난 "종들"과의 관계를 선지자적 제자들이라는 관점으로 설명한다. 또한 그는 다음과 같이 주장한다.

> 종-종들의 연관성은 이란 민족의 통치 하에 있는 소 유대 민족 집단의 정서 가운데 나타나는 초역사적, 종말론적, 심지어 묵시적 방향으로 진행되는 그들의 생각에 대한 이사야 전승의 확장을 묘사한다.[58]

---

56 Joseph Blenkinsopp, *Isaiah 40-55: A New Translation with Introduction and Commentary* (The Anchor Bible; New York: Doubleday, 2002), 210-11; idem, "The Servant and the Servants in Isaiah and the Formation of the Book," *Writing and Reading the Scroll of Isaiah* (ed. Craig C. Broyles and Craig A. Evans; Leiden: Brill, 1997), 155-75.

57 Ibid. 그는 다음과 같이 말한다. "다리우스 I세는 자신의 베히스투 비문에서 자신의 법에 따라 "걷는" 땅을 가리킨다. 고레스의 정치선전 실린더에 따르면 마르둑 신은 그의 이름을 불렀고, 그를 기뻐했고, 바빌론과 그 주민들을 회복시키기 위해 그를 선택했고, 그는 폭력없이 평화롭게 사람들을 해방시켜주었다." (고레스에 대해 명백하게 언급하고 있는 *ANET* 315-16 와 사 45:1을 참조하라.)

58 Blenkinsopp, "The Servant and the Servants in Isaiah," 171. See also idem, "A Jewish Sect of the Persian Period," *CBQ* 52 (1990): 5-20.

블렌킨솝은 초기 페르시아 시기의 이 유대인 소 집단이 주님의 종들을 구성하고 있다고 주장한다.[59]

챠일즈(Childs)는 42:1에 나타나는 종은 분명히 종의 지명(指名)과 그의 임무를 강조하고 있다고 제안한다. 그러나 종의 직무의 범위 안에서 유동성을 인정한다. 좀 더 넓은 문학적 문맥을 중요시 여기면서 챠일즈는 어떤 면에서는 이스라엘이 42:1에서 언급된 종이라고 주장한다. 챠일즈는 49:1-6의 설명에서 다음과 같이 말한다. "개인적 역사적 인물의 모든 증표를 보여주는 한 인물이 종으로 일컬어 졌다. 그는 집합적인 이스라엘을 모두 대체하지 않으나 자신에게 주어진 임무를 수행하지 않은 이스라엘 민족을 위한 신실한 화신(化身)이다."[60] 또 54:17의 주님의 종들은 "다음 세대에 참 믿음의 소유자들이다."라고 말한다.[61]

로울리(Rowley)의 관점에 동의하며, 오스왈트(John N. Oswalt)는 종이 "개인, 분명히 이상적인 이스라엘이 될 메시야"라고 간주한다.[62] 그는 다음과 같이 언급한다.

> 한편으로 종은 하나님의 백성이다. 그러나 다른 한편으로는 참 종됨의 본질을 보여주며 종됨과 하나님됨으로 성육신하신 분이시며 그렇게 함으로 우리

59 로페(Alexander Rofé)는 블렌킨솝과 유사한 견해를 가진다. 이들은 종들이 예루살렘의 귀족과 제사장직에 대해 끊임없이 논쟁을 벌이던 포로기 이후 유대인 종파의 사람들이다고 생각한다. 다음을 보아라. Alexander Rofé, "The Onset of Sects in Postexilic Judaism: Neglected Evidence from the Septuagint, Trito-Isaiah, Ben Sira, and Malachi," *Essays in Tribute to Howard Clark Kee: The Social World of Formative Christianity and Judaism* (ed. Jacob Neusner et al.; Philadelphia: Fortress, 1988), 39-49.

60 Childs, *Isaiah*, 385. 챠일즈 또한 이사야 53장의 종을 역사적 인물로 본다.

61 Ibid., 430. 차일즈는 53장의 정경적 역할을 강조하면서 53장의 고난 받는 종의 사역을 통해 54:17의 종들이 주님으로부터 신원하심을 받게 될 것이라고 주장한다.

62 John N. Oswalt, *The Book of Isaiah Chapters 40-66* (Grand Rapids: Eerdmans, 1998).

들이 종이 되도록 한다.[63]

오스왈트는 종의 정체성을 주변에서 중심으로 또는 그 역으로 움직이는 원의 관점으로 설명한다.[64] 그러나 그의 일관된 주장은 그 강조점이 이스라엘의 기능성에 있지 정체성에 있지 않다는 사실에 전적으로 의존한다. 종의 사역을 통하여 이스라엘은 열방을 섬기는 축복을 받는다. 오스왈트(Oswalt)에게 종은 하나님의 구원의 수령자가 아니고 하나님의 구속사역의 대행자이다.

모티어는 이사야서 문학이 세 가지의 메시야적 묘사를 중심으로 형성되었다고 주장한다: 왕(1-37장), 종(38-55장), 기름 부음 받은 정복자(56-66장).[65] 비록 이러한 이미지들이 유사점과 상이점을 포함하고 있으나 그들은 한 메시야적 인물의 세 측면이다. 종에 대해 그는 다음과 같이 말한다.

> 종은 신적 계시를 이방에 전하는 도구(42:1-4)로 소개되었으나 더욱더 발전되어 나타나는 묘사는 그가 이스라엘/야곱(49:1-6)을 회복함으로 이 임무를 수행하며 동시에 그 자신이 땅 끝까지 임하는 주님의 구원이 된다(49:1-6). 그가 구원적 사역을 수행할 때(52:13-53:12) 그 구원의 혜택이 시온(54장)과 온 세상(55장)에 확장된다.[66]

모티어(Motyer)는 종의 사명의 중요성에 대해 인식하고 있다. 그는 42:1-9에서는 종의 정체성에 대한 질문이 제기되지 않았다고 지적하며,

---

63 Idem, *The Book of Isaiah Chapters 1-39* (Grand Rapids: Eerdmans, 1998), 52.

64 Ibid.

65 J. Alec Motyer, *The Prophecy of Isaiah* (Downers Grove: InterVarsity, 1993), 13-16.

66 Ibid., 14.

이 본문의 주된 관심은 그가 무엇을 하는가에 제한되어 있다고 한다. 모티어(Motyer)는 이사야는 자신의 방법으로 이야기를 전개하도록 허락되었으며 그의 첫번째 관심은 종의 역할에 있다고 주장한다. 이사야 53장의 종의 구원적 사역은 54:17에서 종들을 산출한다고 그는 주장한다.

연구 개관 결론

비록 우리는 선별적으로 문헌들을 개관하였으나 최근 이사야서 연구는 급격히 활발해지고 있으며 학자들에 의해 선택된 방법론은 다양하다. 앞에서 살펴본 문헌 개관을 근거로 우리는 현 비평학계의 노력을 다음과 같이 결론지어 말할 수 있다. 첫째, 이사야서 학계는 둠(Duhm)의 이사야서 삼등분의 오랜 가설에 도전하며 이사야서의 통일성 연구로 특징 지워진다. 그러나, 이사야서의 통일성에 대한 학자들의 다양한 견해는 "어떻게" 그리고 "왜" 서로 다른 이사야서의 본문이 연결되었는지에 대해서는 명확한 해결점을 보지 못하고 있다. 편집 비평학자들은 주제의 연속성에 의한 편집적 통일성을 제시하므로 이사야서를 전체적으로 볼 수 있도록 도움을 주었다. 사실상, 역사 비평과 문학 비평이 해석의 과정에서 편집 비평으로 혼합되어 나타났다. 그럼에도 불구하고 역사적 상황과 본문의 역사적 경위를 재구성하려는 그들의 비평적 가설은 아직도 의문의 여지가 많다. 왜냐하면 그들의 가설은 정당한 근거가 없이 단지 사색적이다. 둘째, 정경적, 신 문학적 접근은 이사야서를 전체로 보는데 있어서 유익한 방법론적 안목을 제시한다. 이러한 접근 방식들은 본문의 정경적(즉, 본문의 최종 형태) 문학적(주제적, 구조적, 수사학적) 측면을 강조한다. 그 이외에도 해석의 과정에서 독자/청중의 중요성은 해석자에게 본문의 의사소통의 기능에 관심을 갖게 일깨워 주고 있다. 그러나 본문의 의미를 이해할 때 어느 한 방향에 치우치지 않고 저자, 독자, 세계(신학적, 외적 지시)들의 관계성 가운데 본문의 의미를 찾아야 한다는 과제를 남겨 놓았다. 또 다른 문제는 해석에 있어서 본문의 공시적, 통시적 관점을 어떻게 적절히 연결시킬 수 있을까 하는 것이다. 셋째, 종에 대한 여러가지 학자들의 의견을 논의한 결과 우리는 종의 정체성에 대한 연구는 사면초가에 빠졌다고 볼 수 있다. 이러한 학자들의 딜레마는 종의 주제에 대해 좀 더 새로운 접근 방식을 필요로 한다. 우리는 이사야 선지자가 주제를 전개시킴에 있어서 나타난 본문의 미묘한 의미를 해석하기 위해 우리는 담화 의미론, 본문의 의사 소통과 신학적 측면들에 관심을 가져야 할 필요가 있다. 다음은 위의 문헌개관을 기반으로 본 연구의 목적과 범위를 설명할 것이다.

연구의 목적과 범위

본 연구는 이사야서 40-66장에 나타는 עבדים(종들)과 נחלה(기업)의 의미론적 가능성들을 연구하며 또한 이사야서 통일성의 관점으로 주제들의 일관된 해석을 제공한다.[67] 첫째, 우리는 종들의 주제를 사용한 이사야 선지

67 이사야서 전체에는 왕, 신하, 종 등 하나님의 왕국에서 하나님의 대리자의 역할이라는 주제가 다양하게 등장한다. 사 1~39장은 다윗 왕조에서 하나님의 대리인으로서 왕의 역할에 대해 다루고 있는 반면, 사 40~53장은 주로 종의 역할과 그 보상에 대해, 사 54~66장은 종과 그 유업에 대해 다루고 있다. 이 연구에서는 종과 유업의 주제가 등장하는 사 40-66장에 초점을 맞출 것이다. 참조. Williamson, *Variations on a Theme*, 30-112; J. J. M. Roberts, "The Divine King and the Human Community in Isaiah's Vision of the Future," *The Quest for the Kingdom of God: Studies in Honor of George E. Mendenhall* (ed. H. B. Huffmon et al.; Winona Lake: Eisenbrauns, 1983), 127-36; Richard L. Schultz, "The King in the Book of Isaiah," *The Lord's Anointed: Interpretation of Old Testament Messianic Texts* (ed. P. E. Satterthwaite et al.; Grand Rapids: Baker, 1995), 141-65.

자의 의사소통의 의도를 살펴보기로 한다. 이 질문에 답하기 위해 우리는 이사야 선지자가 소개한 여러 주제들의 전이(variation)를 살펴볼 것이다. 이사야 선지자의 주된 의도는 종이 감당해야 할 사명에 있음을 제시할 것이다. 더욱이 우리는 종들의 주제가 이사야 40-55장과 56-66장을 연결시키며 어떻게 이사야 56-66장에서 더욱더 발전되었는가를 살펴볼 것이다. 가능한 해결점은 종을 하나님의 사역들을 이룰 하나님의 대행자로 연구함으로 모색할 것이다. 종들은 민족적인 이스라엘, 포로 후기의 선지자적 공동체, 아니면 신실한 자들의 공동체인가? "종"과 "종들" 사이에는 어떠한 관계성이 존재하는가? 둘째, 이사야 40-66장에 나타난 נחלה(기업) 의미는 무엇인가? נחלה(기업)의 의미론적 가능성은 지리적이며 물질적인 약속인가 아니면 영적이며 신학적인 것인가? 본문의 공시적, 통시적 해석이 נחלה의 의미에 어떠한 영향을 주는가? 셋째, 주제들(종들과 기업)의 신학적이며 문학적 의미는 무엇인가? 어떻게 두 개의 연관된 주제(종들과 기업)가 이사야 40-66장 안에서 발전되는가? 주제의 발전에 그 어떤 패턴이 나타나는가? 좀 더 넓은 문학적 문맥 안에서 본문의 미묘한 의미는 무엇인가? '종들과 기업'의 주제 전개가 이사야 40-66장을 전체로 읽는것에 어떻게 기여를 하는가? 또한 이사야 40-66장 안에서 이 주제들의 문학적이며 신학적 의미는 무엇인가?

본문 선택

위에 언급한 연구의 목적과 범위를 염두에 두고 이사야 선지자의 주제 전개에 있어서 종과 기업의 주제가 중요한 역할을 하는 세 개의 중심되는 본문(54:11-17; 58:1-14; 65:8-16)을 좀 더 넓은 문맥인 이사야 40-66장 안에서 선택할 것이다. 첫째, 우리는 이사야 49-55장에 나타나는 기업, 고난, 보상, 그리고 하나님 백성의 갱신등을 살펴볼 것이다. 이 본문들에서 종은 기업의 회복과 하나님 백성을 새롭게 하는 사역을 위해 지명된 하나님의 임무 수행자이다. 기업의 주제는 황폐한 땅을 회복하는 것과 관련되었다(49:8). 하나님 백성의 갱신의 주제는 포로에서 돌아오는 것과 시온의 자녀들의 증가와 연관되어 나타난다(49:9-21). 고난 받는 종을 인하여 백성들은 의롭게 될 것이다(52:1353:12). 이러한 주제의 발전 속에서 54:11-17은 중심되는 본문이다. 왜냐하면 이 본문은 49:8-21과 양괄식 구조를 이루고 있으며 두 본문은 기업이란 주제로 연결되어 있기때문이다. 또한 54:11-17은 "여호와의 종들의 기업"이란 문구를 포함하고 있다. 이 표현은 기업과 갱신(49-55장)의 강조점들을 요약하며, 또한 이사야 56-66장에서 소개할 "종들"을 기대한다.

둘째, 우리는 56:1-63:6에서 기업이란 주제가 하나님의 백성들의 반응과 어떻게 연관되어 있나를 살펴볼 것이다. 56:1-8에서 종들은 하나님께 참 인격(공의와 신실)으로 반응하는 개개인들과 동일시된다. 다음에 나오는 본문(56:9-57:21)에서 두 가지의 대조적인 반응이 소개되고 있다. 악인과 의인의 반응들이다. 56:9-57:13a에서 악인들은 하나님의 저주 가운데 있으나, 57:13b-21에서 하나님께서 신실한 자들은 의롭다 하시며 그들을 악인들과 분리시키신다. 이사야 57장과 58장 사이에는 하나님의 백성들이 기업을 상속하도록 그들로부터 반응을 요구한다는 점에서 주제적 연속성이 있다. 이사야 58장에서 하나님의 백성들의 반응에는 두가지 면이 있다. 금식을 할 때 공의로 하나님께 반응하는 것과 안식일을 지킬 때 신실함으로 하나님께 반응하는 것. 이러한 주제의 발전 가운데 58:1-14은 중심되는 본문이 될 것이다. 왜냐하면 이 본문에서 반복되는 조건문들은 신실한 반응의 중요성을 강조하기 때문이다. 또한 이 본문은 신실함으로 반응하는 자들은 조상 야곱의 기업"을 상속할것이라고 제시한다. 더 나아가 이 본문은 59:1-63:6에서 하나님 백성들의 실패 선언과 시온을 향한 하나님의 무조건적 구원의 확신으로 인도한다. 비록 하나님께 공의와 의로움으로 반응하는 자들이 하나도 없으나(59:1-15a), 하나님 자신이 직접 의인에 대한 신원(伸怨)과 악인에 대한 보복(報復)의 방법으로 시온에게 구원을 가져다주신다(59:15b63:6).

마지막으로 우리는 63:7-66:24에서 종들의 기도에 나타나는 기업의 상실과 기업을 재확인시켜 주시는 하나님의 응답을 다루게 된다. 종들은 시온의 황폐, 하나님의 백성들의 더럽힘, 성전의 파괴 등으로 특징 지워지는 기업의 상실로 인하여 하나님께 기도한다(63:7-64:12). 하나님께서는 공동체의 탄원에 대해 두 가지 방법으로 응답하신다. 첫째, 하나님께서는 반역적인 행동을 선택한 백성들을 거절하신다. 둘째, 하나님께서는 겸손하고 통회하는 종들을 구원하신다. 이러한 주제의 전개 속에서 65:8-16은 중심되는 본문이 된다. 왜냐하면, 이 본문은 하나님의 궁극적 축복과 저주를 제시하면서 종들과 배교자들을 구분하기 때문이다. 하나님의 축복은 모든 부분에서 하나님의 종들이 경험했던 상실함에 영향을 미친다. 그들은 땅에서 하나님의 공급을 즐길 뿐 아니라 창조의 새로운 갱신의 비전을 확증받는다. 하나님께서는 종들을 위해 새 창조를 기업으로 약속하시는 반면에 악인들에게는 심판을 선언하신다(65:17-66:24). 위에서 선택한 중심되는 본문들은 전체 문맥과 별개로 분리된 것이 아니고 단지 그 자체의 독특한 특징들을 가지고 있다.

2장 방법론

이전 장에서는 현 이사야서 학계에 나타난 다양한 방법론을 소개하였다. 비록 이사야서 학자들은 이사야서를 전체로 읽어야 한다는 방향으로 선회하고 있으나 "어떻게" 그리고 "왜" 이사야서의 서로 다른 본문들이 통일성을 이루고 있는가에 대해서는 아직도 논의가 진행 중이다. 이전 장에서 제기된 몇몇의 방법론적인 이슈들을 다루기 위해 우리는 본 논문의 방법론을 살펴볼 것이다. 이 장에서 우리는 언어의 본질적 성격에 대해 그리고 본 이사야서 연구에 주로 사용될 텍스트학에 대해 다룰 것이다. 마지막으로 본문의 신학적 이해에 대해 다루고자 한다.

언어의 기본적 개념

עבדים(종들)과 נחלה(기업)이란 두 용어를 해석함에 있어서 우리는 우리가 가지고 있는 이전 개념(preconception)을 이 두 용어들에게 주입하지 않도록 바른 해석학적 이론을 가지고 있어야 한다. 한 사람이 가지고 있는

언어에 대한 관점은 그 사람의 해석적인 전략을 좌우하기 때문에 이는 성경 해석에 있어서 아주 중요하다. 따라서 우리는 이장에서 본 연구의 기본을 제공하는 언어에 대한 세 가지의 기본 개념에 대해 살펴본다. (1) 기호 언어에서 의미론의 언어, (2) 언어 의사 소통의 행위로서의 언어, (3) 언어의 은유적(비유적) 측면.

기호 언어에서 의미론으로

리쿠어(Paul Ricoeur)가 단언했듯이 언어학적으로 말하면 언어에 관한 문제의 핵심은 기호언어학(기호)과 의미론(문장)의 차이점에 달려 있다.[1] 기호 언어학은 언어가 생각을 표현하는 기호 또는 기호 시스템이라 보고 있다. 기호 언어학은 언어학적 기호들의 본질을 사회 생활의 한 부분으로 연구하며 또 그들을 지배하는 법칙을 탐색한다.[2] 기호 언어학 이론이 기호 시스템을 지배하는 원리들을 설명할 때 두가지의 중요한 특징들을 제시한다. 언어는 임의의 기호들의 시스템이며 언어는 사회문화와 그 관습에 의해 그 의미를 나타내고 있다.[3] 언어학적 기호는 두 가지의 측면(개념과 소리)

---

1 Paul Ricoeur, *Interpretation Theory: Discourse and the Surplus of Meaning* (Fort Worth, Tex.: The Texas Christian University Press, 1976), 8; idem, *The Conflict of Interpretations: Essays in Hermeneutics* (Evanston: Northwestern University Press, 1974); K. J. Vanhoozer, "Language, Literature, Hermeneutics, and Biblical Theology: What's Theological About a Theological Dictionary?" *A Guide to Old Testament Theology and Exegesis* (ed. Willem VanGemeren; Grand Rapids: Zondervan, 1997), 12-47.

2 스위스의 언어학 전문가인 페르디낭 드 소쉬르(1857-1913)는 현대 언어학 분야인 기호학 이론의 창시자이다. 소쉬르가 언어학과 성서 해석에 미친 영향은 헤아릴 수 없을 정도로 크다. 기호이론에 대해서다음을 참조하라. Jerzy Pelc, *Studies in Functional Logical Semiotics of Natural Language* (Paris: The Hague, 1971); Charles S. Peirce, *Collected Papers* (2d ed.; ed. C. Hartshorne and P. Weiss; Cambridge, Mass.: Harvard University Press, 1960); A. J. Greimas and J. Courtes, *Semiotics and Language: An Analytical Dictionary* (Bloomington, Ind.: Indiana University, 1982).

3 Ferdinand de Saussure, *Course in General Linguistics* (trans. Roy Harris; La Salle: Open

이 있다. 개념은 소리로 표현되며 소리는 개념의 기호가 된다.[4] 이 관계성은 임의적이다. 왜냐하면 개념과 소리 사이에 공식적인 내적 관계가 없기 때문이다.[5] 오직 사회의 관습이나 언어 공동체의 규칙이 개념과 소리의 조합을 결정하기 때문이다. 언어는 "서로 의존적인 단어들의 시스템"이기에 기호의 의미는 전적으로 언어 시스템 안에서 다른 기호들과의 연관성과 차이성을 통하여 결정된다.[6] 소쉬르(Saussure)는 다음과 같이 말한다. "주어진 언어에서 인접하는 개념들을 표현하는 모든 단어들은 서로의 의미를 정의하는데 도움을 준다."[7] 따라서, 언어 구조 안에서 기호의 존재나 가치는 그 내용에 의해 평가되는 것이 아니고 다른 기호 와의 대비를 통해 평가된다.

기호 언어학의 중요한 안목에도 불구하고 그 개념은 성경해석학에 심각한 영향을 미쳤다. 첫째, 제임스 바르(James Barr)가 비판한 것처럼 현 성

Court, 1986), 67-69. 참조. Anthony C. Thiselton, *New Horizons in Hermeneutics: The Theory and Practice of Transforming Biblical Reading* (Grand Rapids: Zondervan, 1992), 80-141.

4 Ibid., 65-67. 소쉬르는 기호를 "개념(또는 기의)과 소리 패턴(또는 신호)의 조합"으로 정의한다. 참조. John Lyons, *Language and Linguistics: An Instruction* (Cambridge: Cambridge University Press, 1981), 19-20.

5 예를 들어 '사랑'이라는 단어는 프랑스어('아무르'), 독일어('리베'), 한국어('사랑')에서 각각 다르게 읽힌다. 이러한 현상은 각 언어권마다 고유한 관습이나 습관에 따라 서로 다른 표현 수단을 가지고 있음을 나타낸다. 기호는 외부 세계와 독립적으로 존재하는 '독립된 단위'이다. 따라서 기호와 의미는 끝없이 다양하고 유동적이다.

6 Ibid., 114. 예를 들어, 소쉬르는 이렇게 말한다. "redouter('두려워하다'), craindre('무서워하다'), avoir peur('두려워하다') 같은 동의어 집합 각각은 서로 대비를 이룰 때에 그 특별한 가치를 가진다. 반면에, 단어들은 다른 단어들과의 함께 사용되어 풍부해진다. 예를 들어, décrépit(예: un vieillard décrépit에서)에 도입된 새로운 요소는 décrépi(예: un mur décrépi에서)의 공존의 결과이다." 그는 또한 이 원리를 '통사론적' 관계와 '패러다임적' 관계라는 측면에서 더 자세히 설명한다. 소쉬르의 말에 동의하는 존 리옹도 "현대 구조적 언어의 정의적 특징은 다음과 같다: 언어 단위는 다른 단위와의 패러다임적 및 통사론적 관계와 독립적으로 타당성을 갖지 않는다"고 말한다.

7 Ibid.

경신학자들은 "단어의 더 작은 언어학적 단위"에 초점을 맞추었고 그 단어에 "생각의 내적 세계"를 주입시켰다.[8] 기호 언어학자들은 "언어를 작은 구성 단위로 해체시키는 것에 관심을 둔다."[9] 만약 해석자가 단어들 그 자체에 초점을 맞춘다면 그는 화자가 어떤 특정한 상황 속에서 성취하고자 하는 그 특유한 의도를 식별하지 못하게 될 것이다.[10] 다른 말로 하면, 언어의 담화적 측면이 기호 언어학에서는 소외된다.

둘째, 기호 언어학은 언어에 있어서 의미의 불확실성에 대한 길을 열어 놓았다. 기호 언어학에서는 기호와 외적 세계와는 전혀 관계성이 없다. 언어는 언어 시스템 속에 갇혀서 그 자체로 충분한 세계이다.[11] 즉 언어는 폐쇄된 시스템이다. 왜냐하면 기호는 단지 언어 시스템 안에서 다른 기호들과의 내적 관계에 의해 정의되기 때문이다. 기호 언어학에 대해 벤후저(Vanhoozer)는 다음과 같이 비판한다. "언어는 세계를 명명(命名)하는 중립적인 도구가 아니고, 어떤 사상을 주입하는 불가결의 도구이다."[12] 즉 언어는 세계에 자신의 뜻을 주입하기 위해 고용된 도구다. 만일 언어가 서로 다른 네트워크 시스템의 구성체라면, 그 의미는 끝이 없이 유동적이며 여

---

8 James Barr, *The Semantics of Biblical Language* (London: Oxford University Press, 1961), 246.

9 Ricoeur, *Interpretation Theory*, 8.

10 K. J. Vanhoozer, "Language, Literature, Hermeneutics, and Biblical Theology: What's Theological About a Theological Dictionary?" *A Guide to Old Testament Theology and Exegesis*, 28-29. 플라톤은 또한 "고립된 단어들 또는 이름들의 진리 문제는 명명하는 것이 말하기의 힘이나 기능을 소진시키지 않기 때문에 결정되지 않은 채로 남아 있어야 한다"고 올바르게 언급했다. 참조. Ricoeur, *Interpretation Theory*, 1.

11 David E. Klemm, *The Hermeneutical Theory of Paul Ricoeur: A Constructive Analysis* (London and Toronto: Associated University Presses, 1983), 6, 79.

12 K. J. Vanhoozer, "Language, Literature, Hermeneutics, and Biblical Theology: What's Theological About a Theological Dictionary?" *A Guide to Old Testament Theology and Exegesis*, 29.

러가지가 된다.[13]

위에서 살펴본 바와 같이 언어에 대한 기호 언어학적 접근 방식은 많은 문제점이 있다. 따라서 이를 보완할 수 있는 의미론에 대해 다룰 필요가 있다.[14] 왜 우리는 언어의 의미론에 관심을 가져야 하는가? 첫째, 의미론은 기본적으로 언어의 통합적인 능력에 관심을 가진다. 문장의 과학이다. 리쿠어(Paul Ricoeur)는 문장에 초점을 두는 언어의 기본 개념을 제시하면서 기호 언어학의 문제점을 극복하려고 시도했다. 그는 다음과 같이 말한다.

> 크라틸루스(*Cratylus*)에서 플라톤은 고립된 단어들 또는 이름들의 진리에 대한 문제는 아직 결정되지 않은 상태로 남아 있어야 한다고 제시했다. 왜냐하면 명명하는 것은 발화의 기능 또는 능력을 소진하지 않기 때문이다. 언어의 로고스는 적어도 이름과 동사를 요구한다. 그리고 이 두 단어들의 조합은 언어와 생각의 첫 단위를 구성한다.[15]

다른 말로 하면, 분리된 단어 그 자체는 참도 아니고 거짓도 아니다. 문장은 명사와 동사의 조합이며 단어들을 서로 연결하고 통합하여 그 단

---

13 Thiselton, *New Horizons in Hermeneutics*, 80-141. "소쉬르가 죽은 지 50여 년이 지난 후 자크 데리다는 임의성과 차이에 대한 그의 원칙을 언어, 사고, 세계에 대한 반형이상학적 관점으로 급진화시켰다. 차이는 핵심적인 반존재론적 범주가 된다."

14 의미론의 분야가 방대하기 때문에 이 섹션에서는 의미론을 기호학의 보다 일반적인 틀 안에서 설정하도록한다.

15 Ricoeur, *Interpretation Theory*, 1. 플라톤과 아리스토텔레스와 같은 고대 철학자들은 기호학의 문제를 인식하고 있었다. 리쾨르는 "지금까지 우리는 아리스토텔레스가 『해석학』에서 말하는 진정한 '의미 있는 말'은 그가 세계 또는 판단의 구문이라고 부르는 복합 담화인 λόγος [로고스]라는 것을 무시하는 척해 왔다"고 말한다. 아리스토텔레스는 여기서 플라톤이 『크라틸로스』, 『테아테토스』, 『소피스트』에서 처음으로 명사와 동사의 구별에 심오한 의미를 부여하고 인간 담론의 초석으로 설정한 것을 활용하고 있다." 참조. idem, *Fallible Man* (trans. Charles Kelbley; Chicago: Henry Regnery Company, 1965), 49.

어를 넘어서는 의미를 산출한다.[16] 그러나 문장은 단지 기호들의 조합만은 아니며 담화의 기본 단위로서 그 자체만으로 독특한 실체이다.[17] 이는 어느 특정한 상황 가운데 무엇을 말할 때 사용할 수 있는 언어의 필수적인 단위이다. 따라서 언어의 통합적 절차에 의지하는 의미론은 해석자가 해석의 과정 속에서 담화(discourse)에 대한 총체적인 안목을 갖도록 도와준다.

둘째, 언어의 의미론적인 측면은 "의미"와 "지시(reference)" 사이를 구분을 하도록 도와준다. "의미"는 화자의 마음 속에 있는 것(정신적 내용)이며, "지시(指示)"는 나타난 언어 영역 밖의 실체들이다.[18] 의미론은 문장 사용을 통하여 언어 영역 밖의 실체를 지시한다. 기호 언어학의 시스템 안에서 기호들은 단지 다른 기호들을 지시한다. 만일 언어가 그 자체를 넘어 다른 세계를 지시하지 않는다면 과연 그것이 의미있는 것일까? 오직 담화 안에서 사용된 문장이 전체 담화 안에서 언급(지시)된 것을 이해하도록 도와준다. 언어의 지시적인 능력은 담화의 의미를 이루는 기본이다.

마지막으로 리쿠어(Ricouer)가 바로 지적하듯이 의미론은 발화(發話) 사건을 다룬다. 그는 다음과 같이 말한다.

---

16 Idem, *From Text to Action: Essays in Hermeneutics II* (trans. Kathleen Blamey and John Thompson; Evanston: Northwestern University, 1991), 77.

17 Vanhoozer, *Is There a Meaning in This Text?* (Grand Rapids: Zondervan, 1998), 204; Ricoeur, *Interpretation Theory*, 8. 문장의 과학으로서의 의미론은 언어에 대한 담론적 관점을 열어줍니다. 따라서 문장의 의미는 고립된 문장에만 국한되는 것이 아니라 문맥과 인접 문맥에서 연속된 문장으로 구성된 확장된 담론에 포함된다고 말할 수 있습니다.

18 Gottlob Frege, "On Sense and Reference," *Translation from the Philosophical Writings of Gottlob Frege* (ed. Peter Geach and Max Black; trans. Max Black; Oxford: Basil Blackwell, 1970), 56-78; Grant R. Osborne, *The Hermeneutical Spiral: A Comprehensive Introduction to Biblical Interpretation* (Downers Grove: InterVarsity, 1991), 76-78; Moisés Silva, *Biblical Words and Their Meaning: An Introduction to Lexical Semantics* (Grand Rapids: Zondervan, 1994), 101-36.

> 언급한다는 것은 어느 특정한 상황 가운데 사용된 문장이 그 무엇을 하는 것이다. 이는 또한 화자가 자신의 말들을 현실에 적용할 때 무엇을 하는 것이다. 누군가가 어느 특정한 시간에 무엇을 언급한다는 것은 하나의 사건이며 언어 사건이다.[19]

의미론은 언어 기호학 보다 존재론적인 우위를 선점한다. 왜냐하면 기호 언어학은 단지 가상의 현실과 초시간의 실체를 다루는 반면에 문장들은 언어 사건 속에서 언어의 시스템을 현실화시킨다.[20] 의미를 찾는 것은 화자가 한 언어 사건 안에서 행한 것을 이해하는 것이다. 의미론의 차원에서 문장은 단지 언어 시스템의 일부가 아니라 오히려 문장을 통하여 누군가가 무엇을 말하기 때문에 문장의 사용은 한 사람의 인격적인 행위이다.[21] 따라서 의미론은 언어를 이해하는 것, 즉 의미의 의사소통과 관련 되어있다.

결론적으로 말하면 의미는 언어 기호학(비인격적인 기호 체계) 보다는 오히려 의미론(의사소통의 행위)과 더 큰 연관성이 있다. 언어의 담화적 성격은 의사 소통이 일어나는 근거가 된다. 이 해석학적 이론은 해석자가 언어의 담화적 성격을 심각하게 생각해야 한다는 것을 말해주고 있다. 따라서 언어의 의미론적 측면을 회복하는 것이 해석의 과정에서 우선순위가 되어야 한다. 이러한 개념은 다음에 자세히 설명할 의사 소통을 하는 자의 의사

---

19 Ricoeur, *Interpretation Theory*, 20. Cf. William P. Alston, "Semantic Rules," *Semantics and Philosophy* (ed. Milton K. Munitz and Peter K. Unger; New York: New York University, 1974), 17-48; Paul Grice, "Meaning," *Philosophical Review* 66 (1957): 377-88.

20 Ricoeur, *Interpretation Theory*, 7.

21 Ibid., 204. 문장과 사람의 관계 대한 논의는 다음을 참조하라. P. F. Strawson, *Individual: An Essay in Descriptive Metaphysics* (London: Methuen, 1957), 87-116.

소통 행위으로서의 언어의 특징으로 본 논의를 인도한다.

의사 소통 행위로서의 언어

위에서 논의 한 것처럼 언어의 의미론은 기본적으로 의사 소통의 행위를 이해하는 것이다. 그러나 전통적인 언어학적 의사소통 이론들은 코드 모델에 그 근거를 두고 있다. 이 모델은 문장들은 단지 인코딩(encoding)과 디코딩(decoding)을 통해 정보를 전달하는 복잡한 언어학적 신호들이라고 말한다.[22] 따라서 언어는 단지 정보를 전달하는 도구로써만 기능하기에 의미를 단지 지시(reference) 또는 명제(proposition)로 축소시키는 경향이 있다. 그러나 언어는 단지 의사소통의 상호작용을 위한 매개체뿐만 아니라 의사소통의 행위 안에서 수 많은 사용의 목적을 가지고 있다.[23] 따라서 단어의 의미는 의사 소통의 행위 안에서 그 단어들이 가지고 있는 기능을 살피는 것이다. 따라서 담화의 의미를 깊이 있게 이해하기 위해서 우리는 언어가 "의사 소통 전달자(누구의 의미)"의 "의사 소통의 행위들(무엇의 의미)"이라는 것을 이해해야 한다.[24]

22 존 피스케(John Fiske)에 따르면, 의사소통 연구에 두 개의 주요 학파가 있다: 과정 학파(the process school)와 기호 학파(semiotics school)이다. 과정 학파는 메시지를 인코딩하고 디코딩 하는 데에, 의사소통을 통해 메시지를 효과적이고 정확하게 전송하는데 관심이 있다. 반면, 기호 학파는 "메시지 또는 텍스트가 의미를 생산하기 위해 그 문화에서 사람들과 상호작용하는 방법"에 집중한다. 더 많은 정보를 위해 다음을 보라. John Fiske, *Introduction to Communication Studies* (London and New York: Methuen, 1982), 2-67.

23 Vanhoozer, "From Speech Acts to Scripture Acts: The Covenant of Discourse and the Discourse of the Covenant," *After Pentecost: Language & Biblical Interpretation, Scripture & Hermeneutics Series, vol. 2* (ed. Craig Bartholomew, Colin Greene, and Karl Möller; Grand Rapids: Zondervan, 2001), 1-49. Cf. Paul Grice, *Studies in the Ways of Words* (Cambridge, Mass.: Harvard University, 1992).

24 Vanhoozer, *Is There a Meaning in This Text?*, 218-40. 벤후저는 "의사 소통 행위는 화자와 청자가 자유롭게 행동할 수 있도록 몇몇 실제 상황에 대해 이해하는 것을 목표로 한다"고 말한다. 그는 또한 의사소통 행위자(agent)로 보이는 저자는 "텍스트의 주제, 문학적 형태, 의사

화행론(speech-act theory)의 창시자인 어스틴(Austin)은 언어의 의사 소통 기능의 중요성을 제시한다. 그에 따르면 언어는 "수행문(performative)"으로 보아야 한다고 한다."[25] 우리는 언어를 사용할 때 여러 종류의 행위를 수행하는 것이다. 언어는 그 사용자가 자신의 의도에 따라 여러 목적을 가지고 사용하는 도구이다. 어스틴은 수행 행위를 다음과 같이 구분하고 있다. 발화 행위(*locution*, 무엇을 말하는 것), 발화 수반 행위(*illocution*, 무엇을 말할 때 수반 되는 행위), 그리고 발화 영향(*perlocution*, 말함의 효과).[26] 어스틴의 화행론은 어느 특정한 상황 가운데 언어의 기능을 이해하는 데 도움을 준다. 즉, 언

소통 에너지와 같은 본문의 의미를 결정하는 행동을 하는 사람"이라고 언급한다. idem, *God, Scripture & Hermeneutics: First Theology* (Downers Grove: InterVarsity, 2002), 127-203.

25 J. L. Austin, *How to Do Things with Words* (Cambridge, Mass.: Harvard University, 1975), 132-39. 어스틴(Austin)은 "수행문(perfomative)"(무언가를 하는 것)과 "진술적(constative)"(단지 무언가를 말하는 것) 발화(utterance)를 대비시킨다. 더 자세한 논의를 위해서는 다음을 보아라. J. R. Searle, *The Philosophy of Language* (London: Oxford University Press, 1971), 1-22; idem, *Speech Acts: An Essay in the Philosophy of Language* (Cambridge: Cambridge University Press, 1969),13-22. 성경연구에서 화행론사용을 참고하기 위해서는 다음을 참조하라. Richard S. Briggs, *Words in Action: Speech Act Theory and Biblical Interpretation* (Edinburgh: T&T Clark, 2001); idem, "The Uses of Speech-Act Theory in Biblical Interpretation," *CR:BS* 9 (2001): 229-76; Walter Houston, "What Did the Prophets Think They Were doing? Speech Acts and Prophetic Discourse in the Old Testament," *BibInt* 1, 2 (1993):167-88; Daniel Patte, "Speech Act Theory and Biblical Exegesis," *Semeia* 41 (1988): 85-102; Hugh C. White, "Introduction: Speech Act Theory and Literary Criticism," Semeia 41 (1988): 1-24; Hubert Irsigler, "Speech Acts and Intention in the 'Song of the Vineyard' Isaiah 5:1-7," *Old Testament Essays* 10 (1997): 39-60; Robert P Carroll, *When Prophecy Failed: Reactions and Responses to Failure in the Old Testament Prophetic Traditions* (London: SCM, 1979); Edmund Arens, *Gottesrede-Glaubenspraxis: Perspektiven theologischer Handlungstheorie* (Darmstadt: Wissenschaftliche Buchgesellschaft, 1994).

26 Austin, *How to Do Things*, 109-10. 어스틴은 또한 화자가 단어로 하는 것에 따라 발화를 다섯 가지 다른 유형으로 분류한다(labels): 판결(Verdictives), 행사(Exercitives), 언약(Commissives), 행태(Behabitives), 서술(Expositives). 어스틴의 후계자인 시얼(John R. Searle)은 어스틴의 분류를 체계화했고 발화 행위의 기본 범주를 분류했다: 단언(Assertives), 지시(Directives), 언약(Commissives), 표현(Expressives), 선언(Declaratives). 참조. John Searle, *Expression and Meaning: Studies in the Theory of Speech Acts* (Cambridge: Cambridge University Press, 1979), 8-29.

어의 의미는 단지 정보의 전달(locution, 발화) 자체에만 놓여 있는 것이 아니고 그 언어를 사용한 화자의 의도(illocution, 발화 수반 행위)에 따라 결정되어야 한다는 것이다.[27] 화자가 언어를 통하여 또 언어와 함께 무엇을 전달하고자 하는가에 대한 화자의 의도를 연구하는 것이 의미론의 중심을 이룬다. 그러면 화자가 사용한 언어의 의도(발화 수반 행위)를 연구하는 궁극적 목적은 무엇인가? 이는 해석에 있어서 텍스트의 전체 상황(context)을 고려한 "텍스트의 풍성한 묘사"를 위한 것이다.[28] 벤후저(Vanhoozer)는 다음과 같이 언급한다.

> 해석은 단지 발화의 차원(예, 그는 문장을 말했다. 또는 그는 불어 악센트로 말했다)을 넘어 의사 소통 행위(예, 그는 예수를 주로 고백했나)로서 저자가 의도하는 바를 적절하게 풍성히 묘사하는 작업과 관련된다.[29]

---

27 William P. Alston, *Illocutionary Acts and Sentence Meaning* (Ithaca, N.Y.: Cornell University Press, 2000), 282. 알스턴(Alston)은 발화 행위가 의미론에서 중요하다고 믿는다. 그는 "문장의 의미를 아는 것(배우는 것)은 의미가 맞는 어떤 발화 행위가 수행(perfoming)에 사용되는지를 아는 것(배우는 것)이다. 발화 행위 수행에서 올바르게 사용될 때를 알 수 있어야 하는 문장이 무엇을 의미하는지를 아는 것은 필요하며 충분하다"라고 말한다. 또한 다음을 참조하라. Idem, *Philosophy of Language* (Englewood Cliffs, N.J.: Prentice-Hall, 1964), 39; Thiselton, *New Horizons*, 291-307; idem, "The Supposed Power of Words in the Biblical Writings," *JTS* 25 (1974): 283-99; Savas L. Tsohatzidis, "Ways of Doing Things with Words," *Foundations of Speech Act Theory* (ed. S. L. Tsohatzidis; London: Routledge, 1994), 1-2.

28 해석에서 "두껍게" 및 "얇게" 묘사한다는 개념은 길버트 라일의 저서에서 논의되었다. 그는 소년의 윙크를 예로 들어 설명한다. "얇은" 묘사는 피사체가 "오른쪽 눈꺼풀을 빠르게 수축하고 있다"는 것만 말한다. 소년의 행동 맥락과 의도는 고려하지 않는다. 얼굴 움직임의 최소한의 의미만 설명한다. 그러나 "두꺼운" 묘사는 소년이 윙크를 통해 의도한 복잡한 맥락을 고려하는 것이다. 조롱, 깜빡임, 사랑의 신호 등이 될 수 있다. 참조. Gilbert Ryle, *Collected Papers* (vol. 2.; New York: Barns & Noble, 1971), 451-79; Clifford Geertz, *The Interpretation of Cultures* (London: Fontana, 1993), 3-13.

29 Vanhoozer, "From Speech Acts to Scripture Acts," 25; idem, *Is There Meaning*, 281-86.

해석자의 과제는 자신의 사상을 텍스트에 주입하는 것이 아니며 또 단지 텍스트의 진술 내용만 조사하는 것이 아니다. 그의 과제는 본문에 나타난 저자의 의사 소통 의도를 그 문맥을 고려하면서 탐구하는 것이다. 즉 저자가 전달하고자 하는 미묘한 의미(의도)까지 살피는 것이 해석자의 임무다. 따라서 본문의 풍요로운 묘사(thick description)를 하길 원하는 해석자는 "본문의 정보에 대해 설명할 수 있는 능력과 본문이 말하는 완벽하고, 일관성 있고, 자연스런 의미에 초점을 맞추어야 한다."[30]

가장 적합한 해석학적 설명을 위해 어떻게 발화 수반 행위(illocutionary acts)가 특정한 의사 소통의 상황 가운데 의미를 나타내는지가 중요한 문제가 된다. 의사 소통 행위자는 자신의 의사소통의 의도를 발화 수반 행위, 상황, 그리고 언어학적 관습들을 사용하여 전달한다.[31] 따라서 언어의 의사소통의 측면은 두 가지의 필수적 요소를 인식해야 할 필요성을 제시한다. 문맥과 장르이다.

첫째, 저자의 의사소통 행위는 그 행위가 발생하는 상황을 고려해야 가장 잘 설명될 수 있다. 성경을 해석하는 과정 가운데 우리는 세 가지의 필수적인 상황을 고려해야 한다. 문학적, 정경적, 역사적 문맥이다. 문학적 문맥은 해석에 있어서 중요한 위치를 차지한다. 왜냐하면 저자가 독자들을 위해 필요한 상황적 근거들을 본문에 이미 포함시켰기 때문이다.[32] 따

30 Robert H. Gundry, *Mark: A Commentary on His Apology for the Cross* (Grand Rapids: Eerdmans, 1993), 4. Cf. Mary Ann Tolbert, *Sowing the Gospel: Mark's World in Literary-Historical Perspective* (Minneapolis: Fortress, 1989).

31 문맥의 중요성에 대해서는 다음을 참조하라. T. A. van Dijk, *Text and Context: Explorations in the Semantics and Pragmatics of Discourse* (London: Longman, 1977), 189-231; Donald G. Ellis, *From Language to Communication* (Hillsdale, N.J.: Lawrence Erlbaum Associates, 1992), 83-103; G. B. Caird, *The Language and Imagery of the Bible* (Grand Rapids: Eerdmans, 1997), 49-53.

32 "원래 발화 장소와 시간에 대한 정보가 없더라도, 화자/작가와 의도된 수신자에 대한 정보가 없더라도, 물리적 맥락의 적어도 일부분을 재구성하고 텍스트의 해석에 도달할 수 있는

라서 본문의 인접 문맥과 주변의 문맥을 살피는 것이 중요하다. 정경적 문맥은 독자가 정경(성경 66권) 전체의 문맥 가운데 해석해야 할 것을 요구한다. 벤후저(Vanhoozer)는 다음과 같이 말한다. "만약 우리가 성경을 하나님의 말씀으로 읽는다면 나는 정경(성경 66권)이 최고의 의미를 전하는 문맥이라고 제안한다."[33] 마지막으로 역사적 문맥은 해석자가 고대 본문과 현재 독자들 사이에 있는 역사적 문화적 간격을 채우는 정보를 제공해 준다. 그러나 역사적 문맥이 문학적, 정경적 문맥 보다 더 중요시되어서는 안된다.[34] 오히려 우리는 문학적, 역사적, 정경적 문맥들을 서로 균형성을 가지고 고려해야 한다.

둘째, 장르(의사 소통 전략 또는 관습)는 적절한 의사 소통 행위를 이해하기

경우가 종종 있다. … 텍스트는 그 자체로 맥락을 만들어낸다." 참조. Brown and G. Yule, *Discourse Analysis* (Cambridge: Cambridge University Press, 1983), 46-50; Vanhoozer, "Language," 32-34; Peter Cotterell and Max Turner, *Linguistics & Biblical Interpretation* (Downers Grove: InterVarsity, 1989), 39-45, 72; Geoffrey N. Leech, *Principles of Pragmatics* (London: Longman, 1983).

33 Vanhoozer, *Is There Meaning*, 265. 정경은 "신성한 저자의 의도에 의해 구조화된 완전하고 적합한 의사소통 행위"라는 개념이 정경적 맥락의 근본적인 근거이다. 또한 종교개혁시대 해석학의 황금률인 "성경은 성경을 해석한다"는 원칙도 정경적 맥락을 고려하는 또 다른 근거이다. 참조하라. Brevard S. Childs, *Introduction to the Old Testament as Scripture* (Philadelphia: Fortress Press, 1979), 72-74; idem, *Old Testament Theology in a Canonical Context* (Philadelphia: Fortress, 1986); idem, "The Sensus Literalis of Scripture: An Ancient and Modern Problem," *Beiträge zur alttestamentlichen Theologie* (Göttingen: Vandenhoeck & Ruprecht, 1977), 80-93.

34 일부 학자들은 역사 비평의 함정에 대한 강한 반발로 인해 역사적 접근을 소홀히 하는 경향이 있다. 그러나 레벤슨이 지적한 것처럼 "전체주의적 주장"을 버리면 본문을 더 잘 이해하는 데 도움이 된다. 참조. J. D. Levenson, *The Hebrew Bible, The Old Testament, and Historical Criticism: Jews and Christians in Biblical Studies* (Louisville: Westminster/John Knox Press, 1993), 123. 돕스-올솝(Dobbs-Allsopp)은 궁극적으로 역사적 의미는 발견되는 것이 아니라 해석되는 것이라고 주장한다. 따라서 "문학 텍스트의 해석자가 의지할 수 있는 '객관적인' 역사적 맥락은 존재하지 않기 때문에" 역사적 맥락이 규범적이고 보편적이며 유일무이한 것이라는 주장은 잘못된 것이다. F. W. Dobbs-Allsopp, "Rethinking Historical Criticism," *BibInt* 7 [1999]: 235-71에서 인용. 참조. V. Philips Long, *The Art of Biblical History* (Grand Rapids: Zondervan, 1994); idem, "Old Testament History: A Hermeneutical Perspective," *A Guide to Old Testament Theology and Exegesis*, 83-99.

위해 고려되어야 한다. 만일 해석자가 화자의 의사 소통 행위를 이해하고자 한다면 그는 의사 소통 행위자가 어떠한 종류의 의사 소통 전략(규칙)을 사용했는지 인식해야 한다. 시얼(Searle)이 언급했듯이 "언어를 말하는 것은 아주 복잡한 규칙이 지배하는 형식의 행동을 다루는 것이다."[35] 언어를 배우고 익히는 과정은 이러한 규칙들을 배우고 습득하는 과정이다. 장르는 마치 "게임의 규칙"과 같다.[36] 장르에는 저자와 독자(청자)가 함께 텍스트의 세계 속으로 들어갈 때 어떤 의사 소통의 전략을 기대할 수 있도록 서로 공유하는 규칙이 있다.[37] 아브라함(R. D. Abraham)은 장르를 "표현의 패턴"이라고 부르며 장르의 의사 소통 기능에 초점을 맞추어 설명한다. 왜냐하면 저자는 독자들이 이러한 패턴들을 기대할 수 있도록 이들을 확실하게 제시하기 때문이다.[38] 따라서 장르의 형태를 인식하는 것은 언어의 성

---

35 Searle, *Speech Acts*, 12. 바흐친(Bakhtin)은 또한 "물론 각각의 개별 발화는 개별적이지만, 언어가 사용되는 각 영역은 비교적 안정적인 유형의 발화를 발전시킨다"고 주장한다. 이를 우리는 언어 장르라고 부를 수 있다. 참고. M. M. Bakhtin, *Speech Genres and Other Late Essays* (trans. Vern W. McGee; Austin: University of Texas Press, 1986), 60-102.

36 허쉬(E. D. Hirsch)는 장르를 게임에 비유한다. "발화의 의미를 이해하는 것은 게임의 규칙을 배우는 것과 같다. 게임을 제대로 하려면 규칙을 배워야 한다." (E. D. Hirsch, *Validity in Interpretation* [New Haven: Yale University Press, 1967], 70). 참조. M. E. Amsler, "Literary Theory and the Genres of Middle English Literature," *Genre* 13 (1980): 389-90.

37 "장르 연구는 한 문화권의 문학 관습을 명확히 하고, 작가와 의도한 청중 사이의 수사학적 상호 작용을 정의하는 데 도움이 된다. 결과적으로 이러한 지식은 주어진 텍스트를 올바르게 이해하는 데 도움이 된다." (Branson L. Woodard, Jr. and Michael E. Travers, "Literary form and Interpretation," *Cracking Old Testament Codes* [ed. D. B. Sandy and R. L. Giese; Nashville: Broadman and Holman, 1995], 40). 예를 들어 구약에는 이야기, 역사, 율법, 구원 신탁, 심판 선포, 묵시, 애가, 찬양, 속담, 비속담과 같은 다양한 장르가 있다. 따라서 독자는 본문이 전달하고자 하는 각 장르의 규칙을 따라야 한다. 구약의 장르에 대한 자세한 논의는 다음을 참조하라. Ronald L. Giese, Jr., "Literary Forms of the Old Testament," *Cracking Old Testament Codes* (ed. D. B. Sandy and R. L. Giese; Nashville: Broadman and Holman, 1995), 5-27; Tremper Longman III, "The Literature of the Old Testament," *A Complete Literary Guide to the Bible* (ed. Leland Ryken and Tremper Longman III; Grand Rapids: Zondervan, 1993), 95-107.

38 R. D. Abrahams, "The Complex Relations of Simple Forms," *Genre* 2 (1969): 104-28; James L. Bailey, "Genre Analysis," *Hearing the New Testament: Strategies for*

공적인 의사 소통을 지속하기 위해 필수적인 요소이다.

언어의 은유적 측면

우리는 지금까지 언어의 기능을 의사 소통 행위의 측면으로 논의를 했다. 이제 우리는 화자가 자신의 언어 행위에서 사용한 언어의 유형에 대해 살펴보기로 한다.[39] 일반적으로 언어 유형(type)의 문제는 문자적(과학적) 또는 은유적(비유적) 언어 사용과 관련되어 있다.[40] 은유의 정의와 성질에 대해서는 학자들마다 다른 의견을 가지고 있다. 따라서 은유의 정의에 대한 여러 학자들의 의견을 논의함으로 우리는 성경 해석에 있어서 유용한 안목과 이해를 얻고자 한다.

계몽주의 사상 이후로 합리론자들과 경험주의자들은 오직 문자적인 언어가 정확한 의미를 표현하는 매체라고 생각했다.[41] 따라서 그들은 은유적

Interpretation (ed. Joel B. Green; Carlisle: Paternoster, 1995), 197-221.

39 예를 들어, 화자는 기하학의 증명과 신화를 제시할 때 각기 서로 다른 유형의 언어를 사용한다.

40 은유는 환유, 생략, 과장, 아이러니, 완곡어법(또는 애둘러말하기) 등과 같은 다양한 비유적 언어 사용의 한 형태이므로 문자적인 것과 은유적인 것 사이에 선을 긋는 것은 불만족스러워 보인다. 그러나 이 연구에서는 문자적 의미에 반대되는 은유적 의미에 초점을 맞출 것이다. 자세한 정보는 다음을 참조하라. G. B. Caird, *The Language and Imagery of the Bible, 131-43; Janet Martin Soskice, Metaphor and Religious Language* (Oxford: Clarendon, 1985), 54-66. 은유를 더 잘 이해하기 위해서는 문자적 사용과 비유적 사용의 차이를 정의할 필요가 있다. 본 연구에서는 맥키(Macky)가 정의한 문자적 -"(전달 가능한) 독립적 사용"-과 비유적 -"다른 사용들에 의존하는" - 정의를 따를 것이다. 자세한 논의는 다음을 참조하라. Peter W. Macky, *The Centrality of Metaphors to Biblical Thought: A Method for Interpreting the Bible* (vol. 1 of SBEC; Lewiston: The Edwin Press, 1990), 31-39.

41 그들은 인간의 개념 체계가 기본적으로 문자적이라고 가정한다. 참조. Mark Johnson, ed., *Philosophical Perspectives on Metaphor* (Minneapolis: University of Minnesota Press, 1981), 12; Peter W. Macky, "The Role of Metaphor in Christian Thought and Experience as Understood by Gordon Clark and C. S. Lewis," *JETS* 24 (1981): 239-42; idem, "The Theory of Essential Metaphor: A Rejoinder," *JETS* 25 (1982): 205-11; G. Clark, *Language and Theology* (Phillipsburg, N.J.: Presbyterian and Reformed, 1980).

표현이 문자적 표현을 대체해서 사용되었다고 보았다(대체적 관점, substitution view).[42] 그들은 또한 은유가 청중들에게는 이차적이며, 심미적이며, 기분 좋은 호소라고 믿었다(장식의 관점, an ornament view).[43] 이 관점은 은유가 필수적이라기 보다는 오히려 정식 언어 사용의 표준에서 벗어난 언어라는 점을 암시하고 있다. 즉 은유는 단지 장식적인 용도로 사용되며 그 어떤 의미 심장한 것을 말하는 것도 아니고 실체를 탐구하는 것도 아니다. 은유는 그 어떤 인지적인 내용을 전달하는 것도 아니라고 믿었다.

은유의 대체적 관점에 대한 대안으로 리차드와 블렉(I. A. Richards and Max Black)은 "은유의 상호작용의 관점"을 제시했다. 리챠드(Richards)는 의미는 문장에서 두 부분 - 매체(vehicle)와 주의(tenor) - 의 상호 작용으로 창조된다고 주장한다. 주의는 "매체나 비유가 의미하는 기초가 되는 생각 또는 근본적인 주제"이다.[44] 리챠드(Richards)에게는 은유가 단지 장식이 아니고 "언어의 편재하는 원리"이다.[45] 블렉(Max Black)은 은유가 "서로 연결된 상투어의 시스템"이란 개념을 제시하므로 리챠드(의 이론을 더욱더 발전시킨다. 블렉(Black)은 초점(focus, 문장에서 은유적 용어)과 틀(frame, 문장에서 다른 용어들)이 새로운 의미를 산출하기 위해 서로 상호 작용을 한다고 주장한다.[46]

---

42 Roger Lundin, "Metaphor in the Modern Critical Arena," *ChrLit* 33.1 (1983): 19-25. 아리스토텔레스는 『시학』에서 대체 관점의 기초를 제공한다. "은유는 어떤 사물에 다른 무언가에 속한 이름을 부여하는 것으로 구성된다"고 말한다. Richard McKeon, ed., *The Basic Works of Aristotle* (New York: Random House, 1941), 1476. 캐롤(R. P. Carroll)은 대체 이론을 이사야서에 적용한다. 참조. R. P. Carroll, "Second Isaiah and the Failure of Prophecy," *Studia Theologica* 32 (1978): 119-31.

43 Macky, "The Role of Metaphor," 241-42. 아리스토텔레스도 은유를 "언어에 추가되는 것"이자 "고기의 양념"이라고 말했다. 따라서 그에게 은유는 진리가 아니라 장식에 불과하다.

44 I. A. Richards, *Philosophy of Rhetoric* (London: Oxford University Press, 1936), 97.

45 Ibid., 91.

46 Max Black, *Models and Metaphors: Studies in Language and Philosophy* (Ithaca, N.Y.: Cornell University, 1962), 28.

이러한 상호 작용은 서로 연결된 상투어의 시스템 즉 주어진 문화 속에서 진리로 받아들여지는 일반적 지식을 통하여 이루어 진다.[47] 레코프와 존슨(Lakoff and Johnson)은 좀 더 급진적인 관점을 제시함으로 블렉(Black)의 관점보다 한 걸음 더 나아간다: "우리가 생각하고 행동하는 우리들의 일반적인 개념 시스템은 근본적으로 은유적인 성격을 가지고 있다."[48] 위에서 언급한 상호작용의 관점들로부터 우리는 은유의 성격에 대해 어느 정도 안목을 얻을 수 있다. 첫째, 은유는 어떤 특징은 강조하고 다른 특징들은 숨긴다.[49] 둘째, 표면상으로는 일관성이 없어 보이는 은유들 사이에 나타난 은유적 일관성은 공통된 함의(含意)(common entailment)를 서로 공유하는 역할을 한다.[50] 즉, 각각의 서로 다른 은유는 개념의 여러 측면을 강조하며 서

47 Ibid., 39-40. 딜레(Sarah J. Dille)는 이사야서의 부모 이미지를 조사하면서 아버지, 어머니, 자녀의 출산 등에 대한 일반적인 관습을 탐구했다. 그녀는 "관습은 문화적으로 결정되고 특정되기 때문에 이것이 결정될 수 있을 때 고대 근동, 특히 이스라엘 문화와 신바벨로니아 문화와 관련된 공통된 관습에 주의를 기울여야 한다"고 말했다. 다음을 보아라. Sarah J. Dille, *Mixing Metaphors: God as Mother and Father in Deutero-Isaiah* (JSOTSup 398; London: T&T Clark International, 2004), 7.

48 George Lakoff and Mark Johnson, *Metaphors We Live By* (Chicago: University of Chicago Press, 1980), 3. Cf. Michael J. Reddy, "The Conduit Metaphor," *Metaphor and Thought* (ed. A. Ortony; Cambridge: Cambridge University Press, 1979), 284-323. 이들에게 은유의 본질은 한 종류의 사물을 다른 종류의 관점에서 이해하는 것뿐만 아니라 실제로 경험하는 것이다. 이들의 관점은 인간의 개념적 틀이 근본적으로 문자적이라고 믿는 합리주의자들의 은유에 대한 관점과는 정반대이다.

49 Ibid., 139-46. 라코프와 존슨은 한 가지 예를 보여준다. "사랑은 공동의 예술 작품이다." 이 비유는 사랑은 "일"이며 "공동의 목표를 추구하는 것"과 같은 사랑의 활동적인 측면을 강조한다. 반면에 사랑의 감정적인 측면은 찾아볼 수 없다. 한마디로 이 은유는 사랑 경험의 "매우 구체적인 측면"을 수반합니다.

50 Ibid., 87-105. "두 은유 사이의 일관성을 정의하고 논증이 다루는 근거의 양과 그것이 가지는 내용의 양 사이의 연결을 제공하는 것은 두 은유 사이의 이런 함의들의 중첩이다"(같은 책, 94). 예를 들어, 남편, 아버지, 백성의 왕으로서의 여호와에 대한 세 가지 서로 다른 은유들은 일관된 방식으로 결합되어 하나님의 다양한 측면들을 함의한다. 상세한 논의를 위해 다음을 참조하라. N. Stienstra, *YHWH Is the Husband of His People: Analysis of a Biblical Metaphor with Special Reference to Translations* (Kampen: Kok Pharos Publishing House, 1993); E. F. Kittay and A. Lehrer, "Semantic Fields and the Structure of Metaphor," *Studies in Language* 5 (1981): 31-63.

로 일관성 있게 상호작용을 한다. 리챠드(Richards), 블랙(Black), 레코프와 존슨(Lakoff and Johnson)은 은유가 인지(認知)의 차원에서 기능한다고 주장한다. 즉, 은유는 실체에 대한 안목이나 어느 한 면을 제공한다. 따라서 이들은 은유가 문자적 언어로 축소될 수 없음을 주장한다.

리쾨르(Paul Ricoeur)는 은유를 담화의 관점으로 논의함으로 은유 이론에 기여를 한다. 은유에서 의미의 창조(의미론적 혁신 또는 의미론적 사건)는 오직 담화 안에서 설명이 가능하다.[51] 리쾨르는 은유가 두 단어 사이에 있는 긴장 관계의 결과물이라 하며 좀 더 정확하게는 담화 안에서 두 가지의 해석(문자적, 은유적)이라고 주장한다. 사전적 실체(lexical entity)가 아닌 담화는 의미론적 사건이 일어나는 의미론적 네트워크를 위한 독특한 기반을 제공한다. 따라서 은유는 "문자적 차원을 넘어 개념이 명료한 담화에 의해 어느 정도 알 수는 있는 인지적 기능을 수행한다."[52] 리쾨르가 제시한 관점의 또 다른 중요한 점은 은유적 담화 안에서 실체를 다시 묘사하는 능력이다. 다른 말로 하면 은유는 존재의 새로운 가능성과 함께 실체를 "역동적 상응(相應)"으로 지시한다.[53] 이 은유적 담화의 존재적 기능은 단지 "사실"을 넘어 실체의 "생생한 묘사"를 창조한다. 은유의 이러한 성격으로 인하여 벤

51 리쾨르(Ricoeur)는 "은유적 속성이란 본질적으로 특정 맥락을 실제적이고 독특한 맥락으로 만드는 상호작용의 네트워크를 구성하는 것이라고 말하고 싶다. 은유적 왜곡은 동시에 사건이자 의미이며, 의미하거나 수식하는 사건, 즉 언어에 의해 창조되는 새로이 부각되는 의미이다"라고 말한다. 좀 더 상세한 논의는 다음을 참조하라. Paul Ricoeur, *The Rule of Metaphor: Multi-disciplinary Studies of the Creation of Meaning in Language* (Toronto: University of Toronto Press, 1977), 66-100; idem, "Metaphorical Process," *Semeia* 4 (1975): 75-80; Monroe C. Beardsley, "The Metaphorical Twist," *Philosophy and Phenomenological Research* 22 (1962): 293-307.

52 Vanhoozer, *Is There Meaning, 129; idem, Biblical Narrative in the Philosophy of Paul Ricoeur: A Study in Hermeneutics and Theology* (Cambridge: Cambridge University Press, 1990), 56-67; Ricoeur, *Interpretation Theory*, 45-51. 전체 은유적 발화를 살릴 수 있도록 하기 위해 우리는 은유적 발화에서 단어의 은유적 사용을 고려해야 한다.

53 Vanhoozer, *Biblical Narrative*, 71. 벤후저(Vanhoozer)는 이 개념을 "존재의 잉여"라고 부른다. 또한 다음을 참조하라. Ricoeur, *Rule of Metaphor*, 43, 247-56, 303-22.

후저(Vanhoozer)는 다음과 같이 지적한다. "은유적 담화는 아마도 종말론적 세계를 묘사하는 가장 적절한 언어다."[54] 분명히 리쾨르는 은유를 담화의 관점으로 논의함으로 은유적 성격의 언어를 접근함에 있어서 유용한 기본적 틀을 제공하고 있다.

그렇다면 은유는 단지 실체에 대한 새로운 정보만 제공하는가? 은유가 의사 소통 행위의 수단으로 사용될 수는 없는가? 멕키(Peter W. Macky)는 은유적 의사 소통 행위의 중요성을 연구하고자 시도했다. 은유는 성경 저자들이 자신의 목적과 의사 소통을 효과적으로 이루기 위해 사용한 필수적인 요소라고 그는 주장한다.[55] 그는 은유적 화행 목적의 7가지 구분을 제시한다: 제시 행위(presentative), 정표 행위(expressive), 평가 행위(evaluative), 수행 발화(performative), 탐구 행위(exploratory), 역동적(사랑, 교육, 변화) 행위, 관계적 행위.[56] 성경 저자들이 은유를 사용하는 중심되는 목적은 관계적인 측면에 있다고 그는 주장한다: "하나님과 청중들 사이에 관계성을 고취시키기 위한 매개체로 사용된다."[57] 만약 우리가 화자들의 이러한 목적들을 알면 우리는 화자의 은유적 생각들에 참여할 수 있다. 은유가 청중들과 관

---

54 Ibid.

55 Macky, *The Centrality of Metaphors*, 243-63; Yehosua Gitay, "Why Metaphors? A Study of the Texture of Isaiah," *Writing and Reading the Scroll of Isaiah: Studies of an Interpretive Tradition* (ed. Craig C. Broyles and Craig A. Evans; Leiden: Brill, 1997), 57-65.

56 Ibid.; Brian Doyle, *The Apocalypse of Isaiah Metaphorically Speaking: A Study of the Use, Function and Significance of Metaphors in Isaiah 24-27* (BETL 151; Uitgeverij Peeters Leuven-Sterling, Va.: Leuven University Press, 2000); Janet Martin Soskice, *Metaphor and Religious Language* (Oxford: Clarendon Press, 2002), 49, 101. 또한 소스키체(Soskice)는 은유가 전체 말하는 행위라고 주장한다. 그녀는 "은유란 한 가지를 통해 다른 것을 암시하는 용어로 말하는 것"이라고 말한다. 참조. Sallie McFague, *Metaphorical Theology: Models of God in Religious Language* (Philadelphia: Fortress, 1982), 14-29; Ted Cohen, "Figurative Speech and Figurative Acts," *Philosophical Perspectives on Metaphor* (ed. Mark Johnson; Minneapolis: University of Minnesota Press, 1981), 182-99.

57 Ibid., 248.

련을 맺을 때 상상력은 중요한 역할을 한다. 왜냐하면 은유적 언어에 의해 호소된 상상력은 청중들이 화자의 경험을 공유하도록 도와 주기 때문이다.[58] 상상력은 본문에 나타난 언어학적 상징들을 통하여 독자들이 성경의 세계를 이해하는 데 도움을 준다.

결론적으로 말하면, 은유는 문자적 언어가 제공할 수 없는 효과를 내면서 새로운 실체를 묘사하는데 사용된 인지적인 도구이다. 이는 또한 효과적인 의사 소통을 위해 생생함과 설득력을 가지고 청중들의 모든 감각에 호소함으로서 특별한 역할을 한다.

텍스트학의 독특한 특징들

위에서 논의한 언어의 기본적 특징들을 기반으로 본 연구는 텍스트학을 사용할 것이다. 텍스트학(또는 담화분석)은 최근 언어학의 광범위한 동향 가운데 나타난 이론이며 지난 수 십년 동안에 가장 폭넓게 논의된 연구 분야이다.[59] 텍스트학은 어느 특정한 상황 가운데 사용된 역동적 언어에 관

58 Ibid., 287-88; Ricoeur, *The Rule of Metaphor*, 207-11. See also, C. S. Lewis, *Experiment in Criticism* (Cambridge: University Press, 1961); Trevor Hart, "Imagination and Responsible Reading," *Renewing Biblical Interpretation* (ed. Craig Bartholomew et al.; Grand Rapids: Eerdmans, 2000), 307-33; Garrett Green, I*magining God: Theology and the Religious Imagination* (New York: Harper & Row, 1989).

59 간단한 역사에 대해서는 다음을 참조하라. M. Stubbs, *Discourse Analysis: The Sociolinguistic Analysis of Natural Language* (Language in Society 4; Oxford: Basil Blackwell, 1983), 1-12; Robert de Beaugrande, "Text Linguistics through the Years," *Text* 10 (1990): 9-17; R. de Beaugrande and W. Dressler, *Introduction to Text Linguistics* (London: Longman, 1981), 14-30; Peter J. MacDonald, "Discourse Analysis and Biblical Interpretation," *Linguistics and Biblical Hebrew* (ed. Walter R. Bodine, Winona: Eisenbrauns, 1992), 153-75. 텍스트 언어학에 대해 고려할 만한 다른 자료들은 다음과 같다. W. Dressler, ed., *Current Trends in Textlinguistics* (Berlin: Walter de Gruyter, 1978); R. E. Longacre, *The Grammar of Discourse* (New York: Plenum, 1983); John Lyons, *Language and Linguistics: An*

심을 두고 있으며 '왜' 그리고 '어떻게' 의미가 언어학적 형태(텍스트)를 통하여 창조되고 전달되었는지 살피는 학문이다. 따라서 텍스트학은 우리가 텍스트를 읽을 때 유익한 점들을 제공한다. 텍스트학의 목적은 다음의 사항을 설명하는 것이다. (1) 어떤 구성 요소(단어 또는 문장)의 모음이나 별개의 단위가 아닌 그 무엇이 텍스트를 일관성있는 전체로 만드는가?[60] (2) 저자와 독자가 어떤 원리 하에 서로 상호 작용하는 의사 소통의 기능과 틀은 무엇인가?[61] 사회학, 심리학, 해석학, 문체론 등 텍스트학의 접근 방식은 여러가지가 있으나 가장 중요한 연구의 대상은 텍스트 그 자체이다.[62] 이는 텍스트학이 본문을 중심으로한 접근 방법이며 독자의 전제나 본문

Introduction (New York: Cambridge University Press, 1981). 성경연구에 적용한 연구에 대해서는 다음을 참조하라. D. A. Dawson, *Text Linguistics and Biblical Hebrew* (JSOTSup 177; Sheffield: JSOT Press, 1994); Susan Anne Groom, *Linguistic Analysis of Biblical Hebrew* (Waynesboro, Ga.: Paternoster Press, 2003); Bertil Wiklander, *Prophecy As Literature: A Text-Lingusitic and Rhetorical Approach to Isaiah 2-4* (ConBot 22; Uppsala: C. W. K. Gleerup, 1984). 두 개의 학술 논문집들은 다음과 같다. *Text* (10 [1990]) and *Annual Review of Applied Linguistics* (11 [1990]).

60 Jeffrey T. Reed, "The Cohesiveness of Discourse: Towards A Model of Linguistic Criteria For Analyzing New Testament Discourse," *Discourse Analysis and the New Testament: Approaches and Results* (JSNTSup 170; ed. Stanley E. Porter and Jeffrey T. Reed; Sheffield: Sheffield, 1999), 28-29; W. Labov, *Sociolinguistic Patterns* (Philadelphia: University of Pennsylvania Press, 1972), 252-58. 라보르(Lavor)는 "담화 분석의 근본적인 문제는 한 발화가 어떻게 합리적인이고 규칙이 지배하는 방식에 의해 다른 발화를 따르는지, 즉 일관된 담화를 어떻게 이해하는지를 보여주는 것이다"라고 언급한다.(같은 책, 252).

61 Donald G. Ellis. *From Language to Communication* (Mahwah, NJ.: Lawrence Erlbaum Associates, 1999); Dressler, *Einführung in die Textlinguistik* (2d ed.; Konzepte der Sprach-und Literaturwissenschaft 13; Tübingen: Niemeyer, 1973), 1-15; Birger Olsson, *Structure and Meaning in the Fourth Gospel: A Text-Linguistic Analysis of John 2:1-11 and 4:1-42* (trans. Jean Gray; CBNT 6; Lund: Gleerup, 1974), 8-12; D. Hellholm, *Das Visionenbuch des Herman als Apokalypse: Formgeschichtliche und Textheoretische Studien zu einer literarischen Gattung* (ConBNT 13; Lund: Gleerup, 1980).

62 드레슬러(Dressler)는 텍스트 언어학의 일반적인 전제를 다음과 같이 말한다. 텍스트(또는 담화)는 "언어의 기본 단위인 일차적인 언어 기호"이다(*Einführung in die Textlinguistik*, 3). 본문 중심의 접근법의 유익한 점들에 대한 더 상세한 설명은 다음을 참조하라. Birger Olsson, "A Decade of Text-Linguistic Analyses of Biblical Texts at Uppsala," *Studia Theologica* 39 (1985): 123-25.

뒤에 숨겨진 성경 밖의 세계(삶의 정황)가 아닌 본문의 최종형태가 권위를 가진다는 점을 중요시한다. 텍스트학의 중요한 특징을 살피기 전에 먼저 질문해야 할 것은 과연 "텍스트가 무엇인가?"라는 질문이다. 해석의 모든 이론은 텍스트의 개념을 전제로 한다. 다음에 소개하는 텍스트에 대한 이론은 성경의 신학적 해석에 있어서 근본을 이루는 개념이다.

텍스트(또한 담화)란 무엇인가?

일반적으로 언어학에서 텍스트는 "일관성 있는 전체를 형성하는(말해지거나 또는 기록된) 일정한 길이의 모든 단락"을 말한다."[63] 위 설명에 의하면 텍스트는 아마도 문장들의 일관성 있는 모음일 것이다. 그러나 텍스트는 복잡한 현상을 가지고 있기에 그 정의도 여러 측면으로 설명해야 한다. 우리는 텍스트의 세 가지 면들을 설명할 것이다. (1) 텍스트의 의사소통, (2) 텍스트의 구성, (3) 텍스트의 기준. 첫째, 텍스트의 의사소통은 저자독자 세계(신학적 개념들)의 삼각 관계 속에서 발생된다.[64]

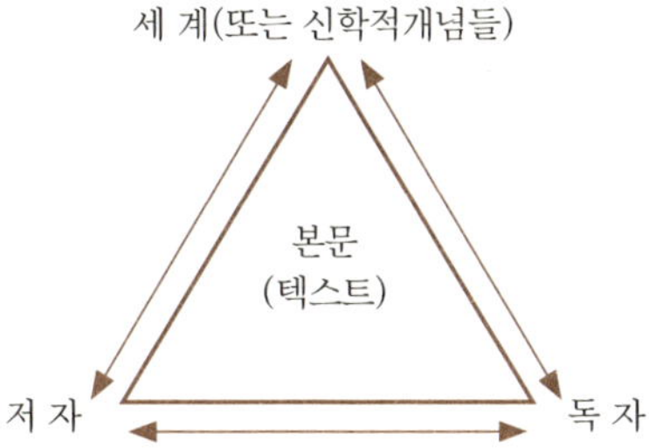

63 M. A. K. Halliday and Ruqaiya Hasan, *Cohesion in English* (London: Longman, 1976), 1.

64 삼각형 관계는 텍스트의 외부 상황이기도 하다. 본 연구는 저자-청중-우주의 관계를 위키랜더(Wiklander)의 광범위한 논의에 의존한다. Wiklander, *Prophecy As Literature*, 41-44. 참조. Jeffrey T. Reed, "Discourse Analysis as New Testament Hermeneutic: A Retrospective and Prospective Appraisal," *JETS* 39 (1996): 223-40; E. Gülich and W. Raible, *Linguistische Textmodelle* (München: Fink, 1977).

저자는 텍스트의 산출자이기에 그는 텍스트와 결합되어 있으며 그가 텍스트 안에서 말한 것에 대한 책임이 있다. 게다가 저자는 텍스트를 산출하므로 자신의 의사소통 의도를 이루고자 한다. 독자는 텍스트의 수납자이다. 독자의 텍스트의 수납 행동에서 텍스트에 구현된 저자의 의사소통의 의도는 성취된다. 따라서 지언란드(Jeanrond)가 주장하듯이 "텍스트 산출과 수납은 의사 소통의 의도에 의해 인도된다."[65] 텍스트는 객체들, 인물들, 시-공의 상황들, 그리고 믿음들(의사소통의 내용들)과 같은 요소를 포함하면서 외적 세계(external universe)를 지시한다. 텍스트는 어떻게 저자가 세계(또는 신학적 생각들)을 이해하며 그가 어떻게 그 세계를 독자들에게 언어를 통하여 전달하고자 하는가를 보여준다. 이와 같은 텍스트에 대한 관점은 저자, 독자, 그리고 세계가 서로 밀접하게 연관되어 있다는 것을 제시한다. 따라서 이 개념은 텍스트 저자의 의도를 떠난 객관적 텍스트의 자율성이란 환영(幻影)을 제거한다.[66] 이 삼각 관계는 저자와 독자 사이 그리고 텍스트와 의사 소통 행위 사이에 상호적인 관계가 있다는 것을 가리킨다.[67]

둘째, 의사 소통적 텍스트는 세 가지 단계로 구성된다. 구문적, 의미적, 화용론적.[68] (1) 구문적 단계는 단어들과 절들을 표면적 단계에서 함께 연결시켜주는 형식적 연결부에 관심을 둔다. (2) 의미적 단계는 구문적 구조

---

65 Jeanrond, *Text and Interpretation*, 83.

66 리쾨르(Ricoeur)는 텍스트가 저자, 청중, 우주에 대해 자율적이라고 주장한다(그의 용어로는 '거리화 현상'이라고 부른다). Paul Ricoeur, *Hermeneutics and the Human Science* (Cambridge and New York: Cambridge University Press, 1981), 139; idem, "The Hermeneutical Function of Distanciation," *Philosophy Today* 17 (1973): 133f. 성서 비평의 역사를 보면 각 비평은 우주, 저자, 독자, 텍스트에 대한 의미의 강조점에 따라 분류할 수 있음을 알 수 있다. 참조. M. H. Abrams, *The Mirror and the Lamp: Romantic Theory and the Critical Tradition* (London: Oxford University Press, 1971), 3-29; John Barton, "Classifying Biblical Criticism," *JSOT* 29 (1984): 19-35.

67 Jeanrond, *Text and Interpretation*, 77-78.

68 Wiklander, *Prephecy as Literature*, 45;

위에 세워진 구성들의 중요한 개념적, 논리적 관계을 통하여 텍스트의 구성요소들을 함께 묶어주는 패턴을 일컫는다. (3) 화용적 단계는 저자가 자신의 메시지가 나와야만 하는 상황, 목적 필요등과 관련하여 어떻게 효과적으로 독자들에게 전달하는가에 관련되어 있다. 지언란드에 따르면 "텍스트는 일정한 상황 가운데 표현의 전체성을 이루기 위해 구문적으로 서로 연결되고 주제적으로 결합된 의미의 통일체를 구성한다"고 한다.[69] 따라서 이 세 가지 요소(구문적, 의미적, 화용적)들은 결코 서로 분리될 수 없으며 오히려 이들은 의사 소통을 위하여 서로 일관성 있게 연결되어 있다. 텍스트는 역동적인 의사 소통을 가능케 하며 결코 정적이지 않다.

셋째, 드 보그란드와 드레슬러(de Beaugrande and Dressler)는 "텍스트를 일곱가지의 텍스트성 기준을 충족하는 의사 소통적 사건"이라고 정의한다. 텍스트성의 일곱가지 기준은 문법적 구문적 결속구조, 의미적 일관성, 의도성, 수용성, 정보성, 상황성, 그리고 상호 텍스트성이있다.[70] 이 기준들이 충족될 때 텍스트는 일관성 있는 언어학적 의사 소통적 단위가 된다. 좀 다르게 표현한다면, 이러한 기준들은 텍스트의 의사 소통을 구성하는 원리로 작용한다.

위에서 살펴본 바와 같이 텍스트는 일관성 있는 언어학적 시스템과 의사 소통의 기능을 가지고 있다. 저자는 텍스트 안에 구현된 언어학적 시스템을 사용하여 효과적인 의사 소통을 할 수 있게 된다. 텍스트는 그것을 구성하는 규칙들의 원리 하에 의사 소통의 역동적 구조 속에서 구성된 일

69 Jeanrond, *Text and Interpretation*, 83-84.

70 보그란데(Beaugrande)와 드레슬러(Dressler)는 각 표준을 비공식적으로 논의한다. 참조. Beaugrande and Dressler, *Introduction to Text Linguistics*, 48-208. 이러한 기준들은 사건들이 서로 어떻게 연결되는지에 관한 것이기 때문에 관계적 성격을 띠고 있다: "표면의 문법적 의존성(결속성), 텍스트 세계의 개념적 의존성(일관성), 텍스트에 대한 참여자의 태도(의도성 및 수용 가능성), 새롭고 예상치 못한 것을 알려진 것과 예상되는 것에 통합하는 것(정보성), 배경(상황성), 개별 텍스트의 상호 관련성(상호텍스트성)"(37쪽).

관성 있는 의사 소통의 단위이다. 따라서 "텍스트의 일관성과 의사 소통 기능"은 텍스트의 고유한 특성을 포괄하는 중요한 용어이다.

위에서 살펴본 텍스트에 대한 논의를 기반으로하여 우리는 텍스트의 연결성과 의사 소통의 원리들에 좀 더 초점을 맞추어 설명하고자 한다.

텍스트 연결성: 결속성(cohesion)과 일관성(coherence)

위에서 살펴본 바와 같이 텍스트학의 중심되는 관심은 어떻게 서로 다른 부분의 본문들(문장 또는 단락)이 역동적 의사 소통을 가능하게 하는 연결성의 원리에 따라 서로 결합되었는가 라는 것이다. 텍스트의 연결성과 의사소통의 규칙들을 연구하기 위해서 우리는 다음의 문제들을 고려해야 한다. (1) 구문적 결속성 (2) 주제적 일관성.

구문적 결속성(지역적 일관성)

텍스트 안에 있는 여러가지 언어학적 요소들은 의존적 관계를 통하여 서로 연결되고 통합되어 있다. 할리데이와 헤산(Halliday and Hasan)에 따르면 "결속성은 담화 안에서 몇 가지 요소에 대한 해석이 그 안에서 다른 요소에 의존할 때" 결속성이 나타난다"[71] 할리데이와 헤산에 동의하면서 엘리스는 또한 다음과 같이 주장한다. "메시지의 한 요소가 다른 요소를 전제로 할 때 그리고 이 다른 요소가 그것을 전제로 하는 것에 대한 언급함

71 Halliday and Hasan, *Cohesion in English*, 4. 또한 다음을 보아라. M. A. K. Halliday, "Descriptive Linguistics in Literary Studies," *Patterns of Language* (ed. Angus McIntosh and M. A. K. Halliday, London: Longmans, 1966), 56-59.

이 없이는 이해되지 않을 때 결속적 관계가 성립된다."[72] 이 전에 사용되었던 요소들과 구조들, 그리고 패턴들은 여러 결속적 장치들에 의해 다시 사용되고, 적용되고, 간결히 요약될 수 있다. 결속성을 만들기 위해 사용된 장치들은 반복, 부분 반복, 평행법, 지시 대명사(전위 후위 지시어), 대치, 생략, 시제, 시상, 그리고 접속사등이 있다.[73] 이러한 결속 장치들은 결속성이 시보다는 산문에 더욱더 중요하다는 것을 말해주고 있다. 시에서는 "생략, 병렬, 그리고 불변화사의 생략, 라인 사이의 관계 등은 산문의 경우처럼 언제나 자세히 판독되지는 않는다."[74]

유능한 저자는 텍스트의 연속성을 보이고 또한 독자들이 텍스트의 세계에 동참할 수 있도록 결속성의 장치들을 사용한다. 의사 소통 행위자들 사이의 상호 작용은 여러 결속 장치들의 정렬된 사용을 통해 어느 정도는 실현된다. 그러나 비록 결속성의 표시들이 명백하게 텍스트에 나타나지

---

72 Ellis, *From Language to Communication*, 111. 제프리 리드(Jeffrey T. Reed)도 "아주 기본적인 수준에서 말하면 *언어적 응집성*이란 인접한 언어적 맥락이 앞의 맥락 및/또는 상황의 맥락과 의미 있게 관련되는 수단(즉, 텍스트, 인접-텍스트 및 정황 간의 의미 있는 관계)을 말한다"라고 올바르게 주장한다. Jeffrey T. Reed, "The Cohesiveness of Discourse: Towards a Model of Linguistic Criteria for Analyzing New Testament Discourse," *Discourse Analysis and the New Testament: Approaches and Results*, 28-46.

73 우리는 이를 세 가지 범주로 분류할 수 있다. (1) 문법적 - 치환, 생략, 시제, 시상, 대용형, 접속사, (2) 어휘적 - 반복, 부분반복, (3) 구조적 응집 - 평행법, 구문적 구성. 구트윈스키(W. Gutwinski)는 문법적 응집력과 어휘적 응집력이라는 두 가지 응집력의 틀을 제시하고 이를 영문학에 적용한다. W. Gutwinski, *Cohesion in Literary Texts* (Paris: Mouton, 1976), 54-141. 각 장치에 대한 좀 더 상세한 논의는 다음을 참조하라. 같은책, 31-292; R. Longacre and S. Levinsohn, "Field Analysis of Discourse," *Current Trends in Textlinguistics*, 106-9; De Beaugrande and Dressler, *Introduction to Text Linguistics*, 48-83; Brown and Yule, *Discourse Analysis*, 190-222; Adele Berlin, "Lexical Cohesion and Biblical Interpretation," *Hebrew Studies* 30 (1989): 29-40; idem, *The Dynamics of Biblical Parallelism* (Bloomington: Indiana University Press, 1985). Ernst R. Wendland mentions phonological cohesion within the Hebrew text as well. This feature contributes to the connectivity of the text, especially for "those who are hearing it read aloud (and in the original)," *The Discourse Analysis of Hebrew Prophetic Literature: Determining the Larger Textual Units of Hosea and Joel* (Lewiston: Mellen Biblical Press, 1995), 74-79.

74 Adele Berlin, "Lexical Cohesion and Biblical Interpretation," 29.

않을 지라도 텍스트는 그와 관련되어 서로 연결시켜주는 의미론적 관계들로 인하여 이해될 수 있다. 따라서 표면적 결속성은 전적으로 구문적 결속성에 의존하지는 않으며 오히려 독자의 지식뿐만 아니라 저자의 의도, 의미적, 화용적 단계 등과 같은 요소들을 고려해야 할 것을 요구한다.[75] 따라서 텍스트의 표면 구조의 특성에 의해 형성된 구문적 결속성은 잘 구성된 텍스트가 되기 위한 충분한 조건은 아니다. 이 개념은 다음의 주제적 일관성에 대한 논의로 인도한다.

주제적 일관성(전체적인 일관성)

벤틀란트(Ernst R. Wendland)에 따르면 일관성은 그 성격상 주제 또는 논리의 문제라고 한다.[76] 그는 다음과 같이 말한다. "어떤 의미 영역 또는 지시의 범위 내에서의 의미들의 선택은 주제의 통일성에 지대한 공헌을 하는 의미들의 네트워크를 구성한다."[77] 주제의 개념은 넓은 담화 안에서 일련의 문장들을 일관성 있는 전체로 구성하기 때문에 텍스트학에서 중심되

75 William A. Villaume and Donald J. Cegala, "Interaction Involvement and Discourse Strategies: The Patterned Use of Cohesive Devices in Conversation," *Communication Monographs* 55 (1988): 24. 또한 다음을 보아라. Betty Bamberg, "What Makes a Text Coherence?" *College Composition and Communication* 34 (1983): 417-29; Rachel Giora, "Notes towards a Theory of Text Coherence," *Poetics Today* 6 (1985): 699-715. 지오라(Giora)와 밤버그(Bamberg)는 몇 가지 예를 들어 텍스트에 일관된 장치가 포함되어 있더라도 담화 전체에서 더 넓은 주제를 찾을 수 없다면 독자는 텍스트 전체를 일관성 있는 것으로 간주하지 않는다고 주장한다. 따라서 일부 학자들은 구문적 결속성 대신 '국소적 일관성'이라는 보다 포괄적인 용어를 선호한다.

76 Ernst R. Wendland, "The Discourse Analysis of Hebrew Poetry: A Procedural Outline," in *Discourse Perspectives on Hebrew Poetry in the Scriptures* (ed. Ernst R. Wendland; Reading: United Bible Societies, 1994), 14.

77 Ibid. 참조. 보그란데와 드레슬러는 또한 감각의 연속성이 일관성의 기초라고 언급한다. (*Introduction*, 84-85).

는 요소이다.[78] 일관성 있는 텍스트 안에서 각각의 주제들은 그들 가운데 있는 관계성들을 명백히 구분할 수 있도록 넓은 의미적 구조 안에 잘 구성되어 있다.[79] 따라서 주제적 일관성은 좀 더 전체적인 구성, 즉 광의(廣義)의 구조의 차원에서 의미적 통일성과 연속성을 의미한다.[80]

주목해야 할 주제의 일관성에 대한 또 다른 면은 의사소통 당사자들 사이에 있는 의사소통적 관련성이다. 비록 문장들은 결속성의 장치들과 의미적 연결구들에 의해 적절히 연결되지만 저자와 독자들 사이에 텍스트의 세계에 대한 공통된 전제가 일치하지 않을 때 텍스트는 효과적으로 의사소통을 이루는데 실패한다. 이러한 문제점들로 인하여 레인하트(Tanya Reinhart)는 주제의 일관성에 대한 의미적 화용적 조건들을 강조한다. 그녀는 다음과 같이 말한다. "그들(의미적 화용적 조건들)은 텍스트의 문장들 사이에 있는 관계들만을 한정하는 것이 아니고 이러한 문장들과 중요한 담화 주제뿐 아니라 발화(發話)의 상황과의 관계도 또한 한정한다."[81] 다른 말로 하면 의사소통시 텍스트의 단위 안에 있는 의사소통의 요소들에 의해 표

---

78 본 연구에서는 주제를 글쓴이가 자신의 커뮤니케이션 목표를 달성하기 위해 전달하고자 하는 주된 아이디어라고 정의한다. 주제는 의사소통을 위한 본문의 기본 구성 원칙이다. 주제에 대해 더 자세히 알아보려면 다음을 참조하라. L. Jones, *Theme in English Expository Discourse* (Lake Bluff: Jupiter, 1977); Robert Bugenhagen, "Theme in English Expository Discourse and Its Application to Bible Translation," *Pragmatics and Theme Identification* (vol. 8 of Research Papers of the Texas SIL at Dallas; Dallas: Summer Institute of Linguistics, 1979), 64.

79 Deborah McCutchen and Charles A. Perfetti, "Coherence and Connectedness in the Development of Discourse Production," *Text* 2 (1982): 113-39.

80 반 다이크(Van Dijk)는 주제(또는 토픽)가 담화 구조의 좀 더 긴 구간에 적용된다는 점을 지적한다. 따라서 연속된 문장과 함께 정보만 제공하는 문장형 주제 대신 담화 주제는 "연속된 문장들의 의미 정보를 전체적으로 축소, 조직 및 분류"한다. (van Dijk, Text and Context, 132.); Donald G. Ellis, "Language, Coherence, and Textuality," *Conversational Coherence: Form, Structure, and Strategy* (ed. Robert T. Craig & Karen Tracy; Beverly Hills: Sage Publications, 1983), 222-40.

81 Tanya Reinhart, "Conditions for Text Coherence," *Poetics Today* 1 (1980): 164; Rachel Giora, "Notes towards a Theory of Text Coherence," *Poetics Today* 6 (1985): 699-715.

현된 언어의 범위 너머의 상황들(the extra-linguistic situation)은 주제의 일관성 있는 전개에 공헌을 한다.[82]

그렇다면 효과적인 의사소통을 위하여 저자는 어떻게 광의의 구조 안에서 주제들을 배열하는가? 주제의 일관성을 목적으로 텍스트 안에서 저자가 주제들을 배열하는 세 가지의 구성 원리가 있다. 주제화, 전경화(前景化), 주제의 진행(主題-評言 구조).

첫째, 주제화(thematization)는 저자가 초점이 되는 주제를 단락의 처음 부분에 위치시키고 그 후에 텍스트의 중심 주제로 점점 전개시키는 담화 과정을 의미한다.[83] 따라서, 주제화는 출발점으로 기능하며 텍스트 전체에 걸쳐 주제의 일관성 있는 표현을 산출시킨다.[84]

둘째, 주제화는 텍스트의 선적인 구성(linear organization)과 관련 있는 반면에 "전경화(foregrounding)는 텍스트 안에서 몇몇의 정보를 현저히 나타내는 역할을 한다. 한 사건이 무대위에서 진행될 때 어떤 특정한 언급은 담화의 최전면에 배치시키며 다른 언급들은 후면에 남겨 놓는다.[85] 전경화에는 두 가지의 방법이 있다: 명시적 초점과 암시적 초점. 저자가 명백히 강

82 우리는 이 현상을 "의사소통적인 역동성(communicative dynamism, CD)"라고 부를 수 있다. CD의 기능적 수준은 상황적 의존성에 의해 정의된다. CD에 관한 상세한 논의는 다음을 참조하라. Aleš Svoboda, "On Two Communicative Dynamisms," *Papers in Functional Sentence Perspective* (Janua Linguarum Series Minor 147; ed. František Daneš; Prague: Academia, 1974), 38-42; Jan Firbas, "Some Aspects of the Czechoslovak Approach to Problems of Functional Sentence Perspective in *Papers in Functional Sentence Perspective*," 11-37.

83 Brown and Yule, *Discourse Analysis*, 133-34; Charles A. Perfetti and Susan R. Goldman, "Thematization and Sentence Retrieval," *JVLVB* 13 (1974): 70-79.

84 Ibid., 134.

85 "전경화된 사건들은 현실 세계에서 그 뒤를 이어간다. 다시 말해 상징적인 순서이다. 반면에 배경 사건들은 전경화된 사건들과 순서대로 진행되지 않고 동시에 진행된다." 참조. Paul J. Hopper, "Aspect and Foregrounding in Discourse," *Syntax and Semantics* (ed. Talmy Givón; vol. 12 of *Discourse and Syntax*; New York: Academic Press, 1979), 214.

조하기 원하는 중요한 정보는 텍스트안에서 전경화 시키고 그것을 지시하기 위해 대명사를 사용한다.[86] 반면에 암시적 초점은 명백하게 진술되지는 않았으나 다른 정보에 의해 암시된다.

셋째, 텍스트 안에서 주제의 선택과 분배는 주제의 진행(thematic progression)으로 표현되는 어떤 패턴을 제시한다. 프라그 언어학파(The Prague School of Linguistics)는 주제의 진행에 대한 개념을 소개한다. 이 학파는 의사소통의 관점을 통하여 텍스트의 내적 일관성을 소개한다. 프란티셰크 데인스(František Daneš)는 주제의 진행의 관점으로 텍스트의 일관성 있는 구조를 설명한다. 그는 다음과 같이 말한다.

> 이 용어(주제의 일관성)가 의미하는 것은 주제의 선택과 정렬, 그들의 상호 연쇄성과 체계뿐 아니라 우위에 있는 텍스트 단위의 최상의 주제(예를 들어 단락, 장 …)와 전체 텍스트, 그리고 상황과의 연결성이다. 주제의 전개는 구성의 전체 골격으로 간주될 수 있다.[87]

주제의 전개가 실현되는 방법은 주제(主題)-평어(評言) 구조이다. 주제("의미의 출발점")와 평어("이미 의사소통이 된 주제 안에서의 새로운 요소")는 변이(變異)를 통한 주제 전개에 공헌을 하며 서로 극적으로 연결되어 있다.[88] 주

86 Ellis, *Language and Communication*, 106-8. W. Chafe, "Discourse Structure and Human Knowledge," *Language Comprehension and the Acquisition of Knowledge* (ed. J. B. Carroll and R. O. Freedle; New York: Halsted, 1972).

87 František Daneš, "Functional Sentence Perspective and the Organization of the Text," *Papers in Functional Sentence Perspective*, 114.

88 Jeanrond, *Text and Interpretation*, 85. See also, T. Givón, "Topic Continuity in Discourse: An Introduction," *Topic Continuity in Discourse: A Quantitative Cross-Language Study* (ed. T. Givón; Amsterdam: John Benjamins, 1983), 5-41; Hans-Werner Eroms, Funktionale Satzperspektive (Germanistische Arbeitshefte 31; Tübingen: Max Niemeyer Verlag, 1986), 1-8; Elisabeth Gülich and Wolfgang Raible, *Linguistische*

제-평어 구조 변이(變異)의 도움을 입어 저자는 텍스트의 전개 과정에서 주어진 주제의 다양한 의미적 뉘앙스를 제시한다. 다른 말로 하면, 주제-평어 구조는 해석자가 주제의 독특한 의미를 단조롭게 하는 약점을 극복하게 해주며 주제의 역동적 전개를 도와준다. 지언란드(Jeanrond)가 지적하듯이 "주제-평어 구조는 텍스트의 진행과정에서 지속적인 역동성을 산출한다. 이는 독자가 텍스트의 의미적 구성 안에서 거침없이 진행하도록 촉구한다."[89]

결론적으로 말하면, 결속성과 일관성의 원리는 단순히 언어의 범위를 넘는 상황과 함께 텍스트의 통일적 관계성에 대한 설명이다. 비록 우리는 "결속성"과 "일관성"을 명확한 분석의 목적으로 구분하였지만 이 둘은 서로 분리될 수 없는 실체들이다. 텍스트학은 좀 더 넓은 문학적 문맥과 단어의 범위를 넘는 문맥(상황) 안에서 일관성 있는 해석을 할 수있도록 인도한다.[90] 더욱이 텍스트학의 역동적인 텍스트 이해는 신학적인 해석을 할 수 있도록 인도한다. 텍스트학의 이러한 공헌은 이사야서의 서로 다른 부분이 "어떻게" 그리고 "왜" 연결되었는지에 대한 가능한 해결점을 제공해 줄 것이다.

Textmodelle: Grundlagen und Möglichkeiten (UTB 130; München: Fink, 1977), 61-89. 언어학자들이 구분한 것처럼 주제-평어 구조는 토픽('일반적인 모티프') 및 주석('특정 맥락에서 주제의 뉘앙스를 살피는 것')과 유사한 개념이다.

89 Jeanrond, *Text and Interpretation*, 85; Luise Lutz, Zum Thema "Thema": Einführung in die Thema-Rhema-Theorie (Hamburg: Hamburger Buchagentur, 1981).

90 Peter Cotterell and Max Turner, *Linguistics & Biblical Interpretation* (Downers Grove: InterVarsity, 1989), 16, 230-56. 코테렐(Cotterell)는 "커뮤니케이션의 세계, 즉 단어가 문맥 속에서 사용되는 세계에서 의미는 단순히 의미론에서만 발견되는 것이 아니라 문맥과 인접 문맥에 대한 더 넓은 고려, 즉 누가 누구에게 무엇을 언제 어디서 왜 어떻게 그리고 어떤 제스처를 동반하고 어떤 결과를 가져오는지에 대한 고려에서 발견되어야 한다"고 주장한다(231쪽).

본문의 신학적 이해

우리는 지금까지 언어 철학, 언어학, 그리고 의사소통 이론 등을 논의하며 일반 해석학적 원리를 다루었다. 이제는 어떻게 성경해석이 기독교 신학(즉 특별 해석학)을 위한 것이 되는가를 살펴보고자 한다.[91] 우리는 기독교 성경이해의 독특한 점이 무엇인가를 질문해보아야 한다. 비록 성경 해석이 근본적으로 기독교 분야이지만 현대 기독교 해석학에서 신학적 해석은 거의 무시되어 왔다.[92] 따라서 기독교 성경 해석자들은 성경의 신학적 이해를 시급하게 회복해야 한다. 우드(C. M. Wood)는 다음과 같이 지적한다. "신학적 탐구로서의 신학적 해석학은 기독교 이해에 있어서 결정적인 역할을 한다."[93] 따라서 우리는 본문의 신학적 이해를 돕는 세 측면을 논의하

---

91 벤후저(Vanhoozer)는 "일반 해석학"이라는 용어를 "문학적 의미에 대한 연구를 지배하는 원칙"이라고 설명한다. "특수 해석학"은 "특정 종류의 텍스트를 지배하는 추가적인 규칙이나 원칙"을 의미한다고 한다. 특히 기독교 학문으로서 특수 해석학은 성경을 신학적으로 해석하는 원칙에 관한 것이다. 참조. Vanhoozer, First Theology, 207. 앞에서 제시한 의미 전달을 위한 언어와 텍스트의 일관성에 대한 논의의 궁극적인 목적은 신학적인 관심사를 위한 것이다. 참조. George Steiner, *Real Presence* (Chicago: The University of Chicago Press, 1989).

92 Stephen E. Fowl, *Engaging Scripture: A Model for Theological Interpretation* (Malden: Blackwell, 1998); idem, *The Theological Interpretation of Scripture* (Cambridge: Blackwell, 1997); John Webster, "Hermeneutics in Modern Theology: Some Doctrinal Reflections," *SJT* 51 (1998): 307-41. 웹스터(Webster)는 자신의 글에서 현대 해석학에서 신학이 쇠퇴한 이유 중 하나는 "성경을 일반적 해석학적 작업의 한 사례로 읽는 것을 이상화했기 때문"이라고 주장한다. 그러나 일반 해석학과 특수 해석학을 분리하는 것이 문제가 아니라 텍스트에 대한 더 깊은 이해를 위해 이둘을 결합하는 것이 더 중요하다. 역사 비평이 건설적인 신학적 작업을 수행하지 못한 것은 사실이다. 그러나 크리스터 스텐달(Krister Stendahl)이 "그것이 의미했던 것"과 "그것이 의미하는 것"을 이분법적으로 구분한 것과는 반대입장에서 차일즈는 성경 해석의 서술적(descriptive) 요소와 수렴적(constrictive) 요소를 분리하는 것에 반대한다. 또한 다음을 보아라. Joel B. Green, "Rethinking History (and Theology)," *Between Two Horizons: Spanning New Testament Studies & Systematic Theology* (ed. Joel B. Green and Max Turner; Grand Rapids: Eerdmans, 2000), 237-42; B. S. Childs, *Biblical Theology in Crisis* (Philadelphia: Westminster, 1970), 79, 139-47.

93 Charles M. Wood, *Formation of Christian Understanding: An Essay in Theological Hermeneutics* (Philadelphia: Westminster, 1981), 28; Francis Watson, *Text, Church and*

게 될 것이다. (1) 영감된 담화, (2) 상호 텍스트성, (3) 정경적-언어학적 접근: 하나님의 구속사적 드라마.

영감된 담화

성경의 신학적 해석학은 우리가 성경 본문의 존재론적 이해를 어떻게 하는 가에 달려있다. 과연 우리는 정확하게 무엇을 해석하는가? 존 칼빈이 주장하듯이 우리의 신학적 과제는 성경 본문의 저자가 하나님이시라는 철저한 고백 위에 세워져야 한다.[94] 종교 개혁사상이 우리에게 전하는 중요한 원리는 하나님께서 성경 안에서 그리고 성경을 통하여 말씀하신다는 진리이다. 성경 해석학은 성경 본문이 하나님의 백성들을 위한 하나님의 말씀이라는 것을 다룬다. 그러면 성경이 어떻게 하나님의말씀으로 사역하는가? 우리는 신학적 성경 해석학을 위한 기본 전제로 성경의 본질과 기능에 대하여 두 가지 측면을 다룰 필요가 있다.

첫째, 성경 본문은 전능한 하나님의 인격과 사역을 증거하는 하나님의 말씀을 영감된 언어와 문학의 형태로 전해진 것이다.[95] 성경은 통일성이

World: Biblical Interpretation in Theological Perspective (Grand Rapids: Eerdmans, 1994). See also David Tracy, *Blessed Rage for Order: The New Pluralism in Theology* (New York: Seabury, 1975); idem, *The Analogical Imagination: Christian Theology and the Culture of Pluralism* (New York: Crossroad, 1981). 트레이시(Tracy)는 현대적 상황 안에서 사회, 학문, 교회 분야에서 신학적 해석의 책임에 대해 고민하고 있다.

94 John Calvin, *Institutes of the Christian Religion* (trans. Henry Beveridge; Grand Rapids: Eerdmans, 1989), 68-73. 하나님의 말씀으로서의 성경에 대한 논의는 다음을 참조하라. Charles Hodge, *Systematic Theology* (3 vols; Grand Rapids: Eerdmans, 1986), 15-17. 우리는 성령의 영감을 받은 성경의 신성한 저자에 대한 기독교 전통을 인정한다. 신학적 해석학을 위해 우리는 성경 자체가 하나님의 자기 증거라는 신학적 확신을 가져야 한다. 기독교 주석 전통은 하나님의 말씀으로서 성경의 권위를 확인시켜 준다. 차일즈는 이사야서에 대한 신학적 이해의 역사적 작업을 보여준다. 다음을 보아라. B. S. Childs, *The Struggle to Understand Isaiah as Christian Scripture* (Grand Rapids: Eerdmans, 2004).

95 Vanhoozer, "Language, Literature, Hermeneutics, and Biblical Theology," 31. 하나님

있는 영감된 저자의 말씀(담화)이다: 결국 하나님 자신의 말씀(담화)이다. 벤후저(Vanhoozer)는 다음과 같이 말한다. "성경은 하나님의 말씀과 사역과 인격을 전한다."[96] 성경 전체는 영감된 저자의 의도가 있다. 따라서 우리는 영감된 언어행위를 고려해야 한다. 볼터스톱(Wolterstorff)은 다음과 같이 말한다.

> 우리는 성경에서 하나님께서 말씀하셨다고 할때, 그 하나님의 말씀에는 우리를 향한 명령뿐 아니라 약속, 그리고 소망으로 초대와 같은 언어를 통한 인격적 행동을 수반한다.[97]

즉 영감된 성경 본문(담화)은 그 안에서 하나님께서 전하시고자 하는 의사소통의 내용(메시지)를 구성하고 있다: 약속, 확증, 명령, 격려, 경고, 법 등과 같은 기능을 사용하여 하나님께서는 말씀 안에서 자신을 계시하신다. 따라서 신학적 해석은 성경 본문의 주제를 해석하는 것과 함께 성경 말씀(담화)에서 계시된 하나님의 인격을 다루는 것이다.[98] 하나님의 영감된 말

의 강력한 말씀 행위라는 개념은 일반적으로 하나님의 행위와 하나님의 말씀을 구분하던 성서신학 운동의 한계를 극복하게 해준다. 좀 더 상세한 논의는 다음을 참조하라. Vanhoozer, *First Theology: God, Scripture & Hermeneutic*, 127-203; idem, "The Semantics of Biblical Literature," *Hermeneutics, Authority and Canon* (ed. D. A. Carson and John Woodbridge; Grand Rapids: Zondervan, 1986), 53-104. Benjamin B. Warfield, *The Inspiration and Authority of the Bible* (Philipsburg, N.J.: Presbyterian and Reformed Publishing Company, 1979), 162, 173. 이 견해는 성경을 그리스도의 인격과 개인적인 만남으로만 보고 인간의 말과 하나님의 말씀 사이의 연속성을 부인하는 바르트와 반대되는 견해이다. 오히려 하나님은 인간 대리인을 통해 성경에서 말씀하시고 그렇게 행하시는 분이시다.

96 Ibid.

97 Nicholas Wolterstorff, "The Importance of Hermeneutics for a Christian Worldview," *Disciplining Hermeneutics: Interpretation in Christian Perspective* (ed. Roger Lundin; Grand Rapids: Eerdmans, 1997), 31; idem, *Divine Discourse: Philosophical Reflections on the Claim That God Speaks* (Cambridge: Cambridge University Press, 1995).

98 Cf. George Steiner, *Real Presence* (Chicago: The University of Chicago Press, 1989);

씀으로서의 성경 본문은 성경 본문의 풍성한 묘사를 할 수 있도록 도와준다. 또한 우리는 영감된 하나님의 말씀을 본문에 나타난 인간의 언어와 문학의 증거들을 통하여 해석한다. 칼빈이 주장하는 것처럼 하나님께서는 인간들과 의사소통을 위해서 인간의 언어 매체를 사용하여 자신을 적응(accommodate)시키셨다. 이러한 관점에서 성경 본문에 나타난 여러가지 다양한 문학 장르와 기법들을 잘 이해하는 것은 중요하다.

둘째, 영감된 본문(담화)은 본문의 의사소통 과정속에서 삼위일체 하나님을 증거한다. 벤후저(Vanhoozer)는 다음과 같이 설명한다.

> 하나님께서는 메시지 전달을 주도하신다. 아들은 그 메시지의 내용이다. 성령께서는 그 메시지를 적용하신다. 삼위일체 하나님은 모범이 되시는 메세지의 전달자이시다. 하나님께서는 항상 자신의 목적을 이루시기 위해 말씀하실 수 있다(사 55:11).[99]

하나님께서는 성경의 저자들을 섭리하시며 인간 역사 속에서 점진적으로 자신을 계시하신다. 하나님의 의도적인 행위는 자신의 영원한 경륜에 따라 아들을 보내는 것이었다. 영감된 말씀(본문)은 예수 그리스도 안에 나타난 하나님의 구속사적인 경륜을 증거한다(즉 삼위일체의 구속적 경륜과 하나님과 인간 사이의 언약).[100] 예수 그리스도는 하나님의 메시지(의사소통 행위)의 절

David K. Clark, *To Know and Love God: Foundations of Evangelical Theology* (Wheaton: Good News Publishers, 2003), 385-418.

99 Kevin J. Vanhoozer, *The Drama of Doctrine: A Canonical Linguistic Approach to Christian Theology* (Louisville: Westminster John Knox Press, 2005), 65. Cf. Jens Zimmermann, *Recovering Theological Hermeneutics: An Incarnational-Trinitarian Theory of Interpretation* (Grand Rapids: Baker Academic, 2004).

100 Willem VanGemeren, *The Progress of Redemption: The Story of Salvation from Creation to the New Jerusalem* (Grand Rapids: Baker Books, 1988), 31-34. 반게메렌은 "하나님의

정이시다. 성령께서는 독자들을 조명하고 성경 본문에 기록된 말씀을 통하여 순종(행동수반 효과)할 수 있게 한다. 삼위일체 하나님의 메시지 전달 사역은 성령을 통하여 시간과 공간을 초월하여 지속된다. 쟈이츠(Seitz)는 영감된 신적 본문의 삼위일체적 이해를 강조하고 있다. 그는 다음과 같이 말한다. "아들과 아버지가 하나이듯이 또한 구약과 신약도 동일하게 그들을 증거한다. 이러한 증거는 오직 성령의 역사를 통하여 믿음의 눈으로 인식될 수 있다."[101]

상호 텍스트성

최근 성경해석학에서 많이 논의되고 있는 부분 중 하나는 상호 텍스트성(intertextuality)의 개념이다. 그러나 학자들 사이에 서로 다른 주장과 강조점들 때문에 상호 텍스트성의 정확한 개념은 아직도 논의 중에 있다.[102] 본 연구는 성경 본문 사이에 나타나는 서로 공유하는 의미에 관심을 둔다

강력한 구속과 계시의 행위를 통한 하나님의 자기 개입의 역사가 소위 구속사의 주제를 형성한다"고 주장한다. 구속사적 접근법은 성경이 주로 역사나 도덕을 전달하기 위해 주어진 것이 아니라 열방, 족장들, 이스라엘, 예수 그리스도의 교회에 대한 하나님의 신실하심을 기록하기 위해 주어졌다고 가정한다"고 주장한다(31쪽). 따라서 기독교 해석학은 기독론적 관심사와 관련이 있어야 한다. 그러나 구약성경이 그리스도를 증언하는 방식을 해석하기 위해서는 더 많은 정교함이 필요하다. 다음을 보아라. B. S. Childs, "Gerhard von Rad in American Dress," *The Hermeneutical Quest: Essays in Honor of James Luther Mays on His Sixty-Fifth Birthday* (ed. Donald G. Miller; Allison Park, Pa.: Pickwick Publications, 1986), 77-86; Francis Watson, *Text, Church and World*, 288-93.

101 Christopher R. Seitz, *Figured Out: Typology and Providence in Christian Scripture* (Louisville: Westminster John Knox, 2001), 3-10.

102 상호텍스트성이라는 용어는 일반적으로 텍스트 간의 상호 연결을 의미합니다. 그러나 텍스트 간의 상호 텍스트 관계를 가능하게 하는 방식에 대해서는 다양한 의견이 존재합니다. 상호 텍스트성 이론에 대해서는 다음을 참조하라. Patricia K. Tull, "Intertextuality and the Hebrew Scriptures," *CR:BS* 8 (2000): 59-90; H. F. Plett, "Intertextualities," *Intertextuality* (ed. H. F. Plett; Berlin: W. de Gruyter, 1991), 3-29.

는 차원에서 상호 텍스트성을 본 연구에 적용한다. 상호 텍스트성은 본문들 사이에 신학적으로 풍부한 의미들을 제공한다. 두 본문 사이의 대화가 가능한 두개의 원리가 있다. 문학적 연관성들과 신학적 개념들이다.[103] 이러한 지표들을 기반으로 상호 텍스트성은 두 방향으로 나타난다. 상호 텍스트성은 두 본문 가운데 처음의 본문은 이 후에 나타나는 본문에 새로운 의미를 더할 뿐만 아니라 해석을 위한 틀을 제공해 준다. 또한 이러한 의미 해석 방향이 역으로 나타나기도 한다. 새로운 역사적, 신학적 상황 속에서 나중에 나오는 본문이 처음의 본문을 재해석하고 주석을 한다.[104] 즉 성경 본문들은 서로 해석적 영향을 주고받는다. 즉 상호 텍스트성은 종교개혁 성경해석의 원리인 성경은 성경으로 해석해야 한다는 규칙에 그 원리

---

103 Patricia K. Tull, "Rhetorical Criticism and Intertextuality," *To Each Its Own Meaning*, 156-80; Mikhail M. Bakhtin, *The Dialogic Imagination* (ed. M. Holquist; Austin, Tex.: University of Texas Press, 1981); Kirsten Nielsen, "Intertextuality and Biblical Scholarship," *SJOT* (1990): 89-95; Craig C. Broyles, "Traditions, Intertextuality, and Canon," *Interpreting the Old Testament: A Guide for Exegesis* (ed. Craig C. Broyles; Grand Rapids: Baker Academic, 2002), 167-71; Timothy K. Beal, "Ideology and Intertextuality: Surplus of Meaning and Controlling the Means of Production," *Reading between Texts: Intertextuality and the Hebrew Bible* (ed. Danna Nolan Fewell; Louisville: Westminster, 1992), 27-39. 암시, 반향, 인용, 유사한 표현, 신학적 주제, 아이디어 등 두 텍스트를 대화로 초대하는 몇 가지 신호가 있다. 이러한 표식등을 바탕으로 이전 텍스트는 이후 텍스트를 이해하는데 기여한다.

104 VanGemeren, *Interpreting the Prophetic Word: An Introduction to the Prophetic Literature of the Old Testament* (Grand Rapids: Zondervan, 1990), 83-85. 그는 "선지자적 메시지는 다양한 역사적 맥락에 적용할 수 있다. … 각 책은 경건한 자의 지평을 넓히고 신, 인간, 구원, 왕국, 세계에 대한 이전의 해석과 이해에 도전했다"고 말한다(83쪽). 마찬가지로 피시베인(Fishbane)은 수납된 텍스트에 "신학 적 수정"이 있다고 주장하며 이 현상을 "내적 성경 주석"이라고 부른다. Michael Fishbane, *Biblical Interpretation in Ancient Israel* (Oxford: Clarendon, 1988); idem, "Revelation and Tradition: Aspects of Inner-biblical Exegesis," *JBL* 99 (1980): 343-61; idem, *The Garments of Torah: Essays in Biblical Hermeneutics* (Bloomington: Indiana University, 1989); B. S. Childs, *Introduction to the Old Testament as Scripture*, 78-79; idem, *Old Testament in a Canonical Context* (Philadelphia: Fortress, 1979), 6, 328-34; Wolter Rose, "Messianic Expectations in the Old Testament," *die Skriflig* 35 (2001): 275-88. Cf. J. A. Sanders, *Canon and Community: A Guide to Canonical Criticism* (Philadelphia: Fortress, 1984); Eugene Ulrich, *The Dead Sea Scrolls and the Origins of the Bible* (Grand Rapids: Eerdmans; Leiden: Brill, 1999).

적 기반을 둔다. 이러한 본문의 역동적인 상호 관계성 안에 두 본문 사이에 부합점과 상이점들과 같은 다양한 목소리가 있는 것은 자명한 일이다. 그러나 저자의 의도에 따라 이 다양한 목소리들에 대한 해석적 문제는 쉽게 해결되지 않는다. 오히려 그들은 때때로 수사학적 효과와 신학적 안목을 제공하기 위해 서로의 긴장 관계를 유지한다.[105]

또한 상호 텍스트성은 본문들의 문학적, 신학적 모형들(types)을 식별할 수 있도록 도움을 준다. 반복되는 신학적 주제들은 새로운 안목들과 의미들을 강조하고 산출하면서 좀 더 넓은 문맥 안에서 변이와 함께 일정한 패턴을 창조한다. 신학적으로 중요한 의미는 반복되는 문학적 패턴과 결코 분리될 수 없다. 영(Frances Young)은 상호 텍스트성을 모형론의 관점으로 설명한다. 그녀는 다음과 같이 주장한다.

> 모형론은 상호 텍스트성, 제의 장르와 거룩한 이야기라는 문학적 현상과 관련된다. 거룩한 본문은 알레고리의 경우처럼 단지 무언가를 설명하는 원 본문이 되지 않는다 오히려 이야기와 상징은 의미의 풍성함을 전달한다. 약속의 성취는 이전 본문 또는 네러티브와의 관계성에 의해 발견되는 의미의 풍성함과 관련되어 있다.[106]

---

105 Tull, "Rhetorical Criticism and Intertextuality," 169-75.

106 Frances Young, "Typology," *Crossing the Boundaries: Essays in Biblical Interpretation in Honour of Michael D. Goulder* (ed. Stanley E. Porter, Paul Joyce and David E. Orton; Leiden: E. J. Brill, 1994), 48. 모형론이라는 용어를 정의하기는 어렵고 모형론에 대한 전통적인 이해는 너무 축소적이다. 따라서 영은 모형론을 "텍스트를 구성하거나 읽어서 그 자체 이상의 의미를 부여하기 위해 유의미한 대응을 이끌어내는 *언어의 비유* (figure of speech)"로 한 걸음 더 나아간다(48쪽). 이러한 모형론의 개념은 신구약 성경의 관계에만 국한된 것이 아니라 구약 성경 내에서도 이미 존재한다. 다음을 보아라. idem, *Biblical Exegesis and the Formation of Christian Culture* (New York: Cambridge University, 1999), 140-212; Tibor Fabiny, *The Lion and the Lamb: Figuralism and Fulfilment in the Bible, Art and Literature* (New York: St. Martin's Press, 1992), 1-12; Northrop Frye, *The Great Code: The Bible and Literature* (New York: A Harvest/HBJ Book, 1982), 78-138.

상호 텍스트성의 문학적 현상을 모형론과의 관계성 가운데 다루는 해석학은 다음과 같은 신학적 의의가 있다. 첫째, 이 개념은 주제적 통일성과 이미지의 반복되는 패턴을 통하여 성경의 내적 일관성을 인식하는데 도움을 준다.[107] 다른 말로 표현하면, 신약과 구약은 전체적으로 제시하는 반복되는 신학적 주제들, 패턴들과 함께 신적인 내러티브로 읽을 수 있다.[108] 이러한 주제들은 서로 불연속적인 것이 아니고 오히려 신학적, 문학적 관점에서 볼 때 일관성을 나타내면서 전체 본문 안에서 발전된다. 신구약 전체를 걸쳐 반복되는 이러한 패턴들의 문학적 장치는 역사를 주관하시는 하나님의 궁극적 계획(구속적 계획)이 표현된 방식이다.[109]

둘째, 모형론의 관점에서 바로본 상호 텍스트성은 또한 신구약 본문들 사이에 나타난 각각의 의미의 독특성을 무시하지 않는다. 두 본문 사이의 관계성 가운데 처음 본문은 그 본문 자체의 의미를 유지하면서도 다음에 나오는 본문 속에서는 그 안에서 독특한 의미의 효과를 산출하며 다시 사용된다.[110] 심지어 중요한 신학적 주제들도 다른 신학적 주제들과 역동적

---

107 P. Joseph Cahill, "The Unity of the Bible," *Biblica* 65 (1984): 404-11.

108 . Martens, "Reaching for a Biblical Theology of the Whole Bible," *Reclaiming the Old Testament* (ed. G. Zerbe; Winnipeg, Manitoba: CMBC, 2001), 83-101; Willard M. Swartley, *Israel's Scripture Traditions and the Synoptic Gospels: Story Shaping Story* (Peabody, Mass.: Hendrickson, 1994). 스와틀리(Swartley)는 출애굽, 정복, 성전, 왕권 등 이스라엘 전승사의 다양한 주제가 공관복음의 구조적, 신학적 설계에 영향을 미쳤다고 주장한다.

109 Cahill, "The Unity of the Bible," 407. 예를 들어 폰 라드는 구약의 구원 역사의 사건들이 신약의 해당 대형에 대한 원형이 되었다고 주장한다. 또한 그는 약속의 성취와 실현이라는 측면에서 두 성경 사이의 관계를 제시한다. 그리스도 사건은 역사의 궁극적인 정점이다. 다음을 보아라. Gerhard von Rad, *Old Testament Theology* (trans. D. M. G. Stalker; 2 vols; San Francisco: Harper & Row, 1965); B. S. Childs, "Gerhard von Rad in American Dress," *The Hermeneutical Quest: Essays in Honor of James Luther Mays on His Sixty Fifth Birthday* (ed. Donald G. Miller; Allison Park, Pa.: Pickwick Publications: 1986), 77-86; D. L. Baker, *Two Testaments, One Bible: A Study of the Theological Relationship between the Old and New Testaments* (Leicester: Apollos, 1991).

110 Pancratius C. Beentjes, "Discovering a New Path of Intertextuality: Inverted Quotations and Their Dynamics," *Literary Structure and Rhetorical Strategies in the Hebrew Bible*

인 배합과 함께 성경의 여러 장르 속에 나타난다. 따라서 우리들은 성경의 주제들이 넓은 문학적 신학적 문맥 속에서 본문의 섬세한 의미들과 함께 다른 신학적 주제들의 전개와 어떻게 상관성이 있는가를 살펴야 한다.

마지막으로, 상호 텍스트성은 변화하는 역사적 상황들 안에서 새로운 신학적 안목을 기술하기 위해 고대 근동 아시아에서 통용되는 여러 이야기들의 패턴과 관련성을 맺고 있다.[111] 성경의 저자들은 고대 근동 아시아에서 통용되는 여러 표현문구들을 조심스럽게 사용하여 새로운 역사적 상황 속에서 일하시는 전능하시고 초월하시는 하나님의 사역을 묘사했다.[112] 다른 말로 표현하면, 구약에서 고대 근동 아시아의 역사적 문화적 상황속에 나타난 상징들을 사용하여 하나님을 표현할 때 전능하시고 유일하신 이스라엘의 하나님에 대한 신학적 반성이 가장 중요한 결정요인이 된다. 영(Young)은 다음과 같이 말한다. "기독교 모형론적 네러티브의 특징은 시간 안에서의 특정한 네러티브의 선적인 연속성이 우주적이며 초시간적인

(ed. L. J. de Regt, J. de Waard, and J. P. Fokkelman; Assen, The Netherlands: Van Gorcum, 1996), 31-50.

111 Bernard F. Batto, *Slaying the Dragon: Mythmaking in the Biblical Tradition* (Louisville: Westminster/John Knox, 1992), 1-101. Cf. Robert A. Oden, Jr., *The Bible Without Theology: The Theological Tradition and Alternatives to It* (San Francisco: Harper & Row, 1987), 40-91. 바토(Batto)는 신화를 다음과 같이 정의한다. "보편적인 인간 현상. 신화는 상징을 통해 궁극적인 실재를 표현하려고 시도한다. 신화는 담론적 추론 능력과 평범한 인간 언어의 표현 능력을 모두 초월하기 때문에 직접 상징화할 수 없는 그 너머의 실체를 가리킨다." (Batto, *Slaying the Dragon*, 11).

112 Batto, *Slaying the Dragon*, 12-13. 바토는 "신화적 성격을 낳는(mythopoetic)"과 "신화를 만드는(mythopoeic)"을 구분했다. "신화적 성격을 낳는(mythopoetic)"이라는 용어는 예술적 문학적 장식에서 신화적 이미지, 은유, 암시를 의미하며, "신화를 만드는(mythopoeic)"이라는 용어는 "새로운 신화가 만들어지거나 오래된 신화가 새로운 차원을 포함하도록 확장되는 과정"을 의미한다(12쪽). 신화를 만드는 활동(신화형성 과정)은 창조와 같은 본래의 신성한 활동으로 새로운 신성한 활동을 묘사하려는 의식적이고 성찰적인 시도이다. 바토는 신화를 문학적 또는 상상적 현상으로 접근하여 새로운 관점으로 신화의 적응성을 강조한다. 성경 저자의 신화적 활동에 대한 자세한 논의는 다음을 참조하라. L.E. Boadt, "Mythological Themes and the Unity of Ezekiel," *Literary Structure and Rhetorical Strategies in the Hebrew Bible*, 211-31.

신적 내러티브와 교차된다."[113] 따라서 "상호 텍스트성은 공시적인면과 통시적인 면의 교차점 가운데 작용한다."[114]

결론적으로 말하면, 상호 텍스트성은 은유적, 문체적, 모형론적 틀 안에서 단어들의 구성, 이미지, 상징들, 암시들에 의해 영감된 신적인 본문(담화)들의 역동적인 통일성을 산출한다. 신학적 담화의 여러 형태는 하나님의 사역에 대한 고백을 묘사하며 창조에서부터 묵시(계시록)까지 성경 세계의 이상을 제시한다.

정경적-언어학적 접근: 하나님의 구속사적 드라마

본문들의 신학적 해석은 본문 자체와의 대화, 즉 본문의 메시지를 다루는 것이다. 왜냐하면 "본문은 역동적인 논의를 가능케 하는 역동적인 가능성이 있기 때문이다".[115] 그렇다면 우리는 어떻게 성경의 메시지와 역동적인 상호작용을 할 수 있을까? 다른말로 하면 어떻게 우리는 성경의 본문의 메세지와 오늘날의 상황을 연결시킬 수 있을까? 이 질문에 답을 하기 위해 우리는 정경적-언어학적 접근법을 간단하게 살펴볼 것이다. 벤후저(Vanhoozer)는 정경적-언어학적 접근은 넓은 하나님의 구속사의 드라마의 상황 속에서 성경의 규범적 사용과 관계 있다고 설명한다. 그는 다음과 같

113 Young, "Typology," 47. 에버백(Averbeck)은 다음과 같이 주장한다. "신화의 역사는 그 당시로 거슬러 올라가거나 신들이 행위자들인 가정된 현실의 차원에 초점을 맞춘다." 우리가 고려해야 할 중요한 점은 고대 역사가들은 고대부터 최근의 과거와 현재에 이르기까지 신화의 통일성과 연속성이 있다고 보았다는 것이다. 또한 신화적 시작에 대한 '영원한 회귀'가 아니라 현재와 미래로 이어지는 신화적 연속성이 있다는 것이다." Richard E. Averbeck, "The Sumerian Historiographic Tradition," *Faith, Tradition, and History: Old Testament Historiography in Its Near Eastern Context* (ed. A. R. Millard, James K. Hoffmeier, and David W. Baker; Winona Lake, Ind.; Eisenbrauns, 1994), 98.

114 Young, "Typology," 48.

115 Jeanrond, *Text and Interpretation*, 152. Cf. idem, *Theological Hermeneutics*, 93-119.

이 언급한다.

> (하나님의 구속사적 드라마의) 근본적인 논제는 오직 성경(sola scriptura)으로란 뜻이 단지 추상적인 원리만을 의미하는 것이 아니고 구체적인 신학적인 실천도 포함한다는 것이다. 즉 우리의 행동과 언어가 하나님의 말씀에 따른 삶으로 나타나야 한다는 것을 말한다. … 정경적-언어학적 신학은 본문의 드라마적 요소 - 이 세상에서 하나님께서 그리스도를 통해 하시는 일과 오늘날 교회 안에서 하나님께서 성경을 사용하셔서 그 독자들에게 말씀하시고 그들을 대면하시고 세우시는 사역 - 에 관심을 둔다.

정경적-언어학적 신학은 드라마와 같다. 왜냐하면 신학 - 이해를 추구하는 신앙(안셀름) - 은 단지 대본(최고의 권위가 있는 성경)의 의미를 아는 것뿐만 아니라 여러 상황 가운데 어떻게 대본(성경)에 따른 삶을 살아야 하는 가를 인식하는 것이다. 성경을 읽는 가운데 성경은 바른 행동과 실천을 위해 독자들의 사상(신학)을 도전하며 형성하기도 한다. 따라서, 벤후저(Vanhoozer)가 주장하듯이 기독교 신학은 개인과 공동체가 하나님의 구속사의 드라마에 참여할 수 있도록 방향 제시를 한다."[116] 정경적-언어학적 접근의 개념은 다음과 같이 좀더 설명할 수 있다. 첫째, 정경적-언어학적 접근법은 일관성 - 구속사적 드라마 구성(창조, 타락, 구속)과 드라마 인물(삼위 일체 하나님) - 뿐만 아니라 성경의 여러 다양한 관점들을 확증한다.[117] 하

---

116 Ibid., 102. 참조. Hans Urs von Balthasar, *Theo-Drama: Theological Dramatic Theory* (trans. Graham Harrison; 5 vols.; San Francisco: Ignatius, 1983), 125-31.

117 Vanhoozer, *The Drama of Doctrine*, 272-77. 벤후저(Vanhoozer)는 이것을 "정경적-언어학적 복수성"이라고 부른다. 참조. Leo G. Perdue, *Reconstructing Old Testament Theology: After the Collapse of History* (Minneapolis: Fortress, 2005), 348. 퍼듀(Perdue)는 "다양성을 제거해서는 안 되며, 성경 본문의 다양한 신학을 수용된 기준론으로 평가함으로써 적절하고 명료하며 일관된 구약 신학이 나타나야 한다"고 말했다.

나의 드라마에 많은 장면과 등장인물들이 있듯이 성경 안에는 하나님의 섭리적 구성에 의해 여러 상황 속에 여러 목소리들을 나타내는 많은 인물들과 행동들이 있다. 예를 들면, 시편의 여러 신학적 특징들을 기술하기 위해 시편 안에는 여러 저자의 목소리와 찬양, 애가, 제왕시, 지혜시 등과 같은 다양한 저자의 목소리와 문학적 장르가 있다.[118] 이 다양한 성경의 목소리들 간의 대화는 성경의 다양한 목소리를 들려주기 때문에 신학적 해석의 중요한 기반을 마련해 준다.[119] 이 개념은 성경 구절, 증거 본문을 통하여 단순 정보만을 전달하는 축소적 명제주의의 약점을 극복하도록 도움을 준다.[120]

둘째, 기독교 신학의 궁극적 목적은 교회와 이 세상이라는 무대 위에서 독자들이 하나님의 구속사적 드라마에 참여할 수 있도록 인도하는 것이다. 영감된 신적인 담화(본문)은 삼위일체 하나님의 구원 경륜을 전하며 현재의 상황 속에서도 지속되는 삼위 하나님의 구원 경륜에 참여할 수 있도록 독자들을 초대한다. 지금도 지속되는 삼위일체 하나님의 의사 소통 패턴은 하나님의 구속사적 드라마의 중심을 이룬다. "아마도 신학적 해석학에서 가장 많은 논의가 되어야 할 부분은 교회 안에서 성경의 가르침에 상

---

118 Susan E. Gillingham, *One Bible, Many Voices: Different Approach to Biblical Studies* (Eerdmans: Grand Rapids, 1999), 9-45, 187-231. 사복음서의 여러 저자는 예수 그리스도에 대한 다양한 관점을 제시하여 독자들이 극적인 행동, 장면, 인물을 풍부하게 이해할 수 있도록 한다. 이사야서의 통일성은 신학적으로 통일된 한 권의 책에 구현된 이사야 자료의 다양한 측면을 통해 살펴볼 수 있다. 참조. Odil Hannes Steck, *The Prophetic Books and Their Theological Witness* (trans. James D. Nogalski; St. Louis: Chalice Press, 2000), 165; Christopher R. Seitz, *Word without End: The Old Testament as Abiding Theological Witness* (Grand Rapids: Eerdmans, 1998), 113-29.

119 E. Martens, "Reaching for a Biblical Theology of the Whole Bible," 101. 참조. 크니에림(Knierim)은 "기독교 전통이 그 표준들에 순응하는 올바른 방법은 신약과의 관계가 결정되기 전에 구약을 그 자체로 인정하는 것"이라고 바르게 주장한다. See R. Knierim, "The Task of Old Testament Theology," *HBT* 6 (1984): 43.

120 Bernard Ramm, *The Evangelical Heritage: A Study in Historical Theology* (Grand Rapids: Baker, 2000), 129-32.

응하는 독자들의 행위와 함께 말씀과 성령의 역할이 되어야 할 것이다."[121] 하나님의 말씀은 단지 말로만 전해지는 것뿐만 아니라 삶 속에서 실천되어야 할 것이다.

마지막으로 정경적-언어학적 접근은 특정한 상황 가운데 무엇을 말하고 행해야 할것지에 대한 신학적 판단 능력을 제공하는 지혜의 측면이 있다(Phronesis: 실천적 이성).[122] 신학적 판단력은 성경 본문에 나타난 지혜에 의해 길러질 수 있다. 따라서 이를 위해 하나님 말씀의 내용(*circumstantial litterarum*)을 주의 깊게 파악하는 정경적 능력(canonical competence)을 길러내는 것이 중요한 문제가 된다.[123] 이는 성경 해석자가 문학적 민감성과 신학적 지혜로 정경의 본문에 철저히 충실할 것을 요구한다.

결론

본 장에서 논의한 방법론은 사 40-66장에 나타난 "עבדים"과 "נחלה"의 의미론적 가능성들을 탐구하고 이사야서 통일성의 관점으로 주제의 전개

121 Daniel J. Treier, "Theological Hermeneutics, Contemporary," *Dictionary for Theological Interpretation of the Bible* (ed. Kevin J. Vanhoozer; Grand Rapids: Baker Academic, 2005), 792.

122 Vanhoozer, *The Drama of Doctrine*, 307-59. "프로네시스(*Phronesis*)는 행동 지향적인 이성이므로 하나님을 아는 지식을 실천하고자 하는 지혜의 신학에 적절한 도움을 준다"(308쪽). 또한 다음을 보아라. Hans-Georg Gadamer, *Truth and Method* (2d ed.; trans. Joel Weinsheimer and Donald G. Marshall; New York: Crossroad, 1989), 312-24; Richard Briggs, *Reading the Bible Wisely* (Grand Rapids: Baker Academic, 2003).

123 David S. Yeago, "The New Testament and Nicene Dogma: A Contribution to the Recovery of Theological Exegesis," *The Theological Interpretation of Scripture: Classic and Contemporary Readings* (ed. Stephen E. Fowl; Cambridge: Blackwell, 1997), 87-100. 예고(Yeago)는 올바른 신학적 판단을 내리는 유일한 방법은 특정한 문학적 상황에서 본문이 어떻게 진술되고 암시되었는지에 주의를 기울이는 것이라고 주장한다.

에 대한 일관성있는 해석을 제공하는 것을 목적으로 한다. 첫째, 우리는 언어의 세 가지 특징들을 살펴보았다. 의미론, 의사 소통 행위자의 의사 소통 행위, 은유이다. 해석자는 의사 소통의 행위가 일어나고 본문의 풍성한 해석을 가능하게 하는 언어의 담화적 성격을 깊이 숙지해야 한다. 또한 성경 저자에 의해 사용된 은유적 언어는 새로운 현실들을 묘사하므로 의미의 풍성함을 산출하고 독자들의 상상력에 호소함으로 효과적인 의사소통을 위한 기능을 한다. 둘째, 텍스트학은 본문의 일관성 있는 해석을 위한 유용한 신학적 기반을 마련해 준다. 왜냐하면 텍스트학은 역동적인 의사소통이 가능한 텍스트의 연결성의 원리에 관심을 두고 있기 때문이다. 텍스트의 연결성을 지배하는 두 가지의 원리가 있다. 구문적 결속성과 주제적 일관성이다. 저자는 역동적인 의사소통을 위해 변이를 통한 주제의 전개에 기여를 하는 주제-평어 구조를 텍스트에 구성한다. 텍스트학의 분석(담화분석)을 통한 정보는 본문의 신학적 관심을 해석하는데 있어서 기본을 이룬다. 왜냐하면 텍스트는 저자-독자-세계(신학적 개념) 사이에 나타난 관계성의 원리 하에 역동적인 가능성들을 포함하기때문이다. 셋째, 기독교 학문의 한 분야로서의 성경 해석은 결국 본문의 신학적 이해를 목적으로 한다. 성경해석자들은 인간의 언어와 문학의 형태로 주어진 하나님의 영감된 말씀(담화), 즉 성경을 다루고 있다는 것을 늘 기억해야 한다. 본문의 깊은 신학적 이해를 위해 해석자들은 상호 텍스트성을 고려할 필요가 있다. 왜냐하며 성경은 성경으로 해석이 되고 성경 본문 사이에 공유하는 의미로 인하여 그들 사이에 의미의 교류가 가능하기 때문이다. 또한 상호 텍스트성은 해석자들이 어떻게 한 형태의 문학적 신학적 패턴들이 본문의 섬세한 의미와 신학적 주제들의 전개에 상응하는지를 식별하도록 도와준다. 넓은 의미에서 보면, 본문의 신학적 이해는 단지 본문의 의도를 해석하는 차원을 넘어 독자들이 그 말씀을 받고 그 말씀에 바른 반응을 하는 것까지도 포함한다. 따라서 본문에 대한 정경적-언어학적 접근은 성경 독자들이 현실의 교회와 세상 속에서 하나님의 구속사의 드라마에 참여할 수 있도록 인도한다.

3장

기업, 고난, 보상, 그리고 하나님 백성들의 회복

(이사야 49–55장 내에서의 이사야 54:11–17)

본 장에서 우리는 이사야 49-55장의 전체 문맥 내에 위치한 54:11-17을 살펴보도록 한다. 54:11-17은 이사야 40-66장 내에서 '종과 기업'이란 주제 발전에 아주 중요한 역할을 한다. 먼저 종들(עבדים)이란 단어가 54:11-17에서 처음으로 사용되었을 뿐 아니라 다음에 지속되는 장에서 그 반복적 사용을 바라보고 있기 때문이다. 또한 이 본문은 이사야 49-53장에서 예견된 시온의 회복을 제시하고 있기 때문이다. 하나님의 임재와 보호로 특징지워지는 시온의 회복은 54:11-17에서 하나님의 종들에게 기업으로 약속된다. 54:11-17의 전환적 기능은 이사야 56-66장에서 나타날 '종들과 기업'의 주제 전개의 발판을 마련해준다.

본 장의 목적은 이사야 49-55장의 넓은 담화 구문 내에서 선지자의 종들(עבדים)과 기업(נחלה)이란 단어의 사용에 대해 살펴보는 것이다. 이 두 단어의 의미론적 가능성을 살펴보는 과정 가운데 우리는 다음과 같은 질문을 다룰 것이다. 어떻게 종(단수)에서 종들(복수)로 주제의 전개와 전환이 이루어졌는가? 또한 이 주제의 전환에 있어서 고난의 종의 역할은 무엇인가? 누가 종들의 공동체에 포함이 되는가? 종들에게 약속한 기업의 속성은 무엇인가? 이러한 질문들을 기억하며 54:11-17의 연구는 다음과 같은 분석적 절차를 밟을 것이다. (1) 담화 구획 (2) 주제 전개 (3) 본문의 의사소통 기능 (4) 신학적 의미들.

담화 구획

특정한 본문의 올바른 구획은 근본적으로 중요하다. 왜냐하면 이는 선지자의 역동적인 수사학적 전략뿐 아니라 본문의 주제적-신학적 메시지의 짜임새를 이해할 수 있도록 도와주기 때문이다. 이제 우리는 본문의 적절한 담화 구획을 위한 두 부류의 언어학적 표지들을 연구할 것이다. 외적인 표지들은 "본문을 분리된 소단위로 한계를 정해주거나 구별하는 장치들"이며 내적인 표지(본문의 연결성)들은 "고립된 여러 구획들을 구성하는 구조의 단위들을 결합시키는 효과를 내는 연결 장치들"이다."[1]

외적 표지

이사야 54장의 구획 나눔에 대해서는 여러가지 의견이 있어왔다. 스파이커보어(Spykerboer)는 "54:1-55:5은 제 2 이사야 선지자의 여호와 구원 행동에 대한 선포의 절정을 제시하기 때문에 일관성있는 단위"라

1 Wendland, *The Discourse Analysis of Hebrew Prophetic Literature*, 27. 웬드랜드는 담화 단위를 구분하는 "외부(external)" 및 "내부(internal)" 지표를 예시로 제시한다. 예를 들어, 외부 지표는 개구(開口, 가능한 단위 오프너)로 화자의 변화, 주제의 전환, 시간의 이동, 아나포라, 연설 유형의 변환, 전환 표현, 감탄사 발화, 수사적 의문, 연결사 생략이 있고 종결(종결, 가능한 단위 종결자)은 인클루지오, 에피포라, 감탄사 발화, 직접 말하기, 간결한 마무리, 접속사 생략, 강렬한 이미지, 전면 이동, 명백한 평행법이 있다. 내부 지표는 접속사, 음운적 결속성, 어휘적 결속성, 문법적 결속성, 연속법과 인클루지오가 있다. 상세한 논의는 위의 책 29-110을 참조하라.

고 한다.[2] 모티어(Motyer) 또한 해석자는 이사야 54-55장이 하나님의 신적인 행동에 대한 인간의 반응을 제시하기 때문에 이 두 장은 함께 읽어야 한다고 주장한다(54:1, 54:2, 55:1, 55:6).[3] 그러나 우리는 다음과 같은 이유로 인하여 54:11-17이 주변의 본문들과 구분되는 일관성있고 독특한 단위라고 간주할 것이다. 첫째, 이 본문(54:11-17)은 시작과 종결을 나타내는 표시가 있다. 11절은 주로 청중들을 지명하면서 새로운 단위를 시작하는 삼중 감탄 호격의 형태(עֲנִיָּה סֹעֲרָה לֹא נֻחָמָה)로 시작한다. 17절은 (זֹאת נַחֲלַת עַבְדֵי יְהוָה וְצִדְקָתָם מֵאִתִּי נְאֻם־יְהוָה) 주로 이사야서에서 주로 단락의 종결 부분에 사용되면서 지시대명사와 함께 요약진술로 기능하는 문구로 종결된다.[4] 둘째, 이전 단락(54:10)은 신어(神語) 용법 공식(divine signature formula, אָמַר מְרַחֲמֵךְ יְהוָה׃)으로 종결되고 다음에 나오는 단락(55:1)은 청중들의 관심을 모으면서 새로운 단위를 시작하는 감탄사 공식("הוֹי", exclamatory formula)으로 소개된다. 게다가 55:1의 명령형은(לְכוּ, שִׁבְרוּ, אֱכֹלוּ) 55:1이 긴박감과 함께 새로운 단위를 소개하고 있음을 가리킨다. 셋째, 54:11-17는 두드러진 은유와 어조의 변화로 이전 본문과 구분이된다. 54:1-10은 불임의 어머니, 회복된 아내, 그리고 남편의 은유를 다루고 있으며, 54:11-17은 값비싼(보석들을 일컫는) 언어로 표현된 찬란한 도시 이미지의 은유를 사용하고 있다. 따라서 54:1-10에 나타난 주된 문학적 어조는 하나님과 언약 관계 회복으로부터 오는 격려와 찬양이며, 54:11-17은 원수들로 부터 보호하심에 대한 약속이다.

---

2 H. C. Spykerboer, *The Structure and Composition of Deutero-Isaiah with Special Reference to the Polemics Against Idolatry* (Meppel: Krips, 1976), 179-82.

3 J. Alec Motyer, *The Prophecy of Isaiah*, 443-44.

4 Childs, *Isaiah and the Assyrian Crisis* (Naperville: Alec R. Allenson, 1967), 128-36. 예를 들어, 사 14:24-27, 17:12-14, 28:23-2에는 지시적 기능과 요약 및 평가 표식 기능을 하는 대명사가 단위의 끝에 포함되어 있다.

본문의 번역

עֲנִיָּה סֹעֲרָה לֹא נֻחָמָה	54:11a	너 곤고하며 광풍에 요동하여 안위를 받지 못한자여
הִנֵּה אָנֹכִי מַרְבִּיץ בַּפּוּךְ אֲבָנַיִךְ	54:11b	보라, 내가 화려한 채색으로 네 돌 사이에 더하며[5]
וִיסַדְתִּיךְ בַּסַּפִּירִים׃	54:11c	청옥으로 네 기초를 쌓으며[6]
וְשַׂמְתִּי כַּדְכֹד שִׁמְשֹׁתַיִךְ	54:12a	홍보석으로 네 성벽을 지으며,
וּשְׁעָרַיִךְ לְאַבְנֵי אֶקְדָּח	54:12b	석류석으로 네 성문을 만들고,
וְכָל־גְּבוּלֵךְ לְאַבְנֵי־חֵפֶץ׃	54:12c	네 지경을 다 보석으로 꾸밀 것이며,
וְכָל־בָּנַיִךְ לִמּוּדֵי יְהוָה	54:13a	네 모든 자녀는 여호와의 교훈을 받을 것이니
וְרַב שְׁלוֹם בָּנָיִךְ׃	54:13b	네 자녀에게는 큰 평안이 있을 것이며[7]
בִּצְדָקָה תִּכּוֹנָנִי	54:14a	너는 공의로 설 것이며[8]
רַחֲקִי מֵעֹשֶׁק	54:14b	학대가 네게서 멀어질 것이며[9]
כִּי־לֹא תִירָאִי	54:14c	네가 두려워 하지 아니할 것이며;
וּמִמְּחִתָּה כִּי לֹא־תִקְרַב אֵלָיִךְ׃	54:14d	공포도 내게 가까이 하지 못할 것이라.

5 LXX은 בַּפּוּךְ을 "용종과 같은 진한 붉은 보석"이란 의미를 가진 ἄνθρακα로 읽는다. 이와 유사하게, *BHS*도 또한 בַּפּוּךְ을 בַּנֹּפֶךְ ("청록색 또는 말라카이트색")로 수정할 것을 제안한다. 그러나 우리는 MT 독법인 בַּפּוּךְ을 유지한다. 왜냐하면 이 단어가 왕하 9:30과 렘 4:30에 반의어로 여성들이 눈꺼풀을 검게하는 화장품 가루로 사용되었기 때문이다. 이 뉘앙스는 여자로서 시온의 이미지와 잘 조화를 이루고 있다. 참조. Whybray, *Isaiah 40-66*, 188; Koole, *Isaiah III: Isaiah 49-55*, 381.

6 *BHS*는 וִיסַדְתִּיךְ("그리고 너의 기초들")을 명사형으로 수정한 1QIsa[a](ויסדתיך)와 LXX (καὶ τὰ θεμέλιά σου)과 함께 읽을 것을 제안한다. 그러나 우리는 MT 독법을 유지한다. 왜냐하면 11a의 '형용사+완료+완료'와 함께 11b-12b의 '분사+완료+완료' 동사 패턴은 시온의 영광스런 변화에 대한 시적인 효과를 강조하기 때문이다. 그리고 MT독법은 또한 문법적으로나 구문론적으로 첫 스티치(stich)와 평행을 이루기 때문이다.

7 반복을 피하기 위해1QIsa[a] 는 בניך ("자녀들")을 첨자 ו (*superscriptum*)를 추가하여 בוניכי ("세우는 자들")로 읽는다. 그러나 13절의 키아스틱 단어 순서는 MT독법을 지지한다. 사 49-53장 내내 기대되었던 자녀들의 회복은 본문의 주요 쟁점이다.

8 *BHS*는 14a 이후로 : 을 옮기는 가능성을 제안한다. 우리는 이 이슈에 대해 다음 장에서 상세하게 다룰 것이다.

9 *BHS*는 רַחֲקִי (명령형)을 תרחקי (미완료)로 읽을 것을 제안한다. 그러나 14b는 의심의 여지없이 받아들여질 약속의 신뢰성을 확증하기 위해 명령형으로 시작한다. 참조. Kautzsch, *Gesenius' Hebrew Grammar*, 324; Koole, *Isaiah III: Isaiah 49-55*, 388; Westermann, *Isaiah 40-66*, 278; Goldingay, *The Message of Isaiah 40-55*, 540).

הֵן גּוֹר יָגוּר אֶפֶס מֵאוֹתִי	54:15a	보라 그들이 분쟁을 일으킬지라도 나로 말미암지 아니한 것이[10 11]
מִי־גָר אִתָּךְ עָלַיִךְ יִפּוֹל׃	54:15b	누구든지 너와 분쟁을 일으키는 자는 너로 말미암아 패망하리라.[12]
הֵן אָנֹכִי בָּרָאתִי חָרָשׁ נֹפֵחַ בְּאֵשׁ פֶּחָם	54:16a	보라,[13] 숯불을 불어서,
וּמוֹצִיא כְלִי לְמַעֲשֵׂהוּ	54:16b	자기가 쓸만한 연장을 제조하는 장인도 내가 창조하였고,
וְאָנֹכִי בָּרָאתִי מַשְׁחִית לְחַבֵּל׃	54:16c	파괴하며 진멸하는 자도 내가 창조하였은즉.
כָּל־כְּלִי יוּצַר עָלַיִךְ לֹא יִצְלָח	54:17a	너를 치려고 제조된 모든 연장이 쓸모가 없을 것이라,
וְכָל־לָשׁוֹן תָּקוּם־אִתָּךְ לַמִּשְׁפָּט תַּרְשִׁיעִי	54:17b	너를 대적하여 송사하는 모든 혀는 네게 정죄를 당하리니
זֹאת נַחֲלַת עַבְדֵי יְהוָה	54:147c	이는 여호와의 종들의 기업이요,
וְצִדְקָתָם מֵאִתִּי נְאֻם־יְהוָה׃ ס	54:17d	이는 그들이 내게서 얻은 공의니라 여호와의 말씀이니라.

위에서 다룬 내용으로 볼때, 54:11-17은 인접 본문으로부터 구분되는 담화로 읽을 수 있다. 본문의 구획을 관찰하였기에 이제 우리는 선지자가 본문의 역동적인 의사소통을 위해 사용한 본문의 연결성에 대해 살펴보기로 한다(구문적 결속성과 의미적 일관성).

10 LXX와 Syriac은 אֶפֶס를 생략한다. 그러나 우리는 אֶפֶס을 유지할 것이다. 왜냐하면 이것은 부정 불변화사로 기능하기 때문이다. 참조. 사 5:8

11 *BHS*는 מֵאוֹתִי을 1QIsa[a]에 의해 지지를 받는 מֵאִתִּי로 읽을 것을 제안한다. 우리는 מֵאִתִּי을 선택하기로 한다. 왜냐하면 17d에서 מֵאִתִּי이 반복되기 때문이다.

12 LXX 와 Arabic 사본은 מִי־גָר אִתָּךְ("너를 공격하는 사람")을 삭제한다. 그러나 우리는 MT 독법을 그대로 유지한다. 왜냐하면 이 본문의 일관성있는 생각은 원수의 공격으로부터 하나님의 보호하심의 약속이기 때문이다. 15a와 15b 사이의 어휘적이며 의미론적 평행법은 MT 독법을 지지한다.

13 *BHS*은 15절과 같이 조건 불변화사로 기능하는 הֵן("만약")이 본문에서 발견되는 케티브의 자음 문자를 제안한다. 1QIsaa 는 11b에서 발견되는 것과 같이 이것을 케레 הִנֵּה("Behold")로 읽는다. 케티브보다 케레가 더 선호되는 이유는 16절이 하나님의 창조 능력을 소개함으로써 청중의 관심을 끌기 때문이다.

내적 표지

54:11-17에 나타난 내적 표지를 살피기 위해 우리는 54:11-17을 구성하는 소단락들의 구문적 결속성을 관찰하고, 이 소단락들이 어떻게 서로 연결되어있나를 논의할 것이다. 54:11-17을 여러 소단락으로 나누는 점에 대해서는 공통적인 의견이 부족하다. 그러나 비록 서로 다른 구분 절을 말하지만 대부분의 학자들은 본문이 두 부분으로 나누어진다는 점을 제시한다.[14] 11-17절은 표면적, 언어적, 주제적 표지들에 따라 11-14a, 14b-17b, 17c-d 와 같이 세 부분으로 나누어 질 수 있다. 54:11-17b를 두개의 소 단락으로 나누는 것은 좀 애매모호하다. 그러나 다음과 같은 이유들은 14a가 첫 소단락의 종결절이란 근거들을 제시한다. 첫째, 13절과 14a은 12절의 문장 구조에서 이미 나타난 삼중절(tristich)을 이룬다. 그리고 14b-15에서는 문장의 삼중절 구조에서 이중절 구조로 변환이 일어난다.[15] 둘째, 단어쌍(word pair) שָׁלוֹם(13b) // צְדָקָה(14a)은 두 줄 사이를 견고하게 묶어주면서 의미적 평행구를 이룬다(예. 32:17; 60:17). 따라서, 13b와 14a 사이는 평

---

14 예를 들면 모빙켈(Mowinckel)은 12b-13행의 손실을 가정하고 이 본문을 세 개의 작은 부분으로 나눈다(11-12, 13-15, 16-17절). 참고. Mowinckel, "Die Komposition des deuterojesajanischen Buches," *ZAW* 49 (1931): 110. 오스왈트(Oswalt)도 생각의 이동에 따라 세 단위를 제안한다(11-12, 13-14, 15-17절). 참조. John N. Oswalt, *The Book of Isaiah Chapters 40-66* (Grand Rapids: Eerdmans, 1998), 426. 두 단위를 주장하는 학자는 둠(Duhm)(11-14a, 14b-17절), 키산(Kissane)(11-15, 16-17절), 베스터만(Westermann)(11-13a, 13b-17절), 그리고 뮬렌버그(Muilenburg)(11-14, 16-17절). 참고. Duhm, *Das Buch Jesaia*, 410-11; E. J. Kissane, *The Book of Isaiah, vol. 2* (Dublin: Browne and Nolan limited, 1943), 197-99; Claus Westermann, *Isaiah 40-66: A Commentary* (London: SCM Press, 1969), 277; James Muilenburg, *Isaiah Chapters 40-66* (Nashville: Abingdon, 1956), 638-41.

15 Jan L. Koole, *Isaiah III: Isaiah 49-55: Historical Commentary on the Old Testament* (Leuven: Peeters, 1998), 387. 참조. MT 본문 비평 장치도 14a 이후에 :을 옮기는 가능성을 제안한다.

행구로 인하여 의미적 연속성과 생각의 전개가 나타난다.[16] 14a은 단어 תְּכּוֹנָנִי(hithpolel. 미완료. 2. f. s.)를 사용하여 시온의 회복 주제를 다루는 첫 소단락을 종결하며, 14a 후에는 시온의 보호라는 주제가 소개된다. 셋째, 14a의 וְ 생략(asyndeton)은 벤틀란트(Wendland)가 진술하듯이 소단락의 종결을 가리키는 표지이다: "접속사의 생략 - 특별히 וְ - 은 마지막 콜론(colon)이 소단락 또는 몇몇의 넓은 단락의 범위가 종결한다는 것을 표시한다."[17] 넷째, 17c-d 은 종결어구를 소개하면서 지시 대명사 זֹאת로 시작하며 신어 공식인 נְאֻם־יְהוָה로 마감한다. 따라서 우리는 54:11-17이 11-14a, 14b-17b, 17c-d와 같이 세 소단락으로 구성되어있다고 결론지을 수 있다.

소단락 54:11-14a은 현 시온의 비참한 상태를 특징짓는 삼중 호격(עֲנִיָּה סֹעֲרָה לֹא נֻחָמָה)으로 시작하며, 11b에서 즉시 새로운 주제를 소개한다. 11b에서는 삽입구(hNEhi)의 사용과 일인칭 대명사(אָנֹכִי)를 전경화 시킴으로 본문의 고조된 분위기를 자아내고 있다. 11b-13b은 11a에서 곤고한 시온을 지시하는 이인칭접미사인 ךְ를 사용하므로 이전 줄과 연결되어있다. אֶבֶן의 반복적 사용은 11c과 12b-c을 하나로 묶어 준다준다(אֲבָנַיִךְ[11c] 그리고 לְאַבְנֵי[12b-c]). 12a은 연계사와 어휘적 평행구(וִיסַדְתִּיךְ // וְשַׂמְתִּי)를 사용하므로 이전 줄(11c)과 연결되어 있다.[18] 12b-13b은 연속적인 와브 접속사들, 반복적 어휘(12c와 13a의 와브+명사 연계형 וְכָל־, 13a와 13b의 בָּנַיִךְ), 대명사

16 참고. Berlin, *The Dynamics of Biblical Parallelism* (Bloomington and Indianapolis: Indiana University, 1992), 88-96. 11c와 14a 사이에는 형태론적, 구문론적, 의미론적 평행성도 있다(בִּצְדָקָה תִּכּוֹנָנִי // וִיסַדְתִּיךְ בַּסַּפִּירִים).

17 Wendland, *The Discourse Analysis*, 57.

18 선지자는 평행하는 행들 안에서 연관된 단어 쌍을 병렬로 사용하는 방법을 사용했다. 어휘적 평행법에 대한 학술적 논의는 다음을 참조하라. Berlin, *The Dynamics of Biblical Parallelism*, 64-80; J. Kugel, *The Idea of Biblical Poetry: Parallelism and Its History* (New Haven: Yale University, 1981); H. H. Clark, "Word Associations and Linguistic Theory," *New Horizons in Linguistics* (ed. J. Lyons; Harmondsworth: Penguin, 1970), 271-86.

(12a-13b의 이인칭 여성 단수 ךְ는 11a에서 언급된 것과 동일한 것을 지시한다)를 사용하므로 서로 연결되어 있다. 12b와 13b에 나타난 동사의 생략은 시적인 분위기를 고조시키기 위해 사용되었고, 동사-명사형 절은 12a//13a-b 에서 구문적 평행구를 이루며 쌍을 이루고 있다.

54:14b-17은 보호의 약속을 강조하는 명령형(רַחֲקִי)으로 시작된다.[19] 11b과 16a에서 הִנֵּה의 반복은 화자의 격양된 감정을 강조하며 두 절을 하나로 묶어준다. 15과 17a-b은 מֵאוֹתִי(מֵאִתִּי), אִתָּךְ 그리고 עָלַיִךְ의 반복으로 하나로 연결되어 있다. 또한 음운적 일관성은 모운(*a, i, o*)과 두운(*m, š*)으로 나타나며 14b-17b를 하나로 묶어준다: 14b(מֵעֹשֶׁק), 15a(מֵאוֹתִי), 15b(מִי־גָר), 16b(וּמוֹצִיא,לְמַעֲשֵׂהוּ), 16c(מַשְׁחִית), and 17b(לַמִּשְׁפָּט).

각각의 소단락 안에서뿐만 아니라 두개의 소단락 사이에도 표면적 차원의 결속성이 있다. 54:11-14a은 11b과 16a에서 반복되는 הִנֵּה אָנֹכִי, 12c, 13a, 17a, 17b에 나타난 전치사구(명사 + כָּל־), 14a, 17d 에 나타난 צְדָקָה, 전체 본문에서 각각 동일한 대상을 가리키는 대명사 '나'와 '너'에 의해 54:14b-17과 연결 되어 있다. 반복되는 부정 불변화사 לֹא 또한 11a, 14b-c과 17a을 연결 시켜 준다. 또한 두 소단락 사이에는 주제적 일관성이 있다. 시온을 향한 하나님의 구원 약속이다.

11-14a은 시온과 그 자녀들을 회복하기 위한 하나님의 약속을 제시하며 14b-17은 17c-d에 나타난 요약문구와 함께 단락을 종결하면서 모든 원수로부터 시온을 보호하시는 하나님의 언약을 드러내고 있다.

19 일부는 동사를 미완료 형태로 수정할 것을 제안한다. 그러나 그럴 필요는 없다. 선지자는 약속 성취가 신탁을 전달하는 하나님의 주권적인 능력에서 나온다는 강한 확신을 가지고 명령한다. 참고. 사 37:30; 49:9; 65:18. W. Gesenius, *Gesenius' Hebrew Grammar* (Oxford: Clarendon, 1910), 324.

본문의 의미론적 구조

54:11-17의 본문 구획에 따라 이제 우리는 54:11-17의 의미론적 구조 윤곽을 다음과 같이 제시할 수 있다.

A. 약속: 시온의 회복(vv. 11a-14a)
  1. 시온의 비참한 상태(11a)
  2. 회복된 시온의 묘사(11b-14a)
    a. 시온의 외적 회복(11b-12c)
    b. 시온의 내적 회복: 자녀들(13a-14a)
B. 약속: 시온의 보호(vv. 14b-17d)
  1. 보호의 확증(14b-15b)
  2. 이유: 여호와의 주권적 능력(16a-17b)
C. 결어: 종들의 기업(17c-d)

주제의 전개

단수 '종'과 복수 '종들'의 관계를 이해하기 위해 먼저 이사야 40-53장의 넓은 문맥 안에 나타난 '종'의 주제 발전에 대해 간단하게 논의할 것이다. 다음에는 52:13-53:12에 나타난 고난의 종의 역할과 그 보상에 대해 살펴본다. 마지막으로 종들과 기업의 주제가 나타난 54:11-17을 연구한다.

이사야서 40-55장은 이사야 40-48장과 49-55장의 두 부분으로 나누어 진다. 넓은 문학적 단위인 이사야 40-55장은 서로 다른 문학적 구조 속에서 나타난 주제의 강조점에 따라 이사야 40-48장과 49-55장으로 나누어 진다. 이사야 40-48장은 주로 우상 숭배의 헛됨(40:19, 20; 41:7; 42:17; 44:10, 12, 15, 17), 이전일과 장차될 일(41:22; 42:9; 43:9, 18; 46:9; 48:3), 하나님께서 지명하신 고레스(41:2-5, 25-29; 42:1-9; 46:11; 48:14-15), 그리고 바벨론의 패망(43:14; 46:1-13; 47:1; 48:14, 20) 등을 다룬다.[20] 또한 40:1-5과 48:20-22에 나타난 포로 귀환의 주제는 이사야 40-48장이 한 문학적 단위임을 강조하며 양괄 구조를 이룬다. 다른 한편으로는, 이사야 49-55장부터 시작하여 주제의 강조점이 달라진다. 위에서 언급한 주제들은 이사야 49-55장에서는 거의 나타나지 않는다. 오히려 이사야 49-55장의 주된 주제는 자녀들의 돌아옴, 시온의 회복, 하나님과 그 백성들 사이의 회복된 관계에 초점이 맞추어져 있다. 이러한 기본적 주제를 배경으로 이사야 40-53장에 나타난 종의 주제는 변화를 보이며 전개되고 있다.[21]

이사야 40-48장 안에 나타난 종의 주제 변화

종의 주제가 처음으로 나타난 41:8-16에서 이사야 선지자는 종을 이스라엘, 야곱, 하나님의 택한 자, 그리고 아브라함의 자손과 동일시하고 있

20 M. Haran, "The Literary Structure and Chronological Framework of the Prophecies in Is. XL-XLVIII," *Congress Volume, Bonn 1962* (SVT 9; Leiden: E. J. Brill, 1963), 127-55; Blenkinsopp, *The Servant and the Servants in Isaiah*, 160; idem, *A History of Prophecy in Israel* (Louisville: Westminster John Knox, 1996), 184-93; Williamson, *Variations on a Theme*, 147, 8; Wilcox and Paton-Williams, "The Servant Songs in Deutero-Isaiah," *JSOT* 42 (1988): 79-102; Aarhus Knud Jeppesen, "From You, My Servant to the Hand of the Lord Is with My Servants," *SJOT* (1990): 113-29.

21 둠은 네 편의 종의 노래는 (42:1-4; 49:1-6; 50:4-9; 그리고 52:13-53:12) 한 편집적 작업에 기인하며 제 2 이사야의 제자에 의해 무작위로 제 2 이사야서에 삽입되었다고 가정한다. 따라서 네 편의 종의 노래에 걸처 종은 변하지 않는 동일인이라고 주장한다 (Duhm, Das Buch Jesaia, 311-12). 그러나 둠의 주장과는 달리 본 연구는 소위 종의 노래 본문들을 사 40-55장 전체 안에서 주위 인접 문맥과 긴밀한 관계성 가운데 살펴보기로 한다. 참조 Mettinger, *A Farewell to the Servant Songs*, 9-15; Snaith, "The So-called Servant Songs," *ExpTim* 56 (1944): 79-81.

다(44:1-2, 21; 45:4; 48:20).[22] 하나님께서 종인 이스라엘에게 원수로부터 구원을 약속하시면서 두려워하지 말라고 격려하고 있다(41:10-16). 그러나, 소위 제 1 종의 노래라고 불리운 42:1-9은 좀 독특한 종의 모습을 제시하고 있다. 왜냐하면 이 본문에서는 종을 그 어떤 인물과 동일시하지 않고 오히려 종의 자질(또는 인격)과 사명을 소개한다. 한편으로는, 42:1-4은 "현재의 실제적인 이스라엘의 모습과 선지자의 예언이 성취될 시점에 보일 영광스러운 이스라엘의 모습"과 대조를 이루기 위해 하나님께서 원하시는 "이상적 이스라엘"의 모습을 묘사한다.[23] 또 다른 한편으로는 42:1-4에 묘사된 종은 이스라엘의 구원을 위해 하나님께 지명된 왕의 사명을 감당하는 왕적인 인물이다(9:5-7; 11:1-5; 16:5; 32:1-8; 55:4-5).[24] 이 제왕적인 종의 사명은 온유하고, 신실하며, 그러나 용기있게 열방에 공의를 가져오며 이 땅에 공의를 세우는 모습으로 특징지워진다(2-4절). 하나님께서는 소경의 눈을 뜨게 하며 간힌 자들을 놓아주기 위해 종을 백성의 언약과 이방의 빛으로 삼으실 것이다(6, 7절). 이 이상적인 종을 통하여 열방과의 언약적 관계 유지와 열방의 구원이 가능하게 된다.[25]

42:18-44:23안에서 종의 주제는 변화를 나타내며 더욱더 발전하고 있다. 42:1-9에 묘사된 이상적인 종의 모습과는 달리 42:18-25에서 묘사된

---

22 네 편의 종의 노래 가운데 제 일의 종의 노래가 사 42:1-4에서부터 시작한다는 둠의 이론과는 달리, 종의 주제는 사 41:8에서 처음으로 나타난다. 종 (עבד)이라는 단어는 사 40-55장에서 20회 사용되었다. (참조. 41:8, 9; 42:1, 19;43:10; 44:1, 2 , 21, 26; 45:4; 48:20; 49:3, 5, 6; 50:10; 52:13; 53:11).

23 Williamson, *Variations on a Theme*, 139-146; Wilcox and Paton-Williams, "The Servant Songs in Deutero-Isaiah," *JSOT* 42 (1988): 79-102; 앤드류 윌슨(Andrew Wilson)은 "종의 익명성이 강화된 이유는 망명자 전체와 구별되는 '충실한 이스라엘'을 이상화해야 할 필요성 때문일 수 있다"라고 말했다(*The Nations in Deutero-Isaiah: A Study on Composition and Structure* [ANETS 1; Lewiston/Queenston: The Edwin Mellen, 1986], 253).

24 Richard Schultz, "The King in the Book of Isaiah," *The Lord's Anointed: Interpretation of Old Testament Messianic Texts*, 141-65; Williamson, *Variations on a Theme*, 130-47.

25 Childs, *Isaiah*, 326.

종인 이스라엘의 모습은 하나님의 저주 아래 있는 눈 멀고 귀먹은 자이다. 실제적으로 이스라엘은 자신의 완고함과 고집으로 인하여 하나님께서 그들에게 허락하신 사명을 성취하는데 실패했다. 따라서 이스라엘은 약탈자와 강도들에게 넘기운 바 되었다(42:22-25). 이 완고한 종은 42:1-9에서 묘사한 이상적인 종의 모습과 역설적인 관계에 놓여있다. 눈 멀고 귀먹은 종의 주제는 하나님의 증인으로서 또 다른 종의 사명을 소개하면서 이사야 43:1-13에서 지속된다. 종의 연약함에도 불구하고 하나님께서는 아직도 종인 이스라엘을 사랑하시며 그들을 열방 가운데 자신의 증인으로 사용하시기를 원하신다(43:10, 12; 44:8).[26] 하나님께서 종을 선택하신 근본 목적은 열방으로 하여금 하나님의 비교할 수 없는 주권적 능력을 경험하게 하는 것이며 그의 영광이 종을 통하여 열방 가운데 선포되어지는 것이다. 그러나 종은 지속적으로 하나님의 사명을 감당하는 것을 실패한다. 그럼에도 불구하고 하나님의 무조건적인 은혜와 종인 이스라엘을 향한 구속의 언약은 반복적으로 다음 본문인 43:22-44:23에서 선포된다. 이 본문의 독특성은 성령의 임하심으로 인하여 종의 자손들이 변화되고(44:3-5) 과 종인 이스라엘의 죄 용서함이 제시된다는 점이다(43:25; 44:21-22).

44:24-47:15은 모든 우상 위에 뛰어나신 절대자이신 하나님께서 열방과 나약한 종 이스라엘을 향한 자신의 목적을 그의 도구인 고레스왕을 통하여 성취하실 것을 보여준다.[27] 하나님께서 고레스 왕을 소환하여 그에게 열방들이 하나님 이외에는 다른 신이 없다는 사실을 알도록 열방을 항복케하는 사명을 주신다(45:1-7; 47:1-15; 48:14). 또한 고레스는 예루살렘을 재건하고 종 이스라엘을 본토로 귀환하게 하는 사명을 수행하는 하나님의

26 Willis J. Beecher, *The Prophets and the Promise* (Grand Rapids: Baker, 1963), 272

27 고레스는 이미 41:2-3과 41:25에서 하나님께서 그의 목적을 위해 의로 그를 부르셨다고 암시한 바 있다.

의로운 대행자의 역할을 한다(44:24-28; 45:1-13). 이사야 48장은 일인칭 단수를 사용하여 한 개인적 인물을 소개함으로 이사야 40-48장을 마무리한다(48:16). 비록 본문은 이 개인적인 인물의 신원에 대해서는 분명하게 언급하지는 않으나 그의 임무는 48:17-22에 나타난 신탁을 전달하는 것으로 보인다.[28] 이 개인적인 선지자적 인물은 49:1-6과 그 후에 지속되는 본문에서 지속적으로 나타나며 종의 사명이 시온의 회복을 위한 것이라는 새로운 주제로 독자들을 인도한다.[29]

이사야 49-53장에 나타난 종의 주제 변화

이사야 49-55장에서는 하나님의 사명 대행자로서의 종에 대한 지속적인 강조가 나타나는 반면에 종의 주제는 중요한 전환 국면을 맞이하게 된다. 이사야 40-48장의 이사야 선지자 메시지의 주된 수신자는 전체적인 이스라엘(또는 야곱)이었으나 이사야 49-55장에 나타난 수신자 공동체는 49:1-6의 경우를 제외하고는 주로 시온(또는 예루살렘)으로 묘사된다.[30] 49:1-13은 하나님의 사명을 감당하는 종의 직무에 초점을 맞추며 48:16에 나타난 개인적인 선지자적 종의 목소리를 다시 들려준다. 이스라엘에게 위임된 사명을 성취하지 못하고 지속적으로 실패하여(48:1-11) 하나님께서는 개인적인 선지자적 종(또는 이스라엘 내의 한 신실한 공동체)을 부르시고

---

28 Childs, *Isaiah*, 378. 참조. 이 개인적인 인물의 역할은 오직 본문의 문맥 가운데서 발견할 수 있다고 주장하는 챠일즈는 이 익명의 인물이 선지자적 역할을하는 자라고 말한다. 이 선지자적 종은 포로 공동체에게 새로운 질서와 출애굽 주제를 다시 적용하여 선포하는 자이다.

29 Ibid.

30 Williamson은 49:1-13이 이스라엘에 대한 개념의 전환을 보여주는 본문이라고 주장한다. Williamson, *The World of Ancient Israel: Sociological, Anthropological and Political Perspectives Essays by Members of the Society for Old Testament Study* (ed. R. E. Clements; Cambridge: Cambridge University, 1993), 141-61; idem, *Variations on a Theme*, 147-48.

종인 이스라엘의 직무를 그에게 전이시키신다.[31] 42:1-9에 나타난 이스라엘과 열방을 향한 종의 사명이 비슷한 주제의 패턴과 언어학적 연관성을 보이며 49:1-13에서 반복적으로 전개된다.[32] 그러나 49:1-13의 독특한 면은 종의 선지자적 요소와 더불어 다음 장에서도 반복적으로 나타나는 종의 사역의 고난과 좌절을 묘사한다는 점이다(49:4, 7). 게다가 이 본문은 종의 역할을 땅의 회복과 새 출애굽 모티프와 관련하여 포로들의 해방을 선포하는 것으로 제시한다는 점이다(49:2, 8, 9 참조. 61:1-4).

49:1-6에 나타난 개인적인 선지자적 종의 목소리는 50:4-9에서 다시 나타난다. 그러나 종의 주제는 새로운 국면으로 접어든다. 49:2에서는 하나님의 보호아래 있는 선지자적 사역이 날카로운 칼과 마광한 살의 이미지로 묘사되고 있는 반면에 50:4에 나타난 종의 사역은 학자의 혀로 곤핍한 자를 말로 도와주는 것으로 소개된다. 또한 종의 인격은 신실하고 여호와의 가르침에 늘 반응한다. 그러나 그는 사명을 수행하는데 있어서 고난을 경험한다. 이전 본문(49:7)에서 종은 감정적이며 정신적인 수욕을 경험하는 반면 50:6은 종이 당하는 육체적인 고난을 강조한다. 그럼에도 불구하고 종은 하나님의 신원하심을 신뢰한다(7-9절). 좀 더 넓은 문학적 주제 전개의 관점에서 볼 때 우리는 49:1-7과 50:4-11사이에 일정한 주제의 패

31 사 49:1-7에 나타난 종의 정체성은 수 많은 논쟁의 대상이다. 참조. H. M. Orlinsky, "The So-Called 'Servant of the Lord' and 'Suffering Servant' in Second Isaiah," in *Studies on the Second Part of the Book of Isaiah* (SVT 14; Leiden: Brill, 1967), 79-89; N. Lohfink, "'Israel" in Jes. 49, 3," in *Wort, Lied und Gottesspruch: Beiträge zu Psalmen und Propheten. Festschrift für Joseph Ziegler* (FzB 2; ed. J. Schreiner; Würzburg: Echter Verlag, 1972), 217-29; Childs, Isaiah, 383-86; Delitzsch, *The Prophecies of Isaiah*, 256-64.

32 연속성과 전개의 관점에서 주제적 변이가 나타난다. 열방의 빛(לְאוֹר גּוֹיִם), 백성의 언약(לִבְרִית עָם)과 같은 사명은 변하지 않는다. 두 본문들의 초점은 종의 사명에 있지 정체성에 있는 것이 아니다. 참조. Williamson, *Variations on a Theme*, 154-55; Antti Laato, *The Servant of YHWH and Cyrus: A Reinterpretation of the Exilic Messianic Programme in Isaiah 40-55* (CB 35; Stockholm: Almqvist & Wiksell International, 1992), 106-22.

턴을 발견할 수 있다. "사명(49:1-6//50:4) 고난(49:7a//50:5, 6) 신원(49:7b//50:7, 8)"이라는 패턴이 주제 전개 과정에서 나타난다. 종의 고난과 신원이라는 주제는 52:13-53:12에서 더욱 자세하게 묘사된다.

52:13- 53:12은 이사야 40-50장에 언급된 종의 주제가 지속하여 나타나고 있으며 또한 특별히 이사야 49장과 그 이후에 나타나는 고난의 주제가 절정을 이룬다. 히브리어 본문(또는 사본), 문법, 그리고 의미의 복잡함과 애매모호함이 52:13-53:12에 나타나나, 넓은 문학적 문맥 가운데 전개되는 고난의 종이라는 큰 주제의 틀은 분명하다.[33] 이 본문의 독특한 점은 종이 더 이상 화자로 나타나지 않고 이제는 "여호와" 그리고 "우리" 가 주된 화자로 등장한다.[34] 게다가 성경 본문은 고난의 종을 여호와의 팔(1절), 연한 순(2절), 마른 땅에서 나온 줄기(2절), 그리고 도수장으로 끌려가는 어린 양(7절)과 같이 주로 은유적 표현을 사용하여 묘사한다.[35] 본문은 고난의 종이 자신의 사역을 통해 백성에게 가져다 주는 유익과 그에 따른 하나님의

33 Walter Brueggemann, *Isaiah 40-66* (Louisville: Westminster John Knox, 1998), 141. 이 구절의 복잡성을 해결하려는 많은 학자들의 노력이 있었다. D. W. Thomas, "A Consideration of Isaiah LIII in the Light of Recent Textual and Philological Study," *ETL* 44 (1968): 79-86; O. H. Steck, "Aspekte des Gottesknechts in Deuterojesajas 'Ebed-Jahwe-Liedern,'" *Gottesknecht und Zion* (FAT 4; Tübingen, 1992), 3-43; W. Zimmerli, "Zur Vorgeschichte von Jes 53," *Studien zur alttestamentlichen Theologie und Prophetie von Walther Zimmerli* (ThB 51; Münich: C. Kaiser, 1974), 213-21.

34 이 구절(52:13-53:12)은 종의 높임을 주제로 하는 신탁으로 시작하고 끝난다(52:13; 53:11, 12). "우리" 부분은 시의 중간에 위치하며(53:1-10), 종은 시 전체에서 대부분 "그"로 불린다.

35 사 53장에 나오는 종의 정체를 찾는 것은 오랫동안 이사야 연구의 주제였다. 역사비평 학자들은 종의 정체를 제 2 이사야와 동시대의 익명의 인물, 제 2 이사야 자신, 집단(이스라엘, 이상적 이스라엘, 남은 자), 다윗 시대의 메시아, 여호야긴 왕(주전 597년), 유배된 백성 등으로 제시하고 있다. 그러나 종의 정체에 대한 질문은 학자들 사이에서 여전히 풀리지 않는 난제로 남아 있다. 클라인즈(David Clines)가 지적했듯이 이 텍스트에는 의도적인 불투명성이 존재한다. 게다가 사 53장 언어의 고도로 시적이고 수사적인 특성으로 인해 종의 신원에 대한 정확한 역사적 정보를 얻지 못한다. 종의 신분에 관한 질문은 52:13-53:12의 생각의 흐름에서 부차적인 것으로 보인다. 다음을 보아라. David Clines, *I, He, We and They: A Literary Approach to Isaiah 53* (JSOTSup 1; Sheffield: JSOT, 1976), 25-33; North, *The Suffering Servant in Deutero-Isaiah*, 1-27; Muilenburg, *Isaiah 40-66*, 614-31.

신원(伸冤)에 강조점을 둔다.

결론적으로 말하면, 실제 이스라엘, 이상적인 이스라엘, 고레스, 개인적인 선지자적 인물, 그리고 고난의 인물 등과 같이 이사야 40-53장에 나타나는 종의 주제는 변이를 보이며 전개된다. 그러나 하나님께로부터 부여된 임무을 수행할 대행자로서의 종의 사명, 인격, 신원이라는 주제는 이사야 40-53장에 변함없이 지속적으로 전개된다. 그러면 고난의 종의 사역이 어떻게 백성들에게 영향을 미치는가? 그의 사역의 특징적인 결과는 무엇인가? 이 고난의 종의 사역과 보상이 복수 종들과 어떠한 관련이 있는가? 이와 같은 질문에 답하기 위해서는 52:13-53:12에 나타난 고난의 종의 사역과 그 보상에 대한 면밀한 연구가 필수 불가결하다.

고난의 종과 그 보상들(52:13-53:12)

이 부분에서 우리는 고난의 종의 사역의 성격과 백성을 위한 그 보상에 대해 연구할 것이다. 우리는 또한 고난의 종의 사역의 수혜자들이 누구인지를 살펴볼 것이다.

고난의 종의 사역(52:13-53:12)

고난의 종의 사역은 백성들을 위한 대리적 고난으로 특징지워진다(4-6절, 10-12절). 이사야 53장의 고난의 종의 대리적 고난에 대해 학자들 사이에 많은 논쟁이 있어 왔다. 올린스키(Orlinsky)는 주장하기를 고난의 종은 그의 인기 없는 직무와 자신과 다른 사람들의 죄의 결과로 인하여 고난을 받았다고 말한다.[36] 올린스키의 의견에 동의하면서 와이브레이(Whybray)도 53:4, 5에 나타난 전치사 מִן의 사용을 근거로 다음과 같이 주장한다. "저자가 전치사 מִן을 사용한 것은 그가 고난의 종이 받은 잘못된 대우가 백성의 죄악의 결과로 인한 것이지 그들이 받아야 할 죄의 형벌을 위해 대신 고난을 받은 것이 아니다."[37] 하지만 다음에 제시하는 근거들은 고난의 종의 사역이 단지 다른 사람들의 죄로인한 고난에 동참하는 정도가 아닌 백성들을 위한 온전한 대리적 고난임을 증명한다. 첫째, 본문에 나타난 주제 전개의 흐름을 보면 알 수 있다. '우리'라는 화자는 '고난의 종'이 겪은 고난의 참 이유는 바로 자신들의 죄로 말미암은 것임을 고백한다(53:2-6). 이 새로운 깨달음을 표현하기 위해 "강한 확신을 표현하는" אָכֵן(실로)이 4절 초반부에 사용되었다.[38] 그 이외에도 고난의 종의 대리적 고난을 표현하기 위해 4절에서 הוּא(그)와 אֲנַחְנוּ(우리) 그리고 5절에서 לָנוּ(우리의 …을 인함)와 עָלָיו(그 위에)의 강한 대조적인 표현이 사용되고 있다. 즉 '그' 와 '우리'의 사이의 대비 구도를 통하여 '고난의 종'의 대리적 고난을 표현한다. 6절

36 H. M. Orlinsky, "The So-called 'Servant of the Lord' and 'Suffering Servant' in Second Isaiah," *Studies in the Second Part of the Book of Isaiah* (VTSup 14; Leiden: Brill, 1967), 54. Orlinsky는 이스라엘 백성들은 그들의 죄악으로 인하여 포로로 끌려갈 때 이미 자신들의 죄악으로 인한 고난을 경험했다고 주장한다. 따라서 종이 고난을 받아야할 필요가 없다고 말한다. 단지 선지자가 바벨론에서 자신이 속한 공동체와 함께 고난을 서로 나누었다고 말한다. 다음의 문헌을 보라. George A. Knight, *Deutero-Isaiah: A Theological Commentary on Isaiah 40-55* (Nashville: Abingdon Press, 1965), 273. P. Hanson 은 고난의 종의 고난을 "공의의 왜곡"이라고 설명한다. 왜냐하면 하나님께서 무죄한 인간을 취하여 죄악의 패턴과 인간에 대한 사랑을 보여주는 "고등한 윤리"의 패턴을 깨뜨렸기 때문이다 (Paul Hanson, *Isaiah 40-66* [Louisville: John Knox, 1995], 158-61).

37 Whybray, *Isaiah 40-66*, 175; idem, *Thanksgiving for a Liberated Prophet: An Interpretation of Isaiah Chapter 53* (JSOTSup 4; Sheffield: JSOT Press, 1978), 29-76. Whybray 는 전치사 מִן을 인과 관계를 표현하는 "때문에" 라고 번역하기 보다는 "…의 결과"로 번역한다. 따라서 4절과 5절의 자세한 의미는 "우리"에 의한 죄악된 처우를 의미하게 된다. 그는 주장하기를 만일 대리적인 고난을 의미했다면 "…의 대가로" 를 의미하는 전치사 בּ를 사용했을 것이라고 말한다.

38 Cf. F. D. Lindsey, "Isaiah's Songs of the Servant," *Bibliotheca Sacra* 140 (1983): 22.

에서 결국 '우리'는 וַיהוָה הִפְגִּיעַ בּוֹ אֵת עֲוֹן כֻּלָּנוּ(여호와께서 우리 무리의 죄악을 그에게 담당 시키셨도다)라고 고백한다. 우리와 종의 대비 구도는 하나님의 주도적 사역에 의해 연결점이 형성된다. 종은 홀로 사역을 수행하지 않았으며 또한 수동적으로 자신의 사역을 감당한 것은 아니었다. 하나님께서 주도권을 가지시고 백성들의 죄악을 그에게 담당시키셨으며 종은 하나님의 목적에 자신을 기꺼이 위탁했다(7-9절). 하나님의 뜻에 자발적으로 순종하는 고난의 종은 다른 사람들의 죄악으로 인한 형벌을 기꺼이 감당한다. 둘째, 전치사 מִן이 많은 경우에 인과 관계(….이유 때문에, … 을 인하여)를 나타내는 의미로 사용된 근거가 있다(시 38:19; 44:17; 55:4; 107:17; 애 4:13). 따라서 와이브레이(Whybray)의 주장과는 달리 5절이 말하는 מִפְּשָׁעֵנוּ, מֵעֲוֹנֹתֵינוּ(우리의 허물을 인함이요, 우리의 죄악을 인함이라)라는 구절은 '고난의 종'의 사역이 백성들("우리")의 죄를 위한 대리적 고난을 의미한다고 볼 수 있다. 셋째, 53:4의 동사들 נשׂא, סבל(짊어짐)은 고난 종의 사역이 백성들의 죄악을 담당하는 대속적 고난이라는 사실에 또 다른 증거를 제시한다. 이는 고난의 종이 백성들의 죄악의 결과뿐 아니라 그 죄악 자체도 짊어지셨음을 보여준다(참조. 11절). 고난의 종은 죄가 없으나 '우리'가 받아야 할 죄악과 형벌을 대신하여 기꺼이 고난을 당하셨다. 델리취(Delitzsch)는 이 동사들의 사용을 다음과 같이 설명한다.

> 이 단어들이 죄악의 대격(對格) 용법과 함께 번역이 될 때 죄악의 대가를 자신이 짊어진다는 의미로 사용된다. 즉 그 죄악을 마치 자신의 것처럼 보고 느낀다는 의미이다(레 5:1, 17). 또한 죄악으로 인한 형벌을 감당한다는 의미, 즉 대속을 의미한다(레 17:16; 20:19, 20; 24:15). 또한 어떤 경우에는 그 죄악을 담당하는 사람 자신은 죄가 없으나 중보적인 능력으로 속죄함을 이루기 위

해 그 죄악을 담당한다는 의미를 나타낸다(레 10:17).[39]

결론적으로 말하면, 종의 대리적 고난은 비록 신학화를 하지 않더라도 본문의 구문적, 의미적, 정황적 증거들이 이사야 53장의 고난의 종의 사역이 대리적 고난임을 분명히 증거한다. 차일즈(Childs)는 다음과 같이 주장한다.

> 이사야 40-55장에 나타난 이스라엘을 구원하시기 위한 하나님의 구속사의 드라마적 관점에서 볼 때 고난의 종의 대리적 역할은 선지자의 메시지에 중심을 이루며, 만약 이 신학적 주제를 제거한다면 이 본문들에 나타나는 놀라운 신비를 밝혀내는 주해의 핵심을 잃어버리는 것이다.

종은 "우리"가 마땅히 담당해야할 죄악과 허물을 자신이 자발적으로 짊어졌다. 그렇다면 다음에 이어지는 질문은 "종의 대속적 고난의 결과가 무엇인가?" 라는 것이다.

종의 사명 수행의 결과

종의 대속적 고난의 결과로 백성들의 죄악을 담당하고 그들을 의롭게 함으로서 백성들의 구원을 이룬다.[40] 이 주장을 뒷받침하는 주제와 언어의 증거들이 있다. 첫째, 53:1에 나타난 강조적 어구인 זְרוֹעַ יְהוָה(여호와의 팔)

---

39 Franz Delitzsch, *Isaiah* (vol. 2 of *Commentary on the Old Testament*; Grand Rapids: Wm. B. Eerdmans, 1973), 316. Childs 또한 다음과 같이 주장한다. "이는 고난의 종이 열방의 죄악("우리의 죄악들")을 담당하는 대속적 역할을 의미한다. 그 어느 것도 죄 용서를 자동적으로 가능하게 하는 것은 없다."(Childs, *Isaiah*, 418).

40 다음 부분에서 우리는 "누가 종의 사명의 수혜자들인가?"에 대해 상세하게 다룰 것이다.

은 고난의 종의 사역에 있어서 중요한 구원적 문맥을 제공한다.[41] זְרוֹעַ(팔)은 주로 이전 본문에서 구원의 신탁을 선포하는 문맥에서 주로 나타난다(51:5, 11; 52:10). 이사야 51장에 나타난 용어 זְרוֹעַ는 5절에서는 יִשְׁעִי(나의 구원), צִדְקִי(나의 의), 11절에서는 פְּדוּיֵי יְהוָה(여호와께 구속된 자들)와 함께 쓰인다. זְרוֹעַ의 반복적 사용은 52:10에서 יְשׁוּעַת אֱלֹהֵינוּ(우리 하나님의 구원)과 함께 나타난다. 이러한 인접 문맥의 문예적 정황으로 볼 때 은유적 표현인 זְרוֹעַ(팔)은 하나님의 강력한 구원 계획을 의미한다. 51:5, 9과 52:10에서 사용된 זְרוֹעַ는 다시 53:1에서 하나님의 구원 방식을 전하는 고난의 종의 주제와 함께 다시 사용된다.[42] 전혀 예상치 못한 방법으로 나타난 하나님의 사명을 이룰 대행자인 고난의 종과 그 직무를 통해 백성들을 향한 하나님의 구원이 성취된다.

둘째, 고난의 종은 백성들의 죄악을 사함으로 대속적 구원을 가져온다. 50:1-9은 이미 죄와 고난의 종의 주제를 암시했다(참조 33:24; 44:22). 포로 생활의 원인은 백성들의 죄악과 허물로 인한 것이었다. עֲוֹנֹתֵיכֶם, בְּפִשְׁעֵיכֶם(50:1). 하나님께서 오셨을 때 그 어느 누구도 그에게 반응하는 자들이 없었다. 그러나 고난과 수욕에 대해 반응하는 것을 배운 자는 오직 종이었다(50:4-9). 이 주제는 대속적 고난의 종의 주제와 함께 53:1-12에서 더욱 발전된다. 종의 고난의 목적은 바로 백성들의 죄악을 다루기 위한 것이었다. מְעֲוֹנֹתֵינוּ, מִפְּשָׁעֵנוּ(v. 5); מִפֶּשַׁע עַמִּי(v. 8). 종

41 Muilenburg, *Isaiah 40-66*, 619; Melugin, *The Formation of Isaiah 40-55*, 168. 멜류긴(Melugin)은 이사야 53장이 49:7의 신탁을 52:15에서 'ראה'라는 용어를 반복함으로써 광범위하게 정교화한다고 지적한다. "이사야 49장 7절은 왕과 방백들이 멸시받던 자를 '보고' 그 앞에 '절할 것'이라고 선언하며, 멸시받던 자의 높임을 전제하고 있다. 이사야 52:13-53:12은 비슷한 종류의 구원에 대한 선포에서 'ראה'의 반복으로 시작하는데, 고난과 높임의 관계와 의미에 대한 정교한 해석을 제시합니다. 따라서 49:7과 52:13-53:12는 49:14-52:12를 위한 일종의 해석의 틀 역할을 한다."

42 Oswalt, *The Book of Isaiah Chapter 40-66*, 382.

은 자원하여 백성들의 죄악과 허물을 담당하고 그들을 의롭게 한다. בְּדַעְתּוֹ יַצְדִּיק צַדִּיק עַבְדִּי לָרַבִּים וַעֲוֺנֹתָם הוּא יִסְבֹּל׃(11절). 백성이 의롭게 되는 것은 오직 종의 중보적 사역을 통해서만 가능하게 된다. 고난의 종의 역할을 통하여 하나님과 백성의 관계 회복을 가능하게 하는 죄 용서의 결과를 가져왔다.

셋째, 단어 אָשָׁם(속건제물)의 의미는 의로운 종의 사역을 통하여 백성의 회복을 가져오는 것을 제시한다. 우리는 논란의 여지가 많은 용어 אָשָׁם의 단순한 이해를 조심해야 한다.[43] 이 용어의 두 가지의 가능한 의미를 다음과 같이 제시하고자한다. 한편으로는, 종의 고난이 스스로 배상할 수 없는 백성들의 죄악에 대한 하나님의 공의를 만족케 한다.[44] 다른 한편으로는, 53:10의 אָשָׁם은 넓은 문예적, 정경적 문맥 가운데서 백성의 회복을 의미한다. 에버벡(Averbeck)은 אָשָׁם의 의미를 다음과 같이 제시한다.

> 용어 *'āšām*은 거룩한 나라가 땅으로부터 추방당했기 때문에(즉 더럽혀졌기 때문에) 이 본문에서 사용이 되었을 가능성이 있다. 만일 그렇다면 고난의 종의 대속적 희생의 목적은 바로 백성들을 본토와 그들의 하나님께로 회복시키기 위함이었다. 이는 레위기 14장에 나타난 문둥병자의 회복과 평행선을 이룬다. 또한 믿음의 공동체로부터 추방을 야기하는 두려운 질병들과 고난의 종 사이에 연관성을 암시하면서 이사야 53장은 질병과 질고에 대한 단어들로

---

43 제의적이며 의식적인 정황의 단서가 부족하기 때문에 일부 학자들은 이 용어를 수정하는 반면, 다른 학자들은 이 용어를 텍스트의 부패로 간주하여 삭제하기도 한다. 좀 더 상세한 논의로는 다음을 참조하라. Bernd Janowski, "He Bore Our Sins: Isaiah 53 and the Drama of Taking Another's Place," *The Suffering Servant: Isaiah 53 in Jewish and Christian Sources* (trans. Daniel P. Bailey; ed. Bernd Janowski and Peter Stuhlmacher; Grand Rapids: Eerdmans, 2004), 48-74.

44 Ibid. See also, Childs, *Isaiah*, 418; John E. Hartley, *Leviticus* (WBC; Dallas: Word Books, 1992), 80.

가득차 있다.[45]

무엇보다도 אָשָׁם으로서의 종의 사역을 통하여 백성들을 회복하시고자 하는 하나님의 목적이 이루어 진다(6, 10절 참조). 종의 대속적 고난은 하나님의 의해 시작되었으며, 이는 백성의 회복을 위한 하나님의 구속사적 계획이었다. 다른 말로 표현하면, 종의 대속적 고난을 통하여 이스라엘 백성의 새로운 세대를 배출하게 된다.

종의 사역의 수혜자들은 누구인가?

미지막으로 해결해야 할 이슈는 종의 사역의 수혜자들이 과연 누구인가 정의하는 것이다. 이 문제의 핵심은 "우리"와 "많은 사람"의 정체성을 밝히는 것과 연관되어 있다. 왜냐하면 본문은 이 두 부류가 고난의 종의 수혜자들이라고 묘사하고 있기 때문이다. 52:13-53:12에 나타난 "우리"의 정체성은 학자들 사이에 논쟁이 되어 왔다. 와이브레이는 "우리"가 전포로 공동체를 대변하는 제 2 이사야의 제자들이라고 주장한다.[46] 그러나 이 해석은 본문의 증거가 부족하다. 멜류긴(Melugin)은 52:15에서 53:1의 자연스런 전환으로 인하여 "우리"가 열방을 가리킨다고 믿고 있다.[47] 그

---

45 Richard E. Averbeck, "אָשָׁם," *NIDOTTE* 1: 564.

46 Whybray, *Isaiah 40-66*, 171. Whybray는 주장하기를 제 2 이사야의 제자들이 고난으로부터 구원 받음을 감사하는 찬송시로 이사야 53장을 편집했다고 주장한다. Cf. P.-E. Dion, "L'universalisme religieux dans les différentes couches redactionalles d'Isaïe 4-55," *Bib* 51 (1970): 161-82; O. H. Steck, "Aspekte des Gottesknechts in Jes. 52,13-53,12," *ZAW* 97 (1985): 36-58.

47 Melugin, *The Formation of Isaiah 40-55*, 167; Westermann, Isaiah 40-66, 260; C. C. Torrey, *The Second Isaiah* (New York: Scribner's, 1928), 409-11. 멜류긴(Melugin)이주장하기를 52:15에서 열방의 백성들과 왕들이 전에는 듣지도 못하고 보지도 못한 것에 의해 놀란 반면에 53:1에서는 민족들이 그들의 죄악을 인하여 고난 당하는 종을 인정하는 고백을 한다고

러나 "우리"는 이스라엘 내에서 죄를 고백하는 공동체를 언급한다. 그 이유는 다음과 같다. 첫째, 52:15과 53:1 사이에 언어적 구조적 연속성이 있는 것처럼 보인다. 52:15b의 שָׁמְעוּ는 53:1a의 שְׁמֻעָתֵנוּ와 대칭적 짝을 이루며 52:15b의 רָאוּ은 53:1b의 נִגְלָתָה과 연속적 짝을 이룬다. 그러나 이 대칭 구조는 이 두 구절 사이에 대조를 표현할 수도 있다: 1절은 듣고 본 자들이 열방이 아닌 바로 "우리"라는 것을 강조하기 위해 수사학적 질문으로 시작한다.[48] 즉, 이 두 구절들은 서로 다른 사람들을 언급한다. 둘째, 좀 더 넓은 문맥 가운데 나타난 주제의 전개를 통해 볼 때, 53:1-6의 "우리"는 고난의 종의 사역에 반응하는 이스라엘 내부의 고백적인 공동체를 일컬을 수도 있다. 골딩게이(Goldingay)가 언급하듯이, "여호와의 말씀에 대한 (불)신앙의 주제는 이사야 40-55장에 반복하여 나타나는 주제이며 이는 주로 열방 보다는 지속적으로 하나님의 백성들과 관련되어 있다."[49] 그 밖에도, 하나님과 고난의 종에 대한 이스라엘 백성들의 반응은 이미 50:10에서 예견되었다. מִי בָכֶם יְרֵא יְהוָה שֹׁמֵעַ בְּקוֹל עַבְדּוֹ(너희 중에 여호와를 경외하며 그 종의 목소리를 청종하는 자가 누구뇨?). 따라서, 53:1의 질문인 מִי הֶאֱמִין לִשְׁמֻעָתֵנוּ וּזְרוֹעַ יְהוָה עַל־מִי נִגְלָתָה:(우리의 전한 것을 누가 믿었느뇨 여호와의 팔이 뉘게 나타났느뇨?)은 이스라엘 백성 가운데 하나님께서 나타내신 것을 보고 들은 것을 믿는 자들을 식별하는 기능을 한다.[50] 셋째, 8절에 언급된 עַמִּי(내 백성)은 결국 "우리"가 포로 공동체 가운데 죄를 고백하는 이스라엘 백성들을 언급한다는 우리의 주장을 뒷받침해준다. 왜냐하면 עַמִּי(내 백성)은 인접 문맥 가운데에서 주로 포로기 백성들을 언급할 때 사용되기 때문이다(47:6; 51:4, 16; 52:4,

말한다.

48 Koole, *Isaiah III: Isaiah 49-55*, 275.

49 Goldingay, *The Message of Isaiah 40-55*, 494.

50 Childs, *Isaiah*, 413-14.

5, 6). 따라서, 종의 사역의 수혜자들은 이스라엘 백성들 가운데 죄를 고백하며 고난의 종에 반응하는 자들이다. 그렇다면 종은 오직 이스라엘 백성들 만을 위해 고난을 당했는가? 52:14, 15과 53:11, 12절의 רַבִּים(많은 사람)은 과연 누구를 가리키는가?

본문에서 רַבִּים(많은 사람)의 정체성을 밝히는 것은 매우 난해한 문제다. רַבִּים(많은 사람)의 정체성에 대한 수 많은 제안이 있어왔다. 이방인[51] 그리고 민족들로 표현된 흩어진 유대인 디아스포라 등이다.[52] 어떤 학자들은 52:14, 15과 53:11, 12의 "많은 사람"은 서로 다른 두 부류의 그룹을 일컫는다고 주장한다.[53] 그러나 רַבִּים(많은 사람)의 정체성을 다룸에 있어서 우리가 기억해야 할 것은 본문의 시적인 형태와 절제된 표현을 기억해야 하며 본문의 의도를 넘어선 무리한 해석을 삼가야 한다. 본문에 나타난 언어적, 구조적, 그리고 주제적 증거들을 바탕으로 다음과 같은 가능성을 제시할 수 있다.[54] 첫째, 52:14에 나타난 רַבִּים(많은 사람)은 종의 대속적 고난의 수혜자 수가 많다는 것을 의미한다. 이 용어의 사용은 많은 사람들을 의롭고, 고난 받고, 결국 승리하는 한 명의 종과 대조시키기 위해 사용되었다.[55] 또

51 C. R. North, *The Second Isaiah: Introduction, Translation, and Commentary to Chapters XL-LV* (Clarendon: Oxford, 1964), 234-36.

52 Westermann, *Isaiah 40-66*, 259. 그는 이렇게 말한다: "그 의미는 종의 높임으로 이루어진 그의 사역이 너무도 놀라워서 사람들이 멀리 떨어진 곳(나라들)과 고귀한 영역(왕들)에서 놀라움으로 그 소식을 듣게 된다는 것이다. "이사야는 이 일이 널리 알려질 것을 생각하고 있지만, 이스라엘 밖의 이방 영역은 생각하지 않고 있다." 참조. D. E. Hollenberg, "Nationalism and 'the Nations' in Isaiah XL-LV," *VT* 19 (1969): 35-36.

53 예를 들어, 맥켄지는 52:14과 53:12의 "많은"을 이스라엘 사람으로, 52:15의 "많은 나라와 왕들"을 이방인으로 본다. 반대로 와이브레이는 52:14, 15, 53:12a의 "많은"을 이방인으로, 53:11, 12b의 "많은"을 이스라엘인으로 간주한다. 다음을 보아라. J. L. McKenzie, *Second Isaiah* (Garden City, N. Y.: Doubleday, 1968), 132; Whybray, *Isaiah 40-66*, 170, 181.

54 본문에 등장하는 용어의 문법적 또는 언어학적 모호성에 대해 많은 논쟁이 있었다. 지면 관계상 이 문제는 다루지 않을 것이다. 참조. J. W. Olley, "'The Many': How Is Is 53,12a to be Understood?" *Bib* 68 (1987): 330-41.

55 Muilenburg, *Isaiah 40-66*, 617. 그는 또한 "많은(רַבִּים)"이 단수인 종과 복수인 백성의 탄식

한 시적 형태의 본문 구조는 종의 사역의 수혜자인 수 많은 회복된 사람들을 강조하기 위해 רַבִּים(많은 사람)을 반복적으로 사용하였고 이를 통하여 본문의 양괄식 구조(52:13-15와53:11-12)를 구성한다.

둘째, 52:15에서 사용된 רַבִּים(많은 사람)과 גּוֹיִם(나라들)과 왕들(מְלָכִים)의 병치 배열은 고난의 종의 사역이 단지 이스라엘 뿐만 아니라 열방들도 위한 것임을 말해주고 있다. 열방을 향한 종의 사역은 그들로부터 반응을 도출하는 좀 애매모호한 용어인 יַזֶּה를 통하여 표현된다(52:15).[56] 하지만 용어의 애매모호함에도 불구하고 본문에서 명확하게 드러나는 것은 "선지자는 열방들이 여호와의 구원 행동의 수혜자라는 의미를 그들이 여호와와 이스라엘 앞에서 놀라고 입을 봉하는 의미와 함께 연결시킨다는 점이다."[57] 게다가 열방을 향한 종의 사역과 그들의 응답은 이미 49:7에서 예견되었다. מְלָכִים יִרְאוּ וָקָמוּ שָׂרִים וְיִשְׁתַּחֲוּוּ(열방이 일어서며 방백들이 경배하리니). 52:13-53:12은 49:5-9에 나타난 종의 수욕, 왕들과 통치자들의 인식, 그리고 하나님의 신원이라는 비슷한 주제의 패턴이 반복적으로 나타난다.[58]

사이의 극명한 대비를 소개한다고 말한다.

56 יַזֶּה의 정확한 형태와 의미에 대해서는 일치된 견해가 없다. 일부 학자들은 이 용어를 "깜짝 놀라다" 또는 "도약하다"로 번역하고, 다른 학자들은 "뿌리다"로 번역하기도 한다. 더 자세한 정보는 다음을 확인하라. Koole, *Isaiah III: Isaiah 49-55*, 272-73; Goldingay, *The Message of Isaiah 40-55*, 493; B. Janowski, "Er trug unsere Sunden: Jes 53 und die Dramatik der Stellvertretung," *Der leidende Gottesknecht* (ed. B. Janowski and P. Stuhlmacher; FAT 14; Tübingen: Mohr-Siebeck, 1996), 27-48.

57 Goldingay, *The Message of Isaiah 40-55*, 493. See also Christopher R. Seitz, *The Book of Isaiah 40-66*(vol. 6 of The New Interpreter's Bible; Nashville: Abingdon, 2001), 463. 자이츠(Seitz)는 주장하기를 "종의 사역의 범위는 단지 가장 인접 문맥에 나타난 이스라엘 백성들의 인식(53:1-9)만을 포함할 뿐 아니라, 모든 열방들이 이스라엘의 전한 바를 봄으로 수반되는 여호와의 빛의 지식에 나아오는 것도 바라본다."

58 Childs, *Isaiah*, 386; R. G. Kratz, *Kyros im Deuterojesaja-Buch* (FAT 1; Tubingen: Mohr-Siebeck, 1991); O. H. Steck, "Aspekte des Gottesknechts in Deuterojesajas 'Ebed-Jahwe-Liedern,'" 3-43. 멜류긴(Melugin)도 또한 두 본문 사이에 나타나는 주제적, 어휘적 연관성은 "사49:14-52:12의 전체를 구성하는 틀"로 작용한다고 언급한다. Melugin, *Formation of Isaiah 40-55*, 168. 이 주제의 패턴은 열방을 향한 빛으로서의 종의 사명을 완성한다는 것을

셋째, 53:11, 12의 רַבִּים(많은 사람)은 넓은 문학적, 신학적 문맥 가운데 이스라엘의 자녀들을 포함한다.[59] 종의 자원하는 희생(אָשָׁם)의 결과는 결코 헛된 것이 아니며 그 보상으로 이사야 49-51장의 주된 주제 가운데 하나인 자손들의 회복을 보게 된다(זֶרַע, 53:10). 이 개념은 두 개의 반복되는 단어들을 통하여 더욱더 뒷받침된다. 한편으로, זֶרַע(자손)은 시온의 자손들의 증가와 거주를 표현할 때 사용된다(54:1-3).[60] 다른 한편으로, רַבִּים(많은 사람)은 열방 뿐만 아니라 시온의 자손들도 의미한다. 왜냐하면 53:11, 12의 רַבִּים(많은 사람)은 רַבִּים과 בָנִים(자녀들)의 병치배열이 나타나는 54:1과 연결되어 있기 때문이다.[61]

결론적으로, 고난의 종의 사역의 수혜자는 두 개의 용어로 설명될 수 있다. "우리" 그리고 "많은 사람". 52:13-53:12 내에서 "많은 사람" - "우리" - "많은 사람"으로의 단어 사용의 전개가 서로 중복되며 또한 서로 연결되어 나타난다.[62] 이 두 용어는 고백적인 이스라엘, 반응하는 열방들, 그

제시한다(42:6; 49:6).

59 Lars Gösta Rignell, *A Study of Isaiah 40-55* (LUÅ, NF Avd. 1, Bd. 52, Nr. 5; Lund: C. W. K. Gleerup, 1956), 84. 둠 이후에 수 많은 학자들은 52:13-53:12을 전후의 문맥으로부터 분리시켰다. 그러나 이 본문은 전후의 인접 문맥과 수 많은 어휘적 연관성을 보여준다: שָׁלוֹם(52:7; 53:5; 54:10, 13); זְרוֹעַ יְהוָה(51:5, 9; 52:7; 53:1); זֶרַע(53:10; 54:3); רַבִּים(53:11, 12; 54:1); צְדָקָה(53:11; 54:14, 17); כְמַסְתֵּר פָּנִים // הִסְתַּרְתִּי פָנַי(53:3, 54:8).

60 사 53장의 정경적 역할은 사 40-51장과 54장을 주제적, 신학적 관점으로 서로 연결시켜 주는 경첩의 역할을 한다.

61 Ibid., 338; Motyer, *The Prophecy of Isaiah*, 444-45. 53:12a에 나타난 רַבִּים의 서로 다른 두개의 번역이 있다: "위대한"(KJV, RSV, NIV)과 "많은"(LXX, NJB, TNK). 우리는 53:11과 53:12a 사이의 나타나는 어휘적, 의미적 평행구로 인하여 후자의 번역을 택한다. See, Olley, "'The Many': How Is Is 53,12a to be Understood?" 330-56; Koole, *Isaiah III: Isaiah 49-55*, 336-43. 53:11, 12에 나타난 용어 רַבִּים이 50:1, 2에서 자녀들에게 적용된 פֶּשַׁע과 עָוֺן사이에 병치 구조를 이룬다는 점은 주목할 만하다.

62 Olley는 주장하기를 "우리"와 "많은 사람"은 서로 배타적인 용어가 아니다라고 주장한다. 그는 다음과 같이 주장한다. "죄와 반항이라는 단어는 8회 사용된다. "53:11-12에서 이 용어들은 "많은 사람"과 관련된 반면에, 53:5-8에서는 이 용어들은 우리의 죄들 (내 백성을 포함한)이다." 참조, Olley, "'The Many': How Is Is 53,12a to be Understood?," 354.

리고 이스라엘 백성의 자녀들을 포함한다. 올레이(Olley)가 지적하듯이, "여호와께서는 많은 순종하는 사람들을 그들의 탈취물과 함께 종에게 주시며 결국에는 승리하시고 그의 종을 신원하신다. 이 많은 사람들은 여호와의 승리와 종의 고난으로부터 주어지는 평화와 축복을 누리게 된다."[63] 52:13-53:12에 나타나는 고난의 종은 이사야 49-54장에 나타나는 주제의 발전에 있어서 결정적으로 중요한 역할을 한다. 왜냐하면 이 주제는 결국 54장에서 시온의 회복을 바라보기 때문이다. 52:13-53:12에 나타난 고난의 종의 사역은 결국 54장에서 시온의 회복과 시온의 거주자들(종들)을 배출하게 된다. 종의 대속적 고난으로 인하여 의롭게 된 자들은 결국 여호와의 종들의 일원이 된다(54:17; 56:65; 65:8). 즉, 고난의 종의 사역은 결국 복수 종들을 배출한다. 다음 부분에서 우리는 종들과 기업의 주제가 54:1-17에서 어떻게 서로 연관되어 전개되는가를 살펴보기로 한다.

하나님의 약속: "종들의 기업"(54:1–17)

고난의 종의 사역은 시온을 향한 하나님의 구원 약속으로 인도한다. 하나님께서는 거주민(또는 자녀들)들의 배가와, 언약의 갱신, 그리고 하나님의 임재와 보호로 특징 지워지는 시온의 변화된 운명을 약속하신다. 하나님께서는 종들에게 시온을 기업으로 약속하신다.

하나님의 백성들과 언약의 갱신(54:1–10)

시온의 변화된 운명은 여인의 이미지와 언약의갱신, 그리고 이전 본

63 Ibid.

문에서부터 지속되는 몇몇 핵심적인 주제들로 제시되고 있다. 첫째, 선지자는 불임의 여인에게 그녀의 자녀들의 풍성한 증가로 인하여 기뻐하고 그녀의 장막터를 넓히라고 권고하고 있다(1-3절). 시온의 황폐와 회복의 주제는 이미 이전 본문에서부터 연속되는 주제다. 피폐한 어머니 시온은 자녀들로부터 버림받고(51:17-19) 자녀들은 하나님의 진노와 심판 아래 있는 모습으로 51:17-23(50:1 참조)에 묘사되었다. 자녀들이 본토로 귀환하고 증가하는 주제는 54:1-3과 양괄식 구조를 이루며 49:9-23에 이미 예견되었다. 또한 종의 사역(49:1-12 // 52:13-53:12)과 그 후에 이어지는 찬양의 명령(49:13 // 54:1)의 주제의 패턴이 나타난다.[64] 둘째, 하나님께서는 버림 받은 아내에게 하나님 자신이 그녀의 남편이 되고, 창조자가 되고, 전능자가 되고, 이스라엘의 거룩한 자가 되고, 구속자가 되시기 때문에 두려워하지 말라고 격려하고 있다(4-8절). 백성의 회복의 근거는 하나님의 인격과 사역에 있다. 하나님의 구원 사역을 더욱더 강조하기 위해 선지자는 이전 본문에서부터 지속적으로 발전되어 온 일련의 하나님의 이름을 사용한다.[65] 셋째, 9절과10절에서 하나님께서는 노아의 홍수와 산과 작은 산들의 이미지를 소개하므로 언약의 갱신을 확증하신다. וְחַסְדִּי מֵאִתֵּךְ לֹא־יָמוּשׁ וּבְרִית שְׁלוֹמִי לֹא תָמוּט(나의 인자는 네게서 떠나지 아니하며 화평케 하는 나의 언약은 옮기지 아니하리라). 하나님께서는 이 땅을 다시는 물로 심판하지 아니하리라고 노아에게 맹세하신 것처럼 더 이상 자신의 백성들에게 노하지 아니하실 것임을 약속하신다. 노아와 맺은 언약이 시온과 맺

---

64 49:13과 54:1의 두 본문에서 רנן과 פצח은 서로 반복적으로 사용된다. Cf. Oswalt, *The Book of Isaiah Chapters 40-66*, 413-12.

65 עֹשַׂיִךְ(43:1; 49:26), יְהוָה צְבָאוֹת(44:6; 45:13; 47:4; 48:2; 51:15), גֹּאֲלֵךְ(41:14; 44:23; 52:9), קְדוֹשׁ יִשְׂרָאֵל(41:16, 20; 43:14; 47:4; 48:17; 49:7). 참조. Koole, *Isaiah III, vol. 2: Isaiah 49-55*, 360-62.

은 평강의 언약의 기반이며 보증이다.[66]

시온에 임한 하나님의 임재(54:11–14a)

54:11-17 은 세 부분으로 구성되어있다: 11-14a은 시온의 외적 내적 회복을 묘사하고 있으며, 14b-16은 하나님께서 시온을 보호하심을 확신하며, 17c-d은 기업이라는 용어를 사용하여 하나님의 구원 약속을 요약하고 있다. 비록 회복된 아내(1-11절)에서부터 회복된 도시(11-17절)로의 시적 이미지의 전개가 있으나 시온의 회복이라는 일관된 주제는 변함이 없다.[67]

11a은 현 시온의 비참한 상태를 묘사하는 세 번의 반복되는 호격으로 시작된다(עֲנִיָּה סֹעֲרָה לֹא נֻחָמָה). 54:11a은 이전 본문인 이사야 40-54장에 나타난 여러 단어들과 함께 주제적, 언어적 연관성이 있다. 첫째, 54:1은 54:11a와 비슷한 구문적 구조와 호격 용법을 사용하여 시온을 묘사하고 있다: עֲקָרָה לֹא יָלָדָה, לֹא־חָלָה. 둘째, עָנִי라는 단어는 현 시온/이

66 Muilenburg, *Isaiah 40-66*, 637; Westermann, *Isaiah 40-66*, 275. 평강의 언약은 하나님과 그 백성들 사이에 회복된 관계를 확인시켜 준다. 평강(שָׁלוֹם)의 의미는 단지 폭력이 없는 상태를 의미하는 것뿐 아니라 하나님의 백성들의 안녕(well-being)도 포함이 된다. שָׁלוֹם이란 용어는 53:5에서 이미 사용된 단어다. 즉, 평강의 언약은 하나님의 신실한 고난의 종의 사역을 통해서만 가능해진다는 것을 의미한다.

67 뷰켄(Beuken)은 불임의 어머니, 버려진 아내, 그리고 도시로의 이미지의 변화는 이스라엘 역사의 세 가지 다른 시대라고 해석한다. 소이어(Sawyer)는 여성의 이미지는 도시에 관한 것이 아니고 여호와의 종과 같이 고난의 여인이라고 주장한다. 그러나 이들 학자들의 해석은 이사야서 안에 나타난 이미지(또는 은유)의 기능을 바로 인식하지 못한 해석들이다. 서로 다르게 보이는 은유들은 시온의 회복에 대한 여러 관점을 강조하며 제시하기 위해 서로 일관성 있게 상호 작용을 한다. W. A. M. Beuken, "Isaiah LIV: The Multiple Identity of the Person Addressed," *OTS* 19 [1974]: 29-70. Cf. J. F. Sawyer, "Daughter of Zion and Servant of the Lord in Isaiah: A Comparison," *JSOT* 44 (1989): 89-107; M. E. Biddle, "The Figure of Lady Jerusalem: Identification, Deification and Personification of Cities in the ANE," *The Biblical Canon in Comparative Perspective: Scripture in Context IV* (ed. K. Lawson Younger et al.; Lewiston/Queenston/Lampeter: Edwin Mellen, 1991), 173-94; Westermann, *Isaiah 40-66*, 277; Childs, *Isaiah*, 427-28.

스라엘의 괴로운 상황을 묘사하기 위해 이미 사용된 단어다. 41:17(הָעֲנִיִּים); 49:13(וַעֲנִיָּו יְרַחֵם); 51:21(עֲנִיָּה). סְעָרָה("폭풍" 여성 명사)은 하나님께서 회리 바람으로 민족들을 초개와 같이 날려보내는 것처럼 심판하심을 묘사하는 40:24과 41:16에서 이미 민족들에게 사용된 단어다. 이스라엘은 민족들이 요동하는 것을 보도록 되었으나 그들 자신이 안정감 없이 요동한다.[68] 셋째, 11a은 시온의 주제가 나타나는 인접 문맥인 40:1; 49:13; 51:3, 12; 52:9에서 사용된 נֶחָמָה(위로)의 주제를 뽑아서 제시한다. 비록 여호와께서 이미 위로를 약속하셨으나, 54:11a에 나타난 시온의 현실은 아직도 비참하다. 즉, 11a는 이전 본문에서 이미 사용된 세 단어를 취하여 현 시온의 비참한 상황을 강조하기 위해 삼중 호격 용법으로 결합시켜 표현한다.

11a이 현 시온의 수치를 제시하는 반면에, 11b-12c는 은유적 표현을 사용하며 시온의 영광스러운 회복을 묘사하고 있다. 특별히 이 구절들은 새 예루살렘을 외적인 관점으로 묘사하고 있다. 또한 11a(형용사 + 완료동사 + 완료동사)과 11b-12b(분사 + 완료동사 + 완료동사)에 나타난 동사의 패턴은 변화된 시온의 시적 효과를 한층 더 가중시키고 있다. 11a에서 사용된 형용사와 동사 완료형은 현 시온의 물리적 또는 정신적 상태를 표현하며, 11b-12b에 사용된 분사와 동사 완료형은 문맥이 설정한 미래의 상태를 나타낸다.[69] 반면에 도성의 아름다운 건축물의 모습은 도성의 부와 아름다움을 상징하는 여러 종류의 값진 보석으로 특징지워진다(cf. Ezek 28:13-14). 한편으로는 이러한 표현이 포로기 백성들이 고국으로 돌아와 역사적인 예루살렘 성전 재건을 제시하는 것으로 이해할 수 있다. 그러나 이 구절들의 실제적인 관심은 도성 그 자체라기보다는 그 도성을 재건하는 자에게 있

68 Goldingay, *The Message of Isaiah 40-55*, 535.

69 J. C. L. Gibson, *Davidson's Introductory Hebrew Grammar-Syntax* (Edinburgh: T&T Clark, 1994), 60-70.

다. 클맆포드(Clifford)는 다음과 같이 언급한다.

> 이스라엘 시대의 종교적 세계관에서 신들은 금, 은, 청금, 그리고 각종 진귀한 보석을 사용하여 신들이 직접 만든 천상의 장소에 살고 있다고 생각했다. 11-12절에서 여호와께서는 하나님의 집에 대한 이 땅의 표현인 성전-도시를 값진 보석으로 건축한다.[70]

하나님의 임재가 신적으로 세워진 도시를 통하여 매개(媒介)되고 있다.[71] 또한 이사야 선지자는 הִנֵּה אָנֹכִי을 전방에 위치시키고 일인칭 단수(וְשַׂמְתִּי, וִיסַדְתִּיךְ)를 반복적으로 사용함으로 이 도성이 하나님의 도성임을 강조하고 있다.

시온 회복의 주제는 13a-14a에서도 지속되나, 주제의 초점은 시온의 자녀들(거주자들)의 회복으로 전환된다. 선지자 메시지의 주된 요지가 외적인 시온의 회복으로부터 내적인 회복으로 전개된다. 13절은 이전 본문에서 이미 나타난 자녀 회복의 주제를 지속적으로 발전시킨다: 자녀들의 귀환과 증가(49:8-26; 54:1-3). 시온의 자녀들은 크게 두 가지의 관점으로 시온의 거주민이 된다. 첫째, 모든 자녀들은 여호와께 가르침을 받을 것이다(וְכָל־בָּנַיִךְ לִמּוּדֵי יְהוָה, 참조. 30:9). 와이브레이는 주장하기를 "가르침을 받다"라는 의미가 도성 건축을 위한 기술을 배우는 것이라고 주장한다.[72] 그

---

70 Richard J. Clifford, *Fair Spoken and Persuading: An Interpretation of Second Isaiah* (New York: Paulist, 1984), 186. Cf. Goldingay, *The Message of Isaiah 40-55*, 537; F. Stummer, "Einige keilschriftliche Parallelen zu Jes. 40-66," *JBL* 45 (1926): 188.

71 여호와의 임재와 기쁨의 장소인 회복된 시온은 51:3의 에덴 동산의 이미지를 가리킨다: "대저 나 여호와가 시온을 위로하되 그 모든 황폐한 곳을 위로하여 그 광야로 에덴 같고 그 사막으로 여호와의 동산 같게 하였나니 그 가운데 기뻐함과 즐거워함과 감사함과 창화하는 소리가 있으리라." 또한 이사야 60-62장은 지속하여 변화된 시온의 모습을 제시한다.

72 Whybray, *Isaiah 40-66*, 188.

러나 도성 이미지의 은유적 성격은 그의 주장을 뒷받침해 주지 않는다. 오히려 '가르침을 받는다'의 의미는 하나님의 교훈과 인격에 대한 배움과 순종을 의미한다(29:9; 48:17).[73] 이는 마치 2:1-4에 나타난 거룩하게 지음 받은 야곱의 하나님의 집과 같이 변화된 도성으로 나아오는 자들은 거룩한 가르침을 받아 여호와의 길을 걸으며 그의 제자가 된다.[74] 또한 50:4에 나타난 용어 לִמּוּדִים은 종의 혀와 귀를 특징적으로 설명하는데 이 용어는 이제 시온성의 개개인들에게 적용된다. 이는 시온성의 거주자들이 종과 같이 될 것이라는 의미를 내포하고 있다(cf. 54:17). 둘째, 여호와의 제자들이 되는 결과는 평강(שָׁלוֹם)과 의(צְדָקָה)를 누리는 것이다. 이미 살펴본 바와 같이 13절과 14a절은 12절과 같이 삼중설(tristich)이며, 13b와 14a 사이에는 의미적 평행구(semantic parallelism)가 형성되어있다. 따라서 우리는 שָׁלוֹם을 צְדָקָה과 연계시켜 해석해야 한다(cf. 9:5-6; 11:1-9; 28:17; 32:17; 60:17). 이 두 신학적 용어의 병치 배열은 본문이 의도하는 두 가지 측면의 회복을 표현한다. 한편으로는, 시온의 자녀들의 의와 평강은 고난의 종을 통하여 성취된다(53:5, 11; cf. 54:10; 60:17).[75] 다른 한편으로는 하나님과 회복된 관계는 하나님의 명령에 순종하므로 이루어진다(48:18, 22). 다음 구절들은 의로 회복된 도성을 좀 더 구체적으로 묘사하고 있다.

---

73 Skinner, *Isaiah 40-66*, 139.

74 Clifford, *Fair Spoken and Persuading*, 186; Blenkinsopp, *Isaiah 40-55*, 365.

75 Motyer, *The Prophecy of Isaiah*, 450-51; Oswalt, *The Book of Isaiah Chapters 40-66*, 429. 평강은 사 48-55장 전반에 반복적으로 나타나는 주제다(48:18, 22; 52:7; 53:5; 54:10; 55:12). 악인에게는 שָׁלוֹם이 없다 (48:22). 그러나 종의 자발적인 순종은 백성들에게 평화 (שָׁלוֹם)를 가져다주며 그들을 의롭게(יַצְדִּיק צַדִּיק) 한다(53:5, 11). 그 이외에도 하나님께서는 영원한 평강(שָׁלוֹם)의 언약을 자신의 백성들과 맺으신다. 또한 의(צְדָקָה)라는 용어는 51:5, 6, 8에서 구원의 의미를 나타내며 구원(יְשׁוּעָה)이라는 용어와 함께 병치로 배열되었다. 14a에 사용된 전치사 בְּ은 시온이 화려한 보석으로 세워지기 보다는 하나님의 구원으로 세워질 것이라는 사실을 설명한다.

시온을 향한 하나님의 보호하심(54:14b–17d)

54:14b-17b은 그 어떠한 공격과 폭력으로부터 시온을 향한 하나님의 보호하심을 확증하며 그 보호하심의 이유를 창조 언어를 사용하여 설명한다. 14b-c은 청중들의 능력을 뛰어 넘는 그 어떤 약속을 표현하기 위해 명령형 동사(רַחֲקִי)로 시작한다.[76] 동시에 이 구절은 תִּירָאִי, הַמְּצִיק과 같은 단어들을 반복해서 사용하므로 51:12-16에서 약속된 시온의 보호하심에 대한 주제를 지속적으로 발전시킨다.

15절은 גּוּר의 의미와 관련되어 좀 애매모호한 구절이다. 15절을 번역함에 있어서 גּוּר는 몇 가지의 가능성 있는 의미들을 내포한다. (1) 나그네 또는 식객으로 거주하다 (2) 공격하다 (3) 두려워 하다 (4) …을 파내어 만들다.[77] LXX은 나그네로 거하다라는 의미를 선택하여 προσήλυτοι προσελεύσονταί σοι("나그네가 너에게 올 것이다")으로 번역한다.[78] 그러나 이 번역은 전체 본문의 주제 흐름에 잘 맞지 않는다. 이 동사는 "공격하다" 라는 의미로 가장 잘 설명된다: "그들이 모일지라도 나로 말미암지 아니한 것이니 누구든지 모여 너를 치는 자는 너를 인하여 패망하리라." 16절은 왜 그 어떤 공격도 시온에 임하지 못하는지에 대한 이유를 설명해 준다. 여호와께서는 무기를 제조하는 장인과 파괴하는 자들을 창조한 전능하신 창조주이시기에 그들의 모든 활동은 여호와의 주권 아래 있다. 이사야 선지자는 11b에 나타난 구문과 비슷한 구문을 사용하여 파괴자에 대한 하나님의 주권적 능력을 강조하고 있다: הִנֵּה אָנֹכִי מַרְבִּיץ(11b)//

76 Kautzsch, *Gesenius' Hebrew Grammar*, 324.

77 W. Baumgartner, "גּוּר," *HALOT* 1:184-85.

78 LXX은 אֶפֶס와 מֵאוֹתִי מִי־גָר을 생략하고 15b를 번역하지 않는다. cf. Baltzer, *Deutero-Isaiah*, 458.

(הֵן)(16a). 더욱이, בָּרָאתִי와 אָנֹכִי은 이사야 40-48장에서 주로 하나님의 비교할 수 없는 창조적, 구원적 능력을 표현할 때 자주 사용되는 용어들이다(cf. 40:26; 43:112, 25; 44:24; 45:7, 12). 16절에 사용된 이 용어들은 이전 본문에서 야곱-이스라엘에게 적용되었으나 그 어떤 원수의 공격에 대한 하나님의 창조적, 주권적 능력을 더욱더 강조하기 위해 이제는 황폐한 상황에 처한 시온에게 다시 적용되고 있다.[79] 또한, 17a에 사용된 צָלַח은 번영하는(יִצְלָח) 하나님의 뜻과(53:10; 55:11) 결국 실패하는(לֹא יִצְלָח) 파괴자의 무기와 대조를 제시한다.[80]

[הִנֵּה] אָנֹכִי בָּרָאתִי

종들의 기업(17c–d)

17c-d은 54장의 결론적 문구로 기능하는 지시 대명사 זֹאת으로 시작한다. זֹאת נַחֲלַת("이는 …의 기업이요")은 여호수아서에서 주로 요약하는 문구로 12번 사용된다(수 13:23, 28; 15:20). 여호수아 13:23, 28; 15:20; 16:8; 18:20, 28; 19:8, 16, 23, 31, 39, 48.[81] 이사야 선지자는 여호수아서로부터 문구를 인용하여 새로운 역사적 정황 가운데 기업이란 주제를 소개하기 위해 다시 적용시킨다. 그렇다면 지시어인 זֹאת(여성 단수)가 언급하는 바는 무엇인가? 근접 지시 대명사인 זֹאת 바로 전 구절에서 언급한 모든 축복들을 요약하는 기능을 한다: 하나님과 회복된 관계로 부터 도출된 여호와의 제자

79 אָנֹכִי בָּרָאתִי은 무기를 제조하는 인간의 활동과 하나님의 창조적 활동 사이에 구분을 짓는다. כָּל־כְּלִי יוּצַר ,חָרָשׁ נֹפֵחַ בְּאֵשׁ פֶּחָם וּמוֹצִיא כְלִי לְמַעֲשֵׂהוּ 참조. Koole, *Isaiah III: Isaiah 49-55*, 393–94; Goldingay, *The Message of Isaiah 40-66*, 541.

80 Koole, *Isaiah III: Isaiah 49-55*, 396.

81 Cf. David M. Howard, Jr., *Joshua* (Nashville: Broadman & Holman, 1998), 338; E. John Hamlin, "The Joshua Tradition Reinterpreted," *SEAJT* 23 (1982): 103–8.

됨, 평강, 의, 안전 등.[82] 이러한 용어 사용을 통하여 결국 이사야 선지자는 17c에 사용된 נַחֲלָה의 새로운 의미를 제공한다. 넓은 문학적 문맥 안에서 선지자의 메시지 전개 과정을 통하여 주제의 변이가 일어나는 것은 분명한 사실이다. 47:6에 사용된 נַחֲלָה는 바벨론에 넘기운 하나님의 진노 아래 있는 백성들에게 적용된다: קָצַפְתִּי עַל־עַמִּי חִלַּלְתִּי נַחֲלָתִי.[83] 이사야 54장과 주제적, 언어적 연관성이 있는 49:8-21은 이스라엘의 회복에 대한 하나님의 언약의 문맥 가운데 נַחֲלָה를 사용하였다. 종의 사명이 황무하였던 땅을 기업으로 상속케하는 것으로 나타난 49:8에서 נַחֲלָה는 지리학적 또는 물질적 실체를 의미하는 אֶרֶץ, שֹׁמֵמוֹת와 병치 배열되어 나타난다: לְהָקִים אֶרֶץ לְהַנְחִיל נְחָלוֹת שֹׁמֵמוֹת:.[84] 포로 백성들을 향한 종의 사명이 그들을 본토로 귀환하게 하는 것이 주된 관심인 문맥에서 נַחֲלָה가 물질적 땅을 의미하는 것으로 사용된 것은 적합하다. 그러나 회복에 대한 선지자의 메시지가 전개되면서 지역적이고 물질적인 의미의 נַחֲלָה는 점점 부차적인 의미로 바뀐다. 시온으로 자녀들의 모여듦과 증가가 오히려 메시지의 중심으로 나타난다(54:1-10 cf. 49:9-21; 51:11; 52:9-12). 이러한 내용은 몇몇의 용어들을 48:8-21으로부터 다시 사용한 이사야 54장에서 그 절정을 이룬다: רָנִּי(49:13//54:1), נְשַׁמּוֹת(49:19//54:3), רַחֲמִתַיִךְ(49:10, 13//54:8,10), בָּנַיִךְ(49:17//54:3, 13), בְּעָלַיִךְ(48:18//54:5), בְּרִית(49:8//54:10). 주된 주제의 초점은 땅(49:8)에서

82 1-10절에 나타난 자녀들의 증가, 여호와의 신부, 그리고 평강의 언약들과 같은 몇몇 주제들은 시온의 구원은 하나님과 회복된 언약 관계로부터 시작된다라는 11-17절의 중심 주제의 기반이 된다.

83 Cf. 19:2은 또한 이스라엘이 애굽과 앗수르와 함께 하나님의 축복을 공유할 기업이라고 언급한다. :בָּרוּךְ עַמִּי מִצְרַיִם וּמַעֲשֵׂה יָדַי אַשּׁוּר וְנַחֲלָתִי יִשְׂרָאֵל.

84 Christopher J. H. Wright explains, "가장 구체적인 차원에서 볼 때, 기업은 개개인의 이스라엘 백성과 그의 가족에 속한 땅이다. 이는 지파의 경계 영역 안에 있는 각 가족들에게 할당된 땅이었다(Num 32:18; Deut 19:14). 오직 두 가지의 경우에서 복수 '기업들'은 가족들에게 할당된 땅을 언급한다 (Josh 19:51; Isa 49:8)" (Christopher J. H. Wright, "נחל," *NIDOTTE* 3: 77).

백성의 회복(54:1-10)과 비유적 언어로 표현된 시온 도성의 변화로(51:16; 54:11-17) 바뀐다. 즉 기업의 주제 변화는 땅으로부터 하나님께서 시온을 변화시키시고 백성을 보호하신다는 주제로 전환이 일어난다. 하나님께서는 고국으로 돌아오는 자기 백성들에게 음식과 마실 것을 공급하실 뿐 아니라(49:9, 10), 사막을 즐거움과 기쁨이 넘치는 여호와의 동산인 에덴으로 변화시킬 것이다(51:3 cf. 52:1, 2).

54:17c에서 נַחֲלָה을 사용한 이사야 선지자의 의도는 좀 더 설명이 필요하다. 먼저, נַחֲלָה은 "어떤 관계의 문맥이나 또는 어떤 몫을 할당하는 행동의 결과로 한 사람이 얻을 수 있는 것을 의미하는 은유적 표현이다(잠3:35; 11:29; 14:18)."[85] 비유적 의미로 사용된 נַחֲלָה은 하나님과 언약적 관계의 회복으로 나타난 시온의 보호하심과 약속된 축복들을 종들이 함께 나눈다는 것을 의미한다.[86]

둘째, 상속자라는 용어보다 더 확실한 칭호는 없다. 이는 그 어느 누구도 빼앗을 수 없는 축복의 확증적 의미를 제공한다.[87] 따라서 선지자는 하나님의 시온 회복의 약속을 재확증하기 위해 נַחֲלָה를 사용한 결론적 문구와 신탁 공식인 נְאֻם־יְהוָה을 사용한다.

셋째, 마지막으로 살펴볼 요소는 의미론적 구조다. 몇몇 학자들은 17d이 독립적 명사절이라 간주하나 의미적 평행구(semantic parallelism)는 17c와

85 Ibid., 80.

86 와츠(Watts)는 54:17c가 새로운 섹션을 시작하는 일종의 제목으로 기능한다고 주장하면서, 이 נַחֲלָה란 용어가 "토지 상속과 성전 봉사에 참여할 수 있는 권리의 재활성화"와 관련이 있다고 주장한다(Watts, *Isaiah 34-66*, 244). 그러나 그의 주장은 49-54장 내의 주제별 진행과 54:17c의 결론 요약문으로서의 역할을 고려하지 않았기 때문에 설득력이 없다.

87 John Calvin, *Commentary on the Book of the Prophet Isaiah* (vol. 4, trans. William Pringle; Grand Rapids: Eerdmans, 1948), 153; Lipiński, "נַחֲלָה," *Theologisches Worterbuch zum Alten Testament, vol. 5* (ed., G. J. Botterweck and H. Ringgren; Stuttgart: 1932-1979), 345.

17d를 하나로 묶어준다. (וְצִדְקָתָם מֵאִתִּי נְאֻם־יְהוָה׃ // זֹאת נַחֲלַת עַבְדֵי יְהוָה). 따라서 17c와 17d 사이에는 의미의 연속성, 내용의 연속성이 나타난다. 의미적 평행구는 주제의 연속성에 기여하며 17c와 17d을 연결시켜 준다. 은유적 용법으로 사용된 נַחֲלָה는 그 의미가 좀 불명확하나 그 다음 절에 사용된 צִדְקָתָם(그들의 의)은 종들에게 약속한 회복이 여호와로부터 말미암은 의라는 것을 제시하며 נַחֲלָה의 의미를 좀 더 구체적으로 명시한다. 무엇보다도 그들의 의는 의로운 자인 고난의 종이 많은 사람들을 의롭게 한다는 53:11에서 이미 예견되었다(יַצְדִּיק צַדִּיק עַבְדִּי לָרַבִּים). 선지자의 메시지 전개 과정은 여호와의 종들의 기업은 오직 이사야 53장 이후에 나타난다는 사실을 보여주고 있다. 따라서 종들에게 주어진 기업은 고난의 종의 사역과 결코 분리될 수 없다. 벤게메렌(VanGemeren)은 다음과 같이 주장한다. "언약과 은혜의 갱신 그리고 회복 그 자체는 고난의 종의 사역에 근거를 두고 있다. 그의 순종과 아버지의 보상으로 인하여 새로운 공동체에게 희망이 주어진다(이사야 54장)."[88]

17c에 나타난 עַבְדֵי יְהוָה(여호와의 종들)은 이사야 40-55장 안에서 새롭고 독특한 표현이다. 왜냐하면 이 구절은 단수 עבד(종)에서 복수 עבדים(종들)로의 중요한 전환을 소개하기 때문이다.[89] 그렇다면 선지자가 사용한 עבדים은 본문에서 어떤 역할을 하는가? 우리는 עבדים의 사용에 대해 좀 더 살펴볼 필요가 있다. 첫째, עבדים은 이사야 40-55장과 56-66장을 연결시켜 주는 경첩 역할을 한다. 한편으로는 עבדים은 이사야 53과 54장

88 VanGemeren, *Interpreting the Prophetic Word*, 280; Oswalt, *The Book of Isaiah Chapters 40-66*, 432.

89 Cf. W. A. M. Beuken, "The Main Theme of Trito-Isaiah: 'The Servants of YHWH'," *JSOT* 47 (1990): 67-68; idem, "Isaiah Chapters lxv-lxvi: Trito-Isaiah and the Closure of the Book of Isaiah," *Congress Volume, Leuven 1989* (ed. J. A. Emerton; SVT 43; Leiden: E. J. Brill, 1991), 204-21; Williamson, *Variations on a Theme*, 194; Baltzer, *Deutero-Isaiah*, 461-62.

을 צְדָקָה שָׁלוֹם זֶרַע רַבִּים와 같은 반복되는 용어들과 더불어 연결시켜 준다. "우리", "자녀들", "많은 사람들"은 종의 대속적 고난을 통하여 54:17c에서 עַבְדֵי יְהוָה(여호와의 종들)으로 다시 언급된다. 또 다른 한편으로 עבדים은 56:6; 63:17; 65:8, 9, 13, 15; 66:14에서 다시 사용되므로 이 본문들이 주제적, 어휘적으로 이전 본문과 연결된 본문이란 점을 보여준다. 둘째, 복수 עבדים은 결국 공동체 내부에서 두 그룹의 분리(의로운 자와 악한 자)로 인도하는 종의 대중화(democratization) 또는 개인화(individualization)를 표현한다.[90] 종의 대중화 개념은 모든 사람들이 왕의 잔치에 초대되는 55:11-2에서 더욱더 발전된다. 다윗과 맺은 영원한 언약은 새로운 공동체 일원인 개개인들에 확대 전이 된다. וְאֶכְרְתָה לָכֶם בְּרִית עוֹלָם חַסְדֵי דָוִד הַנֶּאֱמָנִים׃(55:3).[91] 이 새로운 다윗 언약의 개념은 이사야 56-66장의 주된 관심사인 하나님과 이스라엘 백성의 관계를 재정립시켜 준다.

본문의 의사소통 기능

우리는 지금까지 종, 종들, 그리고 기업 등을 중심으로 이사야 49-55장에서 전개된 몇몇 주제에 대해 살펴보았다. 이제는 저자/화자와 독자/청중 사이에 발생하는 54:11-17의 의사소통의 기능에 대해 살펴보기로 한다.

---

90 Conrad, *Reading Isaiah*, 147; Baltzer, *Deutero-Isaiah*, 462.

91 다윗 왕은 더 이상 언약의 수혜자가 아니라 주님의 초대에 신실하게 응답하는 사람들이 다윗 언약의 수혜자가 된다. O. Eissfelt, "The Promises of Grace to David in Isaiah 55:1-5," *Israel's Prophetic Heritage: Essays in Honor of James Muilenburg* (ed. B. W. Anderson and W. Harrelson; London: SCM Press, 1962), 196-207; Williamson, "'The Sure Mercies of David': Subjective or Objective Genitive?" *JSS* 23 (1978): 31-49; VanGemeren, *Interpreting the Prophetic Word*, 281. Cf. W. C. Kaiser, "The Unfailing Kindnesses Promised to David: Isaiah 55.3," *JSOT* 45 (1989): 91-98

의사 소통 상황

둠과 그의 추종자들은 이사야 40-55장은 550 B.C에서 540 B.C 어간에 바벨론에서 제 2 이사야에 의해 기록되었다고 주장했으며 이 주장은 약 100년 동안 수 많은 학자들 사이에서 정설로 받아들여져 왔다. 지배적인 둠의 관점에도 불구하고 몇몇의 비평 학자들은 이사야 40장과 그 이후의 본문들은 다른 역사적 정황 가운데 쓰였다고 주장한다. 발처(K. Baltzer)는 이사야 40-55장과 느헤미야서 사이의 평행 구절들을 연구하여 이사야 40-55장의 후대 연대, 즉 느헤미야 시대(450와 400 B.C. 중간 시점)를 주장한다.[92] 왓츠(Watts)은 이사야 40-55장이 몇몇의 서로 다른 역사적 시점에 기록되었다고 주장한다. 40:1-44:23(550-539 B.C.), 44:24-48:22(539-522 B.C.), 49:1-52:12(522-486 B.C.), 52:13-57:21(485-465 B.C.).[93] 지형적, 사회적, 연대기적인 증거뿐 아니라 선지자 사역 장소의 분명한 증표들이 부족하여 이사야 40-55장의 정확한 역사적 정황에 대해 수 많은 예측만 가중되었다.[94] 이사야 40-55장 안에 나타난 역사적 증거들의 부족으로 인하여 발생되는 난관을 극복하고자 차일즈(Childs)는 이사야 1-39장과 관련하여 이사야 40-55장의 정경적 신학적 문맥을 제시한다. 그는 "이전 일과 이

92 Baltzer, *Deutero-Isaiah*, 30-32. Baltzer는 다음과 같은 평행구를 발견한다: 성벽의 재건(49:16, 17-19; 54:11-14a; cf. 느 2:11-4:17; 6:15-16), 유다 도성들의 예루살렘과의 연관성(40:9-11; 44:26; cf. 느 3; 11), 빛으로 인해 노예화된 백성들의 해방 (42:22; 44:5; 46:10; 49:8-9, 24-26; 51:10-11; 51:13-14; cf. 느 5). 토레이(Torrey)는 고레스와 바벨론에 관한 언급들은 삽입이며 선지자 메시지 수신자들은 아마도 B.C. 5세기 말경 자신들의 본토인 팔레스틴의 예루살렘에 있었다고 주장한다.

93 John D. W. Watts, *Isaiah 1-33* (WBC 24; Waco: Word Books, 1985), l-li; idem, *Isaiah 34-66* (WBC 25; Waco: Word Books, 1987), 73-75, 220-21.

94 Cf. Richard J. Coggins, "Do We Still Need Deutero-Isaiah?" *JSOT* 80 (1998): 72-92. 코긴스(Coggins)은 "이 장들(사 40-55장)을 바벨론 포로기의 배경으로 이해하는 것은 일반적으로 인식되어온 개념적 인식(제 2 이사야 사역의 지형적, 사회적, 그리고 역사적 배경)에 기인한다"고 주장한다.

후 일(41:21ff; 42:9; 43:9, 16-19; 44:6-8; 45:9-13; 45:20f.; 46:9-11; 48:3)"의 반복되는 주제는 이사야 1-39장과 40-55장 사이의 해석적 연결고리 역할을 한다고 주장한다. 차일즈(Childs)는 8세기 선지자, 예루살렘의 이사야 선지자가 "옛 일들"(제 1 이사야서의 심판 예언)과 미래의 "새 일들"(제 2 이사야서의 회복 예언)을 선포했다고 믿는다.[95] 정경적 문맥 가운데 이사야 40-55장은 죄악된 이스라엘에게 선포된 하나님의 회복 약속이며, 이 장들은 이사야 1-39장의 예언 메시지를 확증하는 신학적 증거로 기능한다.[96] 이사야 40-55장의 정경적 문맥은 이사야 36-39장이 제공하는 문학적, 신학적, 역사적 역할을 통하여 좀 더 구체적으로 설명이 된다. 첫째, 39:6-7에 나타난 이사야 선지자가 히스기야 왕에게 한 바벨론 포로 예언은 이사야 40-55장의 역사적 배경에 대해서 언급한 가장 인접 본문이다.[97] 따라서 이사야 36-39

95 Childs, *Introduction to the Old Testament*, 329; idem, Isaiah, 296-97. 차일즈는 또한 "역사적으로 제 1 이사야는 주로 포로기 이전의 이스라엘에 대한 심판에 대해 이야기했다. 반대로 제 2 이사야의 메시지는 주로 용서에 관한 것이었다. 그러나 정경적 맥락에서 이러한 역사적 구분은 후대 이스라엘을 대상으로 한 신학을 증언하기 위해 종종 모호해졌다." 사 1-39장은 죄 많은 이스라엘에 대한 심판과 그에 따른 회복을 선포하는 반면, 이사야 40-55장은 심판의 끝과 시온의 회복의 시작을 다루고 있다. 사 1-39장의 신학적 패턴(심판과 회복)은 이사야 40-55장과 통합적으로 연결되어 있습니다.

96 Ibid., 329-30. 예언서 초반부에 대한 본문 간 언급은 사 40-55장과 1-39장의 연속성에 대한 가장 강력한 증거이다. 이러한 관계를 뒷받침하는 많은 예가 있는데, 예를 들어 이스라엘의 눈멀고 귀먹음(6:9-10; 29:18; 35:5; 42:18-19; 43:8; 44:18), 황폐한 성(1:1-23; 5:1-30; 6:11; 48:8-26; 51:1-3, 17-23; 54: 1-3), 영광스러운 시온의 중심(2:1-4; 42:4; 45:14-23; 49:8-23; 51:1-11; 52:1-10; 54:11-17), 하나님에 대한 바벨론의 오만(13:1-14:23; 46:1-13; 47:1-15), 빛과 어둠(2:5; 8:16-9:6; 42:1-13) 등을 주제로 다루고 있다. 두 섹션 사이의 주제적, 언어적 연결에 대한 자세한 내용은 다음을 참조하라. Williamson, *The Book Called Isaiah*, 116-239; idem, *Variations on a Theme*; Clements, "Beyond Tradition-History: Deutero-Isaianic Development of First Isaiah's Themes," *JSOT* (1985): 95-113; M. A. Sweeney, "The Book of Isaiah in Recent Research," *CRBS* 1 (1993): 141-62; B. Gosse, *Isaïe 13,1-14,23 dans la tradition littéraire du livre d'Isaïe et dans la tradition des oracles contre les nations* (OBO 78; Freiburg: Universitätsverlag; Göttingen: Vandenhoeck & Ruprecht, 1988).

97 우리는 역사적 맥락을 무시해서는 안 되며, 오히려 텍스트에 근거한 역사적 맥락이 해석 과정에서 중요한 역할을 한다는 것을 알아야 한다. 루터와 칼빈조차도 사 40-55장이 포로 공동체를 위해 고안되었다는 것을 인지했다. 사 40-55장이 미래에 발생한 특정한 역사적 정황에 이례적

장은 앗수르에서 바벨론 배경으로 연결시켜 주는 기능을 한다. 둘째, 이사야 36-39장은 의도적으로 바벨론 포로 생활 가운데 히스기야 왕을 믿음의 본으로 이상화 시키기 위해 히스기야 왕의 신실함과 아하스 왕의 불신앙을 모형론적 패턴으로 제시한다.[98] 셋째, 이사야 36-39장에 나타난 시온의 구원에 대한 하나님의 관심은 이사야 40장과 그 후에 지속되는 장에 나타난 시온의 회복과 그 마지막 운명에 대한 신학적 배경을 제시한다.[99] 특별히 이사야 49-55장은 시온의 패배와 회복의 주제를 다루고 있다. 이와 같은 정경적 문맥을 기억하며, 우리는 본문의 문학적 문맥에 대해 살펴보기로 한다.

54:11-17절의 의사소통 정황의 마지막 측면은 저자가 독자들을 위

으로 부합하다는 것을 인정해야 한다. John Calvin, *Commentary on the Book of The Prophet Isaiah, vol. 3* (trans. William Pringle; Edinburgh: Constable, 1850), 197-201; Martin Luther, *Lectures on Isaiah Chapters 40-66* (ed. Hilton C. Oswald; Saint Louis: Concordia, 1972), 3. 44:24-45:7, 48:20, 52:11-12 등 청중의 바벨론 정황을 뒷받침하는 많은 텍스트 증거가 있다. Melugin, *Formation of Isaiah 40-55*, 177. 멜루긴은 사 1-39장과 40-55장의 문학적 관계의 중요성을 강조하면서 "39장은 히스기야 시대의 사건과 포로기의 재앙을 연결하고 있다"고 주장한다.

98 Peter R. Ackroyd, *Studies in the Religious Tradition of the Old Testament* (London: SCM, 1987), 152-92; idem, "Isaiah 36-39: Structure and Function," *Von Kanaan bis Kerala: Festschrift für Prof. Mag. Dr. Dr. J. P. M. van der Ploeg O. P.* (ed. W. C. Delsman et al.; Kevelaer: Butzon & Bercker; Neukirchen-Vluyn: Neukirchner Verlag, 1982), 3-21; Sweeney, *Isaiah 1-4 and the Post-Exilic Understanding of the Isaiah Tradition*, 12-17; Conrad, *Reading Isaiah*, 34-51. 라토(Laato)는 "모형론은 미래의 희망이라는 관점에서 새로운 역사적 상황을 이전의 유사한 역사적 상황과 비교한다. 과거에 하나님의 행동은 새로운 역사적 상황에서 성취될 패러다임이다"라고 주장한다. Antti Laato, *"About Zion I Will Not Be Silent": The Book of Isaiah as an Ideological Unity* (Stockholm: Almqvist & Wiksell International, 1998), 61.

99 Seitz, *Zion's Final Destiny*, 119-48; Childs, *Isaiah*, 259-87. 자이츠(Seitz)는 "이 장들은 이사야 전통의 연장선에서 중추적인 역할을 하는데, 701장의 구원은 후에 주전 597-587년 시온의 멸망으로 인해 무색해지기 때문이다. 이 장들의 역할은 부분적으로 40-55장의 구성에 주석적 영향력을 행사하는 것으로 이해된다"고 주장한다. 참고. Seitz, *Zion's Final Destiny*, 207; R. E. Clements, "Zion as Symbol and Political Reality," *Studies in the Book of Isaiah: Festschrift William A. M. Beuken* (ed. J. Van Ruiten & Vervenne; Leuven: Leuven University Press, 1997), 7-10.

해 필요한 정황적 근거들을 본문에 표현한 인접 문맥이다. 이사야 선지자의 예언의 메시지를 받고 있는 수신자들은 바벨론 포로 생활로 인하여 절망과 소망없는 상황 속에 처한 백성들이다(49:9). 예루살렘은 자신에게 임한 황폐(הַשֹּׁד), 파괴(הַשֶּׁבֶר), 기근(הָרָעָב), 그리고 칼(הַחֶרֶב)로 인하여 물질적으로나 영적으로 피폐한 장소가 되었다(49:8, 19; 51:3; 17, 19; 52:9). 따라서 의지할 데 없는 시온은 자신의 소망없는 상황에 대해 탄식한다: עֲזָבַנִי יְהוָה וַאדֹנָי שְׁכֵחָנִי׃(49:14 cf. 40:27; 애 5:20, 22). 게다가 하나님의 진노의 잔이 시온의 자녀들에게 임하여 그들은 혼미하여 힘 없이 길거리에 넘어져 있다(51:17-20). 따라서 선지자의 메시지 수신자인 시온은 54:1에서 "불임의 아내(עֲקָרָה, לֹא יָלָדָה, לֹא־חָלָה)", "곤고하며, 광풍에 요동하고, 위로 받지 못한자(עֲנִיָּה סֹעֲרָה לֹא נֻחָמָה)", "목마르나 돈이 없는 자(כָּל־צָמֵא, אֵין־לוֹ כָּסֶף)"로 불리운다. 본문의 정경적, 문학적 문맥을 통하여 살펴볼 때 본문의 의사소통 정황은 시온의 파괴와 자녀들의 죽음을 경험한 이스라엘 백성들이 심각한 신학적 질문을 제기한 때이다. 선지자는 이러한 상황을 염두에 두고 예언한다(49:14; 50:2).

의사소통의 의도

위에서 다룬 의사소통 정황의 관점에서 볼 때, 현 본문에 나타난 선지자의 의사소통의 의도는 시온의 미래에 대한 질문에 답을 하는 것과 관련이 있다. 비록 포로 생활 가운데서도 하나님께 신실하게 반응하도록 격려하기 위해 이사야 선지자는 백성과 시온 회복의 약속을 전하고 있다. 첫째, 이사야 선지자는 이스라엘 백성들을 위로하기 위해 자녀들과 시온의 영광스러운 회복의 비젼을 선포한다. "위로"는 치욕과 부끄러움 가운데 있는 백성들에게 가장 필요한 것이다(49:14; 54:4). 따라서 선지자는 40:1 이후에 49:13; 51:3, 12, 19; 52:9; 54:1에서 위로의 주제를 반복적으로 소개하고 있다.[100] 베스터만(Westermann)은 "예루살렘이 금과 귀중한 보석으로 단장한 아름다운 모습이 이 본문의 문맥에 맞지 않는다(vs. 11-13). 이는 제 3 이사야의 언어를 기억나게 하며 이 본문에서 잘못 사용되었다"고 주장한다.[101] 그러나 그의 주장은 설득력이 없다. 왜냐하면 시온 회복의 주제는 이미 이전 장에서 예견되었고 54:11-13에서 그 절정을 이룬다. 그 이외도 선지자는 이사야 54장에 약속된 시온의 회복이 이사야 53장의 고난의 종의 사역을 통하여 성취됨을 보여주기 위해 의도적으로 이사야 54장을 이사야 53장 이후에 위치시킨다. 즉, 이사야 선지자는 시온 회복의 결과뿐 아니라 시온 회복의 방법까지도 제시하면서 메시지 수신자들을 위로한다.

둘째, 이사야 선지자는 전능하신 창조주 하나님께서 자신의 백성들을 보호하시고 신원하시는 하나님이심을 확신시킴으로 메시지 수신자들을 위로한다. 바벨론 포로자들이 제기한 하나님에 대한 의심들과 더불어 수신자들은 절망 가운데 빠졌었다. 몇몇 사람들은 바벨론에서 고통 당하는 자신의 백성들을 하나님께서 잊으셨나 의심하기도 하며(49:14), 또 다른 사람은 하나님께서 과연 그들을 구원할 능력이 있으신 분이신가에 대해 의구심을 품기도 했다(50:2; 59:1). 따라서, 선지자는 수신자들의 관심을 시온에 대한 하나님의 헌신과 회복 약속으로 이끈다. 하나님께서 무기를 제조하는 자들과 파괴하는 자들을 창조하셨기 때문에, 시온을 공격하는 그 어떤 공격도 결코 성공하지 못할 것이다(54:15, 16 cf. 49:25, 26). 그들도 하나님의 주권적 다스림 가운데 있다. 게다가, 하나님께서는 기업과 백성들이 여

100 Goldingay, *The Message of Isaiah 40-55*, 381; Spykerboer, *Structure and Composition*, 164-55.

101 Westermann, *Prophetic Oracles of Salvation in the Old Testament* (Louisville: Westminster/John Knox, 1991), 63.

호와께로부터 얻는 의를 확증하시면서 시온의 안정된 미래를 약속하신다(54:17). 결국 백성들의 불평은 더 이상 소용이 없고 오히려 하나님께 대한 전적인 신뢰만 요구되어질 뿐이다.

의사 소통 기법

본문의 의사 소통 기능을 좀 더 깊이 있게 이해하기 위해 이사야 선지자가 사용한 의사 소통 방법을 살펴보는 것이 필요하다. 이사야 선지자는 자신의 메시지가 효과적이면서도 설득력 있게 전달되기 위해 여러 가지 의사 소통의 전략을 사용한다. 우리는 세 가지 종류의 의사소통 방법에 대해 살펴보도록 한다: 장르, 언어의 형태, 수사학적 장치들. 첫째, 현 본문에서 사용된 문학적 장르는 이사야 선지자가 포로기 백성들을 향하여 선포한 "선지자적 구원 신탁(神託)"이다. 선지자적 구원 신탁은 크게 세 부분으로 나누어 진다: (1) "상황 설명" (2) "구원의 대한 예언" 또는 "약속" (3) "결론적인 특정 어구"[102] 54:11a에서 시온의 현 상황이 עֲנִיָּה סֹעֲרָה לֹא נֻחָמָה으로 묘사되었으며 이는 하나님께서 현 시온의 상황을 변화시킬 것이라는 의도를 나타낸다. 그 다음 구절인 54:11b에서 하나님의 구원의 약속이 הִנֵּה와 분사 מַרְבִּיץ으로 구성된 긍정적 문구로 소개되었다: הִנֵּה אָנֹכִי מַרְבִּיץ. 선지자적 구원 신탁은 결론적 문구와 하나님께서 선지자의 메시지 권위를 인정하신다는 신탁 공식인 נְאֻם־יְהוָה으로 마무리된다(54:17c-d).

102 예를 들면, 41:8-13, 14-16; 43:1-7; 44:1-5. Sweeney, *Isaiah 1-39*, 25. Cf. K. Koch, *The Growth of the Biblical Tradition: The Form-Critical Method* (trans. S. Cupitt; New York: Scribner's, 1969), 213-15; Philip B. Harner, "The Salvation Oracle in Second Isaiah," *JBL* 88 (1969): 418-34.

이사야서 안에는 권고, 역사적 네러티브, 찬송시, 소송, 논쟁 등과 같은 여러 문학 장르들이 있다.[103] 그러나 이러한 장르들이 의사 소통의 정황과 분리되어 서로 고립되어 존재하는 것은 아니다. 오히려 선지자의 의사소통의 의도에 따라 여러 쟝르들이 복잡하게 얽혀져 사용되고 있다. 베스터만은 다음과 같이 말한다.

> 이사야 40-55장에 나타난 여러 쟝르들은 모두 구원 메시지와 연결되어 있다. 그러나 이들은 단지 구원을 전하는 정도가 아니고 선지자의 선포를 확신 가운데 이해할 수 있도록 하며 특별히 잘못된 믿음을 바로잡아주는 기능을 한다. 또한 이들 쟝르들은 선지자의 메시지를 과거와 현재 속에서 하나님께서 자신의 백성을 다루시는 역사적 정황 가운데 위치시킨다. 현재 선포된 메시지는 과거와 미래까지 포함하기 위해 더욱더 발전된다.[104]

둘째, 현 본문은 메시지의 수신자들에게 효과적으로 호소하기 위해 시온의 미래에 대해 시각적인 이미지를 사용한다. 54:11b-12은 비유적 언어를 사용하여 시온의 회복을 묘사한 한 예가 되는 본문이다: "보라 내가 화려한 채색으로 네 돌 사이에 더하며 청옥으로 네 기초를 쌓으며 홍보석으로 네 성첩을 지으며 석류석으로 네 성문을 만들고 네 지경을 다 보석으로 꾸밀 것이며."[105] 시온의 미래는 밝고 안정적이다. 따라서 선지자는 색채적

---

103 이사야서의 다양한 장르에 대한 논의에 대해서는 다음을 참조하라. Sweeney, *Isaiah 1-39*, 544; Melugin, *The Formation of Isaiah 40-55*, 13-73; William F. Gentrup, "Isaiah," *A Complete Literary Guide to the Bible* (ed. Leland Ryken and Tremper Longman III; Grand Rapids: Zondervan, 1993), 313-15.

104 Westermann, *Prophetic Oracles of Salvation in the Old Testament*, 39.

105 Yehoshua Gitay, *Isaiah and His Audience: The Structure and Meaning of Isaiah 1-12* (Assen/Maastricht: Van Gorcum, 1991), 3.

인 이미지를 사용하여 하나님의 구원 약속을 설득적이며 효과적으로 제시하고 있다. 오스왈트(Oswalt)는 다음과 같이 언급한다. "이미지는 부유함, 풍요움, 완전함, 그리고 영광스러움의 감정을 전하기 위해 고안되었다. 비록 몇몇 용어들은 오늘날 우리들에게 그 의미가 정확하지 않으나 전체적인 효과는 전달되고 있다."[106]

셋째, 다른 의사 소통의 방법들은 용어의 반복, 드라마적인 형식, 그리고 두운 음율과 같이 수사학적 장치들의 사용이다. 이사야 선지자는 선지자적 메시지의 강렬함과 긴급성을 표현하기 위해 고도의 문학적 기법을 사용하여 하나님의 말씀을 선포하였다.[107] הִנֵּה אָנֹכִי(11b), הִנֵּה אָנֹכִי בָרָאתִי(16a), 그리고 וְאָנֹכִי בָּרָאתִי(16c)와 같은 반복적 용어의 사용은 회복을 주도하시는 중심 인물인 여호와께 초점을 맞추도록 도와 준다. 동시에 시의 드라마적 형태는 시온을 회복 시키시는 하나님의 창조적, 주권적 능력에 수신자들이 초점을 맞추도록 도와주기 위해 11b, 15a, 16a에서 사용된 הִנֵּה 또는 הֵן 에 의해 잘 나타난다. 특별히 11b의 הִנֵּה는 시의 드라마적인 절정 부분에 시온의 종말론적을 비젼을 소개하기 위해 사용되었다.[108] 더욱이 시온의 회복은 בָּנָיִךְ(v. 13a, 13b)의 반복적 사용으로 더욱더 강조가 된다. 시온의 회복은 자녀들의 회복과 관련되어 나타난다. 연속적인 단어에서 나타나는 음운의 효과는 수신자들에게 메시지의 영향력을 더욱더 가중시킨다. 두음과 유음의 예는 다음과 같다. עֲנִיָּה סֹעֲרָה לֹא נֻחָמָה(v. 11a, ה ,ָ), מַרְבִּיץ בַּפּוּךְ אֲבָנַיִךְ וִיסַדְתִּיךְ בַּסַּפִּירִים:(v. 11b-c, ב and ךְ)와 כָּל־כְּלִי יוּצַר עָלַיִךְ לֹא יִצְלָח(v. 17a, כ와 צ).

106 Oswalt, *The Book of Isaiah Chapters 40-66*, 426.

107 Muilenburg, *Chapters 40-66*, 386-89. 뮐렌버그(Muilenburg)는 "시인과 예언자는 제 2 이사야서에서 만난다. 그가 어느 쪽에 더 가깝다고 말하기는 어렵다. 그에게는 이 둘 사이에 구분이 없었을 것이기 때문이다. 그는 시인이자 예언자이며, 둘 다 탁월한 수준이다."

108 Ibid., 387.

지금까지 우리는 선지자가 사용한 의사 소통 기법에 대해 살펴보았다. 이제 우리는 저자/화자가 독자/수신자들에게 전하고자 하는 생각(신학적 메시지)에 초점을 맞추어 살펴보기로 한다.

신학적 의미들

54:11-17은 새 예루살렘, 기업, 종들과 같은 몇몇 신학적 주제들을 다루면서 회복의 새로운 상태의 신학적 측면들에 관심을 기울이고 있다. 이러한 신학적 주제들은 다른 성경 본문들과의 연관성 가운데 좀 더 분명하게 식별될 수 있다.

새 예루살렘

이 전에는 고통가운데 있었던 도성이 이제는 값진 보석들로 만들어진 휘황 찬란한 건축물의 모습으로 묘사되고 있다. 회복의 새로운 시대는 도성의 이미지로 표현된다. 그렇다면 새 예루살렘이 의도하는 신학적 의미는 무엇인가? 이는 도성 그 자체가 아니고 회복의 새 시대를 가져다주시는 영광스러운 하나님 자신에 관한 것이다. 하나님 자신에 의해 만들어진 새 예루살렘은 평강, 의, 그리고 모든 악한 원수의 계획으로부터의 보호하심으로 특징지워진다. 또한 도성의 모든 자녀들은 여호와로부터 가르침을 받고 하나님의 임재를 누린다.

값진 보석으로 꾸며진 성전 기초, 성문, 성벽 등으로 구성된 새 예루살렘은 54:11-17과 상호 텍스트성(intertextuality)을 보이면서 요한 계시록에서 다시 나타난다. 요한계시록 21장은 54:11-17에 나타난 신학적 주제들을 더욱더 발전시키며 확증한다. 첫째, 54:5-8의 결혼 이미지와 54:11-12의 도성 이미지는 요한계시록 21장에서 결합되어 더욱더 발전된다. 하늘로부터 임하는 새 예루살렘은 신부가 신랑을 위해 단장한 것으로 묘사된다(계 21:2; cf. 계 21:9, 10; 사 61:10-62:5). 요한계시록 21장은 하나님과 구속된 백성 사이에 친밀한 관계를 강조하기 위해 이사야 본문에 나타난 남편과 아내 관계를 언급한다.[109] 둘째, 요한계시록 21장은 비유법을 사용하여 하나님의 영광을 값진 보석에 비유한다. 요한계시록 21:11, "하나님의 영광이 있으매 그 성의 빛이 지극히 귀한 보석같고 벽옥과 수정같이 맑더라."(ἔχουσαν τὴν δόξαν τοῦ θεοῦ, ὁ φωστὴρ αὐτῆς ὅμοιος λίθῳ τιμιωτάτῳ ὡς λίθῳ ἰάσπιδι κρυσταλλίζοντι)."[110] 즉, 요한은 하나님의 영광스런 임재의 상징으로 도성을 비유적으로 표현한다. 더욱이 요한계시록 21:22에서는 "주 하나님 곧 전능하신 이와 및 어린양이 그 성전이심이라."라고 언급한다. 셋째, 요한이 본 새 예루살렘 환상의 독특한 점은 문에 새겨진 이스라엘 열 두 지파의 이름들과 성벽에 새겨진 열 두 사도의 이름이다(vv. 12, 14). 이 이십 사 이름은 성전 안에서 하나님의 임재 앞에 있는 하나님 백성들의 완전한 수(2x12)의 개념이다."[111] 시험과 환란을 이긴 하나님의 신실한 백성들은 하나님의 임재를 누릴 것이나, 악을 행하는 자들은 그 안에 들어가지 못할 것이다(Rev 21:1-8, 24-27). 요한의 새 예루살렘 환상의 주된 관심은 하나님의 경건한 백성들 가운데 있는 하나님의 영광스런 임재다. 이사야 선지자와 사도 요한은 악은 그 능력을 잃어버리고 하나님의 의와 평강이 모든 것을 지배하는

109 G. K. Beale, *The Book of Revelation* (NIGTC; Grand Rapids: Eerdmans, 1999), 1045; Simon J. Kistemaker, *Revelation* (NTC; Grand Rapids: Baker Books, 2001), 563.

110 하나님의 영광스러운 임재라는 주제는 계시록 21:22-23에서 더욱 발전한다. 요한은 전능하신 주 하나님과 어린 양이 성전이기 때문에 그 도시에서 성전을 보지 못했다(참조. 출 40:34-35; 왕상 8:10,11; 대하 7:1-3).

111 Beale, *The Book of Revelation*, 1069-1070.

새 예루살렘성의 환상을 제시하면서 하나님 백성들의 믿음을 격려하고자 한다.[112] 따라서 이사야서와 요한계시록에 나타난 새 예루살렘 성전 비젼의 신학적 패턴은 새로운 역사적 상황속에서 그와 동일한 적용을 할 수 있도록 길을 열어놓는다. 루카스(Ernest C. Lucas) 다음과 같이 언급한다.

> 이러한 비젼들은 어떤 한 역사적 사건, 환경, 또는 인물을 초월하는 현실에 대한 안목과 연관되었기 때문에 재적용에 대해 열려있다. 이러한 재적용은 렌즈들의 역할을 하는 차용된 이미지를 통하여 상황을 볼 수 있도록 해주며 또한 새로운 상황에 대한 독특한 안목을 제시한다.[113]

하나님의 상속자들인 자녀들

이사야 49-54장에 나타난 선지자의 회복 메시지의 주요한 특징들 가운데 하나는 수사학적 효과와 정서에 영향을 미칠 뿐 아니라 시의 신학적 내용에도 영향을 미치는 어머니-자녀들의 은유법 사용이다. 의인화된 예루살렘을 어머니로 선포하면서 하나님께서는 시온이 자녀들로 넘쳐나도록 자녀들을 먼 곳으로부터 모으는 것을 약속하셨다(49:14-26; cf. Ps 87:5-7). 포로기의 백성들에게 하나님께서는 불임의 부부에게 생명을 주시는 분이심을 아브라함과 사라를 통해 상기시키시면서 회복의 언약을 확증하신다(51:1-2). 어떻게 하나님의 언약이 성취되는가? 불임의 여인에게 하신 수 많은 자녀들에 대한 약속은 고난의 종의 사역을 통하여 가능하게 된다(53:10, 11). 그러므로 이사야 53장의 신학적 역할은 선지자의 메시지 전개에 있

112 James D. Smart, *History and Theology in Second Isaiah: A Commentary on Isaiah 35, 40-66* (Philadelphia: Westminster, 1965), 219.

113 E. C. Lucas, *Daniel* (AOTC 20; Downers Grove: InterVarsity, 2002), 224.

어서 결정적으로 중요한 위치를 차지한다. 왜냐하면 불임 여성인 시온 운명의 변화는 결국 이사야 53장 이후에 비로소 가능하게 되었기 때문이다. 54:1에서 불임의 여인은 자녀들의 증가로 인하여 노래를 부르며 기뻐하도록 권고를 받고 있다. 또한 시온의 자녀들은 여호와의 제자가 되며 변화된 도성에서 평강을 누릴 것이며(54:13), 그들은 영적 기업인 하나님의 임재와 보호하심의 상속자들(종들)이다.

위에 언급한 신학적 주제들은 갈라디아 4:21-31에서 변이된 주제의 패턴을 창조하고 새로운 신학적 안목을 강조하며 다시 나타난다. 율법주의 교사들과의 신학적 논쟁에서 바울 사도는 아브라함의 두 아들들의 출생에 관한 창세기 본문과 칠십인역(LXX) 본문으로부터 인용한 54:1구절과 결합시켜 논지를 전개시킨다.[114] 바울의 54:1의 인용에 대한 해석은 여러 의견들이 있어왔다. 어떤 학자들은 바울의 인용 의도가 기독교와 유대교 사이의 관계성을 설명하기 위해 두 여인(사라와 하갈)의 자녀들의 수에 대한 비교를 위한 것이라고 말한다.[115] 그러나 이러한 의견은 바울의 신학적 논지와 맞지 않을 뿐 아니라 이사야서 본문의 넓은 신학적 패턴을 고려하지 않은 제안이다. 우리가 논의했듯이, 54:1은 이사야 53장에 나타난 고난의 종의 사역을 통하여 성취된 시온 운명의 대 변화의 문맥(불임에서 번식, 절망에서 기쁨) 가운데 선포된 말씀이다. 시온의 많은 자녀들에 대한 하나님의 약속은

114 바울의 구약성경 사용은 유형학적 관점에서 상호텍스트성을 보여줍니다. 한편으로 그는 하갈과 사라 이야기를 재해석하고 이를 특정한 역사적, 신학적 맥락에 적용하여 수사적 효과와 신학적 틀을 만들어 냅니다. 다른 한편으로, 바울은 구약성서에서 반복되는 신학적 주제와 이미지, 그 패턴을 제시함으로써 신적 담론의 내적 일관성을 보여준다. 하갈과 사라의 비유에 대한 자세한 논의는 다음을 참조하라. Hans Dieter Betz, *Galatians* (Philadelphia: Fortress, 1979), 239-40; R. N. Longenecker, *Galatians* (WBC 41; Dallas, Tex.: Word Books, 1990), 200-206; C. K. Barrett, "The Allegory of Abraham, Sarah, and Hagar in the Argument of Galatians," *Essays on Paul* (ed. C. K. Barrett; Philadelphia: Westminster, 1982), 154-70.

115 D. Guthrie, *Galatians* (London: Nelson, 1969), 133; F. F. Bruce, *The Epistle to the Galatians* (NICNT; Grand Rapids: Eerdmans, 1982), 222.

53:10에서 고난의 종의 대속적 사역을 통해서 성취된다. 이사야 예언의 신학적 패턴은 결국 예수 그리스도를 통하여 갈라디아서 4장에서 성취된다. 바울은 이사야 49-54장의 넓은 신학적 문맥을 인식하고 유대 교사들과의 논쟁 가운데 이 신학적 패턴을 사용한다. 바울의 논지는 두 여인의 자녀들의 숫자의 경쟁이 아니고, 서로 다른 두 자녀들의 출생의 기원에 대해 말하고 있다. 현 예루살렘(하갈, 이스마엘, 계집종의 자녀, 시내산)과 위에 있는 예루살렘. 바울은 예수 그리스도에 의해 구속하심을 받고 의롭다하심을 얻은 기독교 신자들을 시온의 자녀들과 동일시 하고 있다(cf. 갈 3:13, 14).[116] "그들(기독교 신자들)은 아브라함에게 약속하신 하나님의 언약을 성취하신 예수 그리스도로 말미암아 아브라함의 자손이 된다."[117] 따라서 자유케 하는 여자의 자녀들인 기독교 신자들은 아브라함에게 약속하신 축복을 기업으로 상속받는 참 상속자들이 되며, 반면에 믿지 않는 유대인들은 하나님에 의해 거절당한다(갈 3:16-29; 4:7, 30; cf. 롬 4:13, 8:17).

결론

이번 장에서 우리는 종에서 종들로 주제 변이가 어떻게 나타나는 가에

116 바울은 사 54:1의 신학적 분위기와 이사야 53장 이후의 맥락을 잘 알고 있었다. 바울에게 고난 받는 종은 다름 아닌 예수 그리스도이며, 궁극적으로 많은 자녀를 통해 시온의 회복에 대한 약속을 성취하시는 분이다. 따라서 바울의 인용문은 두 성경의 모형론적 연관성을 통해 상호텍스트성을 보여준다. William R. Farmer, "Reflection on Isaiah 53 and Christian Origins," *Jesus and the Suffering Servant: Isaiah 53 and Christian Origins* (ed. William H. Bellinger, Jr. and William R. Farmer; Harrisburg, Pa.: Trinity Press International, 1998), 260-80; C. H. Cosgrove, "The Law Has Given Sarah No Children," *NovT* 29 (1987): 219-35.

117 James D. Hester, *Paul's Concept of Inheritance: A Contribution to the Understanding of Heilsgeschichte* (SJTOP 14; Edinburgh: Oliver and Boyd, 1968), 67.

대해 살펴보았다. 종의 주제를 제시함에 있어서 종의 구체적 정체성은 본문의 일차적 관심사는 아니었으며, 오히려 본문의 의도는 종의 사역을 통하여 하나님의 백성들에게 임하는 유익을 전하는 것에 초점이 맞추어져 있다. 따라서 52:13-53:12은 백성들에게 구속함을 선사하는 종의 대속적 고난을 소개한다. 고난의 종의 대속적 사역의 수혜자는 종의 음성에 순종하는 고백적 이스라엘 공동체이며, 반응하는 민족들, 시온의 자녀들이다. 여호와의 종들은 단지 자녀들(시온의 거주자들)과 고백적 이스라엘뿐 아니라 고난의 종에게 반응하는 이방인들도 포함된다. 하나님께 순종적으로 반응하는 이방인들에 대한 주제는 이사야 56-66장의 주된 관심사들 가운데 하나다. 따라서 종의 주제는 이사야 40-55장과 56-66장을 주제적으로 또한 신학적으로 연결시켜 준다. 고난의 종의 사역은 종들을 배출할 뿐만아니라 시온의 회복도 가져온다(54:1-17). 종들에게 약속된 기업의 본질은 땅뿐만 아니라(49:8), 백성들의 갱신과 시온의 회복이다(54:1-17). 시온의 거주자들은 화려한 은유적 언어로 묘사된 도성으로 나타난 하나님의 임재를 누린다. 또한 시온의 자녀들은 변화되고, 여호와께 가르침을 받고, 그로부터 평강과 의를 경험한다. 게다가 하나님의 주권적 능력은 그의 종들을 그 어떤 공격으로부터 보호하시며 그들을 신원하신다. 선지자는 하나님께서 혹시 포로 생활 가운데 고통을 당하고 있는 자신들을 잊으셨는가에 대한 신학적 질문에 답하여 포로기에 있는 백성들을 위로하려는 의도로 메시지를 선포한다(49:14; 50:2). 또한 그들이 신실함으로 하나님께 반응도록 설득하며 그들에게 기업을 확증하면서 여호와의 종들의 일부가 되도록 인도한다.

4장
기업과 백성들의 반응

(이사야 56:1–63:6 내에서의 이사야 58:1–14)

이전 장에서 우리는 고난의 종에서 종들로의 주제 전환과 이사야 49-55장에 나타난 기업의 주제에 대해 살펴보았다. 고난의 종의 임무를 통하여 결국 종들이 배출된다. 고난의 종을 통하여 새롭게 된 백성들과 시온의 자녀들은 종들의 공동체에 포함이 된다. 종들에게 약속된 기업은 시온의 회복과 더불어 여호와께로부터 말미암은 의(義)이다. 이 종과 기업의 주제들은 이사야 56-66장에서 더욱더 발전될 신학적 주제 전개의 발판을 마련해 준다.

비평적 학자들은 이사야 56-66장은 이사야 40-55장과 다른 역사적 상황 가운데 제 3 이사야에 의해 쓰여졌으며 이사야서 전체 본문과 느슨하게 연결되었다고 주장한다. 그러나 우리는 이사야 40-55장과 56-66장이 어떻게 서로 연결되어있으며 왜 두 부분을 함께 읽어야 하는지를 다룰 것이다. 이 질문에 답하기 위해 먼저 우리는 이사야서를 전체로 읽는데 기여하는 서로 연결된 주제인 종들과 기업이란 주제를 살펴볼 것이다. 백성들의 반응과 연결된 종과 기업이란 주제들을 연구할 때, 우리는 다음과 같은 질문들을 다룰 것이다. 누가 종들의 새로운 공동체에 포함될 것인가? 땅과 거룩한 산으로서의 기업의 의미는 무엇인가? 기업의 상속자들의 자질은 무엇인가? 하나님께 신실하게 반응하지 않는 백성들의 결과는 무엇인가?

담화 구획

이제 우리는 이사야 56-66장의 전체적인 구조에 대해 간단히 살펴볼 것이다. 이사야서에 대한 문학적 접근의 출현과 함께 많은 학자들은 이사야 56-66장의 주제적 구조적 일관성을 연구해 왔다.[1] 그들은 비록 자세한 분석에 있어서는 서로 의견이 다르지만 이사야 56-66장의 전체 주제에 따라 집중적인 구조(concentric structure)가 나타난다는 것에 대해서는 의견을 모으고 있다. 이사야 56-66장은 서로 관련 없는 시들의 우연한 모음집이 아니고 오히려 반복적인 단어와 여러 주제들과 함께 내적인 일관성과 집중 구조가 나타난다. 이사야 56-66장의 전체 구조는 다음과 같다:

A 56:1-8 예배를 위해 순종적인 이방인들을 거룩한 산으로 모음

B 56:9-58:14 백성들의 두 가지 반응: 악한자들과 신실한 자들

C 59:1-59:15a 공동체 탄식

D 59:15b-20 하나님의 보복: 신적인 전사(戰士)

1 참고. Etienne Charpentier, *The Old Testament, Always Relevant* (ed. Lisa McGaw; trans. Sheila Richards; De Pere, Wis.: St. Norbert Abbey, 1969), 118; P. -E. Bonnard, *Le Second Isaïe, son disciple et leurs éditeurs: Isaïe 40-66* (Paris: J. Gabalda, 1972), 317-18; Rémi Lack, *La symbolique du livre d'Isaïe: Essai sur l'image littéraire comme élément de structuration* (AnBib 59; Rome: Biblical Institute Press, 1973), 128, 130; Grace I. Emmerson, *Isaiah 56-66* (Sheffield: Sheffield Academic, 1992), 20; Robert O'Connell, *Concentricity and Continuity: The Literary Structure of Isaiah* (JSOTSup 188; Sheffield: Sheffield Academic, 1994), 216.

E 60:1-22 시온의 영광스러운 미래

축 61:1-11 선지자적인 위임

E′ 62:1-12 시온의 영광스러운 미래

D′ 63:1-6 하나님의 보복: 신적인 전사(戰士)

C′ 63:7-64:12 공동체 탄식

B′ 65:1-66:17 하나님의 두 가지 응답: 심판과 구원

A′ 66:18-24 예배를 위해 순종적인 이방인들을 거룩한 산으로 모음

이 집중적인 구조는 하나님께서 신실한 자들은 신원하시고 악인들은 심판하실 것이라는 이사야 선지자의 메시지를 효과적으로 전하기 위해 전략적으로 사용되었다. 그러나 비록 이사야 56-66장의 전체적인 구조를 살피기 위해 여러 단락으로 구분하였지만 모든 단락들은 서로 긴밀하게 연결되어 있다.

56:9-58:14은 백성들의 두 가지의 다른 반응들이란 주제와 관련된 넓은 문학적 구조이다: 악인과 신실한 자들의 반응. 그러나, 우리는 58:1-14을 중심되는 본문으로 선택할 것이다. 왜냐하면 이 본문이 56:9-57:21와 서로 별개의 본문으로 분리되었기 때문이 아니고, 이 본문(56:9-58:14)은 백성들이 기업을 얻기 위해 하나님께서 백성들로부터 원하시는 신실한 반응들을 강조하기 때문이다. 주석가들은 58:1-14을 여러 소 단위 구획으로 나누는 것에 대해서는 서로 의견이 다르다. 헨슨(P. Hanson)은 "58:1-12이 운율적(1:1)으로나 주제적(금식의 주제)으로 스스로 한 단락을 구성한다"고 주장하며, 안식일 주제를 다루는 58:13-14은 나중에 삽입된 본문이라고 주장한다.[2] 이와 마찬가지로, 웨스터만(Westermann)은 이사야 58장이 서로

2 Paul D. Hanson, *The Dawn of Apocalyptic* (Philadelphia: Fortress, 1975), 100, 101; L. Hoppe, "Isaiah 58:1-12, Fasting and Idolatry," *BTB* 13 (1983): 45; 칼 파우리춰(Karl

다른 요소들을 포함한 복합적인 실체라고 주장하면서 58:1-12을 58:13-14와 분리시킨다.[3] 와이브레이(Whybray)는 원래의 핵심 본문(1-3a, 5-9a절)과 나중에 첨가된 본문(3b-4, 9b-12, 13-14절) 사이를 구분하며 편집적인 저작권을 주장하고 있다.[4] 그러나 우리는 본문(58:1-14)의 외적이며 내적인 증거들로 인하여 그 자체가 일관성있고 특징적인 단락임을 제시한다.

외적 표지

비록 이사야 58장이 이전 본문(56:9-57:21)과 구분되는 점이 애매모호하지만 58:1-14이 본 연구의 중심되는 본문임을 증명하는 몇 가지의 외적인 표지들이 있다. 첫째, 이 단락은 풍자적인 시적 분위기를 고조시키며 명령조의 표현으로 시작된다: 1절에서 명령형의 사용(קְרָא ,הָרֵם ,הַגֵּד). 명령형의 삼중적인 반복법은 극적일 뿐만 아니라 새로운 담화 구획의 표지이기도 하다.[5] 둘째, 58:14에는 담화 종결부를 가르키는 표지가 있다. 종결부 공식인 כִּי פִּי יְהוָה דִּבֵּר(진실로 여호와의 입이 말씀하셨다)은 담화 단위를 결론 짓고, 이어 나오는 단위는 59:1에서 청중들의 관심을 모음으로 새로운 단락을 시작하는 감탄구 הֵן으로 시작한다. 이외에도, 단어 יַעֲקֹב은 1절에 나타난 동일한 단어 יַעֲקֹב과 함께 양괄식 구조를 이루며 단락의 종결사 역할을 한다. 셋째, 이 전장에서부터의 주제의 변화는 58:1-14의 내용이 이 독특

Paurisch)는 "13f이 스타일과 문화적 경향이 다르기 때문에 당연히 부차적인 것으로 폐기되었다"고 말한다. Karl Paurisch, *Die neue Gemeinde: Gott sammelt Ausgestossene und Arme (Jesaia 56-66)*(Rome: Biblical Institute, 1971), 73.

3 Westermann, *Isaiah 40-66*, 333, 340; H. Kosmala, "The Form and Structure of Isaiah 58," *ASTI* 5 (1967): 69.

4 Whybray, *Isaiah 40-66*, 212; D. Michel, "Zur Eigenart Tritojesajas," *Theologica Viatorum* 10 (1965): 213-30.

5 Wendland, *The Discourse Analysis of Hebrew Prophetic Literature*, 42.

한 단위임을 한층 더 고취시킨다. 이사야 57장이 이스라엘 내에서 악인과 의인들 사이에 두 가지의 대조적인 반응들을 다루는 반면에 58:1-14은 주로 참 금식과 안식일 준수로 나타나는 신실한 반응들과 그에 따른 하나님의 회복 약속을 다룬다. 이사야 58장의 여러 특징들 가운데 하나는 신실한 반응과 그 보상을 강조하는 조건문들을 사용하는 것이다. 따라서, 58:1-14이 일관성 있고 그 자체가 독특한 담화 단위라고 결론을 내려도 무방하다.

본문 번역

קְרָא בְגָרוֹן אַל־תַּחְשֹׂךְ	58:1a	크게 외치라 목소리를 아끼지 말라,
כַּשּׁוֹפָר הָרֵם קוֹלֶךָ	58:1b	네 목소리를 나팔 같이 높여,
וְהַגֵּד לְעַמִּי פִּשְׁעָם	58:1c	내 백성에게 그들의 허물을,
וּלְבֵית יַעֲקֹב חַטֹּאתָם׃	58:1d	야곱의 집에 그들의 죄를 알리라.
וְאוֹתִי יוֹם יוֹם יִדְרֹשׁוּן	58:2a	그들이 날마다 나를 찾아
וְדַעַת דְּרָכַי יֶחְפָּצוּן	58:2b	나의 길 알기를 즐거워함이,
כְּגוֹי אֲשֶׁר־צְדָקָה עָשָׂה	58:2c	마치 공의를 행하여
וּמִשְׁפַּט אֱלֹהָיו לֹא עָזָב	58:2d	그의 하나님의 규례를 저버리지 아니하는 나라 같아서
יִשְׁאָלוּנִי מִשְׁפְּטֵי־צֶדֶק	58:2e	의로운 판단을 내게 구하며,
קִרְבַת אֱלֹהִים יֶחְפָּצוּן׃	58:2f	하나님과 가까이 하기를 즐거워하는도다.
לָמָּה צַּמְנוּ וְלֹא רָאִיתָ	58:3a	우리가 금식하되 어찌하여 주께서 보지 아니하시오며,
עִנִּינוּ נַפְשֵׁנוּ וְלֹא תֵדָע	58:3b	우리가 마음을 괴롭게 하되 어찌하여 주께서 알아 주지 아니하시나이까?
הֵן בְּיוֹ צֹמְכֶם תִּמְצְאוּ־חֵפֶץ	58:3c	보라, 너희가 금식하는 날에 오락을 구하며,
וְכָל־עַצְּבֵיכֶם תִּנְגֹּשׂוּ׃	58:3d	온갖 일을 시키는도다.[6]

6 LXX, Symmachus와 Theodotion의 구약의 헬라어 번역본은 עַצְּבֵיכֶם("너의 일꾼들")을 τοὺς ὑποχειρίους ὑμῶν("너의 권력 아래 있는 자들")로 번역한다. 이와 마찬가지로 *BHS*는 עַצְּבֵיכֶם을 עֹבְטֵיכֶם("너의 채무자들")로 수정하는 것을 제안한다. 만약 "채무자"들이라는 의미가

הֵן לְרִיב וּמַצָּה תָּצוּמוּ	58:4a	보라 너희가 금식하면서 논쟁하며 다투며
וּלְהַכּוֹת בְּאֶגְרֹף רֶשַׁע	58:4b	악한 주먹으로 치는도다.
לֹא־תָצוּמוּ כַיּוֹם	58:4c	너희가 오늘 금식하는 것은
לְהַשְׁמִיעַ בַּמָּרוֹם קוֹלְכֶם׃	58:4d	너희의 목소리를 상달하게 하려는 것이 아니니라.
הֲכָזֶה יִהְיֶה צוֹם אֶבְחָרֵהוּ	58:5a	이것이 어찌 내가 기뻐하는 금식이 되겠으며,
יוֹם עַנּוֹת אָדָם נַפְשׁוֹ	58:5b	이것이 어찌 사람이 자기의 마음을 괴롭게 하는 날이 되겠느냐?
הֲלָכֹף כְּאַגְמֹן רֹאשׁוֹ	58:5c	그의 머리를 갈대 같이 숙이고,
וְשַׂק וָאֵפֶר יַצִּיעַ	58:5d	굵은 베와 재를 펴는 것을
הֲלָזֶה תִּקְרָא־צוֹם	58:5e	어찌 금식이라 하겠으며,
וְיוֹם רָצוֹן לַיהוָה׃	58:5f	여호와께 열납될 날이라 하겠느냐?
הֲלוֹא זֶה צוֹם אֶבְחָרֵהוּ	58:6a	내가 기뻐하는 금식은:[7]
פַּתֵּחַ חַרְצֻבּוֹת רֶשַׁע	58:6b	흉악의 결박을 풀어주며,
הַתֵּר אֲגֻדּוֹת מוֹטָה	58:6c	멍에의 줄을 끌러 주며,
וְשַׁלַּח רְצוּצִים חָפְשִׁים	58:6d	압제 당하는 자를 자유케 하며
וְכָל־מוֹטָה תְּנַתֵּקוּ׃	58:6e	모든 멍에를 꺾는 것이 아니겠느냐?[8]
הֲלוֹא פָרֹס לָרָעֵב לַחְמֶךָ	58:7a	또 주린 자에게 네 양식을 나누어 주며,

발견된다면 עַבְּטֵיכֶם로 본문 수정이 필요하다(참조. 신 15:6). 그러나 עצב는 "일꾼"이라는 의미가 있고 이는 נגש("압제")와 조화를 이룬다. 참조. William L. Holladay, ed., *A Concise Hebrew and Aramaic Lexicon of the Old Testament* (Grand Rapids: Eerdmans, 1988), 227, 280.

7 *BHS*와 LXX은 각각 נְאֻם אֲדֹנָי יְהוָה과 λέγει κύριος을 삽입하여 MT보다 더 길다. 그러나MT 읽기가 더 가능성이 있다. 왜냐하면 6a 절은 참된 금식에 대한 새로운 주제를 소개하고 있기 때문이다. 결론적 발화공식은 일반적으로 단위를 마무리할 때 사용된다 (참조. 58:14d; 52:5; 54:2, 8, 17; 56:8; 59:20).

8 고대 사본들(the LXX, Theodotion, Vulgate)은 תְּנַתֵּקוּ(Pi. 미완료 2인칭 남성 복수 참조. 1QIsaa)을 תְּנַתֵּק(Pi. 미완료 2인칭 남성 단수)로 읽는다. MT 독법은 고대 단수 어미 "ו"로 설명될 수 있다. 참조. M. Dahood, "Hebrew-Ugaritic Lexicography VII," Bib (1969): 340-41.

וַעֲנִיִּים מְרוּדִים תָּבִיא בָיִת	58:7b	유리하는[9] 빈민[10]을 집에 들이며[11]
כִּי־תִרְאֶה עָרֹם וְכִסִּיתוֹ	58:7c	헐벗은 자를 보면 입히며,
וְכִסִּיתוֹ וּמִבְּשָׂרְךָ לֹא תִתְעַלָּם׃	58:7d	또 네 골육을 피하여 스스로 숨지 아니하는 것이 아니겠느냐?
אָז יִבָּקַע כַּשַּׁחַר אוֹרֶךָ	58:8a	그리하면 네 빛이 새벽 같이 비칠 것이며,
וַאֲרֻכָתְךָ מְהֵרָה תִצְמָח	58:8b	네 치유가 급속할 것이며,
וְהָלַךְ לְפָנֶיךָ צִדְקֶךָ	58:8c	네 공의가 네 앞에 행하고
כְּבוֹד יְהוָה יַאַסְפֶךָ׃	58:8d	여호와의 영광이 네 뒤에 호위하리니,[12]
אָז תִּקְרָא וַיהוָה יַעֲנֶה	58:9a	네가 부를 때에는 나 여호와가 응답하겠고,
תְּשַׁוַּע וְיֹאמַר הִנֵּנִי	58:9b	네가 부르짖을 때에는 내가 여기 있다 하리라.
אִם־תָּסִיר מִתּוֹכְךָ מוֹטָה	58:9c	만일 네가 너희 중에서 멍에와
שְׁלַח אֶצְבַּע וְדַבֶּר־אָוֶן׃	58:9d	손가락질[13]과 허망한 말을 제하여 버리고,

9 LXX, Aquila의 구약의 헬라어 번역 그리고 Vulgate은 מְרוּדִים(남성복수)을 ἀστέγους("보호되지 않은" 형용사 남성 복수)로 읽는다. *BHS*는 וּמְרֻדִים으로 그리고 다른 사본들은 וּמוֹרָדִים로 제안한다. 그러나 그 어떤 수정도 필요로하지 않는다. 왜냐하면 מָרוּד("쉼 없는, 방랑자")이 렘1:7; 3:19에서 "고국을 잃은 누군가의 피난처 없는 삶"이란 의미로 사용되었기 때문이다. Jan L. Koole, *Isaiah III: Isaiah 56-66* (Leuven, Belgium: Peeters, 2001), 139.

10 시리아역(Syriac)에서는 עֲנִיִּים을 주석으로 간주한다. 그러나 우리는 MT 독법을 고수한다. 왜냐하면 עֲנִיִּים이 방랑하는 자들(מְרוּדִים)의 비참한 상태를 유운(assonance)으로 더 강화시켜기 때문이다.

11 LXX, Syriac, Targum, Vulgate은 בָיִת을 εἰς τὸν οἶκόν σου (בֵּיתֶךָ)으로 번역한다. 우리는 수정을 선택한다. 왜냐하면 MT 독법은 중자 탈락(haplography) 때문이고 본문에서 2인칭 남성 단수접미어는 청자를 지시하는데 지배적으로 사용되었기 때문이다.

12 *BHS*는 후에 나오는 사 52:12의 וּמְאַסִּפְכֶם(Piel, "너의 호위자")을 따라서 יַאַסְפֶךָ(Qal, "모으다")을 יְאַסֶּפְךָ(Piel, "호위하다")으로 읽기를 제안한다. 즉 "호위하다"란 의미를 가진 피엘형을 선호한다. 왜냐하면 이는 וְהָלַךְ לְפָנֶיךָ צִדְקֶךָ과 평행을 이루기 때문이다. 참조. I. Cornelius/Andrew E. Hill/Cleon L. Rogers, Jr., "אסף," *NIDOTTE* (ed. Willem A. VanGemeren; Grand Rapids: Zondervan, 1997), 468-72.

13 1QIsa[a]은 שְׁלַח(부정사 연계형)을 ושלח(w+부정사 절대형)로 읽는다. 우리는 MT독법을 유지한다. 왜냐하면 시적 장치에서 접속사 생략 기법이 사용되기 때문이다.

וְתָפֵק לָרָעֵב נַפְשֶׁךָ	58:10a	주린 자에게 네 심정[14]을 동하며[15]
וְנֶפֶשׁ נַעֲנָה תַּשְׂבִּיעַ	58:10b	괴로워하는 자의 심정을 만족하게 하면,
וְזָרַח בַּחֹשֶׁךְ אוֹרֶךָ	58:10c	네 빛이 흑암 중에서 떠올라,
וַאֲפֵלָתְךָ כַּצָּהֳרָיִם׃	58:10d	네 어두움이 낮과 같이 될 것이며[16]
וְנָחֲךָ יְהוָה תָּמִיד	58:11a	여호와가 너를 항상 인도하여,
וְהִשְׂבִּיעַ בְּצַחְצָחוֹת נַפְשֶׁךָ	58:11b	메마른 곳에서도 네 영혼을 만족하게 하며,
וְעַצְמֹתֶיךָ יַחֲלִיץ	58:11c	네 뼈[17]를 견고하게 하리니[18]
וְהָיִיתָ כְּגַן רָוֶה	58:11d	너는 물 댄 동산 같겠고
וּכְמוֹצָא מַיִם אֲשֶׁר לֹא־יְכַזְּבוּ מֵימָיו׃	58:11e	물이 끊어지지 아니하는 샘 같을 것이라.
וּבָנוּ מִמְּךָ חָרְבוֹת עוֹלָם	58:12a	네게서 날 자들이[19] 오래 황폐된 곳들을 다시 세울 것이며,
מוֹסְדֵי דוֹר־וָדוֹר תְּקוֹמֵם	58:12b	너는 역대의 파괴된 기초를 쌓으리니,
וְקֹרָא לְךָ גֹּדֵר פֶּרֶץ	58:12c	너를 일컬어 무너진 데를 보수하는 자라 할 것이며,

14 *BHS*는 몇몇의 중세 사본들과 같이 נַפְשֶׁךָ("너 자신, 너의 영혼")을 לַחְמְךָ("너의 빵")으로 읽는 것을 제안한다. MT는 유지되어야 한다. 왜냐하면 고통당하는 자들에 대한 압제를 제거하는 것에서 가난한 자들을 위해 자신을 희생하는 것으로의 생각의 이동이 있기 때문이다. 참조. Oswalt, *The Book of Isaiah Chapters 40-66*, 506.

15 Aquila, Symmachus, and Theodotion은 Old Latin을 따라서 וְתָפֵק(히필 미완료 지시형)을 ὑπερεκχέῃς(미래 직설법, "네가 부을 것이다")으로 읽을 것을 제안한다. *BHS*는 וְתַפִּק(히필 미완료)로 읽을 것을 제안한다. 그러나 지시형은 조건문에서도 자주 사용되기 때문에 그 어떤 수정도 필요하지 않는다. 참조. Kautzsch, *Gesenius' Hebrew Grammar*, 323.

16 *BHS*는 תִּגַּהּ(Hgn "빛나다")로 제안한다. 그러나 시적인 교화를 높이기 위해 MT에서는 명사구 문장에서 동사 생략을 하기도 한다.

17 *BHS*는 וְעַצְמֹתֶיךָ("너의 뼈들")을 וְעָצְמָתְךָ("너의 힘")으로 읽는 것을 제안한다. 하지만 수정은 필요하지 않다. 왜냐하면 구약에서 "뼈들"은 "사람의 신체적 힘과 건강의 좌소"란 의미가 있기 때문이다(욥 20:11; 21:24; 잠 3:8; 15:30; 사 58:11; 66:14; 렘4:7)." 다음을 보아라. Robert B. Chisholm, "עֶצֶם," in *NIDOTTE*, 498.

18 1QIsa[a]은 יַחֲלִיץ("그는 강하게 할 것이다")을 יחליצו("그들은 강하게 될 것이다")으로 읽고 1QIsa[b]은 יחלצו("그들은 강해질 것이다")로 읽는다. 우리는 MT 독법을 선호한다. 왜냐하면 11a-c의 주어는 יְהוָה이기 때문이다.

19 LXX와 Vulgate은 수동태 וּבֻנּוּ(푸알) or וְנִבְנוּ(니팔)로 읽고 "그리고 그들은 세워질 것이다"로 번역한다. מִמְּךָ에서 부분적 사용인 מִן은 주어로 기능하면서 "너희 중 일부"란 의미를 가지고 있다. 실제 회복의 주체는 사람들 자신이며, 이 주제는 다음 12b-d 절에서 계속된다. 따라서 MT는 더 그럴듯하게 읽힌다. 참조. R. J. Williams, *Hebrew Syntax: An Outline* (2d ed.; Toronto: University of Toronto, 1976), 56.

מְשֹׁבֵב נְתִיבוֹת לָשָׁבֶת׃	58:12d	길[20]을 수축하여 거할 곳이 되게 하는 자[21]라 하리라.
אִם־תָּשִׁיב מִשַּׁבָּת רַגְלֶךָ	58:13a	만일 안식일에 네 발을 금하여,[22]
עֲשׂוֹת חֲפָצֶיךָ בְּיוֹם קָדְשִׁי	58:13b	내 성일에 오락[23]을 행치[24]아니하고
וְקָרָאתָ לַשַּׁבָּת עֹנֶג	58:13c	안식일을 일컬어 즐거운 날이라,
לִקְדוֹשׁ יְהוָה מְכֻבָּד	58:13d	여호와의[25] 성일을 존귀한 날이라 하여,
וְכִבַּדְתּוֹ מֵעֲשׂוֹת דְּרָכֶיךָ	58:13e	이를 존귀히 여기고 네 길로 행치 아니하며,
מִמְּצוֹא חֶפְצְךָ וְדַבֵּר דָּבָר׃	58:13f	네 오락을 구하지 아니하며 사사로운 말을 하지 아니하면
אָז תִּתְעַנַּג עַל־יְהוָה	58:14a	네가 여호와 안에서 즐거움을 얻을 것이라,

20 *BHS*는 נְתִיבוֹת("거리들")을 아마도 נתץ("무너트리다")에서 나온 נתיצות("황폐함들")로 읽을 것을 제안한다. 하지만 성경 히브리어에 이러한 단어는 없고 본문도 이러한 제안을 지지하지는 않는다.

21 1QIsa[b]은 מְשֹׁבֵב(폴렐 분사)을 מֵשִׁיב(히필 분사)로 읽는다. 그러나 폴렐형과 히필형은 동일한 의미를 가진다(참조. 겔 38:8, 단9:25).

22 *BHS*은 Old Latin을 따라서 מִשַּׁבָּת("안식일로부터") 대신에 בְּשַׁבָּת("안식일에")으로 제안한다. 그러나 우리는 장소적인 מִן의 사용을 선호한다. 왜냐하면 건조한 장소, 정원, 벽에 대한 이야기가 있는데, 이는 안식일이 발이 닿아서는 안 되는 거룩한 공간이라는 생각과 일치하기 때문이다(Koole, *Isaiah III: Isaiah 56-66*, 155).

23 1QIsa[b], Theodotion, Syriac, Targum, Vulgate은 חֲפָצֶיךָ(pl.)을 חֶפְצְךָ(sg.)로 읽는다. 우리는 חֶפְצְךָ로 읽을 것이다. 왜냐하면 13f 에서 이 용어가 반복되기 때문이다.

24 *BHS*는 מֵעֲשׂוֹת("행하는 것으로부터")를 1QIsa[a]와 LXX와 함께 읽을 것을 제안한다. 우리가 *BHS* 제안이나 MT 독법을 따르더라도 이 행의 의미는 동일하다. 왜냐하면 시적 평행법에서 13a(מִשַּׁבָּת)의 전치사 מִן은 다음에 나오는 행에도 영향을 미치기 때문이다. 하지만 *BHS* 제안이 더 가능성이 있는 독법으로 보인다. 왜냐하면 13e에서 מֵעֲשׂוֹת이 나타나기 때문이다.

25 Old Latin 은 לִקְדוֹשׁ יְהוָה을 *sancta Domino* ("주님께 거룩")으로 읽고, 마찬가지로 *BHS*는 קָדוֹשׁ לַיהוָה으로 제안한다. 우리는 MT 독법을 주장한다. 왜냐하면 קדוש("거룩한 날")이 실명사(substantive)로 사용되기 때문이다. 분명히 여기에서는 "날"을 의미해야 한다. 왜냐하면 이 전행(13c)에서 שַׁבָּת와 의미론적 평행법을 이루기 때문이다. 13d에서 생각의 진행이 발생한다. 참조. Oswalt, *The Book of Isaiah: Chapter 40-66*, 501.

וְהִרְכַּבְתִּיךָ עַל־בָּמֳותֵי אָרֶץ	58:14b	내가 너를 땅의 높은[26] 곳에 올리고[27]
וְהַאֲכַלְתִּיךָ נַחֲלַת יַעֲקֹב אָבִיךָ	58:14c	네 조상 야곱의 기업으로 기르리라.
כִּי פִּי יְהוָה דִּבֵּר׃ ס	58:14d	여호와의 입의 말씀이니라.

내적 표식

주석가들은 자신들의 방법론적인 관점에 따라 서로 다른 소 단락의 구분을 제시해왔다.[28] 본 연구는 언어학적 주제적 표식에 따라 본문에서 네 개의 소 단락을 제시한다(1-4, 5-9b, 9c-12, 그리고 13-14). 첫째, 58:1-4은 공동체의 거짓된 종교적 행위를 고소하는 첫번째 소 난락을 구성한다. 첫 소 단락의 종결부(4d)에 나타난 קוֹלְכֶם은 1b의 קוֹלֶךָ와 양괄 구조를 이루며 5-9a와 구분된다. 1-4절 안에서 명사들, 동사 어근, 불변화사등의 반복은 1-4절의 통일성과 내적인 일관성을 형성한다: 죄에 대한 용어 פִּשְׁעָם(1c), חַטֹּאתָם(1d), רִיב וּמַצָּה(4a), רֶשַׁע(4b), 불변화사 לֹא(2d, 3a, 3b, 4c) 그리고 הֵן(3c,

26 케티브(Kethiv) 독법은 במותי("높이") 그리고 케레(Qere)는 בָּמֳתֵי. "마소라는 모든 곳에서 ŏ을 ָ로 하는 이례적인 단축발음과 함께 בָּמֳתֵי을 bāmᵒthê(bŏmᵒthê가 아닌)로 읽을 것을 요구한다. 그러나 이 둘은 동일한 의미를 가지고 있다. 참조. Kautzsch, *Gesenius' Hebrew Grammar*, 244, 280.

27 1QIsa[a], 1QIsa[b], LXX, Syriac은 וְהִרְכַּבְתִּיךָ("그리고 나는 너를 타게 할 것이다")을 וְהִרְכִּיבְךָ("그리고 그는 너를 타게 할 것이다")로 그리고 וְהַאֲכַלְתִּיךָ("그리고 내가 너를 먹일 것이다")을 וְהֶאֱכִילְךָ("그리고 그가 너를 먹일 것이다")로 제안한다. 우리는 MT 독법을 선택하기로 한다. 왜냐하면 인용구 공식 כִּי פִּי יְהוָה דִּבֵּר은 14b와 14c에서 일인칭 단수 직접화법을 지지해 주기 때문이다. 신적인 주어는 신실하게 반응하는 자들에게 하나님의 축복의 약속을 강조한다.

28 코스말라(Kosmala)는 단위의 삼겹 구분vv. 1-2, 3-12, 13-14; 파우리취(Pauritsch)는 vv. 1-9a, 9b-12, 13-14; 베스터만(Westermann)은 vv. 1-3b; 3c-5; 6-7; 8-9a; 9b-12; 13-14; 오스왈트(Oswalt) vv. 1-5, 6-9a, 9b-12, 13-14; 모티어(Motyer)는 v. 1, vv. 2-5, 6-12, 13-14a, 14b-d을 각각 제시했다.
Muilenburg, *Isaiah 40-66*, 676-77. Cf. Kosmala, "Form and Structure of Is. 58," ASTI 5 (1967): 69-81; Pauritsch, Neue Gemeinde, 73ff; Westermann, *Isaiah 40-66*, 334-42; Oswalt, *The Book of Isaiah: Chapter 40-66*, 492-502; Motyer, *The Prophecy of Isaiah*, 478-83.

4a), 명사 יוֹם(2a, 3c, 4c), 동사 어근 חָפֵץ(2b, 2f cf. 3c), יָדַע, דַּעַת(3b, 2b), 그리고 צוֹם(3a, 4a, 4c cf. 3c). 그 이외에도, 내적인 일관성은 대명사의 반복으로도 이루어 진다: "그들/그들의"(1c-d, 2e-f) 그리고 "너/너의"(3c-4d).

둘째, 58:5-9b은 의문사인 הֲ로 시작하며 "결론을 강조하는 장치"로 기능하는 직접화법인 וַיֹּאמַר הִנֵּנִי(9b)으로 종결된다.[29] 이 소 단위는 감정적 분위기를 창조하는 수사학적 질문과 독특한 구문적 구조(부정사 용법의 사용)에 의해 주변의 본문들과 구분이 된다(5a-7d). 6a절은 반복되는 절 צוֹם אֶבְחָרֵהוּ(5a, 6a)과 지시 대명사 זֶה(5a, 5e, 6a)에 의해 이전 단락과 연결될 뿐 아니라, הֲלוֹא(6a, 7a)의 반복에 의해 이 후에 나오는 단락과도 연결된다. 대명사 ךָ־(2 인칭 남성 단수)의 반복은 7절과 8절을 함께 연결시켜 준다. 또한, 6절과 7절의 질문에 나타난 암시적인 조건절은 אָז에 의해 소개되는 8절과 9a-b절에서의 귀결절에 의해 함께 연결된다.[30]

셋째, 58:9c-12은 어구형태의 변화에 의해 이전 단락과 구분된다: "만약- 그러면"의 문장 구조는 불변화사 אִם(9c)과 와브(ו) 귀결절에 의해 표현된다. 이 소단락은 이전에 나타난 주제의 강조에 의해 더욱더 두드러 진다: 금식의 참된 의미와 그에 따른 하나님의 구원 약속. 대칭 구조와 의미적, 어휘적 평행법은 10b와 11b 사이를 견고하게 묶어준다: וְהִשְׂבִּיעַ בְּצַחְצָחוֹת נַפְשֶׁךָ // וְנֶפֶשׁ נַעֲנָה תַּשְׂבִּיעַ. 10c-12c은 연속적인 와브 연계사들(וְזָרַח, וְנָחֲךָ, וְהִשְׂבִּיעַ, וְהָיִיתָ, וּבָנוּ)과 소 단락 안에서 동일한 대상(청중)을 지시하는 대명사 ךָ־로 묶어져 있다.

마지막으로, 58:13a-14d 은 주제(금식에서 안식일)와 이미지들("땅의 높은 곳"과 "너희 조상 야곱의 기업")의 변환과 함께 마지막 소 단락을 구성하고 있다.

---

29 Wendland, *The Discourse Analysis of Hebrew Prophetic Literature*, 55.

30 Oswalt, *The Book of Isaiah: Chapters 40-66*, 502.

13과 14절은 "만약-그러면" 문구의 배열로 서로 연결되어 있다: 조건절은 אִם־으로 소개되며(13a) 귀결절은 אָז으로 소개된다(14a). 서로 교차하는 단어 패턴 a. חֲפָצֶיךָ(13b) b. עֹנֶג(13c) a. חֶפְצְךָ(13f) b. תִּתְעַנַּג(14a)은 13b와 14a를 하나로 묶어 준다.[31] 그 밖에도 단락의 내적인 일관성은 하나님의 이름 יְהוָה(13d, 14a, 14d)과 대명사 "너/너의"의 반복으로(13a, 13b, 13c, 13e, 13f, 14a, 14b, 14c) 이루어 진다.

58:1-14이 내적인 일관성을 보이는 네 개의 독특한 소 단락을 구성하고 있는 반면에, 이 소 단락들 사이에 내적인 일관성을 유지시키는 장치들이 있다. 첫째, 5a-9b은 어휘의 반복에 의해 1-4절과 연결되어 있다: יוֹם(2a, 3c, 4c, 5b, 5f), צוּם, צוֹם(3a, 3c, 4a, 4c, 5a, 5e, 6a), קָרָא(1a, 5e, 9a), רֶשַׁע(4b, 6b), צְדָקָה/צֶדֶק(2c, 2e, 8c), נֶפֶשׁ(3b, 5b), רָאָה(3a, 7c), בַּיִת(1d, 7b). עָנָה(3b, 5b). 거짓된 금식(1a-4d) 과 참 금식(5a-9b) 의 대조는 이 두 단락을 하나로 묶어 준다. 둘째, 9c-12d은 어휘의 반복에 의해 5a-9b과 연결되어있다: מוֹטָה(6c, 6e, 9c), שָׁלַח(6d, 9d), רָעֵב(7a,10a), נֶפֶשׁ(5b, 10a, 10b, 11b), אוֹרֶךָ(8a, 10c), (5e, 9a, 12c), עָנָה(5b, 10b), יְהוָה(5f, 8d, 9a, 11a) 그리고 대명사 접미어 ךָ־(2인칭 남성 단수, 5e-12c). 그 이외에도, 문법적 형태의 반복(조건문: 조건절-귀결절)은 이 소 단위들 사이에 내적인 일관성을 고취시킨다. 셋째, 13a-14d은 어휘의 반복에 의해 이전 소 단락(vv. 1a-12d)과 결합되어 있다: אִם־(9c, 13a), יוֹם(2a, 3c, 4c, 5b, 5f, 13b), עָשָׂה(2c, 13b, 13e), אָז(8a, 9a, 14a), חָפֵץ/חֵפֶץ(2b, 2f, 3c, 13b, 13f), קָרָא(1a, 5e, 9a, 13c), יְהוָה(5f, 8d, 9a, 11a, 13d, 14a, 14d), דֶּרֶךְ(2b, 13e), דָּבָר(9d, 13f, 14d), יַעֲקֹב(1d, 14c); 대명사 "너"/"너의" 그리고 "나"/"나를"; 그리고 문법적인 구조(조건문의 반복). 더욱이, 1a-2e와 14b-14d에 나타난 여호와의 직접화법(일인칭 단수)은 양괄식 구조를 이루며 58:1-14을 한 단위로 구분짓는다.

31 Gregory J. Polan, *In the Ways of Justice Toward Salvation: A Rhetorical Analysis of Isaiah 56-59* (New York: Peter Lang, 1986), 228.

본문의 의미론적 구조

위에서 언급한 본문 구획의 내적 외적 표식들에 따라, 우리는 58:1-14의 구조를 다음과 같이 제시할 수 있다.

A. 이스라엘의 죄악에 대한 고발 (1-4절)

1. 백성의 허물을 고하라고 부르심 (1)

a. 종교적 행위에 대한 백성들의 열정 (2a-f)

b. 백성들의 불평 (3a-b)

c. 하나님의 응답: 바른 행위가 없는 금식은 무의미하다 (3c-4d)

B. 참 금식의 의미와 그 보상: 조건문 I (5-9b절)

1. 수사학적 질문 (5)

2. 하나님을 기쁘시게 하는 참 금식에 대한 묘사(6-7)

3. 참 금식에 대한 하나님의 구원 약속(vv. 8-9b)

a. 하나님의 치유 (8a-b)

b. 하나님의 임재와 보호하심 (8c-9b)

C. 참 금식의 의미와 그 보상: 조건문 II (9c-12절)

1. 하나님 앞에 참된 금식에 대한 묘사 (9c-10b)

2. 참 금식에 대한 하나님의 구원 약속 (vv. 10c-12d)

a. 하나님의 임재와 공급 (v. 11a-e)

b. 보수하는 자로서의 신실한 자손들에 대한 약속 (12a-d)

D. 안식일의 신실한 준수와 그 보상: 기업 (13-14절)

1. 안식일 준수의 규정들 (v. 13)

2. 안식일 준수에 대한 기업의 약속 (v. 14)

주제 전개

이사야 56-66장이 이사야 40-55장과 분리되어 주전 5세기 중반에 제 3 이사야에 의해 기록되었다고 하는 둠(Duhm)의 가설 이후에 이사야 56-66장의 기원에 대한 많은 학문적인 논의가 진행되어 왔다. 둠(Duhm)의 주장을 따라 엘리거(Karl Elliger)는 이사야 56-66장은 초기 회복 시기인 주전 520년에 살았던 한 저자(제 3 이사야)에 의해 쓰여 졌다고 주장한다.[32] 엘리거(Elliger)의 주장에 반대하여, 볼츠(Volz)는 이사야 56-66장은 오랜 세월에 걸쳐 여러 저자들에 의해 서로 다른 주제에 대해 기록된 것이라 주장하면서 이사야 56-66장의 통일성을 반대한다. 수 많은 학자들은 비록 여러 어구들의 기록 연대들에 대해서는 서로의 의견이 다르나 볼츠의 의견을 대부분 받아들인다.[33] 최근에 몇몇 학자들은 이사야 56-66장이 여러 편집자들에 의해 오랜 기간 동안 발전된 자료들의 수집물이라 주장하면서 이사야 56-66장의 편집적인 통일성을 주장한다.[34] 헨슨은(Paul Hanson) 사회

32 K. Elliger, "Der Prophet Tritojesaja," ZAW 49 (1931): 112-40; idem, *Die Einheit des Tritojesaja (Jes 56-66)*(BWANT 45; Stuttgart: Kohlhammer, 1928); idem, *Deuterojesaja in seinem Verhältnis zu Tritojesaja* (Stuttgart: Kohlhammer, 1933). 한 명의 저자를 주장하는 다른 학자들로는 다음을 보아라. H. Odeberg, *Trito-Isaiah (Isaiah 56-66): A Literary and Linguistic Analysis* (Uppsala: A. -B. Lindequistska Bokhandeln, 1931), 27-31; W. Kessler, *Gott geht es um das Ganze* (BAT 19; Stuggart: Calwer Verlag, 1960); D. R. Jones, *Isaiah 56-66 and Joel: Introduction and Commentary* (London: SCM, 1964); P. E. Bonnard, *Le Second Isaïe, son disciple et leurs éditeurs. Isaïe 40-66* (EB; Paris: J. Gabalda, 1972); G. A. F. Knight, *Isaiah 56-66* (ITC; Grand Rapids: Eerdmans, 1985), xii, xiii.

33 P. Volz, *Das Buch Jesaja II* (KAT 9; Leipzig: A. Deichertsche Verlagsbuchhandlung D. Werner Scholl, 1932), 199, 200; K. Pauritsch, *Die neue Gemeinde: Gott sammelt Ausgestossene und Arme (Jesaia 56-66)* (AB 47; Rome: Biblical Institute, 1971), 1-8; J. A. Soggin, *Introduction to the Old Testament* (trans. J. Bowden; Philadelphia: Westminster, 1976), 336-37.

34 J. Vermeylen, *Du Prophète Isaïe à l'apocalyptique. Isaïe I-XXXV, miroir d'un demi-millénaire d'expérience religieuse en Israël. 2 vols*. (EB; Paris, 1977-1978); S. Sekine, *Die Tritojesajanische Sammlung (Jes 56-66) redaktionsgeschichtlich untersucht* (BZAW 175;

학적 문학적 접근 방식을 소개한다. 그는 이사야 56-66장은 포로 후기시대의 두 분파(이상주의적, 계통적 분파) 사이에 나타난 논쟁 속에서 산출된 공통 전통을 기술하는 어구들의 익명의 수집물이라고 주장한다.[35] 그러나 위에서 언급한 비평적인 접근방법들은 심각한 문제점을 가지고 있다. 이 비평적 접근들은 이사야 56-66장이 이사야 40-55장과 완전히 분리된 별개의 것처럼 다루었고 본문을 파편화 시켰다. 그러나 챠일즈가 지적하듯이 "이러한 비평적 접근은 이사야서의 정경의 형태에서부터 도출된 전체적으로 읽는(통일성) 측면을 완전히 무시한다. 가끔 이렇게 개념적인 일관성을 편집적 활동을 발견하는 중요한 기준으로 삼는 방법은 성경 주해의 치명적인 왜곡을 가져왔다."[36] 또한 이러한 비평적인 접근법은 애매모호한 역사적인 언급들을 본문 너머에 있는 역사적인 사건과 시간들에 구체적 증거 없이 할당하므로 본문의 역사적 발전을 재구성하는 도구로 이사야 56-66장을 사용하는 치명적인 오류를 범했다.[37]

위에서 언급한 논의는 다음 연구과제로 인도한다. 우리는 이사야 선지자에 의해 기록된 이사야 56-66장의 전체 본문에 초점을 맞추고 이사야 56-66장을 이사야 1-39장, 이사야 40-55장과의 언어적, 주제적, 신학적 상관성의 증거를 제시하며 연구할 것이다. 첫째, 이사야 56-66장을 이사야서 전체 주제 흐름의 한 부분으로 해석하기 위해 56:1-6의 문학적 신학

Berlin: W. de Gruyter, 1989); K. Koenen, *Ethik und Eschatologie im Tritojesajabuch: Eine Literarkritsche und redaktionsgeschichtlishe Studie* (WMANT 62; Neukirchener Verlag: Tübingen, 1990).

35 Paul Hanson, *Dawn of Apocalyptic* (Philadelphia: Fortress, 1975), 41-46. 핸슨(Hanson)은 또한 사 60-62장에서 시적 형식에서 산문적 형식으로의 전환이 있다는 것을 운율적, 구조적 분석에 근거하여 주장한다. 참조. E. R. Achtemeier, *The Community and Message of Isaiah 56-66: A Theological Commentary* (Minneapolis: Augsburg, 1982).

36 Childs, *Isaiah*, 445.

37 B. Schramm, *The Opponents of Third Isaiah: Reconstructing the Cultic History of the Restoration* (JSOTSup 193; Sheffield: Sheffield Academic, 1995), 40.

적 기능을 넓은 담화의 범위 안에서 논의할 것이며 또한 우리는 종들(이방인들과 고자들)의 신실한 응답들을 연구할 것이다. 둘째, 우리는 악인과 신실한 자들의 특징적인 두 가지 반응(우상 숭배와 하나님을 신뢰)들을 다루며 그에 상응하는 기업들을 56:9-57:21 안에서 다룰 것이다. 셋째, 우리는 이웃들을 돌아보는 인격으로 나타나는 신실한 반응들을 기술하고 하나님의 약속된 기업들을 묘사하는 58장을 다룰 것이다. 넷째, 우리는 59:1-63:6 안에서 하나님의 백성들의 실패와 관련하여 다가오는 하나님의 구원의 관점으로 기업의 주제를 다룰 것이다.

종들의 신실한 반응: 이방인과 고자들(56:1-8)

비평 학자들이 56:1-8을 독립된 개체로 이전 본문들과 분리하려고 시도했으나 56:1-8이 이사야 1-55장과 함께 연결된 본문임을 증거하는 증거들이 있다.[38] 첫째, 수 많은 언어적 주제적 연결점들은 이전 본문들과 연속성을 이룬다. 56:1에 나타난 단어 מִשְׁפָּט צְדָקָה יְשׁוּעָה은 56:1-8을 이전 본문들과 연결시키는 역할을 한다. מִשְׁפָּט와 צְדָקָה의 결합은 이사야 1-39장에서 (1:21, 27; 5:16; 9:16; 16:5; 28:17; 32:1, 16; 33:5) 주로 나타나고 צְדָקָה와 יְשׁוּעָה은 주로 이사야 40-55장에서 (45:8; 46:13; 51:5, 6, 8) 주로 나타난다.[39] 이사야

38 편집 비평가들은 에스라와 느헤미야의 개혁 이후 주전 5세기 중반으로 56:1-7의 역사적 배경을 재구성하면서 56:1-6을 이전 장과 연결시키지 않는 경우가 많다. 참조. H. Donner, "Jesaja LVI 1-7: Ein Abrogationsfall innerhalb des Kanons – Implikationen und Konsequenzen," in *Congress Volume: Salamanca* (VTSup 37; ed. J. A. Emerton; Leiden: E. J. Brill, 1985), 81-95; Sekine, *Die Tritojesajanische Sammlung*, 66-67; Koenen, *Ethik und Eschatologie im Tritojesajabuch*, 222-24; E. Sehmsdorf, "Studien zur Redaktionsgeschichte von Jesaja 56-66 (I)," *ZAW* 84 (1972): 542-57.

39 R. Rendtorff, "Isaiah 56:1 as a Key to the Formation of the Book of Isaiah," *Canon and Theology* (Minneapolis: Fortress, 1993), 181-89.

1-39장에 나타난 의미는 주로 신적인 규범으로서의 공의에 의거한 도덕적 행위를 강조하고 이사야 40-55장에 나타난 의미는 주로 하나님의 의와 주권적 구원을 강조한다.[40] 이제 이 세 단어들은 다음에 나오는 본문들의 문학적, 신학적 문맥을 제공하면서 56:1에서 하나로 모아진다. 56:1-8의 독특한 점은 두 단어(מִשְׁפָּט과 צְדָקָה)의 의미가 בְּרִית과 함께 사용되므로 더욱더 구체화된다. 렉클렉(Leclerc)은 "공의와 의를 행하는 것은 언약적 의무의 요약이다"고 말한다.[41] 그 이외에도, 신적 어구 공식인 כֹּה אָמַר יְהוָה는 이사야 1-55장 전체에 걸쳐 사용되었고 가끔 이사야 56-66장에서도 사용되었다.[42]

둘째, 56:1-8은 이사야 55장의 근접 문맥과 문학적 연결점들이 나타난다. 55:6과 56:1사이에는 '가까이 계시는 하나님'에 대한 의미의 전개를 나타내는 의미론적 평행구가 나타난다(קִרְאֻהוּ בִּהְיוֹתוֹ קָרוֹב: // כִּי־קְרוֹבָה יְשׁוּעָתִי לָבוֹא).[43] 55:1-5, 6-13과 56:1-8에 나타난 반복적인 문법적 주제적 패턴들은 이 본문들을 하나로 묶어준다. 연속적 명령형 - לְכוּ, שִׁבְרוּ, אֱכֹלוּ(55:1), שִׁמְעוּ(55:2), הַטּוּ, לְכוּ, שִׁמְעוּ(55:3), דִּרְשׁוּ, קִרְאֻהוּ(55:6), 그리고 שִׁמְרוּ, עֲשׂוּ(56:1) - 과 여호와의 직접화법(일인칭 단수)은 청중들에 대한 권고

40 J. N. Oswalt, "Righteousness in Isaiah: A Study of the Function of Chapters 55-66 in the Present Structure of the Book," *Writing and Reading the Scroll of Isaiah: Studies of an Interpretive Tradition* (SVT 70; ed. Craig C. Broyles and Craig A. Evans; Leiden: E. J. Brill, 1997), 176-91; J. Scullion, "SEDEQ-SEDAQAH in Isaiah 40-66," *UF* 3 (1971): 335-38.

41 Thomas L. Leclerc, *Yahweh Is Exalted in Justice: Solidarity and Conflict in Isaiah* (Minneapolis: Fortress, 2001), 135.

42 예를 들면, 사 7:7; 8:11; 10:24; 21:6, 16; 22:15; 28:16; 29:22; 30:15; 31:4; 37:6, 21, 33; 38:1, 5; 43:1, 14, 16; 44:2, 6, 24; 45:1, 11, 14, 18; 48:17; 49:7, 8, 22; 50:1; 51:22; 52:3, 4; 56:1, 4; 65:8, 13; 66:1.

43 하나님의 가까움은 이미 46:13a에서 이미 나타났다. 46:13a(קֵרַבְתִּי צִדְקָתִי לֹא תִרְחָק וּתְשׁוּעָתִי לֹא תְאַחֵר)과 51:5a(קָרוֹב צִדְקִי יָצָא יִשְׁעִי). 백성들의 반역에도 불구하고 주님은 그의 의를 가까이 가지고 오실 것이다.

를 소개하면서 이사야 55장과 56:1-8 전반에 걸쳐 나타난다. 더욱이, 선지자는 하나님의 구원 약속을 그 분에게 신실하게 반응하는 자들에게 제시한다(55:2-6, 7-13; 56:2-8).

셋째, 56:1-8의 기본적인 기능은 다음에 나오는 본문들의 신학적 문맥을 제공하는 것이다. 짐멀리(Zimmerli)는 이사야 56-66장이 이사야 40-55장을 인용할 때 그 메시지를 영적으로 해석하는(spiritualize) 경향이 있다고 주장한다.[44] 그러나 이사야 56-66장은 변화하는 역사적 상황 속에서 이사야 40-55장의 메시지를 영적으로 해석하지 않는다. 오히려 이 본문들은 이전 본문들과 신학적 논지의 연속성을 보여주고 있다. 이전 본문들과의 신학적 연속성에 대해 챠일즈는 다음과 같이 설명한다.

> 선지자적 언약은 전적으로 신학적인 차원에서 기능한다. 이사야 56-66장의 약속은 변화하는 역사적 상황에 대처하기 위해 조절된 것이 아니며 이사야 40-55장의 메시지 형성에서 기인한 그 어떤 오해를 바로잡아 주기 위해 신학적으로 재 정의하였다. 이사야 56-66장은 약속을 완곡하게 하거나 또는 영적으로 해석하지 않았다(짐멀리와 반대). 오히려 이슈들을 전 성경의 전통에 대한 전체적인 이해에 호소하면서 신학적으로 재정의하였다.[45]

이사야서의 통일성을 위한 56:1-8의 중요한 문학적 신학적 공헌은 종들의 주제의 변이에 의해 더욱더 뒷받침된다. 많은 학자들이 56:1-8을 후대에 삽입된 이차적인 본문이라고 주장하나 이 본문은 이전 본문으로 부터 종의 주제에 대한 연속성을 나타내는 본문이다. 첫째, בְּנֵי הַנֵּכָר

44 W. Zimmerli, "Zur Sprache Tritojesajas," *Gottes Offenbarung: Gesammelte Aufsätze zum Alten Testament* (ThB 19; Münich: C. Kaiser, 1963), 217-33.

45 Childs, *Isaiah*, 456.

와 סָרִיסִים과 함께 6절에 나타난 עֲבָדִים은 54:17에서 처음으로 사용되었다. 이방인들과 고자들은 여호와의 종들이 된다. 우리가 이미 살펴본 바와 같이 이 생각은 반응하는 민족들과 죄악을 고백하는 이스라엘이 고난의 종의 사역의 수혜자가 되며 종들이 된다는 점을 제시한 52:13-53:12에서 이미 예견되었다. 언약의 민주화와 함께 모든 사람은 55:1-3에서 왕적인 잔치에 초대를 받는다. 56:8에서 선지자는 이방인들과 고자들을 흩어진 이스라엘과 함께 종들의 공동체를 모은다는 점을 더욱더 확증한다: נְאֻם אֲדֹנָי יְהוִה מְקַבֵּץ נִדְחֵי יִשְׂרָאֵל עוֹד אֲקַבֵּץ עָלָיו לְנִקְבָּצָיו׃.[46]

둘째, 56:16은 종들의 일원이 되는 사람의 자질을 소개하며 종의 주제를 더욱더 발전시킨다. 종들의 일원이 되는 가장 근본적인 요구사항은 안식일을 지키며 하나님의 언약에 충실한 삶을 통하여 의와 공의를 행하는 것이다. 이러한 생각은 이후에 지속되는 본문 전체에 기본적인 신학적 틀을 제공한다. 고자들과 이방인들이 종들의 공동체에 받아들여지는 윤리적 종교적 행위가 4절과 6절에서 제시된다.[47] 이사야 40-55장의 주된 강조점이 공의를 이방에 전하는 종의 사명에 있고, 이사야 56-66장은 하나님의 종들의 인격에 대해 강조한다.[48]

---

46 비록 עוֹד가 이스라엘이 돌아옴을 의미한다고 주장하는 사람들도 있지만, 이 용어의 모호함은 이방인들을 배제하는 것이 아니라 오히려 이방인과 환관들의 수용이라는 앞선 담화의 내용을 확인시켜 준다. 참조. McKenzie, *Second Isaiah*, 151; Motyer, *The Prophecy of Isaiah*, 467.

47 이 조건들은 55:6, 7에서 이미 예상되었던 응답의 성격을 표현한 것이다. 고자들에게는 '나의 안식일을 지키고 나를 기쁘게 하는 것을 택하며 나의 언약을 굳게 붙잡고'(4절), 이방인들에게는 '주님을 섬기고 그 이름을 사랑하며 그분의 종이 되기 위해 주님께 연합하는 것입니다(6절). 또한 안식일을 더럽히지 않고 안식일을 지키며 하나님의 언약을 붙들고 있습니다. 또한 하나님께서는 신실한 응답자에게 영원한 언약(בְּרִית עוֹלָם)을 약속하시면서(55:3), 이방인과 내시들에게도 하나님의 구원에 참여하기 위해 그 언약을 굳게 붙들 것을 요청하신다는 점도 주목할 만하다(56:4, 6). 참조. 56:1-8과 신명기 사이의 언어적 상관성이 다음의 책에서 논의되고 있다. Roy D. Wells, Jr., "'Isaiah' as an Exponent of Torah," *New Vision of Isaiah* (ed. Roy F. Melugin and Marvin A. Sweeney; Sheffield: Sheffield Academic, 1996), 140-55.

48 Oswalt, *The Book of Isaiah: Chapters 40-66*, 455.

셋째, 56:1-8에서 순종하는 종들에게 약속된 하나님의 보상은 이전 본문들과 문학적, 신학적 상관성을 나타낸다. 조건들과 그에 따른 경건한 고자들과 이방인들에 대한 하나님의 보상 약속은 56:4-7에 나타난다: 조건들(4-6절)과 그에 따른 약속(5, 7절). 이러한 조건-보상의 구조 안에서 חוֹמֹתַי בֵּיתִי(5절)과 בֵּית הַר קָדְשִׁי(7절)은 하나님의 종말론적 임재에 대한 은유들이다. 특별히 신학적 표현인 הַר קָדְשִׁי은 이사야 1-39장의 종말론적 본문에서 주로 나타나며(2:2, 3; 11:9; 25:6, 7, 10; 27:13; 30:29 cf. 54:1113) 나아가 57:13b; 66:20에서 그 재출현을 기대한다.[49] 하나님께 순종하는 이름 없는 고자들에게는 기념물이 될지도 모르는 יָד을 하나님께서 약속하신다(56:5a cf. 44:5).[50] 더욱이 56:5b에 나타난 "영원히 끊어지지 않는 영원한 언약에 대한 하나님의 약속은 원거리 평행구를 이루며 55:1에서부터 지속된다: (עוֹלָם אֶתֶּן־לוֹ אֲשֶׁר לֹא יִכָּרֵת: // וְהָיָה לַיהוָה לְשֵׁם לְאוֹת עוֹלָם לֹא יִכָּרֵת:
שֵׁם).[51]

---

49 הַר קָדְשִׁי에 대해서는 다음 장에서 좀 더 자세하게 다룰 것이다.

50 יד의 의미는 모호하다. 교제, 부분, 힘, 기념 장소(또는 기념비), 자손 등 다양한 의미의 제안이 있어왔다. 좀 더 상세한 논의를 위해 다음을 참조하라. Jan L. Koole, *Isaiah III, vol. 3: Isaiah 56-66* (trans. A. P. Runia; Leuven: Peeters, 2001), 16-18; G. Robinson, "The Meaning of jd in Isaiah 56,5," *ZAW* 88 (1976): 282-84; Sara Japhet, "יד ושם (Isa 56:5) - A Different Proposal," *Maarav* 8 (1992): 69-80; R. Gordis, "A Note on the Meaning of יד," *JBL* 62 (1943): 341-44; Shemaryahu Talmon, "YAD WAŠEM: An Idiomatic Phrase in Bibical Literature and Its Variations," *HS* (1984): 8-17; D. W. van Winkle, "The Meaning of *yād wašēm* in Isaiah lvi 5," *VT* 47 (1997): 378-85. 반 윙클(D. W. van Winkle)은 "하나님이 환관에게 집과 성벽 안에 기념비를 주면 환관은 성전 공동체에 포함되므로 공동체의 일부 또는 지분을 갖게 될 것"이라고 주장한다.

51 Oswalt, *The Book of Isaiah Chapters 40-66*, 459. 이 두 구절에서 שֵׁם은 עוֹלָם과 יִכָּרֵת과 함께 배치된다. 이 본문들에서 독특한 점은 하나님의 구원에 대한 시적 효과를 높이기 위해 나무의 이미지가 사용되었다는 것이다(עֵץ, נַעֲצוּץ, בְּרוֹשׁ, סִרְפַּד, הֲדַס). 55:13의 אוֹת가 사 1-66장 전반에 걸쳐 반복되었다는 것은 주목할 만하다(7:11, 14; 8:18; 19:20; 20:3; 37:30; 38:7, 22; 44:25; 54:13; 66:19).

두 가지의 특징적인 반응과 두 가지의 운명(56:9 – 57:21)

백성들에게 순종하는 삶을 살라는 권고 이후에 선지자는 악인과 신실한 자들의 두 가지의 특징적인 반응을 제시한다. 악인의 반응은 탐욕과 우상 숭배로 나타나나 신실한 자들은 하나님을 신뢰하며 겸손하고 통회하는 심령을 갖는다. 악인과 신실한 자들의 기업들은 두 가지의 대조적인 이미지로 제시된다. 우상 숭배자들은 헛된 우상들을 그들의 기업으로 상속할 것이나(57:6, 13), 신실한 자들은 땅과 하나님의 거룩한 산을 기업으로 상속할 것이다(57:13b).

악인과 높은 산(56:9–57:14)

이사야 선지자는 악인의 반항적인 반응을 책망한다. 56:9-57:13은 세 가지의 지시어를 사용하여 악인을 제시한다: 이스라엘의 파수꾼(צֹפָיו), 우상 숭배하는 자녀들(בְּנֵי עֹנְנָה זֶרַע מְנָאֵף וַתִּזְנֶה:), 그리고 간음하는 여인들.[52] 첫째, 만족할 줄 모르는 이스라엘의 파수꾼들은(또는 지도자들) 게으를 뿐만 아니라 또한 공동체 안에 의인들을 몰살시키며 탐욕스럽다(56:10-57:2). 따라서 선지자는 그 반대의 상황에서 백성들이 와서 먹을 것을 먹고 마실 것을 마시라고 초대한 것처럼(55:1-3), 들의 모든 열매를 먹어 치우도록 짐승들을 부른다(56:9 cf. 34:16, 17).[53]

---

52 비록 "간음한 여인"이라는 명시적인 용어는 나타나지 않지만, 청자(addressee)가 3-5절에서 2인칭 남성에서 6-13a절에서는 2인칭 여성으로 바뀌었다. 6-13a절은 청자를 성적인 이미지를 가진 간음한 여인으로 묘사한다.

53 Beuken, "An Example of the Isaianic Legacy of Trito-Isaiah," *Tradition and Reinterpretation in Jewish and early Christian Literature: Essays in Honour of Jürgen C. H. Lebram* (Leiden: Brill, 1986), 56-59.

둘째, 파수꾼은 그들의 게으름으로 인하여 비난을 받은 반면에 우상을 숭배하는 자녀들은 그들의 왕성한 이방제의 의식으로 인하여 저주를 받는다(57:3-5). 우상을 숭배하는 자녀들의 이미지 사용은 시온의 자녀들(בְּנֵי עֹנְנָה זֶרַע מְנָאֵף וַתִּזְנֶה)과 대조를 이루기 위하여 의도적으로 사용되었다. 종의 사역을 통한 자녀들의 회복 약속은 이사야 49-54장의 중요한 주제들 가운데 하나이다. 예를 들면, 사방에서 자녀들을 모으는 것(49:17-26), 고난의 종의 대속적 사역을 통하여 자녀들이 배출되는 것(53:4-10), 시온 자녀들의 증가(54:1-3). 그러나 56:9-57:13a은 "공동체 안에서 새 것을 실제적으로 경험하는 것과 함께 옛것의 지속적인 존재"라는 신학적 문제를 제시한다.[54] 이러한 점을 지적하기 위해 이사야 선지자는 이전 장에 나오는 여러 단어들을 사용하여 악인을 우상숭배하는 자녀들의 이미지로 묘사한다. 우상을 숭배하는 자녀들은 다음과 같이 묘사된다: בְּנֵי עֹנְנָה זֶרַע מְנָאֵף וַתִּזְנֶה (v. 3), יַלְדֵי־פֶשַׁע זֶרַע שָׁקֶר: (v. 4). פֶּשַׁע은 고소(1:2, 28)와 구원(43:25; 44:22; 50:1; 53:5)의 문맥에서 사용되었고 זֶרַע 또한 고소(1:4)와 구원(6:13; 14:20; 41:8; 43:5; 44:3; 45:25; 48:19; 53:10; 54:3)의 문맥에서 사용되었다.[55] 그 이외에도 6절에서 חֶלְקֵךְ과 גּוֹרָלֵךְ 사이에 나타난 의미적, 어휘적 평행구는 우상을 숭배하는 자녀들의 기업은 그들이 우상을 숭배하던 장소인 골짜기 가운데 매끄러운 돌들이라고 강조한다.[56] 효과적인 언어 유희(wordplay)와 함께 사용된 기업

54 Childs, *Isaiah*, 463.

55 פֶּשַׁע(허물)과 זֶרַע(후손) 이란 용어가 종의 본문에서 나타나는 것은 주목할 만하다. 스미스(P. A. smith)는 56:9-57:13a에서 소개된 반역자들이 52:13-53:12에서 종들의 고통을 야기했다고 주장한다. 그는 "종의 고난은 자기 백성의 죄([vp)로 인한 것이며(53:5, 8, 12), 그 시대의 대적자들은 죄의 자손(יַלְדֵי־פֶשַׁע [57:4])으로 언급되어 종의 중보기도를 받은 죄인들의 후손(פשעים [53:12])임을 시사한다"라고 말한다.(*Rhetoric and Redaction in Trito-Isaiah: The Structure, Growth and Authorship of Isaiah 56-66* [Leiden: Brill, 1995], 83; Beuken, "The Main Theme of Trito-Isaiah," 69, 70).

56 이 두 단어의 조합은 사 17:14에 나타나며, 창 31:14와 민 36:3에서 두 단어 모두 נַחֲלָה와 함께 등장한다. Cf. Koole, *Isaiah III: Isaiah 56-66*, 60; Polan, *In the Ways of Justice toward*

의 개념(57:6)은 54:17에서 종들에게 약속한 기업과 대조된다. 또한 57:13b에서 주님을 신실하게 의뢰하는 자들에게 약속한 기업을 바라본다.

셋째, 높고 높은 산에서 음란한 행위를 하는 여인은 성적인 이미지를 사용하여 묘사된다. 이스라엘 백성들이 하나님을 대항하여 높고 높은 산(הַר־גָּבֹהַּ וְנִשָּׂא)에서 범한 음란은 하나님의 의도를 역행한다. 한편으로는 2:2(cf. 미가 4:1)에서 하나님께서 "말일에 여호와의 전의 산이 모든 산 꼭대기에 굳게 설 것이요 모든 작은 산(מִגְּבָעוֹת)위에 뛰어나리니(נִשָּׂא) 만방이 그리로 모여들 것이라." 뷰켄(Beuken)은 "따라서 이는 제사를 드리려고 산에 올라가는 음녀와 율법을 배우기 위해 산으로 올라가는 만방 사이를 대조시킨다."[57] 반면에, 40:9에 나타난 높은 산(הַר־גָּבֹהַּ)은 구원의 좋은 소식을 전하는 자가 올라가야 할 장소로 묘사된다. הַר־גָּבֹהַּ과 עָלָה의 어휘의 패턴은 우상을 숭배하기 위해 올라가는 음란한 여인과 율법을 배우기 위해 올라가는 민족들을 대조시킨다. 이사야 49-54장의 넓은 문학적 문맥 가운데 자녀들과 시온의 어머니의 패턴은 57:3-13에서 대조적인 방법으로 다시 나타난다(우상 숭배하는 자녀들과 음란한 여인). 강렬한 의미를 나타내는 동사의 진행과 함께 반복적으로 사용된 מִשְׁכָּב은 높은 산에서 행한 이스라엘의 우상 숭배의 이미지를 더욱더 고조시킨다: שַׂמְתְּ מִשְׁכָּבֵךְ(7a절), מִשְׁכָּבֵךְ

Salvation, 137; D. Payne, "Characteristic Word-Play in 'Second Isaiah': A Reappraisal," *JSS* 12 (1967): 224.
"매끄러운 돌"의 의미는 용어의 본문 비평적 문제와도 관련되어 있기 때문에 모호하다. 오스왈트는 "작가가 '매끄러운 것들'이란 용어를 사용했을 때 작가의 마음속에 무엇을 염두에 두었는지 정확히 파악하는 것은 현명하지 못할 것"이라고 말한다. 와디의 돌은 물로 인해 매끄러운 것이었기 때문에 이 단어는 적절하지 않았다(cf. 삼상 17:40). 요점은 백성들이 살아 계신 하나님 대신에 와디와 그 안에 있는 것을 그들의 몫으로 선택했다는 것이다." Oswalt, *The Book of Isaiah: Chapters 40-66*, 473. Cf. H. L. Ginsberg, "Some Emendations in Isaiah," *JBL* 69 (1950): 51-60; W. Irwin, "The Smooth Stones of the Wady? Isaiah 57, 6," *CBQ* 29 (1967): 31-40.

57 Beuken, "An Example of the Isaianic Legacy of Trito-Isaiah," 53, 54.

הִרְחַבְתְּ(8b절), אָהַבְתְּ מִשְׁכָּבָם(8c절).[58] 그 이외에도 57:12에 나타난 צִדְקָתֵךְ와 מַעֲשַׂיִךְ은 의를 실천하는 것에 대한 구체적인 설명과 함께 56:1에 나타난 צְדָקָה과 עֲשׂוּ을 상기시킨다.[59] 하나님께서는 자신의 백성들에게 의로운 삶을 원하신다. 그러나, 의의 상실은 심판을 불러온다.

신실한 자들과 거룩한 산(57:13b–21)

악인의 반응과 대비되어, 신실한 자들의 인격이 57:13b-21에서 소개된다. 신실한 자들은 하나님을 신뢰하므로 그 분께 반응하며 그들은 땅을 기업으로 받고 하나님의 거룩한 산을 소유할 것이다(v. 13b). 몇 몇 학자들은 13b가 이 후에 삽입된 구절이라고 주장하나 이 구절은 다음과 같은 이유로 선지자의 논지 전개에 중요한 역할을 한다.[60] 49:8-13에서 하나님께서는 종에게 땅을 회복하라는 사명을 주셨고 백성들이 그 땅으로 돌아와서 그 황폐한 기업을 상속하도록 하셨다. 기업의 주제는 황무한 땅의 회복과만 관련되어 있지 않고 54:11-17에서 영화롭게 된 시온의 모습과도 관련되어 있다. 또한 56:1-8에서 하나님께서는 이방인들과 고자들로부터 그의 신실한 종들을 모으시는 장소인 거룩한 산을 약속하신다. 57:13b은 하나님을 신뢰하는 신실한 자들에게 기업을 확증시켜주시기 위해 땅의 주제와 거룩한 산의 주제를 연결시킨다.

57:13b에 대한 해석은 학자들마다 의견이 다르다. 모티어(Motyer)는 "땅은 소유권, 보장, 그리고 공급을 의미한다"고 주장한다.[61] 브루그만

58 Polan, *In the Ways of Justice toward Salvation*, 141.

59 Ibid., 146.

60 Westermann, *Isaiah 40-66*, 325; Odeberg, *Trito-Isaiah*, 93.

61 Motyer, *The Prophecy of Isaiah*, 475.

(Brueggemann)의 의견에 동의하면서, 폴란(Polan)은 “땅은 이스라엘을 향한 하나님의 중심되는 선물이며 주님의 지속적인 축복의 증표이다”라고 주장한다.[62] 반대로, “땅은 유대인들이 안전하게 살 수 있는 유다의 물리적인 지경이며, 비록 그들이 포로 후에 이 땅에서 쫓겨났지만 그들은 주님에 의해 다시 이 땅으로 돌아 올 것이다”라고 칼빈은 주장한다.[63] 마찬가지로, 와이브레이(Whybray)는 이 땅은 유대인들이 그 완전한 소유를 즐거워하는 팔레스타인의 지정학적인 장소라고 이해한다.[64] 학자들의 주장들은 기업(땅과 거룩한 산)이 지정학적인 의미인가 아니면 영적인 의미인가에 대한 문제와 관련되어 있다. 우리는 그 의미가 이사야 49-54장에서부터 지속되는 주제적 패턴의 연속성으로서 두(물질적이며 은유적인) 의미의 조합의 가능성을 제안한다. 우리가 이미 살펴본 바와 같이 이사야 49-54장에서 기업이란 주제는 ‘땅’에서부터 하나님의 임재가 머무는 ‘회복된 시온’으로의 주제 전개가 나타난다. 마찬가지로 이 주제적 패턴은 57:13b에서 하나님의 약속된 기업으로서 땅과 거룩한 산의 결합으로 반복된다. 땅은 지리적 물질적인 실체이며 거룩한 산은 종들이 하나님의 임재를 즐기며 그 분을 예배하는 장소를 의미한다(cf. 56:7). 이 두 측면은 하나님의 완전한 회복을 보여주기 위해 하나님을 신뢰하는 포로기 백성들에게 약속되었다. 이 생각은 이 구절(57:13b)의 의미론적 구조에 의해 더욱더 뒷받침된다. 어휘 쌍(word pair) אֶ֫רֶץ과 הַר־קָדְשִׁי의 연쇄체계적 평행구(Syntagmatic parallelism)는 숙어 완결(idom completion)의 가능성을 설명해준다.[65] 선지자들은 자신의 의

62 Polan, *In the Ways of Justice toward Salvation*, 146; Walter Brueggmann, *The Land: Place as Gift, Promise, and Challenge in Biblical Faith* (OBT 1; 2d ed.; Philadelphia: Fortress, 2002), 1-13.

63 Calvin, *Commentary on the Prophet Isaiah: Isaiah 49-66*, 210.

64 Whybray, *Isaiah 40-66*, 208.

65 대조되는 두 단어를 병치하면 관용구로서 새로운 의미가 만들어진다. 예를들면, 햄-계란, 빵-

미 강조를 위해 연쇄 어휘의 조합을 사용한다.

"나의 거룩한 산(הַר־קָדְשִׁי)"은 좀더 설명이 필요하다. 첫째, 이는 57:3-13에서 악인의 몫과 의인의 기업을 대조하는 기능을 한다. 산의 서로 다른 두 가지의 이미지가 57:3-13에서 사용되었다. 높고 높은 산에서 악인은 우상을 숭배하나(7절), 신실한 자들은 거룩한 산을 기업으로 상속할 것이다(13b).[66]

둘째, 54:17과 56:7에서 거룩한 산 시온은 종들의 기업이다(cf. 65:9). 영광스런 시온의 이미지는 54:17에서 종들에게 기업(נַחֲלָה)으로 약속되었다. 우리가 이미 논의 했던 것처럼, 52:13-55:13에서 주님께 반응하는 열방들은 종들의 공동체의 일부가 될 수 있다. 주님의 이름을 사랑하고 하나님의 언약에 신실한 이방인들과 고자들이 종들로 언급된 56:1-8에서도 종일한 주제가 발전된다. 하나님은 이방인들과 고자들로부터 신실한 종들을 참되고 거룩한 예배를 드리는 거룩한 산으로 모을 것이다.[67] 비록 עֲבָדִים(종들)이 좀 더 넓은 선지자적 논지의 관점에서 볼 때 중요한 용어이지만 이 용어는 마치 주제의 불연속이 있는 것처럼 56:1-8 에서 63:17까지는 사용되지 않는다. 그러나, 57:13은 이전 단락(56:1-8)에서부터 종들의 자질(주님을 신뢰하는 자들)과 그들의 기업으로서의 거룩한 산이란 주제의 연속성을 보여준다(cf. Ps 86:2). 뷰켄(Beuken)은 "서론 이후에 나오는 이 두 중요한 부분(56.9-59.21; 60.1-63.6)에서 용어의 부재는 오히려 돈절법(aposiopesis)의 현상이다.

버터, 바늘-실, אמת//חסד, ארץ//שמים. Cf. Berlin, *The Dynamics of Biblical Parallelism*, 75; H. H. Clark, "Word Associations and Linguistic Theory," *New Horizons in Linguistics* (ed. J. Lyons; Harmondsworth: Penguin, 1970), 271-86.

66 Cf. 57:6(בְּחַלְּקֵי־נַחַל חֶלְקֵךְ)과 57:13b(יִנְחַל־אֶרֶץ)에서 어근 נחל의 어휘를 통해 우상숭배자들의 몫과 신자들의 유업이 재조적으로 묘사되어 있다.

67 Cf. 56:6, 7은 충실한 나라들이 여호와의 산에 올라가 여호와의 교훈을 배우는 2:2-4와 주제적으로 밀접한 관련이 있다. 선지자는 이사야서 전체에서 주제의 변화뿐만 아니라 더 큰 신학적 틀을 가지고 작업하고 있다.

이 본문들 안에서 '종들'은 비록 그 용어는 언급이 되지 않으나 점차적으로 그러나 분명히 내재되어 있다."[68] 57:13에서 종들의 기업으로서의 주님의 산은 יָרַשׁ, הַר, עֲבָדִים의 연어(連語)가 나타나는 65:9에서 그 주제의 반복(패턴)을 바라보고 있다.[69]

셋째, 거룩한 산 시온은 종말론적인 문맥 안에서 하나님께서 백성들의 예배를 받으시는 곳을 의미한다. 거룩한 산은 또한 성전이 세워진 곳이다. 칼빈(Calvin)은 다음과 같이 언급한다. "그가 유대인들이 돌아오는 장소인 산을 거룩한 산으로 표현할 때, 그는 생명과 모든 위로들이 그들 자신에게는 없고 오직 하나님을 예배함에 있다"는 것을 의미한다고 말한다."[70] 거룩한 산의 좀더 넓은 의미는 하나님의 임재이다. 고웬(Donald E. Gowan)은 다음과 같이 진술한다. "하나님의 임재라는 중요한 성경의 주제는 시온에서 백성들에게 임하시는 하나님의 직접적이며 지속하는 임재의 약속과 함께 종말론적인 형태를 취한다."[71] 이사야 선지자는 하나님의 시온 임재에 대한 신학적인 뉘앙스를 이사야 전체 본문에서 지속적으로 발전시킨다: 2:2-4; 4:5; 8:18; 11:9; 18:7; 24:23; 25:6; 27:13; 30:29; 31:4. 그러나 56:7의 독특한 점은 거룩한 산이 하나님께서 종들의 참 예배와 기도를 받으시는 곳으로 묘사되었고, 57:13b-21에서는 거룩한 산이 하나님의 기업으로서의 땅과 하나님께서 거하시는 장소란 주제와 결합되어 나타난다.

기업의 주제는 신실한 자들의 귀환과 그들 가운데 임한 하나님의 임재

---

68 Beuken, "The Main Theme of Trito-Isaiah," 69.

69 Cf. 우리는 이 이슈에 대해 다음 장에서 상세하게 다룰 것이다.

70 Calvin, *Commentary on the Prophet Isaiah: Isaiah 49-66*, 211.

71 Donald E. Gowan, *Eschatology in the Old Testament* (Edinburgh: T&T Clark, 2000), 15. See also, R. E. Clements, *God and Temple* (Oxford: Basil Blackwell &Mott, 1965); Y. M.-J. Congar, *The Mystery of the Temple* (Westminster, Md.: Newman Press, 1962); S. Terrien, *The Elusive Presence: Toward a New Biblical Theology* (New York: Harper & Row, 1978).

의 관점으로 다음에 나오는 본문에서 지속된다(14-21절). 14절의 귀환의 주제에 관하여 짐멀리(Zimmerli)는 이사야 56-66이 물리적인 귀환을 것을 의미하는 이사야 40-55장의 단어들을 영적인 귀환으로 적용시켰다고 주장한다. 14절을 영적으로 해석하면서 짐멀리(Zimmerli)는 귀환의 주제는 하나님의 지체된 구원을 가속화 시키는 백성들의 변화된 윤리적인 행동과 관련있다고 주장한다.[72] 짐멀리에게 귀환은 팔레스틴 땅으로 돌아오는 것이 아니고 단지 도덕적인 행동을 개선함으로 장애물(죄)을 제거하는 것이 된다. 그러나 우리는 다음의 두 의미의 결합을 제안한다. 바벨론으로부터의 귀환과 신실한 자들이 하나님의 임재를 체험하는 거룩한 산으로의 귀환. 한편으로는, 바벨론으로부터의 귀환의 의미는 근접문맥에서 사용된 용어 אֶרֶץ(13b)과 קָצַף(16, 17)에 의해 뒷받침이 된다.[73] 반면에 하나님께로의 귀환은 13절의 거룩한 산이란 단어로 표현되며 다음 구절들에서 더욱더 확증된다. 비록 14절의 청중은 분명하지 않으나 이 구절의 선포는 나의 백성(עַמִּי)과 관련되어 있다. 인접 문맥에서 내 백성(עַמִּי)은 주님을 신뢰하는 신실한 자들을 언급하며, 그들은 이스라엘뿐 아니라 이방인 출신들로도 구성된다(56:1-8; 57:13). 하나님께서는 거룩한 산을 신실한 종들에게 기업으로 약속하시며 그의 백성들의 길에서 모든 장애물을 제거할 것을 선언하신다. 이는 악인들의 운명과 대조를 이룬다(vv.11-12, 20-21). 백성들의 길을 예비하는 하나님의 주도권은 6:1, 3; 57:13을 상기시키는 하나님에 관한 묘사인 רָם וְנִשָּׂא와 קָדוֹשׁ과 15절과 18절에서 자세히 설명되고 있다.[74] 거룩하

72 Zimmerli, "Zur Sprache Tritojesajas," 110-22

73 49:8의 אֶרֶץ과 47:6; 54:8, 9; 60:10의 קָצַף란 두 단어는 바벨론 포로기와 그로부터의 회복이라는 맥락에서 사용되었다. קָצַף는 하나님께서 바벨론의 손에 넘겨주신 נַחֲלָה와 함께 배치되어 있다는 점이 주목할 만하다.

74 רום과 נִשָּׂא는 하나님을 묘사할 때(עַתָּה אֵרוֹמָם עַתָּה אֶנָּשֵׂא [33:10])와 종을 서술할 때(יָרוּם וְנִשָּׂא [52:13]) 서로 병치되어 있다. 또한 이 단어의 조합은 37:23에서 이스라엘의 거룩하신 분에 대

시며, 지극히 높으시고, 위에 올리우신 분이신 하나님께서, 그의 백성들을 소생시키시고, 고치시며, 위로하시므로 그들의 모든 길에서 장애물을 제거하실 것이다.[75] 17절에서 장애물의 정확한 의미는 백성들의 죄악으로 인한 탐욕(בַּעֲוֹן בִּצְעוֹ)이다. 따라서, 초월하시며 거룩한 하나님께서는 자신이 그들 가운데 거하실 수 있도록 백성들에게 회개(דַּכָּא)와 겸손(שְׁפַל־רוּחַ)을 요구하신다.

따라서 이사야 선지자는 하나님의 완전한 회복을 의미하기 위해 땅(אֶרֶץ)과 거룩한 산(הַר־קָדְשִׁי)을 결합시킨다. 또한 그는 기업의 주제를 물질적이며 신학적인 의미로서의 귀환 주제의 패턴과 함께 더욱더 자세히 설명한다. 하나님께로의 돌아옴이 없이는 땅으로의 귀환도 없다.[76] 이사야 57장의 메시지는 윤리적이며 신학적인 측면의 하나님의 구원뿐 아니라 바벨론 포로로부터의 역사적인 구원도 어느 정도는 의미하고 있다. 챠일즈는 다음과 같이 주장한다.

> 이스라엘에게 약속하신 하나님의 구원은 단지 바벨론으로부터의 구원만을 의미하지 않는다. 포로생활의 종식이라는 역사적인 사건은 이사야 56-66장에서 하나님의 자비의 한 예로 기능한다. 그러나 참 구원은 하나님의 거룩한 임재로 들어가는 것이다. 이는 오직 그를 피난처로 삼는 자들에게 제공된 그

한 산혜립의 오만함을 상징한다. קָדוֹשׁ שְׁמוֹ라는 단어는 13b절에서 높고 높은 언덕이 아닌 거룩한 산(הַר־קָדְשִׁי) 하나님이 임재하심을 암시하는 의미와 의미상 연관성이 있다. Cf. Koole, *Isaiah III, vol. 3: Isaiah 56-66*, 98; Beuken, "Isa. 56:9-57:13 – An Example of the Isaianic Legacy of Trito-Isaiah," 54.

75 הַדֶּרֶךְ란 용어 사용과 וְאֶרְפָּאֵהוּ וְאַנְחֵהוּ וַאֲשַׁלֵּם נִחֻמִים 문장의 사용은 하나님께서 자기 백성의 길에서 장애물을 어떻게 제거하실 것인지를 나타낸다. 다음을 보아라. Christopher R. Seitz, *The Book of Isaiah 40-66, The New Interpreter's Bible 6* (Nashville: Abingdon, 2001), 492. 거룩의 길을 통해 구속받은 자들의 귀환과 그들이 기쁨과 하나님의 임재를 경험하는 궁극적인 목적지인 시온은 이미 35:8-10에 예고되어 있다.

76 Oswalt, *The Book of Isaiah Chapters 40-66*, 486.

분의 거룩한 산으로 가는 길이다. 다른 말로 하면 하나님의 거룩성은 오직 신실한 자들이 하나님의 구원에 참여할 것이라는 것을 제시한다.[77]

두 가지의 서로 다른 반응과 악인과 신실한 자들의 서로 다른 두 가지 운명들을 논의하였기에 이제 우리는 하나님의 약속된 기업을 소유하기 위한 신실한 반응을 58:1-14에서 다룰 것이다.

신실한 반응과 기업(58:1–14)

우리는 신실한 반응을 금식과 안식일 준수의 관점으로 다룰것이다. 하나님을 신뢰하고 그 앞에서 자신을 겸손하게 낮추는 신실한 자들의 반응은 56:9-57:21에서 나타나나, 58:1-14은 주로 신실한 반응을 고귀한 인격으로 이웃을 돌아보는 모습으로 소개한다.

이스라엘 백성의 죄악을 고소함(58:1–4)

56:9-57:13 은 지도자들과 우상 숭배자들의 죄악을 소개하고 있으나, 58:1-14 은 이전 본문과 대칭 구조를 이루며 일반적인 백성들의 죄악들을 고소함으로 시작하고 있다.[78] 1-4절은 죄악의 주제들과 금식이란 새로운 주제를 소개하고 있다. 58:1의 명령형은 좀 더 넓은 문맥 안에서 선지자의 메시지의 긴박성을 창조하며 이전 본문들에서 이미 나타난 문법적 패턴을 반복적으로 사용한다. 즉, 54:1, 55:1, 56:1, 9에서의 명

77 Childs, *Isaiah*, 472.

78 O. H. Steck, "Beobachtungen zu Jesaja 56-59," *BZ* 31 (1987): 237.

령형의 사용.[79] 1절에서 이사야 선지자는 백성들의 죄악을 외치라는 신적인 위임을 받고 이 구절은 미가 3:8, 호세아 8:1과 이사야 40:6, 9와 어구적 연관성을 나타내고 있다.[80] 이사야 선지자 메세지의 청중은 야곱의 집과(בֵּית יַעֲקֹב)(cf. 2:6). 평행을 이루는 "내 백성(עַמִּי)"이다. 내 백성은(עַמִּי)은 회복의 문맥인 57:14(מִדֶּרֶךְ עַמִּי)과 53:8(מִפֶּשַׁע עַמִּי)에서 사용되었으나, 58:1에서는 백성들의 죄악을 고소하기 위해 פִּשְׁעָם과 함께 사용되었다. בֵּית יַעֲקֹב은 2:5, 6; 8:17; 10:20; 14:1; 29:22; 46:3; 48:1에서 긍적적이고 부정적인 의미로 이미 사용되었다. 이사야 전체에서 야곱의 집은 하나님의 심판과 구원의 대상으로서의 이스라엘 백성을 의미한다. 1d의 בֵּית יַעֲקֹב은 14c(נַחֲלַת יַעֲקֹב אָבִיךָ)에서 서로 대조적인 의미의 양괄 구조를 이루며 그 부분적 반복을 기대한다. 이스라엘의 죄악된 현상은 다음 구절에서 그들의 종교적 행위들로 설명되고 있다.

2a의 시작에 있는 연사(連辭, copula)의 의미에 대해서는 논란이 있다. 몇몇의 학자들과 번역본은(JPS, RSV, KJV) 그것을 '아직'의 의미로 해석한다: 비록 하나님께서 백성들의 죄악을 고발하셨지만, 그들은 아직도 그들의 종교적 의무들을 행하고 있다.[81] 다른 이들은 이 연사(copula)는 '그럼에도 불구하고'를 의미한다고 주장한다. 그들의 죄악과 허물에도 불구하고 백성들

79 58:1의 연속적인 명령형(קְרָא אַל־תַּחְשֹׂךְ הָרֵם הַגֵּד)은 하나님께서 자신의 메시지가 백성들에게 심각하게 들려지길 원한다는 점을 강조한다. 스텍(Steck)은 또한 이 구절이 사 58-59장을 전체적으로 소개한다고 언급한다. Steck, "Beobachtungen," 178.

80 Muilenburg, *Isaiah 40-66*, 678; Smith, *Rhetoric and Redaction in Trito-Isaiah*, 104-5; Sekine, *Die Tritojesajanische Sammlung (Jes 56-66) redaktionsgeschichtlich untersucht*, 123. 스미스(Smith)는 "제 2 이사야와 포로기 이전 선지자들의 소개 공식을 조합한 목적은 앞으로 선포될 메시지가 심판과 구원 중 하나라는 점을 강조하기 위한 것"이라고 말한다. 특히 58:1은 미가 3:8b와 언어적으로 밀접한 유사성을 가지고 있다(לְיַעֲקֹב פִּשְׁעוֹ וּלְיִשְׂרָאֵל חַטָּאתוֹ: לְהַגִּיד).

81 이 해석은 예언자적 독설의 어조를 완화한다. Westermann, *Isaiah 40-66*, 334; Smith, *Rhetoric and Redaction in Trito-Isaiah*, 105.

은 상황을 더욱더 악화시키며 위선적으로 하나님을 구한다.[82] 그러나 우리는 이 연사의 기능은 왜 선지자의 외침이 강렬해야 하는지에 대한 이유를 제공하면서 1절의 선지자적 고소에 대해 설명하는 기능을 한다고 제안한다.[83]

백성들의 종교적인 열정은 2a에서 אוֹתִי을 앞에 배치시키고 55:6의 דִּרְשׁוּ יְהוָה을 기억나게 하는 יִדְרֹשׁוּן을 사용하므로 묘사되고 있다. 2b에서 나오는 의미적 평행구는 생각의 전개를 나타내며 2a의 내용을 더욱더 확실하게 해준다: אוֹתִי//דַּעַת דְּרָכַי, יִדְרֹשׁוּן//יֶחְפָּצוּן. דַּעַת דְּרָכַי에 대한 해석은 백성들의 종교적 행위의 성격을 나타내는 근거가 된다. דַּעַת דְּרָכַי의 의미에 관하여는 두 가지의 가능성이 있다. 백성들은 하나님의 구원의 때에 대한 가르침을 구하고 있다.[84] 또 백성들은 윤리적이며 제의적인 가르침을 구하고 있다.[85] 우리는 다음과 같은 이유로 인하여 후자의 해석을 따른다. 첫째, 이사야서 전체에서 דֶּרֶךְ(길)의 복수형은 윤리적인 가르침을 표현하기 위해 사용되었다(2:3; 42:24; 55:8-9; 63:17; 64:4).[86] 둘째, 백성들의 종교적 행위는 의(צְדָקָה)를 행하고(עָשָׂה) 하나님의 공의를 버리지 아니하는 나라의 행위(2c-d)와 비교된다. צְדָקָה, מִשְׁפָּט, 그리고 עָשָׂה과 같은 단어들의 사용은 백성들이 하나님의 율법에 따라 살아가야 할 것을 권고하는 56:1에서 이미 예견

82 Polan, *In the Ways of Justice towards Salvation*, 192; Watts, *Isaiah 34-66*, 268. 코스말라(Kosmala)는 이어주는 동사(copula)가 원래의 시에서 제자리를 벗어났으므로 나중에 삽입된 것으로 제안한다. 1QIs[a]와 1QIs[b]는 이어주는 연사(copula)가 결핍되어 있다. Kosmala, "Form and Structure of Isaiah 58," 72.

83 Young, *The Book of Isaiah, vol. 3*, 416; Childs, *Isaiah*, 473, Koole, *Isaiah III, vol. 3: Isaiah 56-66*, 124.

84 Koole, *Isaiah III: Isaiah 56-66*, 125-26; Delitzsch, *The Prophecies of Isaiah, vol. 2*, 385; Koenen, *Ethik und Eschatologie im Tritojesajabuch*, 92.

85 Westermann, *Isaiah 40-66*, 335; Whybray, *Isaiah 40-66*, 212; Odeberg, *Trito-Isaiah*, 134-35.

86 Smith, *Rhetoric and Redaction in Trito-Isaiah*, 10; Odeberg, *Trito-Isaiah*, 134-35.

되었다. 이 주제의 회고는 실제적으로 이스라엘 안에는 부족한 의와 공의를 행하라는 56:1의 부르심에 주의를 기울이게 한다. 셋째, 2e의 용어 צֶדֶק־מִשְׁפְּטֵי은 율법적 제사장적 가르침을 의미하고 있다. 이는 시편 119:7, 62, 106, 164에서 율법적이며 윤리적인 의미로, 신명기 16:18에서는 재판을 일컫는 의미로 사용된다.[87] 스쿨리온(Scullion)은 다음과 같이 말한다. "58:2의 *sedeq*의 의미는 *mishpat*의 복수 연계형에 의해 결정되며 백성들이 하나님을 기쁘시게 할 수 있는 가르침을 의미하기 위해 문맥이 결정한다."[88] 넷째, 백성들의 제의적 활동은 2b와 의미적 어휘적 평행구를 이루는 2f에서 더욱더 강조된다(וְדַעַת דְּרָכַי יֶחְפָּצוּן//קִרְבַת אֱלֹהִים יֶחְפָּצוּן). קִרְבַת אֱלֹהִים은 다음에 나오는 금식이란 주제로 인하여 주격 소유격(하나님께서 백성들을 가까이함) 대신에 목적 소유격(백성들이 하나님을 가까이함)으로 해석되어야 한다. 위에서 살펴본 바와 같이 2절은 56:1의 권고에 대한 적절한 반응을 기술하고 있는 것처럼 보인다. 그러면 백성들의 종교적 행위의 문제는 무엇인가? 이사야 선지자는 כְּגוֹי(마치 … 하는 나라와 같아서)으로 표시되는 비유법으로 그들의 외식적인 종교적 행위를 드러낸다. 그들은 마치 제의적 행동과 윤리적인 가르침을 추구하는 나라와 같이 외적으로는 행동하나 실상 그들은 의를 실천하고 하나님의 명령을 준행하는 것을 보여주지 못했기 때문에 그들의 열정적인 외적경건은 실패하였다.[89] 이 사실은 2절의 교차구조와 다음절에 나오는 금식의 구체적인 예를 통하여 더욱더 강조되고 있다.[90]

87 Smith, *Rhetoric and Redaction in Trito-Isaiah*, 10.

88 John Scullion, *Isaiah 40-66: A Biblical-Theological Commentary* (Wilmington, Del.: Michael Glazier, 1982), 211.

89 Childs, *Isaiah*, 477.

90 2절 안에서의 교차구조는 다음과 같다. A. יֶחְפָּצוּן B. צְדָקָה C. מִשְׁפַּט C′ מִשְׁפְּטֵי B′ צֶדֶק A′ יֶחְפָּצוּן. 폴란(Polan)은 "이 교차구조는 정의와 의로움의 개념을 강조하고 비록 외적인 행동들은 야곱

백성과 하나님 사이에 질문과 대답은 3절과 4절의 구문적 구조를 특징지운다. 백성들의 그들의 금식에도 불구하고 변하지 않는 상황에 대해 하나님께 불평한다(vv. 3a-b). 이에 대해 하나님께서는 백성들의 죄악의 구체적인 예들을 열거하면서 그들의 불평에 반응하신다. 예를 들면, 그들의 이기적인 탐욕과 사회적 불의와 함께 금식을 나란히 배열하고 있다(vv. 3c-4d). 3c과 4a의 서두에 나타난 הֵן의 반복은 왜 하나님께서 그들의 금식에 무관심하시는지를 강력한 어조로 소개한다. 주석가들은 חֵפֶץ(3c)의 의미적 뉘앙스에 대해 여러 의견을 제시한다. 사업(Westermann, Delitzsch, Oswalt, Koole) 그리고 즐거움(Muilenburg, Polan, Young, Whybray)이다.[91] 즐거움이란 의미가 더 석합한 것처럼 보인다. 왜냐하면 חֵפֶץ(3c)의 부정적인 의미(이기적인 즐거움에 빠진 마음)는 2절의 긍정적인 종교적 행위들(하나님의 길을 알고 그에게 가까이 하기를 즐거워하는 백성들)과 대조를 이루기 때문이다.[92] 요약하면, 자신의 즐거움을 위하여 백성들이 행한 외식적인 종교적인 활동은 하나님 앞에 무의미하다. 왜냐하면 그들은 이웃들과의 관계성 가운데 의와 공의의 삶을 무시하였기 때문이다.

의 집안이 의로운 것처럼 믿게 할지는 모르지만 사실 이 집안은 의인들 가운데 포함되지 않는다는 점을 강조한다." Polan, *In the Way of Justice towards Salvation*, 194.

91 Westermann, *Isaiah 40-66*, 331; Delitzsch, *The Prophecies of Isaiah, vol. 2*, 386; Oswalt, *The Book of Isaiah: Chapters 40-66*, 498; Koole, *Isaiah III, vol. 3: Isaiah 56-66*, 130; Muilenburg, *The Book of Isaiah: Chapters 40-66*, 679; Polan, *In the Ways of Justice*, 192; Young, *The Book of Isaiah, vol. 3: Chapters 40-66*, 417; Whybray, *Isaiah 40-66*, 213

92 Polan, *In the Ways of Justice*, 192; Muilenburg, *The Book of Isaiah: Chapters 40-66*, 679. 선지자는 "대상(긍정적이든 부정적이든)에 대해 마음을 호의적으로 바꾸는 열정적인 감정"을 전달하기 위해 2절(긍정적 어조)에서 חֵפֶץ를 דָּרַשׁ, עָזַב לֹא, שָׁאַל와 3c절(부정적 어조)에서 מָצָא와 배열한다. 선지자가 이 용어를 역설적으로 사용한 53:10에서도 비슷한 언어의 유희가 등장한다. 무고한 종을 주님께서 상하게 함을 기뻐하신(חָפֵץ) 후에 그를 통해 주님의 기쁨(חֵפֶץ)이 만발할 것이다. Richard S. Hess, "חפץ," *NIDOTTE* 2: 231-35.

금식의 참 의미와 그 보상 I(5-9b절)

이 소 단락은 5a, 5c, 그리고 5e(הֲכָזֶה, הֲלָכֹף, הֲלָזֶה)에서 의문사인 -הֲ으로 시작하는 수사학적 의문문으로 시작된다. עַנּוֹת אָדָם נַפְשׁוֹ(5b)은 금식에 대한 오해를 지적하며 3b에 나타난 백성들의 불평을(עִנִּינוּ נַפְשֵׁנוּ) 상기 시킨다. 외적인 형태의 금식(단지 머리를 숙이고 굵은 베와 재을 펴는 것)은 주님 앞에 진실한 겸손과 회개의 자세 없이는 무의미하다. 이러한 외적인 종교적 행위는 하나님께서 거하시는 겸손과 회개의 마음과는 전혀 반대가 된다(57:15). 따라서 5절은 이전 본문과 이후에 나오는 본문과 함께 연결되는 단어들을 제시하면서 경첩의 역할을 한다: יוֹם(3c, 4c), צוֹם(3c, 4a, 4c, 6a), עָנָה(3b, 7b), נֶפֶשׁ(3b), בָּחַר(6a).[93] 이 구절은 이전에 나오는 이스라엘의 죄악에 대한 고소를 결론 지을 뿐 아니라 또한 다음 절들에서 소개되는 주님을 기쁘시게 하는 참 금식의 주제를 기대한다.

6절의 수사학적 질문은 주님께서 백성들에게 원하시는 금식을 강조하기 위해 הֲלוֹא과 זֶה의 결합을 통해 소개하고 있다. 위선적인 제의 행위를 거절한 후 이사야 선지자는 의와 공의를 행하는 것이 무엇인지에 대해 실천적인 용어로 설명한다. 6b-e의 구문적 구조는 연속적인 부정사 절대형과 미완료 형태(피엘 2인칭 남성 복수)로 특징지워진다: פַּתֵּחַ + הַתֵּר + שַׁלַּח + תְּנַתֵּקוּ. 이 구절의 초반부에 나타나는 세개의 절대 부정사는 "청중들이 반드시 이 동사들의 개념에 나타난 행동을 해야한다"는 것을 제시한다(풀어주고, 끌러주며, 꺾는 것). 또한 미완료형은 바로 앞에 나타난 부정사들과 함께 읽

93 Ibid., 206. 참조. 58:5과 56:1-8 사이에는 종들의 자격이 제시되는 부분에서 어휘 공명 현상도 있다. בָּחַר(4절), אָדָם(5절), יְהוָה(6절), רָצוֹן(7절), חָפֵץ(4절과 58:2, 3). 이러한 언어적 연결은 종들의 신실한 생활 방식과 이스라엘 백성들의 위선적인 종교적 행동 사이의 주제적 대비를 암시한다.

을 때 그 동사의 개념에 나타난 행동의 절정을 의미한다.[94] 6b-e에 나타난 네개의 단어들은 주로 바벨론 포로와 종의 사명의 문맥 가운데 나타나는 자유케 하는 주제와 관련이 있다는 것은 주목할 만하다(42:6, 7; 43:3-7; 45:13; 49:8-13; 51:14; 53:4-12; 61:1).[95] 하나님께서는 종의 사역을 통하여 바벨론 포로에서 백성들을 자유케 할 것을 약속한다.

억압받는 자들이 자유함을 얻도록 하나님께서는 백성들에게 올바른 삶의 방식을 요구하신다. 7a-b에서 이사야 선지자는 이전 구절에 나타나는 구문적 패턴을 사용하여 금식의 참 의미란 주제를 지속한다: הֲלוֹא + 절대 부정사 + 미완료. 음식, 집, 옷을 나누므로 억압받는 자들(עֲנִיִּים)의 기본적인 필요를 채워주는 것은 이웃을 돌보지 않고 단지 자신을 괴롭게 하는 금식을 하는 것보다 더 하나님을 기쁘시게 한다.

하나님의 정의(定義)에 따른 참 금식이 의미하는 바를 기술한 후에 이사야 선지자는 그것을 준행하는 자들에게 보상을 약속한다(8a-d). 그 보상은 אָז + 절(조건문의 귀결절)[96] 과 네개의 중요한 단어들로 소개 된다: אוֹרֶךָ, תִךָ אֲרֻכָ, צִדְקֶךָ, יְהוָה כְּבוֹד. 8절에서 구원의 상징으로서 빛의 이미지는(אוֹרֶךָ) 8a, 9:1, 2; 42:16; 59:9; 60:1, 3, 19에서 이미 반복적으로 사용되었으며 그 다음에 나오는 평행구(8b)는 빛의 이미지를 치유의 관점으로 설명하

94 Paul Joüon, S.J., *A Grammar of Biblical Hebrew: Part Three: Syntax* (Rome: Editrice Pontificio Istituto Biblico, 2003), 429; Gibson, *Davidson's Introductory Hebrew Grammar-Syntax*, 70-80; Polan, *In the Ways of Justice*, 207. 참고. 명령과 동등한 기능을 하기 때문에 LXX는 부정사 절대형을 명령형으로 번역한다(lu/e, dia,lue, avpo,stelle).

95 Oswalt, *The Book of Isaiah: Chapters 40-66*, 503; Childs, *Isaiah*, 478. 예를 들면, פָּתַח는 22:22; 35:5; 41:18; 45:1; 48:8; 50:5; 51:14; 52:2에서 שָׁלַח는 42:19; 43:14; 45:13; 50:1; 61:1. רָצַץ은 42:2, 4에서 나타난다.

96 영(Young)은 강조의 אָז의 기능에 대해 언급한다. "이 도입부는 영광스러운 변화가 일어나고 하나님의 백성이 방금 설명한 일들을 행할 때를 가리키기 때문에 엄청난 의미가 있다." Young, *The Book of Isaiah*, vol. 3: Chapters 40-66, 421. אָז로 시작하는 유사한 구문론적 구조는 35:5,6에도 나타난다.

고 있다(אֲרֻכָתְךָ). 8a-b에 나타난 빛과 치유의 연결된 개념은 선지자가 하나님의 치료를 달빛에서부터 태양 빛으로의 극적인 전환으로 묘사하는 30:26에서 이미 사용되었다. 8c에 나타난 용어 צִדְקֶךָ은 이사야 56-58장에 나타난 주제의 전개에 있어서 아주 중요한 역할을 한다. 이 용어는 다음 절에 나오는 כְּבוֹד יְהוָה과 평행구를 이루기 때문에 구원이라는 의미를 내포한다(8d).[97] 이러한 종류의 의미적인 구조는 또한 וְצִדְקָתִי לְהִגָּלוֹת׃이 יְשׁוּעָתִי לָבוֹא과 평행구를 이루는 56:1c-d에서 동일하게 나타난다. 또한, צִדְקָתָם(너의 의)이 נַחֲלַת עַבְדֵי יְהוָה과 병치를 이루는 54:17d와 주제적 상관성이 있다. 반면에 צְדָקָה은 의의 행동(56:1b)과 하나님의 구원(56:1d)이란 의미적 뉘앙스로 사용되었고 이와 동일한 패턴은 58:2c-e(윤리적 행동)과 58:8c(하나님의 구원)에서 어휘적 평행법으로 다시 나타난다. 따라서 58:8은 이전 장에서 나타난 종들에게 약속한 하나님의 구원이란 주제와 연속성을 이룬다. 52:12 c-d(כִּי־הֹלֵךְ לִפְנֵיכֶם יְהוָה וּמְאַסִּפְכֶם אֱלֹהֵי יִשְׂרָאֵל׃)과 58:8d(וְהָלַךְ לְפָנֶיךָ צִדְקֶךָ כְּבוֹד יְהוָה יַאַסְפֶךָ׃) 사이에는 주제적 어휘적 상관성이 있다. 이사야 선지자는 하나님의 임재와 보호하심의 관점으로 참 금식을 실천하는 백성들의 회복을 표현하기 위해 제 2 출애굽 주제를 사용한다. 또한 하나님의 임재의 약속은 백성들의 불평에 대한 하나님의 대답(3a-b) 뿐 아니라 불변화사 אָז와 귀결절의 반복을 통하여 9a-b에서 더욱더 확증된다. 하나님의 회복이 하나님께서 원하시는 의로운 삶을 살아가는 자들에게 임할 때, 하나님과 그의 백성들 사이에 의사 소통은 막히지 않을 것이다.[98]

97 Oswalt, *The Book of Isaiah: Chapters 40-66*, 505. 몇몇의 번역본(NRS, TNK)은 צִדְקֶךָ의 대명사 접미어(ךָ)를 주격 대명사가 아닌 목적의 소유격으로 보고 "너의 신원자"읽어 는다.

98 Smith, *Rhetoric and Redaction*, 111.

참 금식과 그 보상들 II(9c-12d절)

참 금식과 그 보상에 대한 주제적 구문적 패턴은 9c-12d에서 그 변이와 함께 다시 나타난다. 이전 소 단락에서는 암시적인 조건절이 사용되었으나(6a-9b), 9c-12d 은 처음에 위치한 אִם과 אָז없이 사용된 귀결절로 구성된 명백한 조건절로 시작한다. 9c-d은 6절에서 사용된 מוֹטָה과 שָׁלַח의 지속적인 사용을 통해 이전 소 단락의 자유케 함의 주제를 반복한다.[99] 멍에가 암시하는 바는 9d에서 좀더 구체적인 방법으로 설명되었다: 손가락질과 허망한 말을 하는 것, 즉 경멸과 모욕의 언사들(cf. 잠6:13).[100] 57:4은 이러한 증오의 행동들이 이미 공동체 안에 편재하고 있었음을 가리킨다. 10a-b 은 7절에서부터 지속되는 하나님께서 받으실 만한 금식의 긍정적인 조항들을 더욱더 발전시키고 그 내용을 전체적으로 강조한다. 참 금식은 배고픈 자들과 자신의 음식을 나누는 것뿐 아니라 집이 없어 유리하는 자들을 집으로 들이는 것이다. 나아가 배고픈 자들에게 자신을 주며 고통 받는 자들의 필요를 채워주는 것이다. 이사야 선지자는 נֶפֶשׁ이란 용어를 약간의 다른 여러 뉘앙스로 이사야 58장 전체에서 사용하고 있다(vv. 3b, 5b, 10a, 10b, 11b). 반면에 3b, 5b에서 (cf. 10a에서는 qWP 과 함께) עָנָה과 함께 사용된 נֶפֶשׁ은 자신을 의미하고, 10b에서 שָׂבַע과 함께 사용된 נֶפֶשׁ의 의미는 필요(욕구)를 의미한다.[101] 10a와 비슷한 표현은 53:12에서 자신을 다른 사람

99 Childs, *Isaiah*, 480;

100 Westermann, *Isaiah 40-66*, 339; Muilenburg, *The Book of Isaiah: Chapters 40-66*, 682. 뮐렌버그(Muilenburg)는 "아랍인들 사이에서 이 표시는 사람들에게 불행을 가져오는 수단이었으며, 여기에도 그러한 연관성이 있을 수 있다"고 말한다

101 D. C. Fredericks, "נֶפֶשׁ," *NIDOTTE* 3: 133. 참조. Moisés Silva, *Biblical Words and Their Meaning: An Introduction to Lexical Semantics* (Grand Rapids: Zondervan, 1983), 119-69. 교차대구 패턴 A תָפֵק B נַפְשֶׁךָ B′ נֶפֶשׁ A′ תַּשְׂבִּיעַ은 중추적인 단어인 נֶפֶשׁ의 의미가 자신을 주는 것에서 고통받는 사람들의 필요를 충족시키는 것으로 바뀌고 있다는 것을 보여준다.

들을 위해 드리고 심지어 죽음에까지 이른 고난의 종의 임무로 나타난다(הֶעֱרָה לַמָּוֶת נַפְשׁוֹ).[102] 게다가 10b와 11b에서 נֶפֶשׁ과 שָׂבַע의 사용은 56:11에서 탐욕스런 식욕(עַזֵּי־נֶפֶשׁ)과 만족을 알지 못하는(לֹא יָדְעוּ שָׂבְעָה) 욕심 많은 지도자들을 상기 시킨다.[103]

참 금식에 대한 하나님의 보상 약속은 10 c-d과 그 다음에 지속되는 절들에서 여러 이미지들로 다시 소개된다. 한편으로, 8a의 빛의 이미지는 대조되는 용어인 חֹשֶׁךְ과 אֲפֵלָה 함께 10c-d에서 다시 나타난다. 참 금식을 실천하는 자들에게 약속된 하나님의 회복은 흑암 가운데 비추는 빛과 비교된다. 또한, 이사야 선지자는 40-55장에서 사용된 출애굽 이미지를 하나님의 구원의 풍성함을 강조하기 위해 재 적용시킨다.[104] 40:11; 42:16; 49:10; 52:12; 57:18로 부터 이미 전개되어 온 하나님의 인도하심에 대한 약속은 11 절에서 하나님의 공급을 상징하는 물의 이미지(43:10; 44:3; 48:21; 49:10)와 함께 결합되어 있다. 하나님께서는 신실한 자들을 회복시키시고 그들을 변화시키시는 일에 주도권을 가지신다. 또한 하나님의 임재와 공급의 결과는 물댄 동산과 같은 생명의 충만함이다. 44:26, 28; 45:13에서 종의 사역에 적용된 בָּנָה, קוּם와 같은 단어들은 바벨론 침략뿐 아니라 자신들의 죄악으로 파괴된 오래 황폐되었던 곳들의 회복의 소망을 묘사하기 위해 12절에서 다시 사용되었다. 비록 황무한 벽의 물리적인 회복이 여기

102 George A. F. Knight, *Isaiah 56-66: The New Israel* (ITC; Grand Rapids: Eerdmans, 1985), 28.

103 Polan, *In the Ways of Justice*, 221. 10b와 11b의 교차대구패턴 A. נֶפֶשׁ B. תַּשְׂבִּיעַ A′. הַשְׂבִּיעַ B′. נַפְשֶׁךָ은 사람들이 겸손한 자의 필요를 채워주면 주님께서 그들을 만족시켜 주실 것이란 점을 암시한다.

104 Elizabeth Achtemeier, *The Community and Message of Isaiah 56-66* (Minneapolis: Augsburg, 1982), 59; Bernhard W. Anderson, "Exodus Typology in Second Isaiah," Israel's *Prophetic Heritage: Essays in Honor of James Muilenburg* (ed. B. W. Anderson and W. Harrelson; New York: Harper & Row, 1962), 181-85.

에 묘사되었으나, 하나님의 임재와 공급을 통한 백성들의 영적 갱신이 선행되어야 한다. 45:13에서는 고레스(Cyrus)가 고대의 황폐한 곳들을 다시 건축하는 자가 되지만, 이 구절에서는 이스라엘 백성들(또는 그 후손들)이 실질적인 그 주체가 된다.[105]

안식일 준수와 그 보상(vv. 13–14)

13절에서 참 금식의 실천에서 안식일의 준수로 주제의 전환이 일어난다. 이전 단락에 나타난 조건문의 구문적 패턴을 따라(6a-9b, 9c-12d절), 이 소 단락은 13a에서 불변화사인 אִם에 의해 그리고 14a에서는 אָז에 의해 소개되고 있다. 비록 13절의 주제의 초점이 안식일의 준수이나, 이전 단락들에서 사용된 동일한 단어들의 반복은 58장 전체에 걸쳐 전이를 이루며 일관적인 주제의 진행을 나타내고 있다. 3c에서 금식에 적용된 יוֹם과 חֵפֶץ의 사용은 13b에서 진실한 제의 행동을 표현하기 위해 다시 나타난다. 참 금식의 경우에서와 같이, 안식일의 신실한 준수는 자기 즐거움에 그 중심이 있는 것이 아니다. 오히려 하나님 자신에 초점을 맞추는 것이다. 참 금식은 이웃을 돌보는 것과 관계가 있다. 따라서 안식일은 בְּיוֹם קָדְשִׁי 그리고 מְכֻבָּד לִקְדוֹשׁ יְהוָה으로 표현되었다. 왜냐하면 안식일은 철저하게 하나님께 속한 것이기 때문이다. 안식일에는 자기 자신의 길을 가지 않고, 자신의 이익을 추구하지 아니하며, 헛된 말을 하지 않는 것이다.[106] 13a-f에 나타나는 안

105 Oswalt, *The Book of Isaiah: Chapters 40-66*, 507. 58:12의 성벽 재건 주제는 60:11에서 외국인들이 세우는 자들로 등장하는 장면에서 다시 나타나는 것을 기대하고 있다.

106 13e절의 דֶּרֶךְ이라는 용어는 이전 장에서부터 계속 이어진다. 56:11에서 선지자는 자신의 유익을 구하는 지도자들의 길을 비판한다. 57:14, 17, 18의 길은 자신의 죄악된 마음의 길을 따르는 자들의 길을 가리킨다. 58:13e에서 דֶּרֶךְ의 의미는 다음 행에서 이기적인 기쁨과 악한 말을 하는 것으로 설명된다.

식일의 의미론적 가치에 대해 뮬렌버그(Muilenburg)는 다음과 같이 말한다. “여기에서 안식일은 이스라엘의 하나님에 대한 예배에 상당한다. 이 구절들의 특별한 가치는 선지자가 전체 시를 심오한 하나님 중심의 문맥 가운데 배치시켰다는 것이다.”[107]

넓은 문학적 문맥 가운데 56:1-8과 58:13-14 사이에는 안식일 주제에 의한 양괄식 구조를 이루며 주제의 연관성을 나타낸다. 첫째, 언어적 상관성은 두 본문 사이에 주제적 일관성을 증거한다. שַׁבָּת과 עָשָׂה(56:2), חָפֵץ(56:4)과 קֹדֶשׁ(56:7)의 병치는 58:13a-b(אִם־תָּשִׁיב מִשַּׁבָּת רַגְלֶךָ עֲשׂוֹת חֲפָצֶךָ בְּיוֹם קָדְשִׁי)에서 다시 사용된다.

둘째, 안식일 준수에 대한 조항과 그 보상의 패턴은 58:13, 14에서 반복된다. 56:1에서 의와 공의를 행하라는 선지자적 권고 이후에 이사야 선지자는 더럽힘이 없이 안식일을 준수하는 구체적인 삶의 방식을 제시한다. 안식일 규정에 대한 순종의 보상은 영원한 이름뿐 아니라 기도의 집(거룩한 산)이다. 마찬가지로, 58:14에서 이사야 선지자는 56:5, 7에서 사용한 익숙한 구문(일인칭 단수 직접화법)을 사용하고 שָׂמַח(56:7)과 유사어인 עָנֹג(58:13c)을 사용하므로 보상들을 약속하고 있다.

셋째, 중심으로 안식일을 준수하는 것은 하나님께 대한 충성과 신실함의 증거(58:13) 이며 동시에 하나님의 종들의 자질이다(56:1-8). 안식일 주제는 이방인들과 고자라도 안식일을 준수하면 종들의 새로운 공동체 일원이 될 수 있다는 것을 말하는 56:1-8 과 함께 연결되어 있다. 56:1-8에 나타난 안식일 주제는 참 안식일 준수에 대한 보상을 말하는 58:13, 14에서 다시 나타난다. 이러한 점에서 선지자는 그의 메시지 전달에 있어서 넓은 개념을 마음에 두고 있다는 것을 알 수 있다. 새로운 공동체(종들)의 일원일

---

107 Muilenburg, *The Book of Isaiah: Chapters 40-66*, 685.

뿐 아니라 그들의 기업은 안식일의 신실한 준수의 여부에 달려있다.

그러면 안식일을 거룩한 날로 준수하는 신실한 자들에게 어떠한 보상을 약속하시는가? 그 보상은 8a 과 9a에서 사용된 조건문의 귀결절과 동일한 패턴을 따라 14절에서 אָז으로 소개되고 있다. 첫째, 이사야 선지자는 말로 표현할 수 없는 기쁨을 14a에서 עֹנֶג란 용어를 사용하여 약속하고 있다. עֹנֶג(13c, 14a)의 반복은 13c의 조건절과 14a의 귀결절을 연결키시고 있다.[108] 만약 안식일을 기쁨이라고 일컫는다면, 그는 주님 안에서 기쁨을 누릴 것이다. 반면에 기쁨의 언어 חֵפֶץ와 עֹנֶג은 두 가지 서로 다른 기쁨을 표현하는 교차적 단어 패턴인 ABAB으로 나타나고 있다(13b-14a). 자기 중심의 기쁨과 하나님 중심의 기쁨이다.[109] 종들은 하나님의 임재를 즐거워할 것이다.

둘째, 하나님께서는 신실한 자들을 땅의 높은 곳에 올릴 것이다.[110] 땅의 높은 곳의 정확한 의미는 애매모호하다. 나이트(Knight)는 "이 높은 곳은 하나님의 발등상이 있는 곳이며 그 곳에서 사람들은 하나님의 손 안에 놓여 있는 아래 세상을 볼 수 있을 것이다(cf. 마 4:8)"라고 말한다.[111] 반면에 아치마이어(Achtemeier)는 다음과 같이 주장한다. "전적인 기쁨 가운데 그들은 높임을 받을 것이며 여호와께서 허락하시는 풍성하고 안전한 삶 안에서 즐거워할 것이다. 이것이 14b의 의미이다(cf. 신 32:13; 33:29; 사 33:16; 암

---

108 Polan, *In the Ways of Justice*, 228.

109 Ibid.

110 14a에서 תִּתְעַנַּג(히트파엘 2인칭 남성 단수)가 14b에서 הִרְכַּבְתִּיךָ(히필 1인칭 남성 단수)로 동사 형태 변화가 나타난다. 14b절의 인칭(일인칭)과 동사유형(히필)의 변화는 하나님의 주도적인 구원 사역과 그분의 축복을 강조한다.

111 Knight, *Isaiah 56-66*, 29. 마찬가지로 허버트(Herbert)도 "원래 가나안 제의 예식에서 유래한 이 문구는 주권을 나타내는 전통적인 문구가 되었다. 참된 예배에서 인간은 일상적인 존재의 한계가 무엇이든 최고가 된다"라고 말한다. A. S. Herbert, *The Book of the Prophet Isaiah: Chapters 40-66* (London: Cambridge University, 1975), 147.

4:13; 미 1:3; 합 3:18-19)."[112] 후자의 견해가 좀더 설득적이다. 왜냐하면 14b는 신명기 32:13의 표현과 칠십인경의 번역 τὰ ἀγαθὰ τῆς γῆς(땅의 좋은 장소)과 유사한 표현이기 때문이다.[113]

셋째, 조상 야곱의 기업은 신실한 자들에게 주어질 것이다. 하나님께서 마실 것과 힘을 공급하시므로 신실한 자들의 필요를 채워주시는 것처럼, 그는 또한 그들의 조상 야곱의 기업으로 그들을 기르실 것이다. 창세기 28:13-14에서 약속된 땅은 이제 백성들의 소유가 될 것이다.[114] 다른 말로 하면 보상은 야곱에게 약속된 땅에서 풍부하고 안전한 삶이다. 종들에게 약속된 기업은 57:13b과 동일한 패턴을 따르는 것처럼 보인다. 선지자가 57:13b에서 땅과 하나님의 거룩한 산을 약속하시는 것처럼, 그는 또한 하나님의 기업으로서 주님 안에서 기쁨과 땅에서 풍성하고 보호된 삶을 약속한다.

선지자는 14c에서 기업을 약속할 때 문체적이며 주제적 이유로 인하여 의도적으로 족장의 이름인 야곱을 사용하였다. 문체적인 이유로는 1절과 14c에 사용된 '야곱'의반복은 58:1-14을 하나의 단위로 묶어주며 양괄식 구조를 이룬다. 또 야곱의 이름은 이사야 58장 안에서 야곱의 집의 죄악에 대한 고소에서 조상 야곱의 기업에 대한 구원 약속으로의 주제적 전개를 나타내고 있다. 이는 또한 59:20에서 동일한 단어의 반복적 사용을 기대

---

112 Achtemeier, *Community and Message of Isaiah 56-66*, 60; Young, *The Book of Isaiah, vol. 3: Chapters 40-66*, 427. 베스터만(Westermann)은 또한 이 표현이 "모든 침체와 장애물을 뛰어넘는 높은 곳"을 말하는 은유적 표현이라고 주장한다. Westermann, *Isaiah 40-66*, 342); cf. J. L. Crenshaw, "Wedōrēk 'al-bāmŏtê 'ārec," *CBQ* 34 (1972): 39-53.

113 신 32:13과의 대응에 대해서는 신학적 함의 부분에서 자세히 설명할 것이다.

114 창 28:13, 14은 다음과 같다. "또 본즉 여호와께서 그 위에 서서 이르시되 나는 여호와니 너의 조부 아브라함의 하나님이요 이삭의 하나님이라 네가 누워 있는 땅을 내가 너와 네 자손에게 주리니 네 자손이 땅의 티끌 같이 되어 네가 서쪽과 동쪽과 북쪽과 남쪽으로 퍼져나갈지며 땅의 모든 족속이 너와 네 자손으로 말미암아 복을 받으리라." 참고. Muilengurg, *Isaiah Chapters 40-66*, 686. 다음 구절도 보아라. 신 3:18; 4:5, 14.

한다. “구속자가 시온에 임하며 야곱의 자손 가운데서 죄과를 떠나는 자에게 임하리라.”(פִּשְׁעָם וּלְבֵית יַעֲקֹב 58:1 // פֶּשַׁע בְּיַעֲקֹב 59:20). 죄악을 떠나는 자들은 기대했던 구원을 가져다 주시는 분으로서의 하나님 자신을 즐거워할 것이다.[115] 주님 안에서의 ‘기쁨’에서(58:14a) 회개하는 자들에게 주시는 하나님의 상급으로서 ‘하나님 자신’으로 주제의 전이가 나타난다(59:20).

결론적으로, 신실한 자들은 이웃을 의와 공의로 돌보아주는 삶과 함께하는 참 금식을 실천하며 또한 안식일을 더럽힘 없이준수한다. 이러한 것에 대한 보상으로 하나님께서는 기업인 땅에서 자신의 임재, 보호, 풍성한 공급으로 특징 지워지는 새 회복의 시대를 약속하신다. 백성들의 반응과 기업 사이의 관계성을 논의하였기에 이제 우리는 59:1-63:6 안에서 하나님의 다가오는 구원의 관점에서 하나님의 백성들의 실패와 관련된 기업의 주제를 다룰 것이다.

이스라엘의 실패와 시온에 임하시는 하나님의 구원(59:1–63:6)

하나님께서는 의와 공의를 행하는 자들에게 자신의 구원을 약속하다(56:1). 그의 구원 약속은 기업이란 주제로 자세하게 소개 되고 있다. 하나님께서는 자신을 신뢰하고, 진실한 금식을 행하며, 안식일을 준행하는 자들에게 땅과 거룩한 산을 기업으로 약속하신다(57:13; 58:14). 그러나, 이스라엘 안에서 하나님께 신실하게 반응하는 자들이 아무도 없다. 오히려, 그들의 죄악이 다가오는 하나님의 구원을 가로막고 있다. 따라서, 하나님 자신은 시온의 영광스런 변화를 제시하시며 죄악을 떠나는 자들에게 구원을

115 Koole, *Isaiah III: Isaiah 56-66*, 160. 야곱과 관련된 죄와 선택의 축복이란 주제 패턴은 각각 43:27과 41:8에 나타난다. 선지자는 야곱의 죄성을 강조하기 위해 의도적으로 이스라엘 대신 야곱이란 이름을 사용한다.

가져다 주신다.

이스라엘의 실패와 하나님의 전적인 구원(59:1-21)

이사야 59장은 56-59장 내에서 주제의 발전과정 가운데 절정을 이루는 본문이다. 이 본문은 이사야 56-59장의 논지의 결론이며 하나님의 백성들에게 이미 다가온 새 질서가 묘사된 이사야 60-62장을 새롭게 소개한다. 죄악, 의와 공의, 그리고 평화와 같이 이전 세 장(56-58장)과 연결된 많은 주제들 가운데, 이스라엘을 하나님과 분리한 죄악의 주제가 가장 두드러진 주제다.[116] 의와 공의를 행하라는 이사야 선지자의 권고에도 불구하고, 백성들의(존재론적으로) 죄악된 상태는 하나님의 백성들의 실패를 선언하는데까지 이르렀다. 그들의 죄악와 허물은 하나님의 다가오는 구원을 지체하였다. 이 본문의 독특한 점은 패역한 백성들의 소망 없는 상태를 묘사하기 위해 이사야 선지자가 뱀, 곰, 비둘기, 그리고 거미와 같은 동물 이미지를 사용하고 있다는 점이다. 공동체의 죄악과 심판에 대해 탄식 후에 본문의 주제는 하나님의 전적인 구원 사역으로 변화한다. 중재하는 자가 아무도 없으나, 하나님 자신이 거룩한 전사의 모습으로 자신의 백성을 구원하시기 위해 친히 다가오신다(cf. 63:1-6). 비록 하나님께 의와 공의로 반응하는 자가 없으나(59:1-15a cf. 50:2), 하나님 자신이 신원과 보복의 형태로 시온에 구원을 가지고 오신다(59:15b21). 그러면 누구에게 구원을 가져다

116 사 59장 전체에 걸쳐서 죄에 관한 단어들이 나타난다. עָוֹן(vv. 2, 3, 12); חַטָּאת(v. 2, 12); עַוְלָה(v. 3); אָוֶן(v. 4, 6, 7); רַע(v. 7, 15); פֶּשַׁע(vv. 12, 13, 20). 이 전의 세 장들과 추가적인 단어의 상관성은 다음과 같다. שָׁלוֹם(v. 8, 57:2, 19, 21); יְשׁוּעָה(vv. 11, 17, 56:1); מִשְׁפָּט(vv. 9, 11, 15, 56:1, 58:2); צְדָקָה(vv. 14, 16, 17, 56:1, 57:12, 58:2); יַעֲקֹב(v. 20, 58:1, 14); בְּרִית(v. 20, 56:4, 6, 57:8); זֶרַע(v. 21; 57:3). 이러한 언어적 상응관계는 선지자가 주제적 일관성을 확립하기 위해 의도적으로 사 56-59장 내에서 단어의 반복을 사용했음을 나타낸다.

주시는가? 하나님께서는 시온에 임하시며 자신의 죄악을 회개하는 자들을 구속하신다. 하나님께서는 자신의 영을 그들 위에 그리고 말씀을 그들의 입에 두실 것을 약속하시며 백성들과 그 후손들(זֶרַע)에게 언약(בְּרִיתִי)을 맺으신다. 이 말씀은 53:10에서 고난의 종에게 자손(זֶרַע)을 볼 것이라 약속하신 하나님의 약속을 상기 시킨다.[117] 비록 이사야 59장에는 종이란 단어가 나타나지 않으나 회개하는 공동체와 그 자손들은 좀더 넓은 문학적 범위 안에서 주제의 전개의 관점에서 볼 때 '종들'이 된다. 또한 이사야 59장의 심판과 구원의 주제적 패턴은 이전 본문들에서 나타나는 주제와 비슷하다: 심판(56:9-57:13; 58:1-5)과 구원(57:14-21; 58:6-14).[118] 다음에 나오는 장들안에서 선지자는 시온의 영광스런 구원의 모습을 제시한다.

시온의 영광스런 미래(60:1-22)

하나님의 구원 주제는 시온의 영광스런 미래를 제시하면서 이사야 60장에서 더욱더 강조된다. 이사야 선지자는 주제의 전개와 전이를 보여주면서 이전 본문들로부터 반복되는 몇몇의 주제들을 60장에서 재사용한다. 첫째, 시온은 열방의 빛이란 종의 사명을 인수한다(60:1-3).[119] 그의 종을 백성의 언약과 열방의 빛으로 만드시겠다는 하나님의 약속은 성취된다(cf. 42:6; 49:6, 7). 60:1-3의 독특한 점은 빛의 주제가 주님의 영광이란 주제와 함께 병치되어 나타난다. 이 주제는 주님 자신이 백성들을 위한 영원한 빛이라고 한 19, 20절에서 더욱더 발전된다.

---

117 Beuken, "The Main Theme of Trito-Isaiah," 71. 이 논문의 이전 장에서 살펴본 것처럼, 자손(또는 자녀)은 종 공동체의 일부이다. 자손은 57:3에서 간음한 자와 음녀의 씨와 대조된다.

118 Polan, *In the Ways of Justice*, 317.

119 "나라들(גּוֹיִם)은 네 빛(לְאוֹרֵךְ)으로, 왕들은 비치는 네 광명으로 나아오리라"(사 60:3). Cf. Beuken, "The Main Theme of Trito-Isaiah," 70, 71.

둘째, 많은 사람들을 의롭게 하는(יַצְדִּיק) 고난의 종의 사명(53:11)은, 종말론적 시온의 비젼 문맥인 60:21a에서 성취된다.[120] 54:17에서 종들이 새 시온 성에서 주님으로부터 의를 수여 받는 것처럼 모든 새 시온의 거민들은 의롭게 될 것이다. 의는 죄악의 백성들로부터 멀어졌으나 하나님 자신이 의(צְדָקָה)를 흉배 삼아 백성들에게 구원을 가져다 주신다(59:9-21). 따라서 차일즈는 다음과 같이 말한다. "새 시온의 의는 도덕적인 뜻이 아니다."[121] 이는 하나님의 의이며 오히려 하나님께서 새 시온의 백성들을 의롭게 하시는 일에 주도권을 가지신다.

셋째, 21절의 땅의 소유에 대한 약속은 이전 본문에서부터 지속된다(49:8; 54:17; 57:13b). 새 시온성 안에서 기업(נַחֲלָה)과 의(צְדָקָה)의 종말론적인 소망이 종들에게 약속된 것처럼(54:17), 땅의 영원한 소유는 시온의 종말론적 비젼의 문맥에서 제시 된다. 60:21의 독특한 점은 의로운 백성들의 특징이 '주님이 심은 가지(the shoot of planting of the Lord)'로 묘사되고 있다는 점이다.[122] 59:21과 60:21은 하나님의 백성들과 언약 갱신이란 점에서 양괄식 구조를 이루며 연결되어 있다.[123] 주님의 영과 그의 말씀은 백성들과 그의 자손들의 입에서 영원히 떠나지 아니할 것이다(59:21). 하나님의 언약 갱신의 약속은 하나님께서 심으신 가지인 의로운 백성이 땅을 영원히 소유할 것이라는 것을 말씀하는 60:21에서 확인되고 있다. 그리고 적당한 때에 하나님께서 자신의 백성들을 회복할 것이라는 약속을 속히 성취하실

120 "네 백성이 다 의롭게 되어, וְעַמֵּךְ כֻּלָּם צַדִּיקִים(사 60:21a)."

121 Childs, *Isaiah*, 499. 또한 다음을 참조하라. Westermann, *Isaiah 40-66*, 363; Muilenburg, *The Book of Isaiah: Chapters 40-66*, 707.

122 Childs, *Isaiah*, 499.

123 Jeffrey Shaochang Lu, "Called to Proclaim Covenantal Transformation: A Text Linguistic Analysis of Isaiah 59:21-63:6" (Ph.D. diss., Trinity Evangelical Divinity School, 1992), 129-47.

것이다(60:22). 하나님께서는 자신의 영과 말씀을 그의 언약 백성들과 그 자손들 위에 두실 것을 약속하시면서 그들을 회복하시는데 있어서 주도권을 가지신다. 그리고 결국에는 하나님께서 그들을 시온 땅에 영원히 두실 것이다. 이 두 구절은(59:21과 60:21) 또한 의로운 백성들과 그 자손들이 영원히 거하는 영광스런 시온으로서의 땅의 개념을 재정의해준다.

시온을 향한 구원의 기쁜 소식(사 61:1–11)

61:1-3에서 발견되는 주제적 어휘적 암시는 이사야 40-55장에 나타난 종의 본문들로부터 기인한다. 61:1-3에 나타난 "나"의 정체성에 대해서는 비평적인 가정하에 수 많은 논의가 있어왔다. 그러나 본문은 화자의 정체성에 대해서 분명한 근거를 제시하고 있지 않다.[124] 오히려 화자의 자기 제시는 이전 본문들에 나타나는 종과 전령의 임무와 연관되어있다. 첫째, 61:1-3에서 일인칭 단수의 사용은 종이 자신의 임무를 묘사할 때 동일한 화자로 나타나는 48:16; 49:1-6; 50:4-9과 상관성이 있다. 둘째, 하나님의 영(רוּחַ אֲדֹנָי יְהוִה)의 수여는 종의 임무와 관련이 있다: 하나님께서는 열방 가운데 공의를 베푸는 종에게 그의 영을 주시며(42:1) 종과 그의 영을 보내신다(48:16). 셋째, 1-3절에 나타난 화자에게 주어진 임무를 묘사하는 단어는 종과 전령에게 사용된 용어들과 유사점이 있다: מָשַׁח(45:1); לְבַשֵּׂר(40:9; 41:27; 52:7); לִקְרֹא לִשְׁבוּיִם דְּרוֹר וְלַאֲסוּרִים פְּקַח־קוֹחַ׃(42:7; 49:9); לְנַחֵם(40:1;

124 See W. A. M. Beuken, "Servant and Herald of Good Tidings: Isaiah 61 as an Interpretation of Isaiah 40-55," *The Book of Isaiah* (BETL 81; ed. J. Vermeylen; Louvain: Leuven University Press, 1989), 411-42; idem, "The Main Theme of Trito-Isaiah," 72-74; Smith, *Rhetoric and Redaction in Trito-Isaiah*, 23-26; Childs, Isaiah, 504; Smart, *History and Theology in Second Isaiah*, 259-60.

52:9).[125] 따라서 좋은 소식을 전하는 전령과 종의 사명이 화자가 자기를 소개하는 언어에 결합되어 있다(종-선지자적 인물).[126]

61:4-11은 이전 본문들에 나타난 단어들과 주제들을 암시하며 선지자적 종의 사역의 수혜자들을 소개하고 있다. 첫째, 선지자적 종의 사역의 수혜자들은 오래 황폐하였던 곳을 다시 쌓을 것이며(4절), 이 주제는 49:16-21; 51:3; 52:7-10; 54:1-17; 58:12에서부터 이미 발전된 것이다. 둘째, 그들은 자신들의 기업을 인하여 즐거워할 것이며 그들의 땅에서 배나 받을 것이다(7절). 종의 주제와 함께 결합된 기업의 주제는 49:8; 54:17; 57:13; 58:14에서부터 발전된 주제다.[127] 61:7은 이전 본문에서 אֶרֶץ(57:13b; 58:14), חֵלֶק(57:6), יָרַשׁ(57:13b), שִׂמְחַת עוֹלָם(58:14 cf. עָנֹג)와 같은 유사한 단어들을 반복하면서 기업의 주제를 지속하고 있다. 마지막으로, 시온에 있는 백성들의 자녀들은 열방 가운데 알려질 것이며 하나님에 의해 복을 받을 것이다(v. 9). 이사야 40-60장 전체에 나타나는 자손의 주제는 61:9에서 더욱더 발전된다. 하나님께서는 종인 이스라엘 자손들에게 자신의 성령과 축복을 부어주실 것을 약속하셨다(44:3). 고난의 종의 사역을 통해 그의 자손들을 배출한다(53:10; 54:1-3). 하나님의 신과 말씀을 자손들위에 부어주심으로 하나님께서는 그들과 영원한 언약을 맺으신다(59:21). 하나님의 구원의 약속은 시온에 있는 백성의 자녀들에게까지 확대된다(54:1-3, 13). 종-선지자의 임무와 그 결과는 52:13-54:17에 나타난 고난의 종의 임무와 그 결과라는

125 Beuken, "Servant and Herald of Good Tidings: Isaiah 61 as an Interpretation of Isaiah 40-55," 415-24.

126 Ibid.

127 שָׂרַת가 시온에 있는 구속받은 백성들에게 적용되었다는 것은 놀라운 점이다(6절). 이 단어는 56:6에서 עֲבָדִים과 함께 이미 사용된 적이 있다. 종에 대한 명시적인 용어는 없지만(아포시오페시스), 종이란 주제는 대체로 통일된 사상으로 주제 진행 과정에서 유동적으로 유지된다. 따라서 예언의 종 사역의 수혜자는 종들이 될 가능성이 높습니다.

주제적 패턴을 반복한다.

시온에 임하는 하나님의 신원과 보복(62:1–63:6)

종-선지자의 모습을 띤 인물의 목소리는 이전 본문에서부터 지속된다. 이사야 61장이 상한 마음, 포로, 마음이 상한자들의 회복에 초점을 맞추고 있으나, 이사야 62장은 성 또는 예루살렘을 강조한다.[128] 이 주제적 패턴은 이사야 51장(백성들의 구원)과 52장(예루살렘 또는 거룩한 성, 시온의 갱신)에 나오는 주제의 패턴과 비슷하다.[129] 시온의 구원은 두 가지 형태로 묘사되고 있다: 신원과 보복. 한편으로 62:1-12에서 선지자적 종은 시온의 신원을 묘사하기 위하여 이전 본문으로부터 몇몇 이미지를 선택하여 사용하고 있다: 빛의 이미지(58:8; 59:9; 60:1, 3, 19, 20), 결혼(54:4-6), 그리고 길(40:3; 57:14, 17). 다른 한편으로 63:1-6은 하나님의 보복을 대화적 표현법과 홍색, 붉은색, 피와 같은 색색의 이미지를 사용하여 극적인 모습으로 묘사하고 있다. 또한 59:15b-21과 63:1-6은 하나님 스스로의 전적인 구원 사역의 모습을 제시하고, 이사야 60장과 62장을 괄호로 묶어주면서 양괄식 구조를 이루고 있다.[130]

백성들의 반응과 기업의 주제를 지금까지 살펴보았다. 이제 우리는 본

---

128 Childs, *Isaiah*, 511. 차일즈가 언급했듯이, 61장에서 독특한 것은 1절에서 그에 대한 신원을 강조하기 위해 함께 사용된 두 단어 צִיּוֹן과 יְרוּשָׁלַםִ이다. 참조. 52:1, 2, 7, 9.

129 Edouard Kitoko Nsiku, "Isaiah," *Africa Bible Commentary: A One-Volume Commentary Written by 70 African Scholars* (ed. Tokunboh Adeyemo; Grand Rapids: Zondervan, 2006), 848.

130 선지자는 59:15b-20과 63:1-6에서 관련 용어의 연속적인 배열을 통해 하나님의 구원이라는 주제를 묘사한다. 이 두 본문에서 옷의 이미지가 사용되었지만 63:1-6에서는 화려하고 생생한 이미지로 더욱 발전시킨다. וַיִּלְבַּשׁ בִּגְדֵי נָקָם תִּלְבֹּשֶׁת(59:17), וַיַּעַט כַּמְעִיל קִנְאָה׃(59:17d), and חֲמוּץ בְּגָדִים(63:1b), הָדוּר בִּלְבוּשׁוֹ(63:1c, 참조. 2a, 3e 절). 또한 주님의 팔은 두 가지 방식으로 역사할 수 있다. 구원을 가져오는 것(59:16)과 심판을 가져오는 것(63:5).

문의 의사소통 기능을 살펴볼 것이다.

본문의 의사소통 기능

이제 우리는 58:1-14의 의사소통 기능을 살펴볼 것이다. 본문의 풍성하고 깊이 있는 해석을 위해 우리는 의사소통의 상황, 의도, 그리고 전략을 살펴볼 것이다.

의사소통 상황

이사야 56-66장이 느헤미야의 사역 이전인 주전 520년경 예루살렘의 소위 제 3 이사야에 의해 기록되었다는 둠(Duhm)의 주장은 학자들 사이에 폭넓게 수용되어 왔다. 그러나 이사야 56-66장의 역사적 상황에 대한 지배적인 관점에 대해 도전하는 학자들이 있어왔다.[131] 토레이(Torrey)는 이사야 40-66장(사 34-55과 함께) 이 한 명의 저자인 소위 제 2 이사야에 의해 약 400 B.C. 경 예루살렘에서 기록되었다고 주장한다.[132] 토레이(Torrey)의 단일 저자의 관점에 동의하면서 스마트(Smart)는 이사야 40-66장의 역사적

131 좀 더 상세한 논의를 위해서는 다음을 참조하라. Hanson, *The Dawn of Apocalyptic*, 32-46; Brooks Schramm, *The Opponents of Third Isaiah: Reconstructing the Cultic History of the Restoration* (JSOT 193; Sheffield: Sheffield Academic, 1995), 11-52; Emmerson, *Isaiah 56-66*, 53-69; William L. Holladay, "Was Trito-Isaiah Deutero-Isaiah After All?" *Writing and Reading the Scroll of Isaiah*, 193-217; Smith, *Rhetoric and Redaction in Trito-Isaiah*, 187-203.

132 Torrey, *The Second Isaiah*, 53. Cf. H. M. Barstad, "On the So-called Babylonian Literary Influence in Second Isaiah," *SJOT* 2 (1987): 90-110.

인 상황을 주전 538년이라고 소개한다.[133] 이사야 58장의 역사적 상황에 대해 왓츠(Watts)는 페르시아 왕인 아닥사스다(Artaxerxes)가 왕위에 즉위한 주전 465년이라고 주장한다.[134] 소긴(Soggin)은 이사야 58장은 본문의 산문적이며 도덕적인 형태로 인하여 학개, 스갸랴와 동일한 역사적 배경을 갖는다고 말한다.[135] 비록 헨슨(Hanson)은 자세한 역사적 시점은 제시하지 않으나 그는 "제 3 이사야 내에서 아모스, 호세아, 이사야, 그리고 예레미야에 의해 발전된 바른 예배과 공의의 중심된 주제는 분명하게 표현이 된다"라고 주장하다.[136] 이사야 58장의 역사적 배경에 대한 비평학자들의 공통된 견해는 아직 없다. 방법론적으로 말하면 본문이 제시하는 증거의 애매모호함과 시직 언어의 특성상 본문의 역사적 시점을 정확하게 재구성하는 것은 무의미한 가설에 불과하다.

역사 비평의 통시적 접근법의 애매모호함으로 인하여 몇몇 학자들은 그들의 관심을 전체 이사야서와의 연관성 가운데서 이사야 56-66장의 정경적 문학적 문맥으로 돌린다. 모티어(Motyer)는 다음과 같이 단언한다.

> 이사야 56-66장이 포로 후기 시대 또는 이상적인 종말의 시대를 암시하든지 이 본문들에 대해 어떤 관점이 취해진다 하더라도 이 본문들은 주님께서 백성들을 고레스 왕을 통하여 바벨론으로부터 구원하고(사 40-48) 종의 사역을 통하여 죄악으로부터 그 백성들을 구속한 이후 시점을 나타낸다 (사 49-55). 이 본문들을 포로 후기로 엄격히 제한 하는 것은 이 본문들이 고레스나

133 Smart, *History and Theology in Second Isaiah*, 7-33.

134 Watts, *Isaiah 34-66*, 271.

135 J. A. Soggin, *Introduction to the Old Testament*, 336-37. 마찬가지로 스컬리온(Scullion)은 "이 구절의 배경은 주전 515년이며 제 2 성전이 봉헌되기 6~7년 전"이라고 주장한다. Scullion, *Isaiah 40-66*, 164.

136 Hanson, *Isaiah 40-66*, 204.

포로 귀환의 주제 보다 더 분명하게 연결된 종의 주제와의 연관성을 무시하는 것이다.[137]

비록 본문에는 분명한 역사적 언급이 없으나 이사야 56-66장의 정경적 문맥이 제시하는 바는 이사야 선지자가 바벨론으로부터 귀환하고 고난의 종의 사역을 통하여 구원함을 받은 청중들을 마음에 두고 있는 것처럼 보인다.[138]

최근에 그레이(Mark Gray)라는 학자는 이사야 58장을 독립된 책으로 보지 않고 이사야 1장의 넓은 정경적, 수사학적 문맥 안에서 이해하려고 시도했다.[139] 이사야 1장과 58장의 정경적 문맥은 하나님을 기쁘시게 하지 못하는 종교적 행위를 하는 백성들의 배역함이다.[140] 그들의 희생(1장)과 금식(58장) - 두 본문 다 안식일 준수를 다루고 있다(1:13 and 58:13) - 은 이

---

137 Motyer, *The Prophecy of Isaiah*, 22-23.

138 대다수의 역사 비평 학자들은 자신들의 가정에 따라 사 56-66장을 사 40-55장과 구분하여 두 본문들을 역사화하려고 시도했다. 하지만 통시적 재구성 을 목적으로 본문을 희생시키지 않도록 주의해야 하며, 오히려 본문 자체가 해석자에게 정보를 제공할 수 있도록 해야 한다. 따라서 본논문은 본문의 신학적, 종말론적, 문학적 기능의 우선순위를 무시하지 않으면서 공시적 접근과 통시적 접근을 어떻게 연관시킬 것인가가 중요한 해석적 문제라고 주장하고 싶다. 참조. Childs, *Isaiah*, 440-95.

139 Mark Gray, *Rhetoric and Social Justice in Isaiah* (New York: T & T Clark, 2006), 52-61. 슈람(Schramm)은 또한 "56-66장의 많은 관심사가 이사야서의 첫 장에 반영되어 있다"고 주장한다(*The Opponents of Third Isaiah*, 109). 독자-중심 접근법의 관점에서 피스터러 다르(Pfisterer Darr)는 "이사야 58-59장은 이사야의 반역의 수사법를 독자들이 해석하는 데 중추적인 텍스트"라고 주장한다. 이사야 1장과 밀접하게 연결되어 있고 또한 1장을 연상시키는 이 두 장은 이사야의 환상의 첫 장에서 처음 예고된 사건과 결과를 정확하고, 아직 불완전하지만 극적으로 구현한 것이다. (*Isaiah's Vision and the Family of God*, 71). 모티어(Motyer)는 "신학적으로나 실제적으로 58장은 1:10-20에 속한다"고 언급합니다. 두 본문은 내용, 강조점 및 흐름이 동일하다."(*The Prophecy of Isaiah*, 478). 따라서 일반적으로 이사야 1장과 58장에는 몇 가지 공통점이 있다는 데에 학자들은 동의한다.

140 Mark Gray, *Rhetoric and Social Justice in Isaiah*, 53-55. 예를 들어, 1:2(동사), 28(분사), 58:1(명사)에서 פשׁע(동사)라는 용어의 사용은 백성들의 반항적인 상태라는 문맥을 뒷받침한다.

웃에 대한 의와 공의의 삶이 결렬되어 있다. 즉 그들의 외적인 종교적 행위 안에는 사회적인 공의가 상실되었다. 백성들은 하나님의 뜻을 준행하는데 항상 실패하는 상황에 있고 그들의 허물은 지속되는 시온의 드라마 안에서 끊임없이 나타난다. 이사야 1과 58장의 반복적인 신학적 주제는 넓은 문학적 문맥 안에서 변이와 함께 한 패턴을 창조한다.[141] 또한 이사야 58장의 근접 문맥은 이 장의 암울한 상황을 좀더 자세히 설명한다.[142] 첫째, 이스라엘의 지도자들은 신실하지 못하고 그들의 만족할 줄 모르는 탐욕에 빠져 있다(56:9-12). 둘째, 신실하고 하나님과 함께 정직하게 동행하는 의인이 취하여 감을 당하여도 마음에 두는 자가 없다(57:1, 2). 셋째, 하나님을 거역한 우상 숭배가 사회 안에 만연하기에 백성들은 무녀의 자식들, 음란한 자들, 창녀들로 불리운다(57:4-13). 넷째, 백성들은 배역하는 행위에 참여하면서도 그들은 마치 하나님의 명령을 버리지 아니하는 신실한 나라와 같이 하나님의 길 알기를 즐거워한다(58:1-3). 그들이 하나님의 구원과 그들의 금식 기도에 대한 응답의 지체로 인하여 불평하는 것은 아이러니다(58:3; 56:1).

결론적으로 말하면, 청중들은 그들의 죄악되고 신실하지 못한 삶의 방식 때문에 암울한 상황에 있다. 그들은 또한 절박한 상황 가운데 심각한 신학적 문제를 제기하고 있다: 왜 하나님께서 구원을 지체하시고 왜 그들

141 두 장 사이의 신학적 패턴을 통해 이사야서의 내적 일관성을 신학적 관점과 문학적 관점에서 모두 파악할 수 있다. 동시에 이사야 58장의 정경적, 문학적 맥락은 새로운 통찰과 의미를 창출한다. 종의 대리인을 통해 하나님의 구속을 경험한 유배지에서 돌아온 귀환자들은 여전히 죄와 반역의 상황에 처해 있었다. 귀환한 공동체 안에서도 옛 질서가 계속되고 있었다. 에슬링거(Eslinger)는 역사를 "거대한 순환적 신화들(프라이와는 반대로)"로 보면서 성경의 역사는 반복될 뿐이라고 주장한다(Lyle Eslinger, "Ezekiel 20 and the Metaphor of Historical Teleology: Concepts of Biblical History," *JSOT* 81 [1998]: 93-125). 그레이(Grey)는 사 1장과 사 58장의 관계를 "하향적이고 강화되는 나선형"으로 이해하는데, 그 이유는 사 1장의 사회 정의 주제가 사 58장에서 발전하고 풍부해지기 때문이라고 한다.

142 이미 자세히 살펴본 사 56장의 신학적, 문학적 맥락에 대해서는 다시 논의하지 않겠다.

은 이러한 것을 그들의 금식의 응답으로 받았는가?

의사소통 의도

위에 언급한 의사소통의 상황 안에서 이사야 선지자는 이사야 58장에 나타난 자신의 의도를 성취하고자 한다. 즉 백성들이 하나님께 신실하게 반응하도록 권고하고 그들의 순종의 결과로서 하나님의 구원을 약속하므로 공동체의 불평에 답하고자 했다. 첫째, 이사야 선지자는 위선적인 공동체가 이웃에 대하여 의와 공의를 행하도록 백성들을 권고하면서 왜 하나님의 구원이 지체되었는가에 대한 백성들의 긴박한 문제를 다루길 원한다. 이사야 선지자의 의도는 정확한 역사적 사회적 배경을 제시하지 않는 것처럼 보인다. 오히려 선지자의 주요 관심사는 신학적인 것이다: 하나님의 다가오는 구원을 지체하는 공동체 내부의 문제. 이사야 선지자는 이사야 40-55장에서 이미 예견된 가까이 임한 하나님의 구원(새 시대)을 제시한다(cf. 56:1). 하나님의 약속은 그 어떠한 상황 속에서도 공동체에게 유효하다. 이사야 선지자는 하나님의 회복의 필요 조건으로서 공동체의 윤리적, 제의적 책임을 강조하므로 하나님의 회복에 대한 주제를 더욱더 발전 심화 시킨다. 스컬리온(Scullion)은 하나님의 기쁨은 진실하게 공의를 행하는 것과 바른 제의적 가르침들을 신실하게 행하는 삶에서 발견될 수 있다고 요약한다. 즉 하나님과 또한 공동체 안에서조화로운 관계를 유지하는 שְׁפָּט
מִ과 צְדָקָה의 결합이다.[143]

둘째, 이사야 선지자는 기업의 풍성함을 제시하면서 백성들이 새로운 공동체(종들)의 일원이 되도록 격려하는 것이다. 54:17에서 이미 언급된 종

143 Scullion, האאס 40-66, 163.

들의 기업이란 주제는 이사야 56장과 이어 나오는 본문들에서도 약간의 변이를 통해 지속된다(56:1-8; 57:13-21; 58:1-14). 종들의 기업은 공동체의 책임(또는 "공동체적 조건")과 긴밀히 연결되어 있다.[144] 특별히 안식일 준수는 여호와와 새로운 공동체 사이에 맺은 언약의 공적인 표시이며 의로운 삶의 방식을 요약한다.[145] 뷰켄(Beuken)이 주장했듯이 "하나님께서는 모든 의를 순종한 의로운 종이 의가 백성들의 삶에 본질이 되도록 그에게 속한 자들에게 의를 전가하실 것임을 보증하신다(53.11f.; 54.17)."[146] 또한 이사야 선지자는 야곱의 기업을 언약의 조항들에게 순종하는 종들에게 약속하신다(56:7; 57:13; 58:14).

셋째, 결국 모든 사람들이 의와 공의를 실천하는 삶을 실패하였기에 선지자는 궁극적인 구원자인 하나님 자신을 기대하도록 권고한다(사 59). 이사야 58장과 59장의 이슈는 약속된 구원을 지체하는 장애물에 초점을 맞추고 있다. 순종을 요구하는 선지자의 권고가 아무리 강할 지라도 백성들의 존재론적인 상태는 죄악이며 소망이 없는 상태다. 그 누구도 의와 공의를 행하지 않는다. 따라서 오직 하나님 자신이 죄악을 떠나는 자들에게 의를 가져다 주시기 위해 신적인 전사로 그의 백성들에게 임하시며 그들이 시온에서 하나님의 영광스런 구원을 즐기도록 하신다. 선지자는 청중들이 영광스런 구원과 함께 시온에 임하시는 하나님 자신에게 초점을 맞추도록 의도한다.

---

144 Brueggemann, *Isaiah 40-66*, 192-94. 그는 회복된 공동체는 주로 정치나 경제적 부에 뿌리를 두는 것이 아니라 신실하게 이웃을 돌보는 데 있다고 언급한다. 안식일을 지키는 것은 "신실한 정체성의 공공의 표징"이다.

145 Ibid.; Whybray, *Isaiah 40-66*, 197, 218; Andrew Davis, *Double Standards in Isaiah: Re-evaluating Prophetic Ethics & Divine Justice* (Leiden: Brill, 2000), 104-5.

146 Beuken, "The Main Theme of Trito-Isaiah," 68.

의사 소통 전략

이사야 선지자는 자신의 의사 소통 의도를 이루기 위해 여러 의사소통 전략들을 사용한다. 사회와 종교의 영역에서 청중들이 의와 공의를 행하도록 설득하기 위해 선지자는 여러가지 장르, 은유적 언어, 그리고 수사학적 장치들을 사용한다. 첫째, 선지자적 의사 소통의 역동성은 서로 다른 여러 장르들을 함께 섞어 사용하므로 더욱더 강화되고 있다. 이사야 58장의 중심되는 장르는 권고의 형태를 가진다.[147] 이사야 선지자는 청중들이 참되고 신실한 종교적 삶의 형태를 취하도록 그들을 설득한다(6, 7, 9, 10, 13절). 그러나, 논지의 전개 과정에서 그는 또한 죄악의 고발(1, 2절), 불평(3절), 그리고 구원 약속(8-14절)과 같은 다른 장르들을 사용한다.[148] 즉, 의사 소통의 상황에서 자신의 의사 소통의 의도에 따라 메시지가 이해되고 설득력 있게 전달 되도록 선지자는 여러 장르들을 결합하여 사용하였다.

둘째, 현 본문에서 사용된 은유적 이미지는 청중들의 종교적 상상력에 호소하여 효과적으로 메시지를 전달하는 중요한 역할을 하고 있다. 58:8절에서 이사야 선지자는 영광스런 미래를 여러 가지의 이미지를 사용하여 약속하고 있다: "그리하면 네 빛이 아침같이 비출 것이며 네 치료가 급속할 것이며 네 의가 네 앞에 행하고 여호와의 영광이 네 뒤에 호위하리니." 여러 가지의 상징들(빛, 치료, 그리고 의)이 다가오는 공동체의 구원의 여러 측면들을 강조하기 위해 서로 상호 작용을 한다. 그 외에도 은유적인 묘사와

---

147 Cf. A. Vanlier Hunter, *Seek The Lord: A Study of the Meaning and Function of the Exhortations in Amos, Hosea, Isaiah, Micah, and Zephaniah* (Baltimore: St. Mary's Seminary & University, 1982).

148 죄의 고소는 일반적으로 "피고인이 재판에 회부되는 범죄를 명시"한다. 고소장은 "개인적 또는 공동체의 고통을 묘사하는 진술서이며, 종종 구원을 간구하는 탄원과 함께 하나님께 전달된다." 상세한 논의는 다음을 참조하라. Sweeney, *Isaiah 1-39*, 512, 520.

함께 사용된 빛과 어두움, 메마른 땅, 물댄 동산과 같은 시각적인 이미지는 새로운 실체에 대한 상상력을 창조하며 하나님과 청중들 사이에 관계성을 더욱더 고조시킨다. 생생한 언어의 사용과 함께 영광스런 미래의 제시는 선지자의 은유적 생각에 참여하는 청중들의 반응을 자극한다.

셋째, 다른 의사소통의 전략은 단어의 반복, 수사학적 질문, 두운, 모운, 단어 유희(word play)등과 같은 수사학적 장치들의 사용이다. 이사야 58장에 나타난 두드러진 장치는 문학 단위의 일관성을 유지시켜 주는 단어의 반복적인 사용이다: יַעֲקֹב(1d, 14c); יוֹם(2a, 3c, 4c, 5b, 5f, 13b); דֶּרֶךְ(2b, 13e); חֵפֶץ(2b, 2f, 3c, 13b, 13f); עָשָׂה(2c, 13b, 13e); צוֹם(3a, 3c, 4a, 4c, 5a, 5e, 6a); נֶפֶשׁ(3b, 5b, 10a, 10b, 11b), עָנָה(3b, 5b, 10b). 폴란은 다음과 같이 말한다.

> 반복법은 시의 주제들과 특색들에 초점을 맞출 뿐 아니라 또한 본문의 세계가 말해야 하는 것을 온전히 감상할 수있도록 주제들과 특색들을 세우고 확장한다; 단어의 반복적 사용은 이전에 표현된 생각 또는 개념을 모으고 그와 상관된 생각의 새로운 면과 대화를 나눌수 있게 해준다. 외적으로는 다르고 서로 관련이 없는 시의 부분들도 그 문학적 상황 가운데 특별한 의미를 지니는 공통된 단어들에 의해 서로 연결된다.[149]

반복법과 교차 구조는 10b와 11b사이에 메시지의 절정을 강조하기 위해 수사학적으로 서로 연합되어 있다(a. וְנֶפֶשׁ b. תַּשְׂבִּיעַ b′ וְהִשְׂבִּיעַ a′ נַפְשְׁךָ). 이사야 선지자는 만일 이스라엘 백성들이 고통 받는 자들의 필요를 채워준다면 주님께서 그들의 필요를 채워주실 것이라는 약속을 한다.

58:5-7은 연쇄적인 수사학적 질문들에 의해 특징지워진다. הֲכָזֶה

149 Polan, *In the Ways of Justice*, 232. Cf. Muilenburg, "A Study in Hebrew Rhetoric: Repetition and Style," *VTSup* 1 (1953): 97-111.

(5a), הֲלָכֹף(5c), הֲלוֹא(6a), הֲלוֹא(7a), כִּי־תִרְאֶה(7c). "비록 청중들의 대답은 요구되지 않으나 이러한 종류의 수사학적 질문들은 청중들을 반응하도록 하며 또한 설득의 과정에서 중요한 역할을 한다."[150] 수사학적 질문은 청중들의 관심을 모아줄 뿐 아니라 그들이 예상되는 답에 따라 행동하도록 설득한다. 본문에서 소리 패턴의 반복적 사용은 소리들을 의미와 함께 묶어주며 본문의 분위기와 일관성을 창조한다.[151] לְעַמִּי과 לְבֵית에 나타난 두운(頭韻) ל과 חַטֹּאתָם דנא פִּשְׁעָם(1c-d)에 나타난 접미사 ם ָ 은 청중들과 그들의 죄악의 관계성을 보여주기 위해 수사학적으로 기능한다.[152] 모운(母韻)과 두운(頭韻)의 더 많은 예는: תִּמְצְאוּ־חֵפֶץ צֹמְכֶם, תָּצוּמוּ וּמַצָּה(3c, 4a, cê and m); לָשֶׁבֶת:, מְשֹׁבֵב, מִשַּׁבָּת אִם־תָּשִׁיב, קָדְשִׁי, עֲשׂוֹת(12d-13b, ש and ת); וַאֲרֻכָתְךָ, אוֹרֶךָ, צִדְקֶךָ לְפָנֶיךָ, יַאַסְפֶךָ:(8a-d, ךָ).

"어휘적 애매성"에 기반을 둔 언어 유희(wordplay)는 "청중들을 놀라게 하고 시인이 어떤 특정한 의미(의미들)를 의도했는지를 결정할 수 있도록 준비시킨다."[153] 어근 עָנָה은 이사야 58장에서 5번 사용되었다: 4번은 "괴롭히다"(3, 5, 7, 10절)을 의미하기 위해 한번은 "대답하다"(9절)를 의미하기 위해 사용되었다. 비록 어근 עָנָה의 소리가 같아도 그 의미는 '괴롭힘'과 '하나님의 대답'이라는 주제의 수사학적 연결점을 제공하기 위해 본문에서 두 가지의 서로 다른 의미를 나타낸다. 선지자는 백성들의 순종에 달려

---

150 Gitay, *Prophecy and Persuasion*, 88. Cf. J. C. Labuschagne, *The Incomparability of Yahweh in the Old Testament* (Leiden: Brill, 1966), 16-28.

151 히브리 시에서 음성의 효과에 대한 좀 더 상세한 논의로는 다음을 참조하라. Wilfred G.E. Watson, *Classical Hebrew Poetry: A Guide to Its Techniques* (Sheffield: JSOT Press, 1984), 222-50. 왓슨(Watson)은 단어 유희를 동음이의어와 다의어의어 두 가지로 분류한다. 전자는 "두 단어가 소리는 같지만 의미가 다른 경우"이다. 후자는 "단순히 하나의 동일한 단어가 여러 가지 의미를 가질 수 있음을 의미한다."

152 Polan, *In the Ways of Justice*, 191.

153 Watson, *Classical Hebrew Poetry*, 237, 245.

있는 하나님의 회복과 관련하여 이스라엘의 죄악을 선포한다. 최대의 의사소통 효과를 이루기 위해 이사야 선지자는 장르, 은유적 언어, 풍부한 수사학적 장치들과 같은 전략들을 사용한다.

지금까지 본문의 의사소통 기능을 논의하였다. 이제 우리는 저자(이사야 선지자)가 청중들에게 전하고자 의도하는 신학적인 생각들에 대해 논의할 것이다.

신학적 의미들

56:1-63:6 안에 나타난 기업이라는 신학적 주제는 구약 다른 부분과 심오한 상호 텍스트성을 나타낸다. 선지자는 성경의 다른 부분에서 사용된 단어와 신학적 생각들을 재적용하므로 기업의 다른 측면을 소개한다.[154] 따라서 그는 본문의 새로운 안목과 의미들을 강조하고 산출한다. 더욱이 다른 본문들과 상호 관련성을 연구하는 것은 본문의 의미 뉘앙스를 통해 본문의 신학적 이해를 풍부하게 한다.

이스라엘의 기업으로서의 땅

이사야 선지자는 57:13, 58:14, 60:21, 61:7에서 נָחַל(or נַחֲלָה)과 יָרַשׁ 같은 용어들을 사용하므로 새로운 공동체에게 땅을 기업으로 약속하신다. 땅의 기업은 회복의 소망에서 중요한 신학적 주제이다. 왜 선지자는 지속적으로 땅을 기업으로 묘사하는가? 어떤 신학적 기반으로 선지자는 땅

154 지면 관계상 다른 텍스트와의 주제적, 언어적 상응성에만 초점을 맞출 것이다.

을 기업으로 약속하는가? 첫째, 이스라엘의 기업으로서의 땅의 약속은 창 12:1-7, 13:14-18, 15:7-21, 17:1-8, 그리고 28:13, 14에서 고대 족장들의 가나안 땅의 소유의 언약으로 돌아간다.[155] 이러한 본문들은 기업 주제의 문학적, 주제적 배경을 제공한다. 이 본문들에서 사용된 몇몇 단어들은 56:1-63:7 에서 하나님의 회복 - 기업으로서의 땅의 약속 - 과 관련되어 다시 나타난다: אֶרֶץ(12:1, 7; 13:15, 16; 15:7, 8, 16; 17:8; 28:13, 14), יָרַשׁ(15:8), בְּרִית עוֹלָם(17:7), אָב(17:5), זֶרַע(12:7; 13:15, 16; 17:7, 8; 28:14). 이스라엘에게 땅은 족장 언약과 구속사에서 중요한 신학적 의미를 갖는다. 하나님께서는 이스라엘에게 땅을 약속하셨고 역사의 과정 가운데 그들에게 허락하셨다. 선지자는 주전 587 바벨론 포로 이후 상실감에 빠져있는 백성들에게 땅의 소유에 대한 주제를 재적용한다.[156]

둘째, 기업으로서의 땅은 하나님과 이스라엘의 관계 사이에 시금석으로 작용한다. 따라서 전체적으로 땅이라는 기업용어가 물리적 의미와 비교될 때 은유적으로 사용되었다. 족장의 지경 또는 전체 나라이다.[157] 라이트(Wright)는 용어 נָחַל(또는 נַחֲלָה)을 다음과 같이 설명한다.

> 구약에서 이 용어는 하나님, 이스라엘, 그리고 땅이란 삼각 관계 안에서 사용되었다. 따라서 (주로 대부분) 땅은 이스라엘의 소유다(Ps. 105:11). 그러나 가끔 땅은 주님의 것으로 나타난다(출 15:17; 삼상 26:19; 렘 3:19). 또한 이스라엘은 주님의 것이다(신 32:8-9; 시 33:12). 그리고 가끔 놀랍게도 역으로 주님이 이스

155 Harry M. Orlinsky, "The Biblical Concept of the Land of Israel: Cornerstone of the Covenant between God and Israel," *The Land of Israel: Jewish Perspectives* (ed. L. A. Huffman; Notre Dame: Notre Dame University, 1986), 27-64; Brueggemann, *Isaiah 40-66*, 180.

156 Koole, *Isaiah III: Isaiah 56-66*, 258.

157 Wright, "נחל," 78.

라엘의 것이다(렘 10:16; 애 3:24).[158]

신명기 4:37-40에서 기업은 선택, 구속 그리고 율법에 의해 하나님과 이스라엘의 관계적인 측면을 나타낸다. 37절에서 이스라엘에 대한 하나님의 선택과 구속이 나타난다: "여호와께서 네 열조(אֲבֹתֶיךָ)를 사랑하신 고로 그 후손(בְּזַרְעוֹ) 너를 택하시고(וַיִּבְחַר) 큰 권능으로 친히 인도하여 애굽에서 나오게 하시며." 하나님의 선택의 목적과 구속은 땅을 기업으로 주시기 위함이었다: "너보다 강대한 열국을 네 앞에서 쫓아내고 너를 그들의 땅(אַרְצָם)으로 인도하여 들여서 그것을 네게 기업(נַחֲלָה)으로 주려하심이니(38절)". 기업을 즐기는 것은 하나님의 율법에 순종함의 여부에 달려 있다: "오늘 내가 네게 명하는 여호와의 규례와 명령을 지키라 너와 네 후손(בָנֶיךָ)이 복을 받아 네 하나님 여호와께 네게 주시는 땅(הָאֲדָמָה)에서 한없이 오래 살리라(40절)." 지속적인 기업으로서의 땅은 이스라엘이 하나님의 율법에 순종함의 여부에 달려있다(cf. 신4:1, 2). 이사야 선지자는 하나님과 백성 사이의 관계성을 지속적으로 강조하면서 하나님의 선택, 구속, 땅의 기업, 율법에 순종과 같은 주제의 패턴은 이사야 40-66장 전체에 깊이 스며들고 있다. 하나님의 선택된 종인 이스라엘 하나님의 비교할 수 없는 행동과 고난의 종에 의해 바벨론 포로에서부터 구속함을 받았다. 기업은 구속함을 받은 자들의 자손들과 의와 공의를 행하는 신실한 자들에게 약속

158 Christopher J. H. Wright, *Old Testament Ethics for the People of God* (Downers Grove: InterVarsity, 2004), 88. 또한 그는 이스라엘의 기업으로서의 땅의 은유적 의미는 하나님과 이스라엘 사이의 아버지와 아들 관계를 의미한다고 언급한다(참조: 출 4:22, 민 27:1-11, 신 14:1, 32:5-14, 18-19). 다음을 보아라. Norman C. Habel, *The Land Is Mine: Six Biblical Land Ideologies* (Philadelphia: Fortress, 1995), 33-35; Menahem Benhayim, "Reckoning with God's Choice: The Election of a Land and a People," *The Bible and the Land: An Encounter* (eds. Lisa Loden, Peter Walker, and Michael Wood; Musalaha: Jerusalem, 2000), 83-94.

되었다. 그들은 그 기업을 영원히 즐길 것이다. 그 이외에도 관계적인 측면의 기업은 하나님과 이스라엘 백성 사이가 하나님-자녀의 관계성으로 나타난 신명기 32:1-14 에서 더욱더 강조되었다. 모세가 9절에서 배역하는 이스라엘 백성들에게 기업의 관점으로 언약적 관계를 상기시키고 있는 점은 주목할 만하다 "כִּי חֵלֶק יְהוָה עַמּוֹ יַעֲקֹב חֶבֶל נַחֲלָתוֹ׃(여호와의 분깃은 자기 백성이라 야곱은 그 택하신 기업이로다.)"[159] 주님 자신이 광야에서 야곱을 보호하시고, 인도하시고, 공급하셨다. 왜냐하면 야곱은 하나님의 기업이기 때문이다. 58:14에서 이사야 선지자는 야곱, 기업, 그리고 공급 등의 주제의 패턴을 새로운 역사적 상황 가운데 다시 사용한 것처럼 보인다. 더욱이 아버지-아들의 관계는 63:16-17과 64:8-12에서 기업의 상실이란 주제와 함께 더욱더 발전된다.

셋째, 이스라엘의 땅의 기업은 재산의 법적 소유권의 거래와 관련있다.[160] 위에서 언급한 관계성 안에서 땅의 소유자이신 하나님께서는 이스라엘에게 땅을 선물로 주신다(할당하신다). 레위기 25:23은 땅의 거룩한 소유권을 제시한다. "토지를 영구히 팔지 말 것은 토지는 다 내 것임이니라. 너희는 거류민이요 동거하는 자로서 나와 함께 있느니라." 라이트(Wright)

159 Eugene H. Merrill, *Deuteronomy* (NAC; Nashville: Broadman & Holman, 1994), 413. 그는 "이런 표현은 주님께서 이스라엘과 언약을 맺으실 때에도 나타나는데, 여기서 그들은 '모든 민족 중에서' 선택된 백성인 '나의 보배로운 소유물'로 묘사된다(출 19:5; 참조. 신 7:6, 142, 21)"라고 말한다.

160 David M. Howard, Jr., *Joshua*, 300-306. 하워드(Howard)는 여호수아서에서 이스라엘의 땅 유업에 대한 통찰력 있는 관찰을 보여준다. 족장들에 대한 땅의 약속은 정복을 통해 성취되었다. 가나안 땅이 이스라엘에게 법적으로 양도된다는 개념을 표현하기 위해 여호수아에서는 יָרַשׁ, נָחַל이라는 단어가 사용되었으며 때로는 두 용어를 조합하여 사용하기도 했다. 예를 들면, יָרַשׁ는 1:11, 15; 12:1; 13:1; 18:3; 19:47; 21:43; 23:5; 24:4, 8에서 나타난다. נָחַל(또는 נַחֲלָה)은 11:23; 13:6, 7, 8, 14, 23, 28, 32, 33; 14:1, 2, 3, 9, 13, 14; 15:20; 16:4, 5, 8, 9; 17:4, 6, 14; 18:2, 4, 7, 20, 28; 19:1, 2, 8, 9, 10,16, 23, 31,39, 41, 48, 49, 51; 21:3; 23:4; 24:28, 30, 32에서 나타난다. 두 단어가 함께 연달아 사용되는 본문은 레 25:46; 민 27:11; 36:8; 신 4:38; 15:4; 19:14; 25:19; 26:1; 수 13:6; 23:4; 삿 2:6; 겔 36:12; 대상 28:8; 시 69:36이 있다.

는 다음과 같이 언급한다. "사회-경제적 현상은 비유적으로 신학적 관계성 - 차지인(借地人)인 이스라엘과 땅의 주인인 주님-을 설명하기 위해 사용되었고 이러한 방법으로 윤리적인 의미도 사회-경제적 현상과 함께 설명될 수 있다."[161] 다른 말로 하면, 사회적 상황 가운데 땅의 거룩한 소유권은 하나님, 가족, 그리고 이웃을 향한 이스라엘 백성들의 의무를 설명한다.[162] 이스라엘의 기업으로서 땅의 주제 안에서 신학적이며 윤리적인 면이 함께 결합되어 있다. 이사야 선지자는 기업으로서 땅의 신학적이며 윤리적인 의미를 취하여 신실하게 반응하는 백성들에게 그에 대한 보상으로 기업을 약속하는 이사야 57과 58장의 메시지에 적용하였다.

넷째, 종말론적 문맥 가운데 나타난 땅의 기업의 주제는 하나님의 구원의 미래적 완성을 가리킨다. 라이트(Wright)는 땅의 소유의 종말론적 기능을 설명한다:

따라서 역사적인 백성과 땅은 모두 그들의 현재의 경험적 실체를 넘어 원형, 또는 기호와 같다. 이스라엘이 하나님의 구속사역 목적의 미래적 완성을 바라볼 때, 그들은 과거와 현재의 경험으로부터 산출된 용어들을 사용하여 그렇게 제시 한다.[163]

그곳에서는 주님 자신이 영원한 빛이 되시기 때문에 더 이상 해와 달의 비춤이 필요없다(사 60:19, 20). 하나님의 임재는 변화된 시온 전체에 충만할

---

161 Wright, *Old Testament Ethics for the People of God*, 94. Cf. John E. Hartley, *Leviticus* (WBC; Dallas: Word Books, 1992), 437.

162 Wright, *Old Testament Ethics for the People of God, 95; Moshe Weinfeld, The Promise of the Land* (Berkeley: University of California, 1993), 183-221. 와인펠드(Weinfeld)는 "제사장 자료에 따르면 땅을 쉬게 하는 법을 준수하는 것은 그 땅에 거하는 데 필요한 조건"이라고 말했다.

163 Ibid., 185; Paul R. Williamson, "Promise and Fulfillment: The Territorial Inheritance," *The Land of Promise: Biblical, Theological and Contemporary Perspective* (Downers Grove: InterVarsity, 2000), 15-34.

것이다. 주님에 의해 구속된 자들은 땅을 영원히 차지할 것이다. 이사야서 안에서 땅의 기업의 주제는 단지 물리적인 의미로만 제한된 것은 아니다. 오히려 그 의미는 종말론적인 새하늘과 새 땅을 바라본다(65:17-25).

기업으로서의 거룩한 산

이사야서 안에서 중요한 신학적인 주제들 가운데 하나는 거룩한 산이다(시온). 주제의 전개 과정에서 선지자는 거룩한 산(57:13b)의 주제를 기업(54:17)의 주제와 함께 연결시키고 있다. 거룩한 산은 원수들의 고소로부터 종들을 보호하시는 곳이며(54:15-17), 신실한 이방인들과 진실한 고자들을 모으는 곳이다(56:1-8). 하나님께서는 자기를 신뢰하는 자들에게 그의 거룩한 산을 기업으로 주실 것이다(57:13b).

출애굽기 15:17, 18은 거룩한 산의 측면으로 56:1-63:6과 주제적, 언어적 연결성을 보이고 있다. 모세와 이스라엘의 노래는 56:1-63:6 안에 나타나는 하나님의 산의 기업의 주제를 예시하고 있다. 하나님께서는 자신이 거하시고 영원히 통치하시는 그의 기업의 산에서 그의 백성을 모으고 심을 것이다. 출애굽기 15:17, 18과 이사야서 본문과의 문학적 주제적 상관성들은 명백하다. 스튜어트(Douglas K. Stuart)는 다음과 같이 말한다. "이곳에서 시온은 하나님의 기업 즉 영원하고 개인적이며 실제적인 소유물로 제시되었다. 이러한 종류의 언어로부터 궁극적인 예루살렘으로서의 하늘에 대한 성경적 주제를 추적할 수 있다."[164] 예를 들면, 하나님께서 자신

164 Douglas K. Stuart, *Exodus* (NAC; Nashville: Broadman & Holman, 2006), 361. 출애굽기 15장의 문맥에서 산은 족장들에게 약속된 가나안의 산악지대를 의미할 수 있습니다. 그러나 문장 내의 의미적 진행(의미적 병렬성)은 산이 성소이기도 함을 나타낸다(מִקְדָּשׁ). (See also, Jon D. Levenson, *Sinai & Zion: An Entry into the Jewish Bible* (New York: HarperSanFrancisco, 1985), 136. 그는 "사실 모든 시대 이스라엘 종교에서 놀라울 정도로 지

의 백성들을 산으로 데려오시는 것. תְּבִאֵמוֹ(출 15:17)과 וַהֲבִיאוֹתִים(사 56:7) 그리고 בְּהַר נַחֲלָתְךָ(출 15:17)과 אֶל־הַר קָדְשִׁי(56:7); 산의 기업: בְּהַר נַחֲלָתְךָ(출 15:17)과 וְיִירַשׁ הַר־קָדְשִׁי׃(사 57:13b); 하나님께서 거하시는 산과 겸손한자: מָכוֹן לְשִׁבְתְּךָ פָּעַלְתָּ יְהוָה מִקְּדָשׁ(출 15:17)과 וְקָדוֹשׁ אֶשְׁכּוֹן וְאֶת־דַּכָּא וּשְׁפַל־רוּחַ מָרוֹם(사 57:15); 하나님께서 심으신 백성: וְתִטָּעֵמוֹ בְּהַר נַחֲלָתְךָ(출 15:17)과 נֵצֶר מַטָּעוֹ(사 60:21), מַטַּע יְהוָה(사 61:3). 그러나 57:13-15의 독특성은 오직 하나님을 신뢰하는 자들이 거룩한 산을 기업으로 얻을 것이며 하나님께서는 높고 거룩한 장소에만 거하시는 것이 아니고 겸손하고 통회하는 자와 함께 거하신다.

상속자들의 자질은 무엇인가?

56:1-63:6 안에 나타난 기업의 주제는 상속자들(종들)의 자질과 긴밀히 연결되어 있다. 땅과 거룩한 산을 소유하는 상속자들의 특징은 이사야 56-66장의 주된 강조점들 가운데 하나이다. 그러면 56:1-63:6에서 제시된 상속자들의 자질은 무엇인가? 첫째, 상속자들은 의와 공의를 행하는 이방인들과 쫓겨난 자들을 포함한다(56:1-8). 따라서 상속자가 되기 위해서는 그 어떤 민족적, 국가적인 제한이 없다. 그의 거룩산 산을 상속하기 위해서는 오직 하나님의 언약에 대한 순종과 충성이 요구된다. 둘째, 하나님과 신실한 관계를 가지고 있는 사람들은 새로운 공동체의 일원이 된다. 주님의 이름을 사랑하고 그에게 피하는 삶이 상속자들의 특징적인 삶이다(56:6; 57:13b). 또한 안식일 준수는 하나님의 명령에 순종하는 것에 대한 제유법

배적인 성지 개념은 성전이나 산의 거룩함에 대한 보편적 관념의 연장선상에 있을 가능성이 크다"고 말한다.

으로 강조되었다(56:2, 6; 58:13).[165] 벤게메렌(VanGemeren)은 다음과 같이 주장한다. "안식일 준수는 모세 언약의 한 표지이며(출 31:13-17) 하나님의 뜻에 대한 순종으로 표현된다. 따라서 안식일은 그 자체의 의미로 강조되기보다는 하나님께 대한 충성의 표현으로 강조된다."[166] 셋째, 야곱의 기업을 누리기 위한 조건은 필요에 처한 이웃들을 돌보는 것이다(58:6-12). 주님께서 상속자들의 삶 속에서 기대하시는 것은 헛된 종교적 행위가 아니고 다른 이웃들에 대해 긍휼을 베푸는 삶이다. 마지막으로 겸손과 회개는 하나님의 임재를 경험하기 원하는 상속자들의 자질이다(57:15; 59:20 cf. 30:15). 그러나 공동체 안에서 의와 공의를 행하는 자는 아무도 없다(59:1-15a). 결국 하나님 자신이 신원과 보응의 형태로 시온에 구원을 가지고 오신다(59:15b-63:6). 그러나 죄악에서 돌이키고 하나님의 구원을 바라는 자들은 시온을 상속할 것이다(59:15b-21).

알파벳 이합체(離合體) 시인 시편 37편은 상속자의 자질이란 측면으로 이사야 57장과 58장과 언어적 주제적 연관성을 드러낸다. 이 시편에서는 땅을 기업으로 상속하는 주제가 의인과 악인의 대조적인 미래와 관련하여 시편 전체에 나타난다. 37: 9, 11, 22, 29, 34에 나타난 יִירְשׁוּ־אָרֶץ:은 (cf. לָרֶשֶׁת אָרֶץ 34절) 37: 9, 22, 28, 34(cf. כָּרַת의 사용)에 나타난 악인의 부정적 운명에 대한 기술과 함께 쓰인다.[167] 시편 37편에 나타난 상속자들의 운명에는 몇 가지 특징이 있다: 주님을 기다리는 것(וְקֹוֵי יְהוָה, 9절); 온유한 자(וַעֲנָוִים, 11절); 주님의 복을 받은 자(מְבֹרָכָיו, 22절); 의인(צַדִּיקִים, 29절); 주님을 기다리고 그의 길을 지키는 자(קַוֵּה אֶל־יְהוָה וּשְׁמֹר דַּרְכּוֹ, 34절). 의인은 땅을 상속할 뿐 아니라 그 자손의 세대에 걸쳐 거기에 영원히 거할(יִשְׁכְּנוּ) 것이

165 Young, *The Book of Isaiah: Chapters 40-66*, 390.

166 VanGemeren, *Interpreting the Prophetic Word*, 281.

167 Gerald H. Wilson, *Psalms: Vol. 1* (NAC; Grand Rapids: Zondervan, 2002), 603.

다(27, 29 절cf. 사 57:15; 60:21).[168] 그러나 악인과 그 자손들은 땅에서 끊어질 것이다. 악인의 덧없는 생명은 빨리 시들어 버리는 풀과 푸른 식물로 비유된다(1, 2절 cf. 사 57:13a). 이 악인과 의인의 대조적인 주제의 패턴은 주님을 신뢰하는 신실한 자들은 땅을 차지하고 우상을 숭배하는 악인들은 평안이 없다(57:19-21)라고 강조 하는 이사야 57장에서 다시 나타난다. 또한 시편 37:5, 6에 나타난 신실한 반응(주님을 신뢰함)이란 주제와 구원의 새로운 시대에 대한 약속(의를 빛 같이 공의를 정오의 빛 같이)의 패턴은 58:6-10에서 다시 나타난다. 이사야 선지자는 새로운 공동체의 책임들과 새로운 시대를 빛의 이미지로 연결시키고 있다. 시편 37편과 이사야 57, 58장은 비슷한 주제적 신학적 상관성을 드러낸다.

신명기 5:12-15은 58:13-14에 나타난 안식일 준수의 주제에 대한 중요한 신학적 배경을 제공한다. 출애굽기 20:8-11에서 안식일 주제는 주로 창조와 관련되어 있으나, 신명기 5:12-15에서 안식일 주제는 출애굽 주제와 긴밀하게 연결되어 있다.[169] 안식일은 주님의 날이기에 거룩하게 지켜야 한다(신 5:12-14). 이스라엘 백성이 안식일을 지키는 방법은 노예와 짐승을 포함하여 집안에 거하는 모든 식구들에게 쉼을 제공하는 것이다(신 5:14). 안식일을 지키는 것은 심지어 함께 사는 노예들에게 의와 공의의 삶의 방식을 보여주는 것이다. 하나님께서는 15절에서 זָכַר을 사용하므로 이스라엘의 과거 경험을 상기시킨다.[170] 그들은 자신들이 한때 애굽에서 노예였다는 것과 하나님께서 그들을 능력의 팔로 구속하셨다는 것을 기억해

168 시 37:27, 29에서는 의인이 그 땅에 영원히 거할 것을 약속하지만, 사 57:15에서는 높고 높으신 하나님께서 통회하는 자, 겸손한 자와 함께 하신다고 선언합니다.

169 J. G. McConville, *Deuteronomy* (AOTC 5; Downers Grove: InterVarsity, 2002), 128.

170 Richard D. Nelson, *Deuteronomy* (Louisville: Westminster John Knox, 2002), 82.

야만 한다(cf. 10:19; 15:15; 16:12; 24:18, 22).[171] 안식일 준수에 대한 동기는 그들이 한때 노예였던 애굽으로부터 하나님께서 자신의 백성들을 구원하셨다는 사실에 근거를 두고 있다(신 5:15). 이사야 선지자는 신명기 5:12-15의 신학적 주제를 선택하여 제 2 출애굽(바벨론 포로 해방)의 새로운 역사적 상황 가운데 그것을 재적용한다. 이사야 58장에서 안식일 주제는 약속된 구원을 경험하기 위해 이웃들에게 의와 공의의 삶을 살라는 권고의 문맥 안에서 금식의 주제와 긴밀하게 연결되어 있다. 만일 백성들이 신실하게 안식일을 지키면 그들은 땅에서 하나님의 공급과 약속된 야곱의 기업을 누릴 것이다(사 58:14).

결론

주제 분석은 56:1-63:6가 이전 본문들과 여러 주제적 언어적 연결성을 가지고 있다는 것을 제시하고 있다. 특별히 서로 연결된 종과 기업의 주제는 다른 주제들과 함께 집중과 확장을 통하여 이사야 40-55장에서부터 지속적으로 전개된다. 이사야 49-55장의 기업의 주제가 땅의 회복과 고난의 종을 통한 백성들의 갱신과 관련된 반면에 56:1-63:6에서 기업의 주제는 하나님 백성들의 응답과 관련되어 있다. 이사야 선지자는 의와 공의를 지킴으로 가까이 임한 하나님의 구원의 약속으로 이사야 56-66장을 소개하고 있다. 56:1-8에서 종들은 이방인들과 고자들을 포함하여 하나님께 인격(의와 공의)으로 반응하는 자들로 인식된다. 그러나 "종들" 이란 단어는 64:17 과 65:8-16에 이르기까지 나타나지 않는다. 이는 종의 주제가 이 부

171 Ibid., 83.

분에서는 불연속적이라기 보다는 오히려 기업의 주제(땅과 거룩한 산을 상속할 자들)와 함께 변이를 통하여 함께 모아졌으며, 65:8-16에서 기업의 주제와 함께 명백히 사용됨을 예견한다.

우리가 논의했듯이 땅과 거룩한 산의 기업이란 주제는 모세 오경에 나타난 몇몇 본문들과 함께 신학적 언어적 상관성을 드러낸다. 이러한 상호 텍스트성은 56:1-63:6안에 나타난 기업의 속성을 이해하는데 도움을 준다. 이사야 본문에서 땅의 기업은 족장들에게 약속한 물리적인 측면을 배제하지 않는다. 이사야 선지자는 중심되는 구약 신학적 주제 가운데 하나인 땅을 사용하여 자신들의 죄악으로 인하여 그 땅을 상실한 백성들을 위로하고 권면하고자 한다. 땅의 기업은 하나님과 백성들 사이의 독특한 관계성을 나타내는 최고의 지표이다. 따라서 하나님께서는 그의 언약적 관계에 따라 백성들에게 땅에서 그의 보호하심, 임재, 그리고 공급을 약속하신다. 또한 동시에 그는 이스라엘 백성들이 하나님과 그들의 이웃에게 일정한 책임을 수행하도록 요구하신다. 종말론적인 문맥 가운데 땅의 기업은 현재의 경험적인 실체를 넘어 존재하는 하나님의 구속의 새로운 시대(변화된 시온)를 제시한다. 주님에 의해 구속된 자들은 땅을 기업으로 상속할 것이며 그 곳에서 영원히 살 것이다. 거룩한 산은 하나님께서 원수들의 고소로부터 그의 종들을 보호하시고(54:15-17), 모으시고, 그들의 제사를 받으시는 장소다(56:1-8). 하나님께서는 자신을 의뢰하는 자들에게 거룩한 산을 기업으로 주신다(57:13b). 땅과 함께 거룩한 산의 기업은 하나님의 완전한 구원을 의미한다(57:13b). 마지막으로 기업 상속자들의 자질은 무엇인가? 하나님께 의와 공의로 반응하는 자들은 기업을 상속할 것이다. 신실한 반응은 주님을 신뢰하는 것과 죄악을 회개하는 것을 포함하고 또한 이웃을 전심으로 돌보며 하나님의 계명을 순종하는 것이다.

5장

기업의 상실, 기도, 하나님의 응답, 그리고 기업의 확증

(이사야 63:7–66:24 내에서의 이사야 65:8–16)

이전 장에서 우리는 기업의 주제가 어떻게 백성들의 반응과 연결되었는지를 살펴보았다. 의와 공의를 지키라는 하나님의 권고에 대해서는 두 가지의 반응이 있다. 신실한 자들의 반응과 악한 자들의 반응이다. 하나님께서는 땅과 거룩한 산 뿐 아니라 회복의 새 시대를 종들에게 약속하시는 반면에 악인들은 저주하신다. 신실한 자들에게 기업을 약속하시지만 이스라엘 안에서 하나님께 믿음과 참 인격으로 반응하는 자들은 아무도 없었다. 따라서 하나님 자신이 그의 백성들에게 구원을 주시며 죄악으로부터 회개하는 자들에게 변화된 시온을 약속하신다(59:15b-63:6). 그러나, 이스라엘 백성들의 지속적인 실패는 63:7-64:11에서 결국 기업의 상실을 가지고 온다.

이 장에서우리는 종들의 탄식기도 속에 나타난 기업의 상실과 그에 따른 기업을 확증하시는 하나님의 응답을 넓은 문학적 문맥인 63:7-66:24 안에서 살펴볼 것이다. 56:1-63:6은 하나님의 권고하심에 대한 두 가지의 서로 다른 반응들을 다루는 반면에 63:7-66:24은 종들의 기도에 대한 하나님의 서로 다른 두 응답을 제시할 것이다. 특별히 65:8-16은 하나님의 응답의 절정을 제시한다: 종들에 대한 신원과 악인에 대한 보응. 63:6-

66:24 안에서 종들과 기업의 주제들을 연구하면서 우리는 이사야서의 다른 본문들과 주제적, 문학적 연관성들을 또한 논의할 것이다. 또한 우리는 이사야서 전체의 종결부로서의 65:1-66:24의 기능을 또한 논의할 것이다. 마지막으로 우리는 다음과 같은 질문들을 다룰 것이다. 63:7-66:24에 언급된 종들은 누구인가? 종들에게 약속된 기업의 속성은 무엇인가? 새 창조의 종말론적인 환상은 종들과 기업의 주제에 대해 어떤 새로운 안목을 가져다주는가?

좀 더 넓은 문맥 안에서 65:8-16에 나타난 기업과 종들의 담화적 의미를 탐구하기 위해 우리는 다음과 같은 절차를 밟을 것이다: (1) 본문 구획, (2) 주제 전개, (3) 본문의 의사 소통의 기능, 그리고 (4) 신학적 의미들.

담화 구획

63:7-66:24 안에서 65:8-16의 단락 구획은 이 본문이 넓은 문학적 문맥 안에서 분리되었기 때문이 아니고 종들과 기업의 주제에 대해 특별히 강조하기 때문에 필요하다. 종들과 기업의 주제적 신학적 내용을 이해하기 위해, 이사야 선지자가 담화의 결속성과 일관성의 원리에 따라 어떻게 그의 메시지를 구성하였는지를 살피는 것은 필수적이다.[1]

외적인 표식

65:8-16을 주변의 다른 담화들과 외적인 구분을 짓게 하는 언어적 문

1 J. Muilenburg, "Form Criticism and Beyond," *JBL* 88 (1969): 1-18.

학적 표식들이 있다. 대부분의 학자들은 새로운 단락이 8절에서 시작된다고 생각한다.[2] 8절은 생각의 새로운 국면을 소개하는 신어(神語) 공식 כֹּה אָמַר יְהוָה으로 시작된다.[3] 65:1-7에서 선지자는 백성들의 종교적 죄악과 그들에 대한 암울한 심판을 선포한다. 그러나 65:8에서 포도송이란 새로운 이미지를 사용하므로, 선지자는 하나님께서 악인을 심판하는 가운데에서도 종들은 파괴하지 않을 것이라는 것을 선언하다. 65:8-16a이 중심 본문이 되게 하는 요소는 중심주제가 심판에서 구원과 심판이 함께 나타난다는 점이다. 하나님의 궁극적 축복과 저주로 표현되는 종들과 악인 사이의 첨예한 대조 현상은 65:8-16의 두드러진 특징이다. 비록 많은 학자들이 단락의 시작 부분에 대해서는 의견을 같이하나 종결부에 대해서는 여러 의견이 있다. 웨스터만(Westermann), 스쿨리온(Scullion), 그리고 에머슨(Emmerson)은 이 단락이 16b에서; 골딩게이(Goldingay)와 오스왈트(Oswalt)은 16에서; 아치마이어(Achtemeier)와 코에넨(Koenen)은 25절에서 이 단락이 마친다고 주장한다.[4] 그러나 골딩게이(Goldingay)와 오스왈트(Oswalt)의 의견에 따라 우리는 16절이 다음과 같은 이유로 단락의 종결부임을 제시한다. 첫째, 17절부터 새 하늘과 새땅의 모습 안에서 창조의 갱신이란 새 주제를 소개하면서 주제의 변화가 일어난다. 이 새 창조의 선명한 이미지는 주제의 극적인 변화를 강조한다. 둘째, 17절의 도입부에 나타난 감탄어구 כִּי־הִנְנִי은 새로운 단락의 시작을 가리킨다. 그리고 이 수사학적 장치는

2 Westermann, *Isaiah 40-66*, 402; Motyer, *The Prophecy of Isaiah*, 526; Emmerson, *Isaiah 56-66*, 31-32; Scullion, *Isaiah 40-66*, 201; Achtemeier, *Community and Message of Isaiah 56-66*, 126.

3 Muilenburg, *The Book of Isaiah: Chapters 40-66*, 749.

4 Westermann, *Isaiah 40-66*, 403; Scullion, *Isaiah 40-66*, 202; Emmerson, *Isaiah 56-66*, 31-32; Goldingay, *Isaiah*, 367; Oswalt, *The Book of Isaiah: Chapters 40-66*, 641-43; Achtemeier, *Community and Message of Isaiah 56-66*, 126; Koenen, *Ethik und Eschatologie im Tritojesajabuch*, 168.

청중들의 주의를 이끌면서 단지 감정적인 효과뿐 아니라 주제의 변화도 강조한다. 셋째, 8절에 나타난 단어 בְּרָכָה 그리고 16절에 나타난 הַמִּתְבָּרֵךְ, יִתְבָּרֵךְ은 8절과 16절을 하나로 묶어주면서 양괄식 구조를 이룬다.[5] 동시에 8절과 16절 사이에 나타난 음성적이며 어휘적인 평행구 בְּרָכָה과 בָּרֵךְ는 이 단락을 하나의 단위로 묶어준다. 마지막으로 65:8-16에서 7번이나 반복된 용어 עֲבָדַי은(8, 9, 13, 14, 15절) 이 단락을 주변의 본문들로부터 구분짓는다. 따라서 65:8-16을 일관성 있고 특징적인 단락으로 구분 짓는 것이 적절하다.

본문 번역

כֹּה אָמַר יְהוָה	65:8a	여호와께서 이같이 말씀하시되:
כַּאֲשֶׁר יִמָּצֵא הַתִּירוֹשׁ בָּאֶשְׁכּוֹל	65:8b	포도송이에는 즙이 있으므로,
וְאָמַר אַל־תַּשְׁחִיתֵהוּ	65:8c	사람들이 말하기를 그것을 상하지 말라,
כִּי בְרָכָה בּוֹ	65:8d	거기 복이 있느니라 하나니.
כֵּן אֶעֱשֶׂה לְמַעַן עֲבָדַי	65:8e	나도 내 종들을 위하여 그와 같이 행하여
לְבִלְתִּי הַשְׁחִית הַכֹּל׃	65:8f	다 멸하지 아니하고 ,
וְהוֹצֵאתִי מִיַּעֲקֹב זֶרַע	65:9a	내가 야곱에서 씨를 내며,
וּמִיהוּדָה יוֹרֵשׁ הָרָי	65:9b	유다에게서 나의 산들을 기업으로 얻을 자를 내리니
וִירֵשׁוּהָ בְחִירַי	65:9c	내가 택한 자가 이를 기업으로 얻을 것이요[6]
וַעֲבָדַי יִשְׁכְּנוּ־שָׁמָּה׃	65:9d	나의 종들이 거기에 살 것이라.
וְהָיָה הַשָּׁרוֹן לִנְוֵה־צֹאן	65:10a	사론은 양 떼의 우리가 되겠고
וְעֵמֶק עָכוֹר לְרֵבֶץ בָּקָר	65:10b	아골 골짜기는 소떼가 눕는 곳이 되어
לְעַמִּי אֲשֶׁר דְּרָשׁוּנִי׃	65:10c	나를 찾은 내 백성의 소유가 되려니와

5 Cf. Wendland, *The Discourse Analysis of Hebrew Prophetic Literature*, 46-47. 그는 "인클루시오는 특정 단원의 시작 부분으로 다시 주의를 돌리는 회고 행위가 필요하다"라고 말한다.

6 *BHS*는 וִירֵשׁוּהָ("그들은 그것을 상속할 것이다")를 וִירֵשׁוּם("그들은 그들을 상속할 것이다")로

וְאַתֶּם עֹזְבֵי יְהוָה	65:11a	오직 나 여호와를 버리며
הַשְּׁכֵחִים אֶת־הַר קָדְשִׁי	65:11b	나의 성산을 잊고
הַעֹרְכִים לַגַּד שֻׁלְחָן	65:11c	갓에게 상을 베풀며[7]
וְהַמְמַלְאִים לַמְנִי מִמְסָךְ׃	65:11d	므니에게 섞은 술을 가득히 붓는 너희여
וּמָנִיתִי אֶתְכֶם לַחֶרֶב	65:12a	내가 너희를 칼에 붙일 것인즉[8]
וְכֻלְּכֶם לַטֶּבַח תִּכְרָעוּ	65:12b	다 구푸리고 죽임을 당하리니
יַעַן קָרָאתִי וְלֹא עֲנִיתֶם	65:12c	이는 내가 불러도 너희가 대답지 아니하며
דִּבַּרְתִּי וְלֹא שְׁמַעְתֶּם	65:12d	내가 말하여도 너희가 듣지 아니하고
וַתַּעֲשׂוּ הָרַע בְּעֵינַי	65:12e	나의 눈에 악을 행하였으며
וּבַאֲשֶׁר לֹא־חָפַצְתִּי בְּחַרְתֶּם׃	65:12f	내가 즐겨하지 아니하는 일을 택하였음이니라
לָכֵן כֹּה־אָמַר אֲדֹנָי יְהוִה	65:13a	이러므로 주 여호와께서 이와 같이 말씀하시니라.
הִנֵּה עֲבָדַי יֹאכֵלוּ	65:13b	보라 나의 종들은 먹을 것이로되,
וְאַתֶּם תִּרְעָבוּ	65:13c	너희는 주릴 것이니라
הִנֵּה עֲבָדַי יִשְׁתּוּ	65:13d	보라 나의 종들은 마실 것이로되
וְאַתֶּם תִּצְמָאוּ	65:13e	너희는 갈할 것이니라
הִנֵּה עֲבָדַי יִשְׂמָחוּ	65:13f	보라 나의 종들은 기뻐할 것이로되
וְאַתֶּם תֵּבֹשׁוּ׃	65:13g	너희는 수치를 당할 것이니라.
הִנֵּה עֲבָדַי יָרֹנּוּ מִטּוּב לֵב	65:14a	보라 나의 종들은 마음이 즐거우므로 노래할 것이로되
וְאַתֶּם תִּצְעֲקוּ מִכְּאֵב לֵב	65:14b	너희는 마음이 슬프므로 울며
וּמִשֵּׁבֶר רוּחַ תְּיֵלִילוּ׃	65:14c	심령이 상하므로 통곡할 것이며[9]

읽을 것을 제안한다. 그러나 3번째 여성 접미사는 시온 또는 땅 전체를 지칭할 수 있으므로 접미사를 3인칭 여성 단수에서 3인칭 남성 복수로 수정할 필요가 없다. 성경 히브리어에서 숫자의 일치성은 "문법보다는 의미에 따라" 존재하는 경향이 있다. 참고. Gibson, *Davidson's Introductory Hebrew Grammar-Syntax*, 20-24. 게다가 시인은 9a, 9b, 9c, 9d, 10a에서 *a* 음의 유사로 발생하는 음운 효과를 사용했을수도 있다.

7 카이로 게니자의 한 사본은 הַעֹרְכִים을 הָעוֹרְכִים로 읽는다. 그러나 두 모음 ˙ 과 וֹ는 종종 서로 혼용해서 사용된다. 따라서 의미는 동일하다

8 *BHS*는 וּמָנִיתִי(바브 연속법 칼 완료 1인칭 공성 단수. "내가 계수할 것이다")을 וּמִנֵּיתִי(바브 연속법 피엘 완료 1인칭 공성 단수. "내가 할당할 것이다")으로 읽는 것을 선호한다. 왓츠(Watts)는 MT독법을 선호한다. 왜냐하면 מְנִי라는 이름의 언어 유희 때문이다. (Watts, *Isaiah 34-66*, 341).

9 *BHS*는 תְּיֵלִילוּ(히필 미완료 2인칭 남성 단수)를 תֵּילִילוּ로 읽는 것을 선호한다. "일부 히필 미완료형에서는 접두어 요소가 나중에 단축형에 추가되었다. Kautzsch, *Gesenius' Hebrew*

וְהִנַּחְתֶּם שִׁמְכֶם לִשְׁבוּעָה לִבְחִירַי	65:15a	또 너희가 남겨 놓은 이름은 내가 택한 자의 저줏거리가 될 것이니라
וֶהֱמִיתְךָ אֲדֹנָי יְהוִה	65:15b	주 여호와 내가 너를 죽이고
וְלַעֲבָדָיו יִקְרָא שֵׁם אַחֵר׃	65:15c	내 종들은 다른 이름으로 부르리라.
אֲשֶׁר הַמִּתְבָּרֵךְ בָּאָרֶץ יִתְבָּרֵךְ בֵּאלֹהֵי אָמֵן	65:16a	이러므로 땅에서 자기를 위하여 복을 구하는 자는 진리의 하나님을 향하여[10] 복을 구할 것이요[11]
וְהַנִּשְׁבָּע בָּאָרֶץ יִשָּׁבַע בֵּאלֹהֵי אָמֵן	65:16b	땅에서 맹세하는 자는 진리의 하나님으로 맹세하리니
כִּי נִשְׁכְּחוּ הַצָּרוֹת הָרִאשֹׁנוֹת	65:16c	이는 이전 환난이 잊어졌고
וְכִי נִסְתְּרוּ מֵעֵינָי׃	65:16d	내 눈 앞에 숨겼음이라.

내적 표식

주석가들은 이 본문에서 서로 다른 소단락 구분을 제시하였다(8-10, 11-12, 13-14, 그리고 15-16). 오스왈트(Oswalt)는 세 단락으로 구분한다(8-10, 11-12, 그리고 13-16). 블렌킨솝(Blenkinsopp)은 두 개의 소단락으로 구분한다(8-12과 13-16). 동일하게 챠일즈도 두 개의 소단락으로 구분한다(8-10과 11-16).[12] 그러나 우리는 65:8-16이 외형적, 언어적, 주제적 표식에 따라 세 부분의

Grammar, 193.

10 *BHS*는 אָמֵן("진실로 또는 참으로")을 אֵמוּן("신실함, 신뢰할 만한") 또는 אֹמֶן("신뢰성")으로 읽는다. 왜냐하면 yhel{aBe 다음에 명사가 오는 것이 예상되기 때문이다. LXX 은 ἀληθινόν("참")으로 번역하여 τὸν θεὸν τὸν ἀληθινόν("참된 하나님")으로 읽는다. 그러나 MT 독법 אָמֵן בֵּאלֹהֵי이 가능하다. 왜냐하면 이것은 "저주(민 5:22, 신 27:15ff.), 약속(렘 28:6), 기도를 인도하는 사람의 기도에 대한 반응(느 8:6[7])의 암시가 될 수 있기 때문"이다. 하나님은 그분의 종들이 가지는 기대를 확증해 주신다. Koole, *Isaiah III: Isaiah 56-66*, 444.

11 *BHS*는 אֲשֶׁר을 삭제한다. 하지만 MT 독법이 유지되어야 한다. 왜냐하면 rv,a]는 결과절을 소개하기 때문이다. 다음을 보아라. Waltke and O'Connor, *Biblical Hebrew Sytax*, 638-39; Merwe, Naudé and Kroeze, *A Biblical Hebrew Reference Grammar*, 296-97.

12 Muilenburg, *Isaiah 40-66*, 749-53; Oswalt, *The Book of Isaiah: Chapters 40-66*, 644; Blenkinsopp, *Isaiah 56-66*, 273, 279; Childs, *Isaiah*, 536.

소단락으로 나누어 진다고 제안한다(8-10, 11-12, 그리고 13-16). 첫째, 소단락 8-10절은 전령 공식 כֹּה אָמַר יְהוָה으로 시작하며 종들의 기업이란 주제에 초점을 맞춘다. 종들을 언급하기 위해 몇몇의 표현들이 8-10절에서 사용된다: עֲבָדַי(8e, 9d), מִיַּעֲקֹב זֶרַע(9a), מִיהוּדָה יוֹרֵשׁ(9b), בְחִירַי(9c), עַמִּי(10c). 이 단어들은 의미론적으로 8-10절을 일관성있는 소단락으로 묶어 준다. 또한 담화의 외적 결합성은 대명사의 반복 "나/나의"(8e-f, 9a-d, 10c)으로 이루어진다. 둘째, 소단락11-12은 청중의 변화에 의해 이전 소단락과 구분된다. 11절은 대명사를 묘사하는 연쇄적인 분사와 함께 וְ 접속사 וְאַתֶּם("그러나 너는")을 사용한 강조적 호격으로 시작한다 עֹזְבֵי יְהוָה(11a), הַשְּׁכֵחִים(11b, 형용사), הָעֹרְכִים(11c), 그리고 הַמְמַלְאִים(11d). 청중들은 신실한 종들이 아니고 여호와를 버린 배역한 우상 숭배자들이다. 11-12절의 구조적 일관성은 소단락 전체 구조 형성에 기여하는 교차 대칭구조 패턴(chiastic pattern)에 의해 이루어진다: A. 악인의 배역한 행동(11a-d), B. 하나님의 심판(12a-b), A. 악인의 배역한 행동(12c-f).[13] 또한 의미론적 평행법은 11절과 12절의 결합을 더욱더 확고히 해준다: וְאַתֶּם עֹזְבֵי יְהוָה(11a) // וּבַאֲשֶׁר לֹא־חָפַצְתִּי בְּחַרְתֶּם׃(12f).[14] 셋째, 65:13-16은 전환을 표현하는 לָכֵן과 신어 공식 כֹּה־אָמַר אֲדֹנָי יְהוִה으로 시작하는 마지막 소단락을 구성한다. 처음에 위치한 접속사 לָכֵן은 새로운 단락을 소개할 뿐 아니라 또한 다음에 나오는 주제에 대해 특별한 관심을 갖게 한다.[15] 이 소단락의 중심 주제는 종들의 축복과 악인들의 저주에 대한 예리한 대조이다. 13a과 15b에 나타난 하나님의 이름에 대한 반복은

13 Cf. Watson, *Classical Hebrew Poetry*, 204-7.

14 Cf. Robert Alter, *The Art of Biblical Poetry* (New York: Basic Books, 1985), 3-26. 두 행 사이에는 강조와 함께 의미의 진행이 있다. 알터(Alter)는 "전반적으로 시형(詩形)은 감정이 더 강해지고, 이미지가 더 선명해지고, 행동이 더 강력하거나 극단적으로 변하는 행들 사이의 역동적인 상호작용을 확실히 장려한다"라고 언급한다.

15 Wendland, *The Discourse Analysis of Hebrew Prophetic Literature*, 39-40.

두 구절을 연결시켜 준다. 13b, 13d, 13f, 14a, 15c(cf. עֲבָדָיו)에 나타난 반복적인 단어 עֲבָדַי הִנֵּה은 이 구절들을 함께 묶어 준다. 16절은 결과절을 소개하는 관계접속사 אֲשֶׁר에 의해 이전 구절들과 함께 연결되어 있다. 하나님은 13b, 13d, 13f, 14a, 16d에서 대명사 "나" 그리고 "나의"으로 지시되며 악인들은13c, 13e, 13g, 14b, 15a, 15b에서 대명사 "너" 그리고 "너의"로 지시된다.

지금까지 65:8-16을 구성하는 세 개의 소단락을 연구하였다. 이제 우리는 이 소단락 사이에 나타난 연결성을 다룰 것이다. 첫째, 8-10절 과 11-12절을 함께 연결하는 언어적 표식들이 있다: 어휘적 반복 יְהוָֹה(8a, 11a) 그리고 הַר(9b, 11b), 대명사 "나", "나의"의 반복(8e, 8f, 9a, 9b, 9c, 9d, 10c, 11b, 12a, 12c, 12d, 12e, 12f). 두 단락 사이의 대조적 주제의 관계(종들의 기업, 8-10절과 악인의 심판, 11-12절)는 서로를 묶어주는 또 다른 증거이다. 둘째, 11-12절은 다음과 같은 표식들로 13-16절과 연결되어 있다. 신적 이름의 반복 יְהוָֹה(11a, 13a, 15b), 어휘의 반복 שָׁכַח(11b, 16c), עַיִן(12e, 16d), בָּחַר(12f, 15a), 대명사 "너"의 반복(11a, 12a-e, 13c, 13e, 13g, 14b, 15a-b). 셋째, 몇몇의 언어적 주제적 표식들은 8-10절과 13-16절을 묶어 준다. 소단락을 소개하는 신어(神語) 공식 יְהוִֹה(yn"ådoa]) כֹּה־אָמַר(8a, 13a); 어휘의 반복 בְּרָכָה, בָּרַךְ(8d, 16a), עֲבָדַי(8e, 9d,13b, 13d, 13f, 14a, 15c), בְּחִירַי(9c, 15a). 또한 두 소단락은(8-10 절과 13-16절) 맹세와 축복으로 표현되는 신실한 종들을 위한 구원약속을 강조한다.

본문의 의미론적 구조

65:8-16의 외적 내적 표식에 대한 논의는 다음과 같은 의미의 구조를 제시한다.

A. 종들의 기업 약속 (8-10절)

1. 종들의 보호 (8)

2. 종들의 기업 (9)

a. 주님의 산 (9b)

b. 샤론과 아골 골짜기(10a-b)

B. 악인에 대한 심판(11-12절)

1. 악인의 우상 숭배 행위 (11a-d)

2. 하나님의 심판 (12a-b)

3. 악인의 배역한 행위(12c-f)

C. 축복과 저주의 현저한 대조 (13-16절)

1. 종들을 위한 축복과 악인들을 위한 저주 (13a-15c)

2. 축복의 근원으로서의 하나님(16a-d)

주제 전개

몇몇 학자들은 63:7-64:11과 65:1-66:24 사이에 주제의 연속성을 부인하였다. 스키너(Skinner)는 64:8의 "우리는 당신의 백성입니다"라는 주장과 65:1-7에 나타난 백성들 가운데 있는 우상 숭배자들 사이에는 큰 간격이 있다고 주장한다.[16] 체인(Cheyne) 또한 64:11에 나타난 하나님의 침묵에 대한 백성들의 불평과 65:1에 나타난 하나님의 즉시 도우실 준비 사이에 불연속성이 있기 때문에 두 본문 사이에 불연속성을 주장한다.[17] 그러

16 Skinner, *Isaiah 40-66*, 209.

17 T. K. Cheyne, *The Prophecies of Isaiah, vol. II* (London: Kegan Paul, Trench, & Co., 1886), 114.

나 63:7-66:24은 이사야 선지자의 주제적 신학적 의도에 따라 잘 짜인 본문이다. 기업의 상실, 종들의 탄식, 하나님의 응답은 63:7-64:11 과 65:1-66:24을 묶어주며 63:7-66:24 전반에 걸쳐 발전된다. 또한 63:7-66:24은 이사야서의 다른 본문들과 주제적 언어적 상관성을 드러낸다. 63:7-66:24에서 전개된 기업과 종들의 주제를 탐구하기 위해 우리는 먼저 63:1-64:12안에서 공동체의 탄식에 나타난 기업의 상실을 다룰 것이다. 둘째, 우리는 악인의 심판과 기도에 대한 응답으로서의 하나님의 기업 확증을 논의할 것이다. 63:7-66:24 안에서 우리의 중심된 주제를 논의하는 과정 가운데, 우리는 이사야서의 다른 본문과 연결된 문학적 연관성들을 살펴볼 것이다.

기업이 상실과 종들의 기도(63:7–64:11)

63:7-64:12은 그 내용과 형식에 따라 두 개의 주된 단락으로 나누어 진다: 63:7-14과 63:15-64:11(한글 성경 63:15-64:12).[18] 63:7-64:11에 나타난 공동체의 탄식은 과거 하나님의 행동에 대한 회상과 그에 따른 하나님의 인자에 대한 탄원(63:7-14)과 기업의 상실로 인한 불평(63:15-64:11)으로 구성되어 있다.

18 많은 학자들은 이사야 63:7-64:12의 단락구분을 서로 다르게 제안했다. 오스왈트 (63:7-14; 63:15-19 [MT 19a]; 64:1-7 [MT 63:19b-64:6]; 64:8-12 [MT 64:7-11]), 뮬렌버그(63:7-10; 63:11-14; 63:15-16; 63:17-19; 64:1-5b [MT 63:19b-64:4a]; 64:5c-7; 64:8-12), 베스터만과 부르그만(63:7-14; 63:15-64:12 [MT 11]); 스쿨리온(63:7-14; 63:15-64:5a [MT 4a]; 64:5b-7; 64:8-12). 참고. Oswalt, *The Book of Isaiah Chapters 40-66*, 603; Muilenburg, *Isaiah 40-66*, 730-42; Westermann, *Isaiah 40-66*, 385-90; Brueggmann, *Isaiah 40-66*, 228-31; Scullion, *Isaiah 40-66*, 192.

역사적 회고(63:7-14)

탄식은 하나님과 그의 백성과의 역사적 관계에 대한 회상으로 시작한다.[19] 7절에서 선지자는 יְהוָה의 삼중적 반복을 통한 하나님의 이름과 하나님의 인격(חֶסֶד, רַחֲמִים, טוּב)에 호소한다. 하나님의 인격을 표현한 단어 חֶסֶד과 רַחֲמִים은 54:8, 10; 55:3에서 이스라엘과 하나님의 언약적 관계성을 표현한 여러 단어들과 비슷한 상관성을 보인다. 즉, 63:7-64:12에 나타난 공동체의 탄식은 하나님과의 언약적 관계에 근거하여 행해지고 있다. 이 언약적 관계는 8절에서 עַמִּי과 בָּנִים으로 더욱더 자세히 표현된다. 언약 공식(covenant formula)을 사용하여 하나님께서는 이스라엘을 עַמִּי(출 6:7; 레 26:12; 신 29:13)과 בָּנִים(출 4:22; 신 14:1, 32:6, 19; 호 11:1)으로 부르신다.[20] 그들이 하나님의 언약 백성이기에 하나님께서는 그들의 구원자가 되신다. 9절에서 선지자는 이전 본문들에서 몇몇 단어들을 선택하여 하나님의 구원적 행동(הוּא גְּאָלָם וַיְנַטְּלֵם וַיְנַשְּׂאֵם)을 묘사하고 있다. גָּאַל(41:4; 43:1, 14; 44:22, 23, 24; 47:4; 48:17, 20; 49:7, 26; 52:3, 9; 54:5, 8; 59:3, 20; 60:16) 그리고 נָשָׂא(40:11; 46:3 cf. 출 19:4; 신 32:11).[21]

하나님의 백성을 향한 하나님의 신실함에도 불구하고 하나님에 대한 백성들의 반응은 지속적인 반항으로 특징지워진다. 10절에서 이사야 선지

19 하나님의 놀라운 행적과 성품에 대한 암송으로 시작하는 공동체 애가 시편이 몇 편 있다. 시편 44편, 89편, 106편이다. 애가와 기도의 시작 부분에 나오는 하나님의 행위와 성품에 대한 찬양은 하나님의 자비 아래 사는 것과 하나님의 진노 아래 사는 것을 대조하는 역할을 한다. Childs, Isaiah, 523; Koole, *Isaiah III: Isaiah 56-66*, 349; Webster, "The Rhetoric of Isaiah 63-65," 90; Goldingay, *Isaiah*, 356.

20 F. Charles Fensham, "Father and Son as Terminology for Treaty and Covenant," *Near Eastern Studies in Honor of W. F. Albright* (ed. H. Goedicke; Baltimore: Johns Hopkins University, 1971), 121-35; Muilenburg, *Isaiah 40-66*, 731; Childs, *Isaiah*, 523.

21 Oswalt, *The Book of Isaiah: Chapters 40-66*, 608; Koole, Isaiah III: *Isaiah 56-66*, 357.

자는 강조적 대명사와 וְ 이접적(離接的) 접속사(וְהֵמָּה)을 사용하여 이스라엘의 배역과 그에 따른 하나님의 심판이란 새로운 주제를 소개하고 있다.[22] 10절의 독특한 점은 배역의 용어 מָרוּ וְעִצְּבוּ와 관계하여 רוּחַ קָדְשׁוֹ의 사용이다. רוּחַ라는 단어는 이사야 40-62장에서 주로 하나님의 구원의 문맥에서 사용되었고(42:1, 5; 44:3; 48:16; 54:6; 57:15, 16; 59:21; 61:1, 3. cf. 시 51:11), 10절에서 רוּחַ는 인간의 행동에 의해 근심할 수 있는분으로 인격화 되었다.[23] 은혜롭고 자비로운 하나님께서는 백성들이 성령을 근심하게 하였기에 돌이키사 그 백성들의 원수가 되신다. 백성들의 배역적인 행동으로 야기된 하나님의 심판은 결국 11-14절에서 백성들의 탄식으로 인도한다. 하나님의 심판 가운데에서도 이사야 선지자는 11-14절에서 수사학적인 질문의 형태로 과거 하나님의 행동의 신실함을 재언급하므로 불평한다. 11-14절에서 하나님의 행동에 대한 역사적인 회고는 출애굽 주제, 동물 이미지, 그리고 성령에 대한 언급과 같은 내용들을 함께 결합시켜 표현한다.

첫째, הַמַּעֲלֵם מִיָּם((11절), בּוֹקֵעַ מַיִם מִפְּנֵיהֶם(12절), and מוֹלִיכָם בַּתְּהֹמוֹת(13절)와 같은 내용들의 언급과 함께 11, 12, 13절에서 출애굽 주제가 나타난다. 이러한 표현들은 분명히 홍해에서 하나님의 기적적인 개입을 나타낸다. 앤더슨(Bernhard W. Anderson)은 다음과 같이 지적한다.

> 출애굽은 여호와께서 자신의 백성들을 구속하신다는 보증이다. 왜냐하면 그 사건은 여호와께서는 자신이 계획하신 것을 성취할 수 있는 지혜와 권능을 가지고 있다는 것을 나타내기 때문이다. 제 2 이사야는 그들 역사의 의미성과 백성들에게 미래를 주시는 여호와의 권능에 대해 절망하고 있는 포로기

22 Robert B. Chisholm, *From Exegesis to Exposition: A Practical Guide to Using Biblical Hebrew* (Grand Rapids: Baker, 2002), 124-26.

23 Ibid., 608; Motyer, *The Prophecy of Isaiah*, 514.

의 백성들에게 말한다. 선지자의 의도는 여호와께서 유일한 역사의 주관자 이시다는 것을 선포하므로 백성들의 확신을 일깨우기 위한 것이다.[24]

둘째, 동물 이미지는 하나님의 인도 하에 있는 백성들과 과거의 보호하심과 하나님의 인도하심을 비교하기 위해 사용되었다. צֹּאנוֹ(11절. cf. 40:10, 11), סוּס(13절), בְּהֵמָה(14절). 이 동물 이미지는 죄악된 백성들이 거미, 곰, 비둘기, 뱀으로 묘사된 59:1-11에 나타난 동물 이미지와 대조적인 관계를 나타낸다.

셋째, 10, 11, 14에 사용된 רוּחַ의 삼중적인 반복은 백성들의 완고함과 하나님의 신실함 사이에 대조적인 관계를 고조시키며 10-14절을 연결시켜 준다. 하나님의 백성이 성령을 근심하게 한 반면에(11절) 성령은 그들에게 안식을 주셨다(14절). 성령의 사역으로 나타난 하나님의 지속적인 자비와 변함없는 사랑은 하나님의 이름을 영광스럽게 한다(14절).

기업의 상실로 인한 탄식(63:15–64:11)

하나님의 행동에 대한 역사적인 회고를 열거한 후에 공동체는 기업의 상실로 인하여 탄식한다. 63:15에서부터는 하나님께 직접 호소하므로 시의 분위기가 급격하게 바뀐다.[25] 공동체의 탄식은 7절과 8절에서 이미 언급된 두 가지의 기반에 근거한다. 한편으로 공동체는 קִנְאָתְךָ, גְּבוּרֹתֶךָ, מֵעֶיךָ

---

24 Bernhard W. Anderson, "Exodus Typology in Second Isaiah," *Israel's Prophetic Heritage*, 189. "선지자는 성경의 역사 이해를 모형론적으로 표현하기 위한 수단으로 출애굽 모티프를 사용한다. 출애굽에서 보여준 하나님의 강력한 행위는 바빌론 유배 중인 백성들에게도 드러날 것이다. 사 40-55장에는 출애굽 모티프의 수많은 언어적 반향이 있다(40:3-5; 41:17-20; 42:14-16; 43:1-3, 14-21; 48:20-21; 49:8-12; 51:9-10; 52:11-12; 55:12-13 등).

25 Childs, *Isaiah*, 524. 15절은 두 개의 명령형(הַבֵּט, רְאֵה)으로 시작하고 15절 이후부터는 대명사형 "당신/당신"이 밀도 있게 등장한다.

הֲמוֹן, רַחֲמֶיךָ(15절) 와 같이 고백하며 하나님의 인격에 호소한다. 선지자는 63:7에 나타난 하나님의 인격에 따라 그분의 과거 행동을 찬양하는 반면에 63:15에서 공동체는 그들을 향한 하나님의 능하신 행동과 자비로운 인격의 부재로 인하여 불평한다. 하나님의 열심(קִנְאָה)과 능력(גְּבוּרָה)에 대한 탄원은 9:7; 37:32; 42:13; 59:17에 나타난 비슷한 표현들을 따른다.[26] 그리고 하나님의 긍휼(רַחֲמִים)에 대한 탄원은 54:7과 63:7에 나타난 단어들을 상기시킨다. 공동체는 서로 다른 것처럼 보이는 하나님의 두 인격에 호소한다. 다른 한편으로 공동체는 아버지-아들의 관계성에 호소한다.[27] 16절에서 하나님의 부성(父性)은 반복과 교차 대칭 구조로 강조된다: A אָבִינוּ אַתָּה B אַבְרָהָם לֹא יְדָעָנוּ B′ וְיִשְׂרָאֵל לֹא יַכִּירָנוּ A′ אַתָּה יְהוָה אָבִינוּ. 고대 족장들인 아브라함과 이스라엘(야곱)은 과거에 죽었으나, 이스라엘을 존재케 하신 살아계신 하나님께서는 항상 이스라엘 백성의 참 아버지가 되신다. אָב과 גֹּאֵל의 조합은 하나님에 대한 독특한 표현이다(16절 cf. 8절). 니스카넨(Niskanen)은 다음과 같은 사실을 발견한다. "애굽에서의 노예된 이스라엘 백성을 구속하신 여호와께서는 그들의 아버지가 되고 그들을 한 나라로 생겨나게 하셨다." 이 관계성은 아버지-아들의 용어로 표현된 법적인 가족의 구속력을 창조하는 언약 안에서 형식화되었다."[28]

63:7-64:11에서 하나님의 부성적 긍휼에 호소하는 공동체를 대표하는 "우리"(일인칭 복수)는 누구인가? 17절은 하나님의 간섭을 위해 기도하

26 Goldingay, *Isaiah*, 358. 참조. 사 43:17은 קִנְאָה과 גִּבּוֹר이 함께 사용되고 있음을 보여준다.

27 아버지와 아들의 관계는 다른 성경 구절에도 등장한다. 신 32:6; 삼하 7:14; 시 68:5; 89:26-28; 렘 3:4, 19; 31:9; 말 1:6; 2:10. 참조. Christopher J. H. Wright, *God's People in God's Land: Family, Land, and Property in the Old Testament* (Grand Rapids: Eerdmans, 1990), 15-22.

28 Paul Niskanen, "Yhwh as Father, Redeemer, and Potter in Isaiah 63:7-64:11," *CBQ* 68 (2006): 403.

는 공동체를 하나님의 종들이라고 지명한다. "우리"는 이스라엘을 위해 간구하는 종들이다.[29] 고난의 종의 삶을 따라 종들은 이스라엘을 위해 간구한다(53:12). "우리"는 죄악을 고백하는 공동체이다(64:4-6 [한글성경 64:5-7]): חָטָא(4절), עָוֹן(5, 6절). 그들의 탄원은 그들의 죄악을 고백하는 것과 분리되지 않는다. 죄악을 나타내는 용어는 공동체의 탄식을 표현하는 문맥인 이사야 53장과 59장에서 이미 사용되었다(53:5, 6, 11, 12; 59:2, 3, 12). 본 연구의 제 3장에서 우리는 이스라엘 안에서 죄악을 고백하는 그룹과 고난의 종의 사역을 통하여 배출된 종들 사이에 나타난 관계성을 논의하였다(53:1-13, 54:17). 죄악을 고백하고 고난의 종에게 반응하는 사람들은 종들의 공동체의 일원이 된다. 벤게메렌은 다음과 같이 말한다.

> 경건한 남은 자들은 죄악의 책임과 하나님의 백성들에게 임한 심판을 자신들의 것으로 돌린다. 그들은 또한 기도를 할 때, 과거를 기억할 때, 예루살렘의 운명에 대해 슬퍼할 때, 시온의 구속을 기다릴 때, 그들은 또한 하나님의 심판과 분리를 경험하며 그것이 마땅하다고 생각한다.[30]

17절에서 이스라엘 안에 고백하는 그룹은 하나님의 종들로 동일시되며 종의 주제는 65:8-16과 66:14에서 더욱더 발전된다. '당신의 종들'(עֲבָדֶיךָ)은 다음 줄에 나오는 '당신의 기업인 백성들'(שִׁבְטֵי נַחֲלָתֶךָ)과 평행구를 이룬다. 이전에 사용된 땅(49:8)과 시온의 회복(54:17)으로서의 נַחֲלָה와는 다르게 백성들(종들)이 하나님의 기업으로 언급된다(63:17). 라이트

---

29 이사야서의 "우리"에 대한 정체성에 관한 논의는 다음을 참고하라. Conrad, *Reading Isaiah*, 83-116, 147.

30 VanGemeren, *The Progress of Redemption: The Story of Salvation from Creation to the New Jerusalem* (Grand Rapids: BakerBooks, 1988), 284.

(Wright)는 다음과 같이 말한다.

> 구약 안에서 신학적으로 가장 심오한 기도는 여호와께서 이스라엘을 그의 기업(*naḥ^{a}lâ*)이라는 근거에 의해 그들을 회복해야한다는 탄원이다 - 그 근거는 사용된 용어가 영원한 소유라는 의미를 암시하고 있음을 제시한다(출 34:9; 신 9:26, 29; 1 왕상 8:2-53; 사 63:17; 욜 2:17).[31]

하나님의 돌아오심을 탄원하는 이유는 단지 백성들이 땅을 상실하였기 때문이 아니고 그들이 버림을 받았다는 비탄의 심정이다(17, 18, 19a절). 종들은 바벨론 포로와 성전의 파괴로 인하여 상실감에 빠져있다.[32]

63:19b-64:11(한글 성경 64:1-12)에서 종의 탄원은 새로운 주제들을 소개하면서 더욱더 강렬함을 가지고 지속된다. 첫째, 63:19b-64:2에서 종들의 탄원은 신의 현현 언어들로 특징지워진다. 종들은 하나님께서 하늘에서 그들의 상황을 살펴보시도록 간구하고 있는 반면에(63:15), 19b에서는 백성들을 위하여 하늘로부터 하나님의 직접적인 개입을 위해 기도한다. 하나님의 현현은 타오르는 불, 끓는 물, 흔들리는 산과 מִפָּנֶיךָ(63:19b; 64:1, 2), יָרַדְתָּ(63:19b, 64:2), 그리고 הָרִים נָזֹלּוּ(63:19b; 64:2)의 반복으로 강조된다.[33] 둘째, 종들은 공동체의 지속적인 죄악으로 인하여 탄식한다(4-6절). 하나님의 위엄한 현현과 대조적으로 죄악을 고백하는 공동체(종들)의 현실 상황은 절망적이다. 이는 연쇄적인 비유들로 소개된다. כַּטָּמֵא, כְּבֶגֶד עִדִּים, כָּעָלֶה, כָּרוּחַ. 더 심각한 것은 그 공동체 안에 하나님의 이름을 부르는 자들

31 Wright, "נחל," *NIDOTTE* 3: 80.

32 Goldingay, *Isaiah*, 361; Childs, *Isaiah*, 525; Motyer, *The Prophecy of Isaiah*, 519. 이 학자들은 주전 587년에 성전이 파괴된 것이 참혹한 상황이라는 데 서로 동의한다.

33 Muilenburg, *Isaiah 40-66*, 739; Childs, *Isaiah*, 525.

이 없고 그 절망적인 상황을 관심에 두는 자도 없다(6절). 이 절망적인 상황은 죄악된 공동체가 동물들에 비유된 59:9-15의 모습과 비슷하다. 하나님께서는 이 상황을 보시고 아무 중재자도 없음을 인하여 놀라신다(59:16). 셋째, 아버지-아들의 관계는 다시 나타나며 토기장이(יֹצְרֵנוּ)와 진흙(מַעֲשֵׂה)의 은유와 함께 결합되어 나타난다. 63:16에서 종들은 아버지와 구속자로서 하나님께 기도하는 반면에 65:7에서는 아버지와 창조자로서의 하나님께 호소한다.[34] 토기장이와 진흙의 은유는 백성들의 반항적인 불순종의 문맥인 29:16와 45:9-11에서 이미 나타났다(cf. 렘18:1-12). 은유의 의도는 "그(하나님)는 자신의 창조와 자녀들에 대해 절대적인 자유와 권리를 가지고 계신다"는 점을 강조한다."[35] 넷째, 종들은 10, 11절에서 과거의 영광스러운 상황과 대조하여 현재의 비참한 상태를 강조한다. 그들은 도시를 עָרֵי קָדְשְׁךָ, צִיּוֹן, יְרוּשָׁלִַם, בֵּית קָדְשֵׁנוּ וְתִפְאַרְתֵּנוּ으로 언급한다. 그들의 조상들이 하나님을 찬양했던 장소는 이제 파괴되었고 불에 타버렸다. 63:7-64:11에서 종의 기도는 다음에 나오는 하나님의 응답을 기대하면서 11절에서 두 개의 수사학적 질문으로 마친다.[36]

63:7-64:11은 이전 본문에서 몇몇의 주제와 단어들을 선택하고 다음에 나오는 본문들에서 더욱더 발전된 주제들을 기대하면서 기업의 상실에 대한 종들의 탄식을 소개하고 있다.

---

34 Muilenburg, *Isaiah 40-66*, 743.

35 Paul Niskanen, "Yhwh as Father, Redeemer, and Potter in Isaiah 63:7-64:11," 405-6.

36 일부 학자들은 63:7-64:11에 나오는 종들의 탄식과 사 65장에 나오는 하나님의 응답 사이의 연관성에 대해 의문을 제기했다. 참고. Whybray, *Isaiah 40-66*, 266. 그러나 다음 섹션에서는 두 본문 간의 수많은 주제적, 언어적 대응에 대해 설명할 것이다. 참고. Koenen, *Ethik und Eschatologie im Tritojesajabuch*, 161. 코에넨(Koenen)은 다음과 같이 말한다. "사 65:1-7은 사 63:7-64:11에소개된 기도에 대한 응답으로 구성되었고 사 65:8-66:17도 시편에 대한 응답의 일부라는 것을 여기서 보여준다. 백성들의 탄식은 사 63:7-66:17의 구성에서 "여호와의 충실한 종들은 구원을 보겠지만 여호와를 버린 우상 숭배자들은 멸망할 것이다"라는 차별화된 하나님의 응답을 받는다.

기도에 대한 응답: 심판과 기업의 확증(65:1–66:24)

몇몇의 양식 비평학자들은 이사야 65장과 66장은 서로 다른 장르와 역사적 상황시점에서 서로 상관없는 단위들의 우연한 수집물이라고 주장한다.[37] 그러나 최근의 연구들은 여러 관점으로 이 본문들의 통일성과 일관성을 제시하였다(예. 편집적 또는 문학적 관점).[38] 이제 우리는 63:7-64:11에 나타난 종들의 탄식에 대한 응답으로서 65:1-66:24의 일관적인 주제의 통일성을 논의할 것이다. 하나님의 응답은 악인에 대한 심판과 기업의 확증과 함께 종들에 대한 구원으로 나타난다. 우리는 이사야 65장과 66장이 이사야서 전체의 결론이라는 것을 보이기 위해 65:1-66:24안에서뿐 아니라 이전 본문들과의 사이에 나타난 반복적인 여러 주제와 단어의 상관성들을 다룰 것이다.

악인의 심판 I(65:1–7)

종들의 탄식에 대한 하나님의 응답은 1-7절에서 악인에 대한 심판으로 제시된다. 1절은 종들의 탄식에 대한 하나님의 응답("그가 이제 어디 계시뇨?" 63:11), 신현에 대한 기대(63:19b-64:2), "오히려 스스로 억제하시리리

37 Westermann, *Isaiah 40-66*, 398-429; H. Jefferson, "Note on the Authorship of Isaiah 65 and 66," *JBL* 68 (1949): 225-30; Pauritsch, *Die neue Gemeinde*, 171-218.

38 최근 학자들은 사 65장과 66장의 상세 단락 구분을 비록 다르게 제안하지만, 이 장들이 일관된 큰 문학적 단위라는 점에는 동의한다. Smith, *Rhetoric and Redaction*, 128-72; Beuken, "Isaiah Chapters LXV-LXVI: Trito-Isaiah and the Closure of the Book of Isaiah," *Congress Volume, Leuwen 1989* (VTSup 43; ed. J. A. Emerton; Leiden: Brill, 1991), 204-21; Steck, "Beobachtungen zur Anlage von Jes 65-66," BN 38-39 (1987): 103-16; idem, "TritoJesaja im Jesajabuch," *The Book of Isaiah*, 361-406; Webster, "A Rhetorical Study of Isaiah 66," 93-108; idem, "The Rhetoric of Isaiah 63-65," 89-102.

까? 그리고 "오히려 잠잠하시리이까?"로 시작한다(64:11).[39] 비록 백성들은 하나님을 찾고, 발견하고, 부르지 아니하였으나 하나님께서는 그들에게 자신을 계시하시는데 주도권을 가지신다. 1절의 표현 לֹא־קֹרָא בִשְׁמִי은 64:6(וְאֵין־קוֹרֵא בְשִׁמְךָ)에서 그 반복을 암시한다. הִנֵּנִי의 이중적 반복은 하나님의 이름을 부르는 자들에게 하나님께서는 항상 가까이하신다는 것을 강조한다. 가까이 계시는 하나님의 응답은 2절에서 פֵּרַשְׂתִּי יָדַי כָּל־הַיּוֹם의 표현으로 더욱더 강조된다. 챠일즈는 다음과 같이 말한다. "하나님을 향해 손을 펴는 자들은 주로 탄원기도를 하는 자이나(사 1:15; 4:31) 여기에서는(2절) 하나님께서 배역한 백성들에게 그의 손을 펴신다."[40] 1-2절과 55:6-11 사이에는 주제적, 언어적 관계성이 있다: נִדְרַשְׁתִּי(1절 cf. 55:6), נִמְצֵאתִי(1절 cf. 55:6), קֹרָא(cf. 55:6), הַדֶּרֶךְ(2절 cf. 55:8, 9), מַחְשְׁבֹתֵיהֶם(2절 cf. 55:7, 8, 9). 선지자는 백성들의 길과 생각을 버림으로 하나님을 찾고 구하라고 권고하는 반면에(55:7-9) 하나님께서는 자신의 생각과 길을 따라 하나님을 찾지 않고, 구하지 않고, 부르지 않는 자들에게 자신을 먼저 계시하신다(65:1-2). 이스라엘을 위해 탄원하는 종들과는 달리 백성들(악인들)의 인격과 삶의 방식은 2-5절에서 완고함과 우상 숭배로 특징지워진다. 그들의 죄악상은 연쇄적인 분사 구문으로 표현되었다: 패역한 백성(סוֹרֵר), 불선한 길로 행함(הַהֹלְכִים), 항상 내 노를 일으키는(הַמַּכְעִיסִים), 동산에서 제사하는(זֹבְחִים), 벽돌 위에서 분향하는(וּמְקַטְּרִים), 무덤 사이에 앉으며(הַיֹּשְׁבִים), 은밀한 처소에 지내며(וּבַנְּצוּרִים), 돼지고기를 먹으며(הָאֹכְלִים). 몇몇의 언어는 고대 근동 아시아에서 죽은 자들에 대한 제사와 강신술을 의미한다.[41] 악인은 이

39 Muilenburg, *Isaiah 40-66*, 745.

40 Childs, *Isaiah*, 535. Oswalt, *The Book of Isaiah: Chapters 40-66*, 636.

41 W. Houston, *Purity and Monotheism: Clean and Unclean Animals in Biblical Law* (JSOTSup 140; Sheffield: Sheffield Academic, 1991), 124-80; Alfred von Rohr Sauer, "The Cultic Role of the Pig in Ancient Times," *In Memoriam Paul Kahl* (BZAW 103; Verlag

방제의 의식을 행한다(5절): קְרַב אֵלֶיךָ אַל־תִּגַּשׁ־בִּי כִּי קְדַשְׁתִּיךָ. 그들은 이방제의 의식을 행함으로 다른 사람들보다 더 거룩하다고 믿는다.[42] 그러나 그들에게 향한 하나님의 심판은 절정을 이루는 요약문구를 통하여 선포된다: אֵלֶּה עָשָׁן בְּאַפִּי אֵשׁ יֹקֶדֶת כָּל־הַיּוֹם(5b절)(cf. 삼하 22:9; 시 18:8; 89:46; 렘15:14; 17:4).[43] 하나님의 코에 있는 연기와 불의 이미지는 악인들을 향한 하나님의 심판을 묘사하기 위해 사용되었다. 64:11에서 종들은 하나님께서 영원토록 침묵(תֶּחֱשֶׁה) 하실 것인지를 질문하나 하나님께서는 65:6에서 침묵(אֶחֱשֶׁה) 하시지 않겠다고 대답하신다. 오히려 하나님께서는 6절에서 שִׁלַּמְתִּי을 사용하시므로 악인들에게 보응하실 것을 확인하신다. 그들의 악한 행위를 인하여 그들의 품에 보응하실 것이다(7절).

종들의 기업(65:8–16)

종들의 주제는 63:17에서부터 지속되며 65:8-16에서 중심되는 주제의 초점으로 다시 나타난다. 65:1-7에서 하나님께서는 악인에 대한 심판을 선언하시면서 종들의 기도에 응답하시나 65:8-16에서 하나님께서는 종들에 대한 축복을 확증하신다. 하나님께서는 악인은 심판하시나 신실한 종들은 아끼시고 보상하신다. 8절은 하나님의 축복과 보호의 표지로 포도송이 은유를 소개한다.[44] 종들은 하나님의 심판 가운데에서도 보호되는 포도송이에 비유된다(cf. לְבִלְתִּי הַשְׁחִית הַכֹּל אַל־תַּשְׁחִיתֵהוּ). 종들에 대한

Alfred Töpelmann: Berlin, 1968), 201-7.

42 Cf. Lena-Sofia Tiemeyer, "The Haughtiness of the Priesthood (Isa 65, 5)," *Biblica* 85 (2004): 237-44.

43 Muilenburg, *Isaiah 40-66*, 748.

44 Achtemeier, *Community and Message of Isaiah 56-66*, 130; Oswalt, *The Book of Isaiah: Chapters 40-66*, 644-45.

축복들은 하나님의 보호하심뿐 아니라 기업도 포함된다. 이 기업의 주제는 54:17; 57:13b; 58:14; 63:17에서부터 지속된다. 65:9에서 하나님께서는 산을 종들에게 기업으로 약속하신다. 9절에 나타난 산의 자세한 의미는 약간 애매모호하다. 그러나 유다의 물리적인 땅(팔레스틴)이 산들이라는 표현으로 의미 되었다. 칼빈은 다음과 같이 말한다. “그는 ‘산들의 상속자들’이란 칭호를 그 본토에 다시 거주할 사람들(포로에서 돌아온 자들)에게 주신다. 잘 알려진 바와 같이 유대는 산악 지형의 나라이다.”[45] 이 생각은 다음에 나오는 구절들에 의해 지지를 받는다: “샤론은 양 떼의 우리가 되겠고 아골 골짜기는 소 떼의 눕는 곳이 되어(9절)”. 샤론은 갈멜에서부터 여리고 근처의 동부 팔레스타인 안에 있는 욥바와 아골 골짜기에 이르는 서부 해안 지경을 가리킨다.[46] 다른 말로 하면 회복된 장소로서의 팔레스틴 전 지역이 10절에서 의미되었다. 하나님께서는 한 때 불에 타고 황폐한 산악지형의 땅을 비옥한 땅으로 변화시키시고 신실한 종들에게 주신다. 9절에서 종들의 기업으로서의 산들은 악인이 희생 제사를 드리며 하나님의 이름을 더럽힌 7절의 산들과 대조된다. 이 주제의 패턴은 57:3-13에 나타난 두 개의 대조적인 산의 이미지의 연속선상에 있다.

산들이 누구에게 기업으로 주어지는가? 종들에게 기업으로 주어진다(8-12절). 9절은 종들에 대한 네 가지 서로 다른 이름을 소개한다: 야곱의 자손(זֶרַע מִיַּעֲקֹב), 나의 산들을 기업으로 상속할 자들(הָרַי יוֹרֵשׁ), 나의 택한 백성(בְּחִירַי), 나를 찾는 나의 백성(דְּרָשׁוּנִי אֲשֶׁר עַמִּי). 종들을 일컫는 이 네

---

45 Calvin, *Commentary on the Prophet Isaiah. vol. IV*, 388. Cf. Young, *The Book of Isaiah: Chapters 40-66, vol. 3*, 507; Muilenburg, *Isaiah 40-66*, 751.

46 Barry J. Beitzel, *The Moody Atlas of Bible Lands* (Chicago: Moody, 1985), 5-42; Brueggemann, *Isaiah 40-66*, 241; Childs, *Isaiah*, 536; Muilenburg, *Isaiah 40-66*, 751; Oswalt, *The Book of Isaiah: Chapters 40-66*, 647. 샤론(הַשָּׁרוֹן)이라는 이름은 이사야 33:9에서 광야로, 35:2에서 비옥한 땅으로 등장한다(참조. 대상 27:29). 아골은 아간의 비극적인 사건과 관련이 있다.

가지의 이름은 이미 이전 본문에서부터 기대되었다. 첫째, 종들은 야곱의 자손으로 언급된다. 하나님께서는 43:5, 6; 44:3; 45:18-25; 48:19; 49:17-26에서 종들을 모으시고 축복하실 것을 약속하신다.[47] 이 약속은 하나님의 사명 수행자인 고난의 종을 통하여 성취된다. 고난의 종의 대속적 사역을 통하여 그는 그의 자손들을 볼 것이다(53:10). 자손에 대한 약속의 성취는 시온의 자녀들의 폭발적인 증가가 나타나는 54:1-3에서 강조된다. 이사야 56-66장에 나타난 하나님의 종들에 대한 주제는 "53:10에서 종이 궁극적으로 보는 의롭고 번성하는 자손들"과 지속적인 관계성을 반영한다.[48] 하나님께서는 59:21에서 죄악을 떠나는 자들에게 자손들을 약속하신다. 하나님께서는 자신의 영과 말씀을 백성들과 그의 자손들 위에 영원히 허락하실 것이다. 자손은 영광스런 시온으로 모아질 것이며 그들은 하나님의 축복받은 자들로 열방 가운데 알려질 것이다(60:4-9; 61:9). 자손의 주제 전개는 65:9에서 더욱더 발전된다. 하나님께서는 궁극적으로 야곱으로부터 자손을 내시는 분이시다. 야곱에 대한 언급은 전체 이스라엘(45:19)만 의미할 뿐 아니라, "구원받기 위해 백성들이 회개해야 할 죄악(58:1; 59:20)"도 또한 의미한다.[49]

둘째, 종들은 하나님의 산의 상속자들로 일컫는다. 종들과 기업의 주제는 54:17에 나타난 동일한 주제를 지속한다. 영광스럽게 된 시온은 종들에게 기업으로 주어질 것이다. 그러나, 종들에 대한 분명한 언급은 57:13b

---

47 자손 주제(זֶרַע)는 이사야 1장 4절에서 이사야가 반역한 이스라엘을 언급할 때 이미 등장한다. 6:13에서 자손 주제(זֶרַע קֹדֶשׁ)는 남은 자 주제와 결합되어 있다. 따라서 자손 주제는 사 1장과 6장을 사 65장과 함께 연결한다.

48 Sweeney, "The Reconceptualization of the Davidic Covenant," *Studies in the Book of Isaiah: Festschrift Willem A. M. Beuken* (BETL 132; ed. J. Van Ruiten and M. Verene; Leuven: Leuven University, 1997), 42.

49 Koole, *Isaiah III: Isaiah 56-66*, 431.

과 60:21에 나타나지 않는다. 오직 하나님을 신뢰하는 신실한 자들과 의로운 자들이 상속자들로 지명된다. 하나님을 신뢰하는 자들은 땅을 상속하며(יִנְחַל) 하나님의 거룩한 산을 기업으로 얻을(יִירַשׁ) 것이다(57:13b). 의인은 땅을 영원히 차지(יִירְשׁוּ)할 것이다(60:21). 이제 65:9에서 상속자들(יוֹרֵשׁ)은 종들로 언급된다(cf. יוֹרֵשׁ과 עֲבָדַי의 병치). 이는 비록 57:13b과 60:21에는 종들에 대한 언급은 없지만 이 개념은 신실한 자들과 의로운 자들이라는 용어 속에 이미 의미되어 있다는 가능성을 제시한다. 벌린(Adele Berlin)이 성경의 시 형태에 대해 지적했듯이 성경의 시는 "단지 형식적인 특성과 구조들을 넘어, 시는 강렬함으로 축약되고 가능성으로 표현된 소리와 비젼이다."[50]

셋째, 종들은 하나님의 선택된 백성들이다. בָּחַר(또는 בָּחִיר)은 41:8; 42:1; 43:10, 20; 44:1, 2, 45:4에서 종과 함께 사용되었다. 그러나, 65:9에서 하나님의 택한 자는 하나님께 신실하게 반응하는 자들을 언급하기 위해 재정의 되어 나타난다.[51] 골딩게이(Goldingay)는 "처음으로 내 종들 과나의택한 자들 이란 표현이 공동체 안에 한 그룹을 표현한다. 실제적으로 이들은 '신실한 남은 자'이다"라고 말한다.[52] 종들은 산들을 상속할 뿐 아니라 또한 그곳에 거할 것이다(וַעֲבָדַי יִשְׁכְּנוּ־שָׁמָּה).

넷째, 종들은 하나님을 찾는 자들이다(10절). 하나님을 신뢰하는 자(57:13b) 뿐 아니라 그 분을 찾는 자는 산들이 있는 땅을 기업으로 상속할 것이다(cf. 57:13b). 즉, 공동체안의 신실한 자들은 산들을 기업으로 상속할 종들이다. 웨스터만은(Westermann) 9-10절이 이사야 65장 전체 문맥에 맞

---

50 Adele Berlin, "Reading Biblical Poetry," *The Jewish Study Bible* (ed. Adele Berlin and Marc Zvi Brettler; Oxford: Oxford University, 2004), 2097-104.

51 Smith, *Rhetoric and Redaction in Trito-Isaiah*, 141; Oswalt, *The Book of Isaiah: Chapters 40-66*, 646.

52 Goldingay, *Isaiah*, 366. Koenen, *Ethik und Eschatologie im Tritojesajabuch*, 168.

이 않다고 주장한다. 왜냐하면 그 메시지를 듣는 청중들은 신실한 자들이 아니고 땅을 재 소유할 그들의 자손들이기 때문이다.[53] 그러나 그의 주장은 설득적이지 못하다. 왜냐하면 10절에서 하나님을 찾는 자들(דְּרָשׁוּנִי)은 1절에서 하나님을 찾지 않는 자들과 대조를 이루기 때문이다. 하나님을 찾지 않는 자들은 하나님의 심판을 맞이할 것이다. 그러나 하나님의 개입을 기다리는 신실한 종들은(63:7-64:11) 결국 하나님으로부터 기업을 받을 것이다. 하나님을 찾지 않는 자들과 그 결과적인 심판은 11-12절에서 더욱 더 소개된다. 악인들은 하나님을 버리고 그가 성전에 거하시는 장소인 거룩한 산을 잊어버렸다(11절 cf. 56:7). 하나님을 예배하는 대신에 그들은 행운(גַּד)과 운명(מְנִי)과 같은 다른 신들을 섬겼다.[54] 따라서 하나님께서는 칼(חֶרֶב)과 살륙(טֶבַח)이란 표현을 사용하여 보응적 심판을 그들에게 선언하신다(12절).

13-16절은 종들과 악인들의 서로 다른 두 운명에 대해 강조한다. 하나님의 궁극적인 축복과 저주는 구원과 심판의 병치 구조 메시지를 통하여 함께 소개된다. 13-15절에 나타난 구원과 심판의 병치 구조는 이사야 56, 57, 58, 59, 66장(cf. 신 27-28장, 레 26장)에 나타난 비슷한 심판과 구원의 주제 패턴의 절정을 이룬다.[55] 종들에 대한 축복은 הִנֵּה עֲבָדַי(13b, 13d, 13f, 14a)으로 그리고 악인에 대한 저주는 וְאַתֶּם(13c, 13e, 13g, 14b)으로 대칭 구조를 형성하며 소개된다. 종들은 먹고, 마시고, 즐거워하며, 노래를 부를 것이

53 Westermann, *Isaiah 40-66*, 405.

54 갓은 바알 갓(Baal-gad)(수 11:17, 12:7, 13:5), 미그달 갓(Migdal-gad) (수 15:37) 등의 지명에 그 이름이 보존되어 있는 시리아의 신이다. 이 이름은 원래 그 이름의 부족이 점령했던 지역 근처에 있는 하우란(Hauran) 지역의 그리스어 비문에 자주 등장하는데, 그곳에 그를 숭배하기 위한 신전이 있었을 수도 있다. 페니키아어와 팔미렌어 비문에도 보존되어 있다." 참고. Muilenburg, *Isaiah 40-66*, 751.

55 Cf. Hanson, *The Dawn of Apocalyptic*, 144; Achtemeier, *Community and Message of Isaiah 56-66*, 131-32.

로되 악인은 배고프며, 목마르고, 부끄러워 하며 마음의 아픔을 인하여 통곡할 것이다. 다른 말로 하면 신실한 종들은 새 질서에 참여할 것이며, 악인은 옛 질서를 경험할 것이다. 게다가 악인의 이름은 하나님의 택한 자들에 의해 저주의 예로 사용될 것이며 신실한 종들은 56:5, 62:2-4에서 이미 예견된대로 새 이름을 받을 것이다.[56] 구원의 새 시대에서 이전 고통들(הַצָּרוֹת הָרִאשֹׁנוֹת)은 더 이상 없을 것이며 그것들은 하나님의 눈으로부터 가리울 것이다(16절).[57] 8-16절에 나타난 종들의 축복은 다음에 나오는 본문에서 종말론적 새 하늘과 새 땅, 새 예루살렘의 비전으로 인도한다(17-25절).

새 하늘, 땅, 그리고 예루살렘(65:17-25)

구원의 새 시대에 대한 종말론적 환상은 새 하늘과 새 땅의 창조로 소개된다. 웨스터만(Westermann)은 65:16c-25이 이사야 60-62장의 원래 문맥으로부터 떠나 65:1-16b과 불연속적이라고 주장한다.[58] 그러나 이 본문의 현 위치를 지지하는 몇몇 증거들이 있다. 첫째, 새 예루살렘의 환상은 63:7-64:11에서 예루살렘의 파괴라는 비참한 상황에 대해 애통하는 종들에게 희망을 제공해 준다. 둘째, 선지자는 악인이 경험할 옛 질서와 종들이 누릴 새 질서를 대조하기 위해 의도적으로 하나님의 새 창조의 주제를 소개한다. 셋째, 17-25절을 이전 본문과 연결시켜 주는 언어적 관계성들이 있다. 19, 22절에서 언급된 내 백성(עַמִּי), 22절의 내 택한 자들(בְּחִירָי), 그리고 23절의 자손들(זֶרַע)은 9절(בְּחִירַי זֶרַע)과 10절(עַמִּי)로 부터 지속된다. 따

56 Young, *The Book of Isaiah: Chapters 40-66, vol. 3*, 512; Childs, Isaiah, 537. Cf. D. Anderson, "Renaming and Wedding Imagery in Isaiah 62," *Bib* 67 (1986): 75-80.

57 הָרִאשֹׁנוֹת란 용어는 41:22; 42:9; 43:9, 18; 46:9; 48:3; 61:4에서 이스라엘의 옛 질서를 말한다.

58 Westermann, *Isaiah 40-66*, 411.

라서, 17-25절에서 종들의 주제는 내 백성, 나의 택한 자들, 그리고 하나님의 복을 받은 자손들로 전개되어 나타난다.

17-25절에서 선지자는 이전 본문으로부터 몇몇 주제들과 단어들을 발전시킨다. 오스왈트(Oswalt)는 "새 하늘과 새 땅을"이 이사야 전체를 하나로 묶어주는 기능을 한다고 주장 한다:

> 그들(새 하늘과 새 땅)은 이사야서 서두 구절에서(1:2) 이스라엘 백성들의 패역에 대한 증인으로 불리운다. 그들은 또한 하나님의 종을 통하여 이루어진 구속으로 인하여 소리 높여 노래하라고 부름을 받는다(44:23; 49:13). 이제 이 모든 측면들이 새로운 방향으로 함께 묶어져 나타난다. 진노와 패역은 지나갔고, 이전 보다 더 영원한 구원이 다가왔고 (51:6), 구원자는 자신의 사명을 이루고, 창조에 대한 창조주의 원 목적은 실현된다.[59]

17절과 18절에서 분사 בֹּורֵא으로 묘사된 하나님의 창조적 활동은 40:18-26, 28; 42:5; 43:15; 45:7, 18부터 나타난 주제를 다시 들려준다.[60] 이사야 선지자는 이사야 40-48장에서 하나님의 우주 창조의 관점으로 하나님의 주권과 구원을 선포하였으나 65:17, 18에서는 하나님의 창조 사역이 우주 질서의 갱신(창조의 급진적인 변화)으로 강조된다. 이사야 선지자가 42:5-9; 43: 15, 19; 48:6, 7에서 창조의 주제를 새 일의 약속과 결합시키듯이 그는 의도적으로 창조의 주제를 다시는 기억되지 않을 이전 일들과 관련시킨다(17절).[61] 18절은 13-14절에서 종들에게 약속된 기쁨의 주제

59 Oswalt, *The Book of Isaiah: Chapters 40-66*, 656.

60 Cf. E. Sehmsdorf, "Studien zur Redaktionsgeschichte von Jesaja 56-66 (I)," *ZAW* 84 (1972): 517-62; Ulrich Mauser, "Isaiah 65:17-25," *Int* 36 (1982):181-86; Smith, *Rhetoric and Redaction in Trito-Isaiah*, 150.

61 Childs, *Isaiah*, 537-38. 차일즈(Childs)는 "옛 것과 새 것 사이의 연속성은 이제 하나님의 땅

를 더욱더 발전시킨다: 하나님께서는 종들이 기뻐(יָשֹׂמּוּ)하고 마음의 기쁨으로 노래(יָרֹנּוּ מִטּוּב לֵב)할 것을 약속하신다. 마찬가지로 하나님께서 예루살렘에 기쁨(גִּילָה)을 그 백성들에게는 즐거움(מָשׂוֹשׂ)을 창조하실 것이기에 새 예루살렘의 백성들이 기뻐(שִׂישׂוּ)하고 즐거워(גִּילוּ)하라고 격려하신다(18절 cf. 35:10; 61:7절).[62] 하나님께서는 새 예루살렘에 기쁨을 창조하실 뿐 아니라 그 곳에는 더 이상 눈물과 비통의 슬픔이 없기에 하나님 자신이 또한 그 백성들을 기뻐하실 것이다(19절). 하나님의 백성을 위한 구원의 새 시대는 20, 21절에서 장수와 번영으로 특징지워 진다. 새 예루살렘의 거주자들(유아, 젊은이, 늙은이) 에게 장수가 약속된다. 또한 하나님의 백성들은 자신이 세운 집에 살것이며 그들이 수고한 것을 먹을 것이다. 포도원에서 자신이 수고한 것을 먹는 주제는 62:8-9을 기억나게 한다(cf.신 28:20; 습1:13). 이 두 본문 사이에는 약간의 다른 점이 있다.[63] 한편으로 62:8-9은 하나님께서 그들이 수고한 것을 약탈하는 원수와 이방인들로부터 시온의 거주자들을 보호하실 것을 언급한다. 그러나 65:21, 22에서는 약탈자들에 대한 분명한 언급이 없다. 따라서, 두 본문 사이에는 다소 민족주의적인 관점에서 개인적인 관점(65:21-23에서 이스라엘을 약탈자인 이방인들과 대비하여 위치시키지 않음) 으로의 변환이 있다. 65:21-23의 초점은 새 예루살렘의 거주자들의 축복이다: 하나님의 백성으로 하나님의 택한 자들, 하나님의 복을 받은 자손들. 다른 말로 하면, 종들과 예루살렘 회복의 주제가 54:17의 경우처럼 23절에서 결합되어 나타난다.[64] 하나님께서는 24절에서 자신의 임재를 구하는 자

을 상속받는 종의 후손의 출현으로 제공된다"고 주장한다.

62 창조와 기쁨이라는 주제를 강조하기 위해 선지자는 18절에서 키아스틱 구조를 사용한다. A שִׂישׂוּ B גִּילוּ C בּוֹרֵא A′ בּוֹרֵא B′ גִּילָה C′ מָשׂוֹשׂ.

63 Smith, *Rhetoric and Redaction in Trito-Isaiah*, 145.

64 65:17-25에서 하나님의 백성, 하나님의 택한 자, 그 자손이 65:9에서 신실한 종으로 언급되어 있기 때문에 65:17-25에 언급된 백성이 신실한 종이라는 것이 분명해 보인다. 더 중요한 것은

들에게 언제든지 그에게 다가갈 수 있다는 약속을 확증하신다(cf. 65:1). 이는 63:15, 19; 64:1, 11에 나타난 종들의 탄식에 대한 응답이다. 58:9에서 하나님께서는 백성들이 부를 때에 언제든지 응답하시겠다고 약속하신 반면에 24절에서는 하나님께서 심지어 그들이 부르기 전에 들으시고 그들이 말할 때 응답하시겠다고 약속하신다.[65] 25절은 하나님의 거룩한 산에서 종말론적인 조화와 새 질서를 소개하면서 본문을 결론 짓는다. 동물들은 서로 평화롭게 살 것이며 또한 모든 사람들과 거룩한 산에서 조화롭게 지낼 것이다. 이 구절은 메시야적 본문인 11:6-9에서부터 몇몇의 문구들을 선택한다. 선지자는 메시야적 왕국의 관점으로 새 예루살렘을 이해하는 가능성을 열어놓기 위해 메시야 본문인 11:6-9을 사용하였다.[66] 몇몇 학자들은 메시야적 소망이 나타난 11:6-9와 65:25을 연결시키는 것을 배제한다.[67] 그러나 본문의 시적인 언어는 본문을 어느 한 해석에 제한하지 않고 다른 본문들에 나타난 여러 주제들과 결합된 의미의 여러 측면에 대한 가능성을 열어 놓는다. "이 메시야적 이미지는 이사야 1-39장의 종말론적 소망을 전체 이사야서의 한 총괄적인 목적과 연결된 부분으로 인식할

23절에 나오는 자손의 생성은 53:10에서 고난 받는 종이 자손을 보게 될 것이라는 하나님의 약속의 성취이다.

65 קָרָא, עָנָה, דָּבַר, שָׁמַע의 네 단어는 이미 12절에서 악인들이 하나님의 부르심에 응답하지 않아 저주를 받는 장면에서 등장한다.

66 Schultz, "The King in the Book of Isaiah," *The Lord's Anointed: Interpretation of Old Testament Messianic Texts*, 163; idem, *The Search for Quotation: Verbal Parallels in the Prophets* (JSOTSup 180; Sheffield: Sheffield Academic, 1999), 240-56; G. W. Grogan, "Isaiah," *The Expositor's Bible Commentary*, vol. 6 (Grand Rapids: Zondervan, 1986), 351. Cf. J. T. A. G. M. van Ruiten, "The Intertextual Relationship Between Isaiah 65, 25 and Isaiah 11,6-9," *The Scriptures and the Scrolls; Fs A. S. van der Woude* (ed. F. García Martínez, et al.; *VTSup* 49; Leiden: E. J. Brill, 1992), 31-42.

67 Smith, *Rhetoric and Redaction in Trito-Isaiah*, 152; Westermann, *Isaiah 40-66*, 410-11. 베스터만(Westermann)은 17a절과 25절이 유다와 이스라엘을 향한 구원의 예언을 세계를 향한 종말론적 구원의 차원으로 끌어올리기 위해 나중에 추가된 것이라고 주장한다.

수 있도록 기능한다."[68] 25절의 독특한 점은 흙을 먹는 뱀의 이미지가 창세기 3:14로부터 추가되었다는 것이다. 많은 학자들은 뱀을 악한 자, 악의 힘, 동물 그 자체 등과 같이 여러 가지로 해석하였다.[69] 그러나 본문은 심지어 창세기 3장에서 창조의 타락에서 보이는 뱀도 새 창조 안에서는 하나님의 조화로운 질서의 일부가 될 것임을 의미한다. 칼빈은 다음과 같이 언급한다. "흙에 만족한 뱀은 그 안에서 자신을 감싸고 그의 독기 있는 이로 더 이상 상해하지 않을 것이다."[70] 따라서 그 어떤 무질서나 악도 하나님의 거룩한 산에서는 조화로운 질서로 회복될 것이다. 이사야 65장 안에서 9절의 הָרָי(나의 산)에서 25절의 כָּל־הַר קָדְשִׁי(모든 나의 거룩한 산)으로 주제의 전개가 나타난다. 즉 종들은 팔레스틴의 산악 지형의 땅뿐 아니라 새롭게 변화된 예루살렘도 상속할 것이다.

종들의 기도에 대한 하나님의 응답은 이사야 66장에서도 악인에 대한 심판과 종들에 대한 신원이란 주제 패턴의 전개를 통하여 주제의 변이와 함께 지속된다. 학자들은 그들의 방법론적 입장에 따라 이사야 66장을 여러 소 단락으로 구분한다: 웨스터만(Westermann)(1-4; 5; 6-16; 17; 18-24), 와이브레이(Whybray)(1-4; 5; 6; 7-14; 15-16; 17; 18-24), 스미스(Smith)(1-4; 5-17; 10-14; 15-17; 18-24), 뷰켄(Beuken)(1-6; 7-14; 15-24절), 헨슨(Hanson)(1-16; 17-24절), 웹스터(Webster)(1-6; 7-14; 15-24절).[71] 그러나 본문을 정확한 소단락의 단

---

68 Childs, *Isaiah*, 538-39, 545. Cf. Oswalt, *The Book of Isaiah: Chapters 40-66*, 662; Young, *The Book of Isaiah: Chapters 40-66*, vol. 3, 517. 65:25에서 묘사하는 새 시대의 모습에는 메시아 왕이 언급되어 있지 않지만, 11:6-9에서 말하는 메시아 왕을 통해 제공되는 왕국 그리고 축복과 동일한 것이다.

69 상세한 논의에 관해서는 다음을 참조하라. Koole, *Isaiah III: Isaiah 56-66*, 466. 브르그만은 뱀에 대한 언급이 꿈의 나라가 아닌 현실 세계의 삶에 대해 말하고 있음을 암시한다고 말한다. Brueggemann, *Isaiah 40-66*, 250; Goldingay, *Isaiah*, 369.

70 Calvin, *Commentary on the Prophet Isaiah: Isaiah 49-66. vol. IV*, 406; John W. de Gruchy, "A New Heaven and a New Earth," *JTSA* 105 (1999): 65-74.

71 Westermann, *Isaiah 40-66*, 411-23; Whybray, *Isaiah 40-66*, 279-88; Smith, *Rhetoric and*

위로 구분을 짓는 것에 대해서는 아직 일치된 의견이 없다. 왜냐하면 몇몇의 주제들과 단어들이 본문 안에서 복잡하게 연결되었기 때문이다. 따라서 이사야 65장과 함께 이사야 66장을 다룸에 있어서 이사야 66장의 문학적, 신학적 기능이 이사야서 전체의 결론으로 작용한다는 것에 초점을 맞출 것이다.

악인에 대한 심판 II(66:1-6)

1절은 65:17과 연결하고 22절(הַשָּׁמַיִם הַחֲדָשִׁים וְהָאָרֶץ הַחֲדָשָׁה)에서 그 반복을 기대하면서 하나님의 초월성과 주권성을 단어쌍인 הַשָּׁמַיִם과 הָאָרֶץ에 의해 소개한다. 하늘과 땅을 창조하신 하나님께서는 인간이 만든 그 어떤 건물이나 처소에 제한되지 않는다(cf. 삼하 7:4-14; 왕상8:27). 오히려 하나님께서는 겸손하고(עָנִי), 심령에 통회하고(נְכֵה־רוּחַ), 그의 말씀을 인하여 떠는(וְחָרֵד עַל־דְּבָרִי) 예배자에 관심을 가지신다.[72] 이사야 선지자는 겸손하고 심령에 통회하는 자들에게 가까이 하시는 초월적이시며 광대하신 하나님을 강조하고자 한다. 동일한 주제의 패턴이 57:15에 발견된다: "내가 높고 거룩한 곳에 거하며 또한 통회하고(דַּכָּא) 마음이 겸손한(וּשְׁפַל־רוּחַ) 자와 함께 거하나니." 2절에 나타난 겸손한 자의 인격과 태도는 3, 4절에 나타난 반역적인 악인들의 자세와 대조를 이룬다. 3절에 나타난 연속적인

Redaction in Trito-Isaiah, 153-67; Oswalt, *The Book of Isaiah: Chapters 40-66*, 663-80; Beuken, "Isaiah Chapters LXV-LXVI," 204-21; Hanson, *The Dawn of Apocalyptic*, 161-63; Webster, "A Rhetorical Study of Isaiah 66," 93-108.

72 일부 학자들은 1-2 절이 학개 사역 기간 인 주전 520 년에 성전 재건에 대한 거부를 나타내는 것이라고 주장한다. 예를 들면Hanson, *The Dawn of Apocalyptic*, 172-74; Smart, *History and Theology in Second Isaiah*, 284-87; Westermann, *Isaiah 40-66*, 413. 그러나 성전은 56:7과 60:13에서 긍정적인 어조로 묘사된다. 이 구절의 초점은 성전이 아니라 예배자의 인격과 태도에 있다.

네 개의 분사 쌍은 악인들의 제의 행위를 묘사한다. 각 쌍의 첫번째 분사(מַזְכִּיר לְבֹנָה, מַעֲלֵה מִנְחָה, זוֹבֵחַ הַשֶּׂה, שׁוֹחֵט הַשּׁוֹר)는 레위기 2-5장에 나타난 합법적인 제의 의식을 묘사하는 반면에 두번째 4개의 분사들은 불법적인 이방제의 행위를 묘사한다.[73] 비록 두 분사 그룹 사이의 관계가 분명하지 않으나 우리는 그것이 선지자가 위선적인 종교적 행위와 성전에서 행해지는 혐오스러운 우상 숭배 행위를 저주하기 위함이라고 말할 수 있다.[74] 공동체 안의 우상 숭배 행위는 57:3-13a에서 이미 나타났고 그들의 외적인 제의 행위는 이미 1:10-17; 58:1-14에서 드러났다. 또한 하나님의 노를 격동하는 이방 제의 행위를 하는 악인들은 65:1-7에서 이미 저주를 받았다. 악인들의 인격과 행위는 이전 본문들과의 문학적 암시들을 보이며 묘사되었다. 그들은 그들 자신의 길(בְּדַרְכֵיהֶם)을 선택(בָּחֲרוּ)하였고 그들의 영혼(נַפְשָׁם)은 그들의 혐오스런 것들을 즐거워(חָפֵצָה) 한다(55:7, 8; 56:4; 58:2; 65:12).[75] 4절에 나타난 악인들의 반응이 없는 태도는 65:12b로부터 그 후렴구를 취한다: דִּבַּרְתִּי וְלֹא שָׁמֵעוּ וַיַּעֲשׂוּ הָרַע בְּעֵינַי וּבַאֲשֶׁר לֹא־חָפַצְתִּי בָּחָרוּ
יַעַן קָרָאתִי וְאֵין עוֹנֶה. 또한 악인들에 대한 하나님의 보응은 반복적인 단어를 사용하므로 이전 본문과 지속적인 관계성을 이룬다: בּוֹשׁ(5절 cf. 65:13) 그

73 Childs, *Isaiah*, 540.

74 일부 학자(스미스, 차일즈, 뮐렌버그)와 번역본(TNK)은 첫 번째 분사와 두 번째 분사 사이의 관계를 등위접속사로 이해한다. "누가 소를 도살하고 누가 사람을 죽이는가." 이 번역은 공동체 내에서 성경적 제사와 이교도 숭배가 혼합되어 있음을 강조한다. 사쏜(Sasson)과 쿨라(Koole)는 이를 술어로 번역한다. "소를 도살한 자는 (이제) 사람을 죽일 것이다." 참고. Jack Murad Sasson, "Isaiah LXVI 3-4a," *VT* 26 (1976): 199-207. 대부분의 번역(NIV, JPS, NRSV, NKJ, NAS, NLT)과 학자(오스왈트, 맥켄지)는 네 쌍의 명목절을 "소를 도살하는 자는 사람을 죽이는 자와 같다"라는 비교형으로 표현하고 있다. 이러한 이해는 성전에서의 정당한 희생에 대한 비난을 강조한다. 각 번역은 본문에서 고유한 잠재력을 가지고 있기 때문에 하나의 번역을 확실하게 선택하기는 어렵다. 좌표 접속사, 비교 의미 또는 술어 의미로 이해할 수 있다. 그러나 선지자가 율법의 제사를 폐지하지 않았다는 것은 분명하다. 비난의 대상은 혼합주의적 숭배뿐만 아니라 숭배자의 인격과 태도이다.

75 Oswalt, *The Book of Isaiah: Chapters 40-66*, 669; Koole, *Isaiah III: Isaiah 56-66*, 480.

리고 שָׁלֵם(6절 cf. 65:6). 악인들은 하나님의 말씀을 인하여 떠는 자들의 형제(אֲחֵיכֶם)들과 동일시 된다(5절 cf. 51:7). 다른 말로 하면 공동체 안에 두 그룹 사이의 구분이 있다: 종들과 악인들. 따라서 1-7절에 나타난 악인들에 대한 주제는 이전 본문으로부터 지속되며 신실한 자들의 모습과는 대조적으로 나타난다.

시온의 회복(66:7–14)

7-14절에서는 악인에 대한 심판으로부터 종들에 대한 신원으로 주제와 분위기의 갑작스런 전환이 일어난다. 하나님께서는 황폐한 예루살렘에 대한 종들의 탄식에 대해 변화된 시온을 약속하시므로 응답하신다. 시온의 영광스런 변화에 대한 주제는 이사야 60-62장에서부터 지속된다. 그러나 이 본문에서 이사야 선지자는 시온의 영광스런 회복의 주제를 더욱 더 고조시키기 위해 위해 몇몇의 이미지들을 강조한다. 첫째, 시온 거주자들의 증가를 의미하기 위해 출생의 이미지가 시온에 적용된다(7-9절).[76] 회복된 시온은 산고를 겪기 전에 출산하는 어머니의 모습으로 묘사된다. 산고 없는 갑작스런 출산은 אֶחָד בְּיוֹם ,אֶחָת פַּעַם ,גַּם(v. 8)에 의해 표현된다. 하나님께서는 이러한 기적적인 출산을 가능하게 하시는 분이시다(9절). 출산의 이미지는 이사야 전체에 걸쳐 나타난다(26:16-18; 37:3; 49:17-21; 51:18-20; 54:1-8).[77] 하나님께서는 새 예루살렘의 환상을 제시할 뿐 아니라 시온의 새 백성을 약속하신다(65:17-25).[78]

76 7-9절에는 출산 언어가 두드러지게 사용되었다. חֵבֶל, חִיל (חוּל), יָלַד, מָלַט.

77 이사야서에서 출산의 이미지에 대한 상세한 논의는 다음을 참조하라. Darr, *Isaiah's Vision and the Family of God*, 221-24.

78 Seitz, *The Book of Isaiah 40-66*, 547.

둘째, 양육의 이미지는 종들이 시온에서 경험할 안식, 만족, 평화, 영광을 나타내기 위해 사용되었다. 이사야 선지자는 10절에서 연쇄적인 명령형 שִׂמְחוּ, גִּילוּ, שִׂישׂוּ을 사용하여 예루살렘을 사랑하고 그것을 향하여 탄식하는 자들(신실한 자들)을 기뻐하라고 권고한다.[79] 65:13, 14에서 기쁨이 종들에게 약속되었고, 10절에서 기쁨의 주제는 예루살렘을 사랑하고 그것에 대해 애통하는 자들에게 다시 적용되었다. 기쁨의 이유는 양육의 이미지로 표현되었다(11, 12절). 한편으로 이 은유는 위로와 만족을 의미한다(11절). 어머니가 자녀를 위로하듯이 하나님께서는 신실한 자들을 위로할 것이며 그들은 예루살렘 안에서 위로를 받을 것이다(13절). 시온과 백성에 대한 위로는 이전 본문들에서 이미 제시된 주제들이다(40:1; 49:13; 51:3, 19; 52:9; 54:11; 57:18). 다른 한편으로 양육의 이미지는 회복된 예루살렘의 평화, 번영, 영광을 의미한다. שָׁלוֹם은 시온의 자녀들이 평화를 경험하는 것을 말하는 54:1과 악인들에게는 평화가 없음을 말하는 57:19, 21을 상기시킨다. 12절은 48:18을 상기시키는 물과 넘치는 강의 이미지와 함께 평화와 시온의 영광을 제시한다.[80]

셋째, 이사야 1장과 66장의 두 개의 서로 다른 형태의 의인화는 시온의 변화된 운명을 제시한다(1:21의 창기의 이미지와 66:7-13의 자녀를 출산하고 양육하는 어머니). 이와 같은 시온의 여성 의인화는 이사야 66장과 1장을 연결시켜주며 이사야서를 전체로 읽을 수 있도록 도움을 준다.[81] 시온의 여성 의인

79 66:10의 기뻐하라는 권고는 35:1, 2과 비슷한 표현을 반영한다. Sweeney, "Prophetic Exegesis in Isaiah 65-66," 470.

80 사48:18은 순종의 축복이 강같은 평강이며, 바다 물결같은 의로움이라고 말한다. וַיְהִי כַנָּהָר שְׁלוֹמֶךָ וְצִדְקָתְךָ כְּגַלֵּי הַיָּם׃. Koole, *Isaiah III: Isaiah 56-66*, 499. 참고. Sweeney, "Prophetic Exegesis in Isaiah 65-66," 470.

81 Tomasino, "Isaiah 1.1-2.4 and 63-66, and the Composition of the Isaianic Corpus," 88-90.

화는 또한 49:14-23; 50:1; 54:1-8; 62:1-5에서도 나타난다. 창기(1:21), 이혼한 아내(50:1), 그리고 불임의 여인(49:21; 54:1)은 하나님의 회복 이전의 시온의 이미지이며, 자녀를 출산하는 여인(54:1-3; 54:1-3), 결혼한 여인(62:1-5), 양육하는 어머니(66:11, 12)는 하나님의 시온 회복 이후의 이미지다.

챠일즈가 언급했듯이 14b는 이사야 56장에서부터 발전된 종들과 악인의 운명사이의 양극화를 요약한다.[82] 또한, 66:14b 과 1:27-28 사이에는 의인의 축복과 악인의 저주 사이의 양극화란 관점에서 서로 관계성이 있다.[83] 이사야 66장은 종들을 겸손하고 통회하며 하나님의 말씀을 인하여 떠는 자들이라고 제시한다(2절). 그들은 예루살렘을 사랑하고 그녀를 위해 애통하는 자들이다(10절 cf. 63:7-64:11). 이러한 점들이 하나님께서 자신의 구원을 계시하시는 종들의 특징들이다. 그러나 원수들은 반역적이며 우상을 숭배하는 자들이다. 하나님의 진노는 그들 위에 임할 것이다. 다음 단락에서는 하나님의 현현(theophonic) 언어로 표현된 하나님의 심판의 주제를 지속한다.

심판으로서의 하나님의 현현(66:15-17)

하나님께서는 원수들과 이방민족을 심판하시기 위해 하늘로부터 불로 강림하시기를 구하는 종들의 탄식에 응답하신다(63:19b-64:3). 하나님의 다가오는 심판은 66:15, 16에서 불과 전사의 이미지로 표현된다. 현현 언어인 אֵשׁ은 하나님의 타오르는 진노를 강조하기 위해 15, 16절에서 세번 나

82 Childs, *Isaiah*, 541.

83 Tomasino, "Isaiah 1.1-2.4 and 63-66, and the Composition of the Isaianic Corpus," 90. צִיּוֹן בְּמִשְׁפָּט תִּפָּדֶה וְשָׁבֶיהָ בִּצְדָקָה וְשֶׁבֶר פֹּשְׁעִים וְחַטָּאִים יַחְדָּו וְעֹזְבֵי יְהוָה יִכְלוּ 시온은 정의로 구속함을 받고 그 돌아온 자들은 공의로 구속함을 받으리라그러나 패역한 자와 죄인은 함께 패망하고 여호와를 버린 자도 멸망할 것이라(사 1:27, 28).

타난다. 불의 이미지와 결합되어 하나님의 준엄한 심판은 칼(בְּחַרְבּוֹ)과 회오리 바람(כַּסּוּפָה)같은 수레(מַרְכְּבֹתָיו)로 임하시는 하나님의 모습과 함께 더욱더 강조된다. חֶרֶב과 מֶרְכָּבָה은 하나님의 심판을 신적 전사의 이미지와 연결시킨다. 하나님께서는 준엄한 심판을 행하시기위해 신적 전사로 임하시며 이 주제는 27:1; 42:13; 59:17-19; 63:1-6에서 발견된다.[84] 17절에서 하나님께서는 악인들 사이에 편만 한 이방 제의 행위를 저주하신다. 17절은 65:3-5과 66:3에 나타난 이방 제의 의식의 주제를 지속한다. 17절의 독특한 점은 이방 제의의식의 주제가 동산의 이미지와 함께 연결되어 있다는 점이다. 이방 제의 의식을 통해 거짓으로 자신을 거룩하게 하는 악인은 돼지고기와 쥐를 먹는 혐오스러운 행위를 위해 동산으로 나아간다. 17절에 나타난 이 동산의 주제는 그곳이 죄인들을 심판하는 장소로 소개된 1:28-31의 장면을 다시 소개한다.[85]

모든 열방 가운데 나타난 하나님의 영광(66:18-24)

66:18-24절은 63:7-66:24뿐 아니라 이사야 56-66장 그리고 이사야서 전체에 대한 결론부로서 역할을 한다.[86] 18-24절의 결론적인 본문은 이전 본문으로부터 많은 주제와 단어들을 반복한다. 첫째, 하나님의 영광을 보기 위해 사방으로부터 모여든 모든 열방은 2:2-4과 56:3-8에 나타난 주제와 주제적 평행구를 나타낸다. 2:2-4에서 모든 열방이 그의 길을 배워 주님의 길을 행하기 위해 주님의 산에 모일것이다. 이사야 56장은 민족들이

---

84 Muilenburg, *Isaiah 40-66*, 769. 16절의 특징은 다음과 같은 용어 rאֶת־כָּל־בָּשָׂר를 사용함으로써 보편적 심판이 강조된다는 것이다. 이 구절은 18-24절에서 모든 민족이 모일 것을 기대한다.

85 Childs, *Isaiah*, 541; Sweeney, "Prophetic Exegesis in Isaiah 65-66," 471.

86 Cf. Beuken, "Isaiah Chapters LXV-LXVI: Trito-Isaiah and the Closure of the Book of Isaiah," 207-21.

하나님의 거룩한 산에 모이는 것으로 시작한다. 하나님께서는 이스라엘 포로들을 모으실 뿐 아니라 신실한 고자들과 이방인들도 그의 거룩한 산으로 모을 것이다(56:3-8). 하나님께서는 그들에게 기쁨을 주시며 그의 거룩한 산에서 드려지는 예배를 받으실 것이다. 그러나 66:18의 강조점은 2:2-4 과 56:3-8의 강조점과는 좀 다르다. 66:18에서 모든 열방과 민족들을 모으시는 주된 목적은 하나님의 영광을 보기 위함이다(cf. 60:1-3). 또한 하나님께서는 민족들 가운데 피한 자들을 하나님의 영광을 아직 경험하지 못한 먼 섬들에게 하나님의 영광을 선포하기 위해 보내신다(19절).[87] 그들은 열방이 하나님의 구원 계획의 한 부분이 되도록 하나님의 영광을 그들에게 선포한다. 열방을 향한 증인의 주제는 42:1-12, 49:1-6, 51:4(cf. 12:1-6)에 나타난 종의 임무를 기억나게 한다. 이 임무는 하나님의 영광에 반응하는 자들인 민족들 가운데 도피한 자들에게 적용한다.[88]

둘째, 20절에서 모든 민족들로부터 흩어진 자들의 하나님의 거룩한 산으로의 귀환은 49:22, 23과 60:4-9에 나타난 내용을 반복한다. 열방들이 모이는 것(18, 19절)으로부터 흩어진 디아스포라들의 귀환(20절)이란 주제의 전환이 나타난다. "시온 성전에서 하나님의 영광의 좋은 소식을 들은 도망한 자들, 즉 열방들은 디아스포라들을 집으로 데려올 것이다."[89] 49:22에서

87 지시어 מֵהֶם(그들로부터)가 모호하다. 그들은 이스라엘 또는 열방에서 온 사람들이라는 두 가지 가능성이 있다. 어떤 이들은 מֵהֶם가 15-17절에서 하나님의 심판에서 살아남은 이스라엘을 가리킨다고 주장한다(오스왈트, 브루그만, 영)(참조 사4:2). 그러나 15, 16절에 나타난 하나님의 심판은 이스라엘에만 국한된 것이 아니라 모든 사람에게 임하기 때문에 מֵהֶם는 이방에서 살아남은 자들을 의미하는 것으로 보인다. 하나님의 영광을 경험하는 나라들은 18, 19절에서 3인칭 복수로 지명된다. 또한 45:20에서 이방에서 살아남은 자들인 비이스라엘인들에게 פְּלִיט 라는 용어가 적용되는 예가 나타난다(פְּלִיטֵי הַגּוֹיִם). 다음을 보아라. Koole, Isaiah III: Isaiah 56-66, 520; Achtemeier, *Community and Message of Isaiah 56-66*, 148.

88 19절은 52:13-12와 56:1-8에서 예상한 대로, 반응하는 나라들이 하나님의 종들의 일부가 될 가능성을 확인하는 것으로 보인다.

89 Muilenburg, *Isaiah 40-66*, 771. Cf. Achtemeier, *Community and Message of Isaiah 56-66*, 148.

열방들은 아들들을 그들의 팔에 안고 데려올 것이며 딸들을 그들의 어깨에 메고 올것이다. 60:4-9에서 디아스포라의 귀환 주제는 다시 나타난다. 열방들은 아들들과 딸들을 먼곳에서부터 재물과 함께 영광스러운 시온으로 데려올 것이다. 66:20은 디아스포라의 귀환 주제를 약간의 변이와 함께 묘사한다. בָּנַיִךְ과 בְּנֹתַיִךְ을 사용하는 대신에 20절에서는 אֲחֵיכֶם(너의 형제들)을 사용한다. 열방들은 그들을 말과 수레와 교자와 노새와 약대에 태워다가 거룩한 산 시온으로 데려와 여호와께 예물로 드릴 것이다(참조. 56:7). 따라서, 거룩한 산은 민족들과 이스라엘의 디아스포라가 모이는 곳이다(참조. 56:7; 57:13b; 65:11, 25).

셋째, 새 하늘과 새 땅의 주제는 하나님의 거룩한 산에 모인 신실한 자들의 영원성을 확증하기 위해 22절에서 다시 나타난다. 1:2에서 하늘과 땅이 백성들의 반역에 대한 증인들인 것처럼, 새 하늘과 새 땅은 새 질서 안에서 종들의 이름의 영원성을 증언하는 주체로 선다. 하나님께서는 영원한 이름과 축복된 이름을 종들에게 약속하시며(56:5; 65:15) 이 주제는 66:22의 종말론적인 선포 안에서 절정을 이룬다. 모든 혈육으로부터 온 신실한 종들은 오고 오는 세대를 걸쳐 하나님 앞에서 예배할 것이다. 그러나 하나님께 반역하는 자들은 죽을 것이며 모든 혈육에게 가증함이 될 것이다(23, 24절).

15-24절의 본문은 64:1에서 하나님께서 열방을 심판하실 것을 탄원하는 종들의 기도에 대한 응답으로 기능한다. 그러나 이사야 65장과 66장을 걸쳐 열방에 대한 심판은 그 초점이 아니다. 오히려 중심되는 관심사는 이스라엘뿐 아니라 모든 열방 안에서 악인에 대한 심판과 종들에 대한 신원이다.[90] 종들에 대한 신원과 악인에 대한 심판의 주제는 63:7-66:24, 이사

90 Cf. G. I. Davies, "The Destiny of the Nations in the Book of Isaiah," *The Book of Isaiah, Le livre d'Isaïe: Les oracles et leures relectures unité et complexité de l'ouvrage* (BETL 81;

야 56-66장, 그리고 이사야서 전체를 결론 짓는 주제이다.[91] 63:7-66:24의 주제 분석은 이사야서가 서로 상관없는 작은 단위의 수집물이 아니고 오히려 이사야 선지자의 의도에 따라 잘 구성된 작품이라는 것을 증거한다.

본문의 의사소통 기능

지금까지 우리는 어떻게 몇몇의 주제들(종들의 기도, 하나님의 응답, 그리고 기업의 확증)이 63:7-66:24 안에서 발전되었는지를 살펴보았다. 이제 우리는 저자/화자와 청중/독자 사이에 발생하는 효과적인 의사 소통을 위한 65:8-16의 기능을 살펴볼 것이다.

의사 소통 상황

이사야 65장의 역사적인 상황을 재구성하는 일에는 학자들 마다 서로 다른 의견이 있다. 웨스터만은 이사야 60-62장이주전 537년과 주전 521년 사이에 소위 제 3 이사야 에 의해 기록되었고 이사야 65장은 다른 본문

ed. Jacques Vermeylen; Uitgeverij Peeters: Leuven University, 1989), 104.

91 Edwin C. Webster, "The Rhetoric of Isaiah 63-65," *JSOT* 47 (1990): 89-102; idem, "A Rhetorical Study of Isaiah 66," *JSOT* 34 (1986): 93-108; Anthony J. Tomasino, "Isaiah 1.1-2.4 and 63-66, and the Composition of the Isaianic Corpus," *JSOT* 57 (1993): 81-98; David Carr, "Reaching for Unity in Isaiah," *JSOT* 57 (1993): 61-80; idem, "Reading Isaiah from Beginning (Isaiah 1) to End (Isaiah 65-66): Multiple Modern Possibilities," *New Vision of Isaiah* (JSOTSup 214; ed. Roy F. Melugin and Marvin A. Sweeney; Sheffield: JSOT, 1996), 188-218; Marvin A. Sweeney, "Prophetic Exegesis in Isaiah 65-66," *Writing and Reading the Scroll of Isaiah*, 455-74; idem, *Isaiah 1-4 and the Post-Exilic Understanding of the Isaianic Tradition*, 21-25; Lack, *La symbolique du livre d'Isaïe*, 139-42; Childs, *Isaiah*, 522.

들과 함께 나중에 첨가되었다고 주장한다(56:9-57:13; 57:21; 59:2-8; 66:3f; 66:5, 17).[92] 왓츠(Watts)는 이사야 62-66장의 역사적인 배경은 에스라와 느헤미야 시대인 주전 457-445년이라 말한다.[93] 정확한 역사적 시점을 결정하는 것은 불가능하다고 인정한 헨슨(Hanson)은 아직도 공동체 안에 포로 사건이 생생한 기억으로 남아 있는 주전 587년 재난 이후의 시기라고 제안한다.[94] 쉬람(schramm)은 이사야 65장의 역사적 정황을 이해하는데 있어서 약간의 어려운 문제를 제기한다.

> 사 65:17과 שמים חדשים וארץ חדשה('새 하늘과 새 땅')에 대한 언급은 묵시적인 용어로 해석될 수 있는가? 만약 그렇다면 그 사실은 본문의 시점이 헬레니즘 시대를 의미하는가? 사 66:1은 예루살렘의 제 2 성전의 재건축을 언급하는가? 아니면 다른 성전을 의미하는가? 아니면 단지 본문이 이론적이기 때문에 특정한 성전을 의미하지 않는가?[95]

그러나 이러한 질문들에 대하여 단지 정확한 역사적인 시점에 근거하여 답하는 것이 쉬운 일은 아니다. 그렇다면 무엇이 이 본문의 만족할만한 역사적 재구성을 어렵게 만드는가? 몇몇의 본문들은 실제 역사적 사건을 나타낸다(1:1, 7:1-8:15; 36-37, 44:28; 45:1). 그러나 "많은 예언서 본문의 은유적 성격은 역사가들이 본문 뒤에 숨어 있는 역사적인 상황들을 발견하지 못하는 이유가 된다."[96] 본문의 시적 성격은 사건들과 실체를 불명확성과 가

92 Westermann, *Isaiah 40-66*, 296-307.

93 Watts, *Isaiah 34-66*, 306-9.

94 Hanson, *The Dawn of Apocalyptic*, 86-100.

95 Schramm, *The Opponents of Third Isaiah*, 16.

96 Roy F. Melugin, "Prophetic Books and the Problem of Historical Reconstruction," *Prophets and Paradigms: Essays in Honor of Gene M. Tucker* (ed. Stephen Breck Reid;

능성을 가지고 묘사한다. 따라서 우리는 65:8-16의 의사소통의 정황을 이해하기 위해 정경적 문학적 문맥에 의존할 수밖에 없다.

공동체의 탄식과 하나님의 응답이라는 반복되는 신학적 주제 패턴은 이사야 53장과 54장, 59:1-15a과 59:15b-63:6, 63:7-64:11과 65:1-66:24 사이에 나타난다. 이사야 53장, 59:1-15a과 63:7-64:11에서 공동체는 죄악에 의해 야기된 황무한 상황에 대해 탄식한다. 이사야 54장, 59:15b-63:6, 65:1-66:24에서 하나님께서는 공동체의 탄식에 대해 응답하신다. 시온에 임한 하나님의 구원 약속은 공동체의 탄식 뒤에 나타난다. 이 반복적인 신학적 주제 패턴은 이사야 53-66장을 묶어준다.

이사야 56-66장 안에서 선지자의 논지가 진행될 때, 탄식에 대한 하나님의 응답은 신실한 자들에 대한 신원과 악인에 대한 심판으로 특징된다. 65:8-16은 종들에 대한 축복과 악인에 대한 저주를 대조하며 강조한다. 또한 선지자가 필요한 상황적 증거들을 독자를 위해 본문에 명시한 근접 문맥은 65:8-16의 의사소통 정황에 대해 정보를 제공한다. 첫째, 공동체는 성전과 성읍들의 황폐를 경험했다. 원수들은 성전을 짓밟아 버렸다(63:18). 공동체의 조상들이 하나님을 찬양했던 영광스러운 성전은 불에 타버렸다(64:10). 성읍들은 광야가 되었다(64:9). 공동체는 성전의 파괴로 인하여 상실감을 느낀다.[97] 둘째, 공동체는 하나님께 심각한 신학적 질문을 제기한다: "당신의 열성과 능하신 행동이 어디에 있습니까?"(63:15); "오 주님, 주께서 스스로 억제 하시리이까? 주께서 오히려 잠잠하시고 우리로 심한 괴로움을 받게 하시리이까?(64:11). 셋째, 이교 제사와 죄악들은 공동체에 편만 하였고 그에 따른 하나님의 심판이 선포된다(65:1-7).

Sheffield: Sheffiled Academic, 1996), 63-78.

97 사 40-66장의 큰 문학적 맥락에서 볼 때, 선지자는 주전 587년 성전 파괴와 바빌로니아 유배로 인해 상실감을 느끼는 수신자들을 염두에 두고 있는 것으로 보인다.

결론적으로 말하면, 청중들의 의사소통 시점은 성전 파괴와 공동체 안에 널리 퍼진 죄악으로 인하여 간절하고 절망적인 상황이다. 따라서 그들은 미래 운명에 대한 절박한 신학적 질문을 제기했다.

의사소통 의도

위에 언급한 의사소통 상황의 관점에서 볼 때 65:8-16의 의사소통 의도는 공동체의 운명에 대한 질문에 답하는 것과 관련이 있다. 이미 위에서 논의했듯이 이사야 65과 66장은 하나님의 개입을 위한 종들의 기도에 대한 응답으로 기능한다. 이사야 선지자는 공동체를 서로 다른 두 그룹으로 나눔으로 종들의 기도에 대한 하나님의 응답을 제시하고 있다. 신실한 종들과 악한 자들이다. 첫째, 선지자는 회복 공동체를 재정의 한다. 또한 선지자는 공동체의 기도에 대한 하나님의 응답을 공동체 안의 서로 다른 두 운명을 제시함으로 전한다: 신실한 종들의 축복과 악인들의 저주. 스미스가 주장하듯이, "우리 모두는 당신의 백성입니다(עמך כלנו)(64:8)는 모든 사람들(הכל)이 신실한 남은 자와 대조되어 나타난 8-9절에서 반박되었다."[98] 헨슨(Hanson)은 또한 다음과 같이 주장한다. "종인 이스라엘에게 적용된 이사야 40-55장의 영광스런 약속들은 이스라엘 내의 작은 부류들에게 좁혀진다. 그리고 심판과 구원의 전통적인 형태들은 백성들 내부의 새로운 나눔을 설명하기 위해 혼합되어 사용되었다."[99]

둘째, 선지자는 기업과 축복들을 확언하므로 신실한 종들을 위로한다. 종들은 성읍들과 성전의 파괴로 인하여 탄식한다. 그러나 하나님께서는

---

98 Smith, *Rhetoric and Redaction in Trito-Isaiah*, 141.

99 Hanson, *The Dawn of Apocalyptic*, 153.

심판 가운데에서도 종들을 보호하실 것을 확인하시며 산악지형의 땅을 종들의 기업으로 약속하신다(65:8, 9). 황폐한 상황 속에서 마음의 고통 대신에 하나님께서는 기쁨과 즐거움을 종들에게 약속하신다(65:12, 14). 그들은 새 질서에 참여할 것이며 하나님께서는 그들이 필요한 것을 공급하실 것이다. 반면에 선지자는 적극적인 우상 숭배자들과 하나님의 부르심에 반응하지 않는 악인들은 저주하신다(65:11, 12). 따라서 하나님께서는 그들을 칼과 살륙에 붙이실 것이다(65:12). 배고픔, 목마름, 부끄러움, 마음의 고통들과 같은 모든 저주들은 악인들의 운명이다. 그들은 하나님의 백성들의 한 부분이지만 새 질서에 참여하지 못한다.

셋째, 종들의 삶의 모든 영역에서의 하나님의 축복은 종말론적인 새 하늘과 새 땅에 대한 환상을 예견한다(65:17-25). 하나님께서는 65:16에서 נִשְׁכְּחוּ הַצָּרוֹת הָרִאשֹׁנוֹת וְכִי נִסְתְּרוּ מֵעֵינָי׃(이전 환란이 잊어졌고 내 눈앞에 숨겨졌다)과 같이 말씀하셨다. 그리고 선지자는 새 하늘과 새 땅을 청중의 관심을 사로잡는 כִּי־הִנְנִי을 사용하여 소개한다(65:17). 종들의 축복을 선포한 선지자의 의도는 단지 이 땅의 축복에 제한되지 않는다. 오히려 선지자는 42:9, 43:19, 48:6에 기대된 것처럼 이 세상의 기적적인 변형을 제시하길 원했다.[100] 그리고 이 소망은 열방으로부터 모든 백성들을 하나님의 거룩한 산으로 모으는 종말론적인 소망에서 그 절정을 이룬다(66:18-23). 선지자는 오직 하나님 자신이 만물을 새롭게 하는 창조적인 능력으로 종들에게 구원을 가져다 주실 수 있는 분이심을 강조하고자 했다.

100 Williamson, *Variations on a Theme*, 201.

의사소통 전략들

선지자는 여러 형태의 의사소통 전략들을 사용하여 자신의 의사소통 의도를 이루고자 한다. 그는 장르, 은유적 언어, 수사학적 장치들을 사용하여 설득력 있게 종들과 악인의 운명을 전하고자 한다.[101] 첫째, 현 본문에 사용된 문학 장르는 심판과 구원 말씀의 결합이다. 또한 11, 12절의 고소 장르는 악인에 대한 선지자적 심판의 요소로 기능한다.[102] 화행론(speech-act)의 용어로 65:8-16에 섞여 있는 심판과 구원의 메시지는 몇몇의 발화 수반행위: 단언(assertive), 표현(expressive), 그리고 선언(declarative)을 포함한다.[103] 특별히 악인에 대한 심판 선언은 청중들에게 두 가지의 발화 영향(perlocution)을 산출한다. 죄악에 대한 회개 또는 심판으로 인한 슬픔이다.[104]

둘째, 은유적 이미지와 감정적인 언어는 이사야 선지자의 메시지 어조에 강렬함을 창조하며 청중들의 상상력과 감정에 호소한다. 선지자는 종들에 대한 하나님의 축복과 보호하심을 의미하기 위해 포도송이 이미지를 사용한다(8절). 마찬가지로, 종들에 대한 하나님의 축복은 양 떼의 우리(לִנְוֵה־צֹאן)와 소 떼의 눕는 곳(לְרֵבֶץ בָּקָר)의 이미지로 제시한다(10a-b). 이 이미지는 종들에게 주어질 비옥하고 평화로운 땅에 대한 상상력을 창조한다. 또한 이사야 선지자는 청중들의 감정에 호소하기 위해 감정적인 언어를 사용한다(*Pathos*): יִשְׂמָחוּ(13f), תֵּבֹשׁוּ(13g), יָרֹנּוּ מִטּוּב לֵב(14a), מִכְּאֵב לֵב

101 본문 전반에서(65:8-16)에서 청중은 대명사 형태(2인칭 남성 복수)를 사용하여 악한 자로 여겨진다.

102 Sweeney, *Isaiah 1-39*, 512.

103 Jim W. Adams, *The Performative Nature and Function of Isaiah 40-55* (New York: T&T Clark, 2006), 64-86.

104 Ibid., 79.

תִּצְעֲקוּ(14b), וּמִשֵּׁבֶר רוּחַ תְּיֵלִילוּ׃(14c).[105] 셋째, 수사학적 장치는 청중들과 효과적인 의사소통을 고조시킨다: 단어들의 반복, 극적인 형태, 두운, 모운, 언어 유희(wordplay). 이사야 선지자는 중요한 생각을 소개하는 전령공식(כֹּה אָמַר יְהוָה)을 두번이나 사용한다(8a 과13a): 종들과 악인들의 두가지의 상반된 운명. עֲבָדַי(8e, 9d, 13b, 13d, 13f, 14a, 15c)의 반복은 종들이 참여할 하나님의 축복에 초점을 맞추는 반면에 וְאַתֶּם(11a, 13c, 13e, 13g, 14b)의 반복적인 사용은 심판이 악인들에게로 향한다는 것을 강조한다. 게다가 청중의 관심을 사로잡는 הִנֵּה(13b, 13d, 13f, 14a)의 반복은 종들의 축복을 강조하면서 본문의 극적인 절정을 자아낸다. 다른 단어들의 반복은 다음과 같다: בְּרָכָה / בָּרַךְ(8d, 16a), שַׁחַת(8c, 8f), בְּחִירַי(9c, 15a), הַר(9b, 11b), עַיִן(12e, 16d), לֵב(14a, 14b).

소리 패턴의 사용은 시적 분위기를 고조시며 각 부분(단어, 절, 문구)을 하나로 묶어준다. 두운 שׁ의 사용 כַּאֲשֶׁר(8b) הַתִּירוֹשׁ(8b) בָּאֶשְׁכּוֹל(8b), תַּשְׁחִיתֵהוּ(8c), הַשְׁחִית(8f) 그리고 ב의 사용 הַמִּתְבָּרֵךְ ,בָּאָרֶץ ,יִתְבָּרֵךְ ,בֵּאלֹהֵי(16a), וְהַנִּשְׁבָּע ,בָּאָרֶץ ,יִשָּׁבַע ,בֵּאלֹהֵי(16b)은 그 소리가 나타나는 절들을 하나로 묶어준다. 소리 효과는 선지자의 생각과 감정을 더욱더 강렬하게 하며 유운 ם(מ)과 모운 *a*에 의해 더욱더 고조된다(11절): שֻׁלְחָן וְהַמְמַלְאִים לַמְנִי מִמְסָךְ׃ וְאַתֶּם עֹזְבֵי יְהוָה הַשְּׁכֵחִים אֶת־הַר קָדְשִׁי הַעֹרְכִים לַגַּד.

이사야 선지자는 언어유희를 사용하여 악인들에 대한 하나님의 심판을 선언한다. 악인들은 운명의 신(מְנִי)을 위해 포도주 잔을 채우며 하나님께서 그들을 칼에 붙이실(מָנִיתִי) 것이다(12절). מָנִיתִי은 우상의 이름인 מְנִי과 함께 언어 유희로 작용한다. 우상 숭배와 하나님의 심판 사이에 나타나는 수사학적 연관성은 우상 숭배 행위가 그들의 저주의 원천이 될 것임을 강조한다.

105 Gitay, *Prophecy and Persuasion*, 37. 감성에 호소하는 이유는 "인간은 이성뿐만 아니라 열정이나 감정에 따라 의사 결정을 내리기 때문"이다.

지금까지 우리는 본문의 의사 소통 기능을 논의하였다. 이제 우리는 이사야 선지자가 청중들에게 전달하고자 하는 신학적인 메시지를 살펴볼 것이다.

신학적 의미들

우리가 이미 논의했듯이 종들과 기업의 신학적 주제는 63:7-64:11에 나타난 종들의 기도에 대한 하나님의 응답과 긴밀한 관계가 있다. 선지자는 전체 이사야서 안에서 이전 본문들에 나타난 주제들과 단어들을 재적용하므로 종들과 기업의 주제를 제시한다. 이제 우리는 종들과 기업의 신학적 주제가 시편 69편과 요한계시록 20, 21장과 어떻게 연결되어 있는가는 살펴볼 것이다.

종들과 그들의 기업

종들의 기도에 대한 응답으로 하나님께서는 땅과 변화된 시온을 종들에게 기업으로 주시겠다고 약속하신다. 종들은 땅에서 기쁨과 함께 하나님의 공급을 경험할 것이나 악인들은 저주를 받고 회복의 새 시대의 현재적 실체에 참여하지 못할 것이다(65:11-16). 비록 하나님께서는 포로와 심판으로 악인들을 심판할 것이나 하나님을 찾고 하나님 앞에 겸손하고 신실한 종들에게는 기업을 확증하신다.

시편 69편과 이사야 63:7-66:24 사이의 상호 텍스트성은 종들과 기업의 신학적 주제를 풍부하게 한다. 이 두 본문 사이에는 주제적 언어적 상호 유사성이 있다. 첫째, 시편 69편은 이사야 63:7-64:11과 비슷한 신학적 정황을 보이면서 원수들에게 당하는 시련 가운데 시편 기자의 탄식을 제시한다. 63:7-64:11는 죄악으로 인하여 파괴된 성전에 대한 공동체의 탄식이다. 시편 69편은 원수들의 조롱과 증오로부터 하나님의 구원을 바라는 개인적인 탄식과 간구로 특징지워진다.[106] 종들이 파괴된 예루살렘 성전과 도시들에 대해 탄식하듯이(사 63:18, 19; 64:9-11) 시편 기자는 유다의 성전과 도시들에 대해 관심을 갖는다(시 69:10, 36).[107] 마찬가지로 종들이 공동체의 죄악들을 고백하듯이(사 64:5, 6) 시편기자도 또한 절박한 상황 가운데 자신의 우매함과 허물을 고백하고 있다(시 69:6): אֱלֹהִים אַתָּה יָדַעְתָּ לְאִוַּלְתִּי וְאַשְׁמוֹתַי מִמְּךָ לֹא־נִכְחָדוּ׃. 그러나 시편 69편의 독특한 점은 시편 기자가 자신의 절박한 상황을 연쇄적인 이미지를 사용하여 표현하고 있다는 점이다. מַיִם(2절), בִּיוֵן מְצוּלָה, בְמַעֲמַקֵּי־מַיִם, וְשִׁבֹּלֶת(3절), טִיט, מַעֲמַקֵּי־מָיִם(15절), שִׁבֹּלֶת מַיִם, מְצוּלָה, בְאֵר(16절).

둘째, 두 본문에 나타난 하나님의 간섭에 대한 탄원의 주제는 두 본문 사이의 상호 텍스트성을 암시한다. 하나님의 종과 자신을 동일시 한 후에 시편 기자는 하나님께서 그 얼굴을 숨기지 않도록 간구한다(18절): וְאַל־תַּסְתֵּר פָּנֶיךָ מֵעַבְדֶּךָ כִּי־צַר־לִי מַהֵר עֲנֵנִי׃. 자신이 깊은 고난 가운데 있기에 시편기자는 하나님께서 즉시 응답하시도록 간구한다. 동일한 주제가 63:17에서도 발견된다. 절망적인 상황 가운데 탄식하는 공동체 사람들은 자신을 하나님의 종들과 동일시하며 하나님께서 구원을 위해 임하실 것을 간구한다(사 63:17-19). 그들은 또한 하나님께서 그 얼굴을 자신들로부터 돌이

106 Marvin E. Tate, *Psalms 51-100* (WBC 20; Nashville: Thomas Nelson, 1990), 192.

107 Cf. Adele Berlin, "Psalms and the Literature of Exile," *The Book of Psalms: Composition and Reception* (SVT 99; Leiden: Brill, 2005), 74, 75; Frank-Lothar Hossfeld and Erich Zenger, *Psalms 2: A Commentary on Psalms 51-100* (Minneapolis: Fortress, 2005), 183-84; Wilson, *Psalms: Volume 1*, 949. 대부분의 학자들은 예루살렘 성전과 성읍의 파괴가 시 69의 배경이라는 데 동의한다.

키셨다고 불평한다(사 64:6 cf. כִּי־הִסְתַּרְתָּ פָנֶיךָ מִמֶּנּוּ); 따라서 그들은 하나님께서 억제하지 않고 침묵하지 않으시도록 간구한다(사 64:11).

셋째, 시편 69편은 하나님의 시온 회복과 하나님의 종들의 자손들의 기업에 대한 찬양으로 결론을 짓는다. 시편 기자는 하나님의 구속사적 행동을 인하여 하늘과 땅뿐 아니라 바다와 그 안에 거하는 모든 것들이 하나님을 찬양하도록 초대한다(시 69:35 cf. 65:17). 시편 69:36은 회복의 소망과 시온의 재거주를 소개한다: "하나님이 시온을 구원하시고 유다 성읍들을 건설하시리니 무리가 거기 거하여 소유를 삼으리로다(כִּי אֱלֹהִים יוֹשִׁיעַ צִיּוֹן וְיִבְנֶה עָרֵי יְהוּדָה וְיָשְׁבוּ שָׁם וִירֵשׁוּהָ׃)." 37절은 종들의 주제를 사용하여 이 소망의 주제를 연이어 소개한다: "그 종들의 후손이 또한 이를 상속하고 그 이름을 사랑하는 자가 그 중에 거하리로다(וְזֶרַע עֲבָדָיו יִנְחָלוּהָ וְאֹהֲבֵי שְׁמוֹ יִשְׁכְּנוּ־בָהּ׃)." 하나님의 종들과 그 후손들은 유다의 회복된 성읍들을 상속하고 거기에 거할 것이다. 시편 69:36, 37에 나타난 소망과 동일한 소망이 이사야 65:9(cf. 66:7-14)과 시편 69:36, 37에서 사용된 유사한 단어들과 함께 나타난다. 시편 69:36, 37: זֶרַע(9a), מִיהוּדָה(9b), יוֹרֵשׁ(9b), וִירֵשׁוּהָ(9c) וַעֲבָדַי יִשְׁכְּנוּ־שָׁמָּה(9d). 시편 69:36, 37의 독특한 점은 종들이 "하나님을 찾는 자들"(시 69:33)과 "그의 이름을 사랑하는 자"(시 69:37)로 묘사되었다. 18절에서 시편 기자는 자신을 종과 동일시 하면서, 신실한 그룹(하나님을 찾고 그 이름을 사랑하는 자들)을 시온을 상속할 종들의 후손으로 동일시한다. 그로엔왈트(Alphonso Groenewald)는 다음과 같이 말한다.

> 이 현상은 이 그룹(복수 명사로 본문의 마지막에 언급된 자들)을 종으로 표현하는(18절) 신학적 동일화의 과정이다. 따라서 개개인의 기도는 의인화된 그룹의 슬픔과 고난, 소망뿐 아니라 확신을 표현하기 위한 도구로 재사용되었다. 이 동

일화의 과정은 공동체가 더욱더 그들의 정체성을 정의하는데 도움을 준다.[108]

새 하늘과 새 땅

땅의 회복과 기업인 땅으로의 종들의 귀환에 대한 하나님의 약속은 이스라엘(구속)과 온 만물(창조)에 대한 하나님의 왕권을 확증한다.[109] 하나님의 창조와 구속은 하나님의 구원약속 안에서 서로 긴밀하게 연결된 주제다. 왜냐하면 하나님께서는 그의 백성들을 구속할 뿐 아니라 그의 왕권을 온 땅 위에 세우신다(cf. 49:13; 51:16; 65:8-16).[110] 따라서 이사야 선지자는 65:17-25과 66:18-24에서 새 하늘과 새 땅과 열방들이 하나님의 거룩한 산으로 모이는 종말론적 환상을 소개한다. 이스라엘의 신실한 자들에게 기업으로 약속된 땅은 결국 하나님께서 의로운 자들과 영원히 함께 거하시는 새 하늘과 새 땅을 바라본다. 따라서 이사야 선지자는 현재의 백성들과 땅을 넘어 하나님의 기적적인 권능으로 급진적으로 변화된 새 창조를 가리키는 신학적인 관점을 제공한다.[111]

그러면 새 창조 주제와 신약과의 신학적인 관계성은 무엇인가? 65:17-66:24의 구원의 새 시대에 대한 종말론적인 환상은 모형론적으로 요한계시록 21, 22장의 사도 요한의 환상과 신학적 패턴과 언어학적 연관성을 보이며 서로 연결되어 있다. 이사야 54장 과 같이 65:17-66:24은 또한 요한

---

108 Alphonso Groenewald, "Who Are the Servants (Psalm 69:36c-37b)? A Contribution to the History of the Literature of the Old Testament," *HTS* 59 (2003): 737-38.

109 VanGemeren, *The Progress of Redemption*, 310.

110 Ibid.

111 VanGemeren, *Interpreting the Prophetic Word*, 88-90, 287-88. 벤게메렌은 또한 "이 예언은 이사야부터 마지막 완성까지 시대를 아우르며 하나님의 백성의 구속을 위한 하나님의 계획을 전개한다"고 언급한다.

계시록 21, 22장과 상호 텍스트성을 제시하고 있다. 그러나 상응하는 형태는 이사야 54장과는 약간 다르다. 첫째, 요한계시록 21장은 새 하늘 새 땅 새 예루살렘의 주제로 시작된다. 요한은 새 하늘과 새 땅(οὐρανὸν καινὸν καὶ γῆν καινήν) 그리고 새 예루살렘(Ἰερουσαλὴμ καινὴν)이 하나님께로부터 하늘에서 내려오는 환상을 보았다(계 21:1, 2). 하나님께서는 5절에서 "보라 이제 내가 만물을 새롭게 하노라(ἰδοὺ καινὰ ποιῶ πάντα)"라고 말씀하신다. 65:17에서 동일한 표현이 발견된다: "보라 내가 새 하늘과 새 땅을 창조하노니(כִּי־הִנְנִי בוֹרֵא שָׁמַיִם חֲדָשִׁים וָאָרֶץ חֲדָשָׁה)." 또한 요한계시록 21:1, 4b과 65:17b은 옛 질서가 사라졌음을 확증한다.[112] 새 창조의 주제를 따라 요한은 새 백성의 주제를 소개한다. 하나님께서는 새 백성들과 함께 거하시고 그들은 하나님의 백성이 될 것을 맹세하시며 그들과 언약을 맺으신다(계 21:3). 이사야 선지자가 65:19, 20에서 이미 예견한 것처럼 영원한 언약의 관계는 요한계시록 21:4에서 "사망이 없고 애통하는 것이나 곡하는 것이나 아픈 것이 다시 있지 아니하리니"로 표현된다.

둘째, 신실한 자들과 악인들 사이의 구분은 요한계시록 21, 22장 전체에 걸쳐 나타나는 주제다. 하나님의 구원은 두 가지 측면이 있다: 의인에 대한 신원과 악인에 대한 보응(사 65:8-16). 오직 의인은 새 예루살렘에서 하나님의 임재를 누리며 살 것이며, 악인은 저주를 받으며 하나님으로부터 분리될 것이다(cf. 사 66:7-17). 누구든지 예언의 말씀을 지키는 자는 하나님의 말씀을 인하여 떠는 종들과 같은 축복을 받을 것이다(계 22:7, 17, 18; 사 66:2, 5). 그러나 예언의 말씀(계시록)에 더하거나 빼는 자들은 저주를 받을

---

112 유사한 표현이 계 21:4b(ὅτι τὰ πρῶτα ἀπῆλθαν)와 사 65:17b(וְלֹא תִזָּכַרְנָה הָרִאשֹׁנוֹת וְלֹא תַעֲלֶינָה עַל־לֵב)에 나타난다. 상세한 논의는 다음을 참조하라. Jacques van Ruiten, "The Intertextual Relationship between Isaiah 65, 17-20 and Revelation 21, 1-5b," *EstBib* 51 (1993): 473-510.

것이다(계 22:18, 19). 이기는 자들은 하나님의 종말론적인 축복을 상속할 것이나, 두려워하는 자들과 믿지 아니하는 자들과 흉악한 자들과 살인자들과 행음자들과 술객들과 우상 숭배자들은 꺼지지 않는 불에 던지운다(계 21:7, 8, 27; 22:14, 15). 요한계시록 21, 22장의 독특한 점은 신실한 자들을 위한 기업으로 물리적인 땅을 위한 장소가 나타나지 않는다는 점이다. 신실한 자들의 기업은 새 창조(하나님 나라)와 하나님과의 언약 관계의 갱신이다(계21:1-7 cf. 사 63:16; 64:7).[113]

셋째, 요한은 또한 열방이 새 예루살렘으로 모이는 이사야서의 이미지를 발전시킨다(사 66:18-21 cf. 60:1-9). 66:18에서는 하나님께서 열방이 자신의 영광을 볼 수 있도록 그들을 모을 것이나, 요한계시록 21:22-27에서 열방은 하나님께 예배하기 위해 그들의 영광과 존귀를 가지고 새 예루살렘으로 들어올 것이다.[114] 새 예루살렘 안에서는 민족과 국가의 장벽들이 허물어지며 하나님께 믿음과 인격으로 반응하는 것이 관계의 근본을 이룬다. 따라서 모든 열방과 민족으로부터 나온 종들은 하나님과 어린양의 보좌 앞에서 예배할 것이다(계 22:3): οἱ δοῦλοι αὐτοῦ λατρεύσουσιν. 이는 66:23에서 신실한 종들이 하나님 앞에 예배하러 나아오는 마지막 환상과 상관성이 있다: יָבוֹא כָל־בָּשָׂר לְהִשְׁתַּחֲוֺת לְפָנַי.

마지막으로 새 창조의 종말론적 환상은 결국 예수 그리스도를 통하여 성취된다. 종말론적 본문인 65:17-25은 메시야적 왕국의 관점으로 11:6-11과 연결되어 있으며 예수 그리스도를 통한 새 창조안에서 그 마지막 성취를 예견한다. 역사와 모든 창조에 대한 하나님의 주권은 요한계시록

113 Grant R. Osborne, *Revelation* (Grand Rapids: Baker Academic, 2002), 739-40. 오스본(Osborne)은 아브라함 언약(창 17:7)과 다윗 언약(삼하 7:14)을 요약하는 7b절에서 가장 큰 종말론적 축복은 언약 관계의 갱신이라고 말한다. "나는 그의 하나님이 되고 그는 내 아들이 되리라(ἔσομαι αὐτῷ θεὸς καὶ αὐτὸς ἔσται μοι υἱός)."

114 Ibid., 763.

21:6에 나타난다(γέγοναν. ἐγώ [εἰμι] τὸ ἄλφα καὶ τὸ ὦ, ἡ ἀρχὴ καὶ τὸ τέλος). 세상 역사의 마지막 완성을 선포하면서, 하나님께서는 자신이 "알파와 오메가, 시작과 끝" 이라고 말씀하신다.[115] 창조의 시작으로부터 세상의 종말에 이르기까지 하나님께서는 역사의 주인이시며 그의 구원은 새 하늘과 새 창조 안에서 절정을 이룬다. 요한계시록 22:13에서 예수 그리스도는 하나님과 동일한 칭호를 자신에게 적용하신다: ἐγὼ τὸ ἄλφα καὶ τὸ ὦ, ὁ πρῶτος καὶ ὁ ἔσχατος, ἡ ἀρχὴ καὶ τὸ τέλος. 하나님의 창조, 타락, 구속의 드라마는 결국 예수 그리스도를 통하여 성취된다. 이사야 선지자의 종말론적 메시지는 시온에 임하시는 왕에게 초점을 맞춘다. 그리고 그 성취는 궁극적으로 예수 그리스도를 통하여 이루어진다(cf. 사 6:5; 9:6, 7; 32:1). 이사야서에서 종들에게 약속된 기업은 예수 그리스도의 구속 사역을 통하여 하나님 나라의 형태로 새 언약 백성들에게 성취된다. 쟈이츠(Christopher R. Seitz)는 다음과 같이 말한다.

> 전체 이사야서의 종말론적인 요소는 단지 역사적 배경에만 호소하므로 설명될 수 없다. 이 요소는 이사야서의 결론 부분(사 56-66장)에 의해 묘사되는 종말론적 열기가 활발한 시기에는 더욱더 그러하다. 그러나 이러한 요소는 이사야서의 초반부에 이미 나타난다. 이는 이사야가 본 환상으로 남아 있으나 우리가 예수 그리스도 안에 나타난 하나님의 행위의 관점으로 하나님의 약속을 듣고 선포하고자 할 때 또한 우리의 환상이 된다.[116]

---

115 하나님의 칭호인 알파와 오메가(ἡ ἀρχὴ καὶ τὸ τέλος)는 사 44:6과 48:12에 기반을 두고 있다(참고, 출 3:14).

116 Christopher R. Seitz, "Isaiah 1-66: Making Sense of the Whole," 105-26. Cf. G. B. Caird, *The Language and Imagery*, 243-71; Christopher J. H. Wright, *Knowing Jesus Through the Old Testament* (Downers Grove: IVP Academic, 1992).

결론

이 장에서 우리는 기업의 상실이 어떻게 종들의 기도를 통하여 확증되는 가를 살펴보았다. 63:7-64:11은 공동체의 죄악에 대한 탄식과 그로 인한 기업의 상실, 성전의 파괴 그리고 하나님의 심판에 대해 묘사한다. 종들은 하나님께서 침묵하시지 않고 그 비참한 상황을 돌아보시기를 위해 기도한다. 따라서 65:1-66:24 은 63:7-64:11 뿐 아니라 이사야서 안의 다른 본문들과도 주제적 상관성이 있음을 제시하며 종들의 기도에 대한 하나님의 응답을 소개한다. 종들의 기도에 대한 하나님의 응답은 두 가지의 독특한 측면으로 나타난다: 종들에 대한 신원과 악인에 대한 보응. 반역직이며 배교하는 악인은 저주를 받으며 구원의 새 시대에 참여함으로부터 배제된다(65:1-16; 66:1-6, 15-17, 24). 그러나 하나님께서는 신실한 종들에게 기업을 확증하신다(65:8-25; 66:7-14, 18-23). 63:7-66:11은 '종들'의 의미에 대한 여러가지 의미론적 가능성을 제시한다. 첫째, 종들은 죄악의 책임을 자신이 지며 기업의 상실에 대해 탄식하는 백성들이다(63:17; 64:4-6). 둘째, 종들은 43:5, 6; 44:3; 45:18-25; 48:19; 49:17-26(65:9)에 나타난 것처럼 야곱의 자손들이다. 특별히 그들은 고난의 종의 사역을 통하여 배출된 자들이다(53:10). 하나님 자신이 자손들을 배출하는데 주도권을 가지시고 일하셨다(65:9). 셋째, 종들은 땅과 새 창조의 상속자들이며 그들은 새 예루살렘에서 영원히 거할 것이다(65:9 cf. 57:13b; 60:21). 넷째, 종들은 하나님의 선택된 백성들이다(65:9). 이사야 41:8; 42:1; 43:10, 20; 44:1, 2, 45:4에서 종에게 적용된 용어 בָּחַר(또는 בָּחִיר)은 종들에게 다시 적용되었다. 다섯째, 종들의 자질은 하나님을 찾고(65:10), 겸손하며 마음에 통회하고, 하나님의 말씀을 인하여 떠는 자들이다(66:2). 마지막으로 하나님께 예배하기 위해 거룩한 산에 모여든 모든 열방은 종들의 새로운 공동체의 일원이 된다(66:18-23). 그러면 종들에게 약속한 기업의 특징은 무엇인가? 첫째, 종들이 자신들을 하나님의 기업과 동일시하는 것은 독특한 표현이다(63:17). 63:17에서 기업은 하나님의 백성들과 하나님 사이의 영원한 관계성을 의미한다. 둘째, 기업은 회복된 가나안 땅이다(65:9, 10). 하나님께서는 종들의 기도에 대한 응답으로 산악지형인 가나안 땅을 기업으로 약속하신다. 바벨론 포로의 역사적 정황 가운데 이스라엘 백성들이 땅으로 귀환하는 것이 약속되었다. 셋째, 이사야 선지자는 물리적인 땅을 넘어 새 하늘과 새 땅의 종말론적인 환상을 가리키며 종들에게 기업을 약속하신다. 종들의 기업은 하나님의 창조와 시온의 변화를 통하여 성취된 새 질서에 초점을 맞춘다(65:17-25; 66:7-14). 이는 하나님의 임재, 보호 그리고 공급으로 산출된 평강, 생명, 위로, 기쁨으로 특징지워지는 구원의 새시대이다.

6장
결론

본 연구는 이사야서에 나타난 종들과 기업의 주제 전개와 이사야 40-66장을 전체로 읽기 위한 그 주제의 기능을 살펴보았다. 논의를 위해 우리는 선지자의 논지 전개의 넓은 문맥 가운데 종들과 기업의 주제가 현저하게 나타나는 세 개의 중심되는 본문을 선택하였다. 이사야 49-55장 안에서의 54:11-17; 이사야 56:1-63:6 안에서의 58:1-14; 이사야 63:7-66:24 안에서의 65:8-16이다. 본 연구의 목적을 성취하기 위해 우리는 다음과 같은 방법론을 사용하였다. 언어의 기본 개념(의미론, 의사소통 행위, 은유)을 기반으로 우리는 어떻게 서로 다른 본문이 서로 연결되었나를 설명하는 텍스트학을 사용하였다. 구문적 결속성과 주제적 일관성의 관점으로의 텍스트의 연결성은 저자-신학적 생각-독자의 관계 안에서 역동적인 의사소통을 가능하게 한다. 따라서 텍스트학은 이사야 40-66장의 문학적 문맥 안에서 עבדים과 נחלה의 의미론적 가능성을 해석하는 중요한 도구가 된다. 이사야서를 서로 상관없는 조각들로 분해해 버린 역사 비평학자들과는 달리 텍스트학은 이사야 선지자의 의도에 따라 이사야 1-66장을 전체로 읽을 수 있도록 도와준다. 본 연구에 사용된 본문의 신학적 이해는 문학적 신학적 패턴들을 식별하는 상호 텍스트성을 통하여 이사야서의 통일성을 뒷받침해준다. 또한 상호 텍스트성은 다른 본문들과의 관계성(구약 안에서와 신약과 구약 안에서)을 조사하므로 종들과 기업의 의미를 더욱더 풍부하게 해준다. 신학적 해석학은 본 연구가 근본적으로 기독교 분야에 속한다는 것을 확인시켜 준다. 하나님께서는 이사야 선지자에게 신학적 환상을 주셨고 모든 이사야서 66장은 여러 시대를 걸쳐 이스라엘의 한 분이신 하나님을 증언한다. 쟈이츠(Christopher R. Seitz)가 단언하듯이 "이사야의 복잡한 문학적 · 역사적 · 신학적 드라마는 영원한 하나님의 경륜을 계시한다.[1]

제 3 장은 주로 이사야 40-55장 안에서 종에서 종들로 어떻게 주제의 변이가 일어나는가를 다루었다. 이사야 40-48장에 걸쳐 종은 이스라엘, 야곱, 하나님의 택한 자, 아브라함의 자손, 이상적 왕, 고레스로 언급되었다(41:8-16; 44:1-2, 21; 45:4; 48:20). 이러한 지명들은 선지자적 논지가 발전되면서 변이를 통해 나타난다. 선지자는 두 가지의 서로 다른 종의 모습을 제시한다. 한편으로 종은 하나님의 백성들이 하나님의 계획을 성취하기 위해 그 분이 원하시는 "이상적 왕"의 모습으로 묘사된다. 제왕적 종(royal servant)의 사명은 민족들 가운데 공의를 가져오며 이 땅 위에 그 공의를 세우는 것이다(42:2-4). 하나님께서는 소경의 눈을 뜨게 하고 갇힌 자들을 자유케 하기 위해 제왕적 종을 백성을 위한 언약과 민족을 향한 빛으로 삼으신다(42:7). 종은 이스라엘과 열방의 구원을 위한 하나님의 임무를 수행하는 대리자로 지명되었다. 반면에 실제적(경험적) 종 이스라엘은 이상적 종과 긴장 관계를 산출하며 소경과 눈먼자로 묘사된다(42:18-25; 43:1-13). 하나님의 선택한 종 이스라엘을 향한 하나님의 목적은 하나님의 주권적 구원과 영광을 열방 가운데 선포하는 것이다. 그러나 나약한 이스라엘

---

1 Christopher R. Seitz, "The One Isaiah//The Three Isaiah," *Reading and Preaching the Book of Isaiah*, 21.

은 그 임무를 수행하는데 지속적으로 실패한다(43:10, 12; 44:8). 종인 이스라엘은 사명을 이루는데 그의 책임을 완수하지 못했다. 종의 미련함에도 불구하고 하나님께서는 자신의 무조건적인 은혜와 용서의 약속을 선언하신다(44:21, 22). 하나님께서는 하나님의 의의 도구인 고레스 왕을 소환하시고 열방과 종 이스라엘을 향한 자신의 목적을 실행하신다. 종의 주제 변이를 통해 나타난 종의 주제의 주된 강조점은 종의 정체라기 보다는 종을 통하여 이루실 하나님의 목적과 사명에 더 강조점이 있음을 제시한다. 종의 주제는 개인적인 종의 모습을 묘하면서 이사야 49-54장에서 중요한 전환을 이룬다. 그러나 종의 주제의 주된 초점은 이 전 본문들과 동일한 종의 사명이다. 하나님께서는 종 이스라엘의 사명을 개인적인 고난의 종에게 전이하셨다(49:1-8). 이사야 49-53장에서 제시한 종의 모습의 독특한 점은 종이 그의 사명을 수행하는데 있어서 수욕(49:1-7; 50:4-9)과 하나님의 신원(49:7, 50:7, 8)을 경험한다는 점이다. 고난의 종의 주제의 절정은 그가 연한 순, 마른 땅에서 나온 줄기, 도수장으로 끌려가는 양(53:1-7)과 같은 은유적 표현으로 제시되는 52:13-53:12에서 그 절정을 이룬다. 52:13-53:12의 주요 강조점은 고난의 종과 백성들을 위한 혜택이다. 고난의 종의 사명은 백성들에게 구원을 가져다주고 그들의 죄악을 감당하므로 그들을 의롭게 하는 대속적 고난으로 특징 지워진다. 종의 사역의 수혜자들은 이스라엘 안에서 죄악을 고백하는 자들(53:1-6), 고난의 종에게 반응하는 민족들(52:15) 그리고 이스라엘의 자손들을 포함한다(53:11, 12).[2] 고난의 종의 사역을 통하여 의롭게 된 자들은 54:17의 종들의 공동체의 일원이 된다. 따라서 52:13-53:12에 나타난 고난의 종의 사역은 54:17의 종들과 분리될 수 없다. 이는 종들의 정체성 이해에 대한 가능성을 제시한다. 52:13-53:12에

2 복수형 "우리"와 "많은"의 사용은 이스라엘 내의 고백 그룹, 반응하는 국가, 이스라엘의 자녀들을 가리킨다.

나타난 고난의 종의 사역은 이사야 54장에서 시온의 회복과 그 거주자들(종들)을 배출한다. 기업의 주제는 땅(49:8)에서 하나님의 백성의 갱신과 회복된 시온(54:1-17)으로의 주제의 발전이 나타난다. 54:17에서 하나님께서는 종들에게 기업을 약속하신다. 그리고 기업은 하나님 백성들의 갱신과 하나님의 임재와 보호 그리고 시온 거주민들의 증가로 특징되는 시온의 회복이다. 종들은 시온의 회복과 하나님으로부터 온 의를 기업으로 상속한다. 54:17에 나타난 종들의 주제는 이사야 55장에서 하나님 백성들의 민주화의 과정과 56:6; 63:17; 65:8, 9, 13, 15; 66:14에서 그 용어의 지속적인 반복을 기대한다.

제 4 장은 종들과 기업의 주제를 백성들의 응답, 그들의 후손 그리고 다가오는 하나님의 구원과 관계하여 전개시킨다(56:1-63:6). 기업의 주제가 이사야 49-55장에서는 주로 고난의 종의 사역을 통한 하나님 백성들의 갱신과 시온의 회복과 관계가 있지만 56:1-63:6에서는 기업의 주제가 하나님 백성들의 응답과 관계있다. 56:1-6은 주제적 언어적 상관성을 통하여 이전 본문과 연결시킬 뿐 아니라 다음에 나오는 본문들에게 신학적 문맥을 제공한다. 56:1에 나오는 하나님의 권고는 다음에 나오는 본문들에게 신학적 틀을 제공하면서 이스라엘의 책임과 하나님의 구원의 가까움을 강조하고 있다: "너희는 공평(מִשְׁפָּט)을 지키며 의(צְדָקָה)를 행하라 나의 구원(יְשׁוּעָתִי)이 가까이 왔고 나의 의(וְצִדְקָתִי)가 쉬 나타날 것임이라." 또한 종들의 공동체의 일원이 되기 위해 민족과 국가적 장애물은 사라진다. 오히려 하나님의 가르침에 대한 신실한 반응이 요구된다: 안식일 준수와 하나님의 언약에 대한 순종. 하나님께 믿음과 인격(공의와 의)으로 반응하는 고자와 이방인들도 하나님의 종들이 되며 하나님께서 그들을 거룩한 산으로 인도하실 것이다(56:7, 8). 56:8-57:21은 두 가지의 서로 다른 응답들과 대조되는 두 운명을 소개한다. 악인의 반응은 탐욕스러운 삶의 방식과 우상

숭배로 특징된다(56:8-10). 하나님께서는 의를 기대하셨으나 의의 결핍은 악인들에게 하나님의 심판을 불러온다(56:1; 57:11-13a). 그들의 기업은 헛된 우상뿐이다(57:6). 그러나 신실한 자들은 하나님을 신뢰하며 겸손하고 마음에 통회하는 자들이다(57:13b, 15). 하나님께서는 그들에게 땅과 거룩한 산을 기업으로 허락하신다. 땅은 물리적인 실체이며 거룩한 산은 종들이 하나님의 임재 안에서 참 예배를 하나님께 드리는 것을 의미하는 은유적 표현이다. 따라서 하나님께서는 겸손한 마음으로 하나님을 신뢰하는 포로기의 백성들에게 완전한 구원을 약속하신다. 비록 57:13-21에는 עבדים이란 용어가 나타나지 않으나 선지자의 논지 전개 과정 가운데 그 의미는 이미 내재되어있다. 이는 시적인 절제(돈호법)의 사용 결과이다. 하나님께 믿음과 인격으로 반응하는 신실한 자들은 종들이다. 이사야 56:8-57:21이 주로 하나님에 대한 백성들의 응답을 묘사하나 58:1-14은 이웃에 대한 백성들의 응답을 제시한다. 백성들은 그들의 금식에도 불구하고 응답이 없음을 인하여 불평한다(58:3). 그러나 하나님께서는 그들의 외적인 종교 행위에 관심이 없으시다. 왜냐하면 그들은 공의와 의로 다른 사람들을 대하지 않았기 때문이다(58:4, 5). 선지자는 참 금식과 안식일 준수에 대한 주제를 소개하며 신실한 응답의 본질을 제시한다. 한편으로 하나님께서는 참 금식의 의미를 규정하신다. 참 금식은 음식, 집, 의복(58:6, 7)을 나누며 압제당하는 자들의 기본적인 필요를 채워주고 경멸하는 손가락질과 악한 말을 제하는 것이다(58:9c-d, 10a-b). 하나님께서는 하나님의 임재와 보호하심을 의미하는 빛과 제 2 출애굽의 이미지를 사용하여 참 금식의 결과에 대한 보상을 약속하신다(58:8, 9-12). 한편으로 안식일을 신실하게 준행하는 것은 자신의 길을 걷지 않고, 자신의 이익을 추구하지 않고, 자신의 말을 하지 않는 것이다(58:13). 하나님께서 안식일을 더럽히지 않고 준행하는 종들에게 거룩한 산을 약속하신 것처럼, 그는 또한 야곱에게 약속한 땅에서 풍성하고 안전한 삶을 약속하신다(58:14). 하나님의 기업 약속에도 불구하고 하나님께 신실하게 반응하는 자들은 아무도 없다. 오히려 죄악이 하나님의 구원을 가로막고 있다(59:1). 이사야 59장은 이스라엘의 절망적인 상황을 묘사하기 위해 죄악 언어와 동물의 이미지를 사용하고 있다. 비록 하나님께 의와 공의로 반응하는 자들이 아무도 없어도 하나님 자신이 신원과 보응의 형태로 시온에 구원을 가져다주신다. 하나님께서는 죄악을 떠나는 자들을 구속하시고 그 자손들에게 성령과 말씀을 약속하신다. 죄악을 회개하는 공동체와 그 자손들은 좀더 넓은 문맥 안에서 주제의 전개 과정을 통하여 볼 때 하나님의 종들이다. 하나님께서는 언약 백성과 그 자손들을 회복시키시는 일에 주도권을 가지시고 그들올 영원히 시온에 거하게 하실 것이다(59:21, 60:21). 시온의 영광스러운 미래는 빛의 이미지가 주님의 영광과 함께 사용된 이사야 60장 안에서 더욱 강조된다(60:1-3, 19, 20). 하나님 자신이 빛이 되시기 때문에 시온에는 그 어떤 빛도 필요없다(60:19). 하나님께서는 시온의 백성들을 의롭게 하실 것이며 그들은 땅을 영원히 차지할 것이다(60:21). 선지자-종의 형태를 가진 시온에게 좋은 소식을 전한다(61:1-3). 그의 사역을 통하여 백성들은 옛 폐허를 재 건축하며(60:4) 그들의 고토에서 배나 차지할 것이다(61:7). 62:1-63:6은 신원과 보응으로 묘사된 시온의 구원을 소개하며 56:1-63:6을 결론 짓는다.

제 5 장은 기업의 상실과 종들의 기도를 통한 기업의 확증이다. 하나님께 의와 공의로 반응하는 것에 대한 지속적인 실패는 기업의 상실이란 주제로 인도한다. 63:7-64:11 공동체의 죄악과 그 참혹한 결과에 대한 종들의 탄식과 기업의 상실을 제시한다. 하나님의 거룩한 도시, 성전, 그리고 예루살렘은 원수들에게 심각하게 짓밟혔으며(63:18, 64:9, 10) 하나님의 기업인 종들은 하나님과 분리를 경험하였다(63:17). 따라서 종들은 하나님과 맺은 언약 관계와 하나님의 인격(63:15, 16; 64:7)에 호소하며 하나님의 직접적

인 개입을 위해 기도한다(63:19-64:2). 따라서 65:1-66:24은 종들의 기도에 대해 하나님의 응답을 두 가지 관점으로 기술한다: 악인에 대한 보응과 의인에 대한 신원. 반항적이며 이방 제의 의식에 빠진 악인은 저주를 받을 것이며 회복의 새 시대의 즐거움에서 배제될 것이다(65:1-16; 66:1-6, 15-17). 그들의 마지막 최후는 죽음이다(66:24). 그러나 자손들, 상속자들, 하나님의 택한 자들로 언급된 종들은 하나님의 산(65:9, 10)을 상속하며 하나님의 공급과 임재(65:13-16)를 경험할 것이다. 종들에 대한 하나님의 신원은 새 하늘과 새 땅의 종말론적 환상에 의해 더욱더 강조된다(65:17-25). 종들은 장수, 기쁨, 하나님의 임재 그리고 하나님의 거룩한 산에서 새 질서의 회복을 경험할 것이다. 또한 예루살렘을 위해 탄식하는 종들은 시온의 인구의 증가와 넘치는 풍요로움에 의해 위로를 받을 것이다(66:7-14). 반응하는 열방들은 종들의 공동체에 포함되며 하나님의 거룩한 산에 모아질 것이며 모든 세대에 걸쳐 하나님 앞에 예배할 것이다(66:22, 23).

종들과 그들의 기업의 주제에 대한 논의에 근거하여 다음과 같은 내용을 제시할 수 있다. 고난의 종의 사역을 통하여 의롭게 된 종들과 하나님께 믿음과 인격으로 반응하는 종들은 땅뿐만 아니라 시온의 영광스러운 변화도 기업으로 상속할 것이다. 우리는 종들의 주제를 다음과 같이 요약할 수 있다. 첫째, 고난의 종의 대속적 사역은 열방 가운데 반응하는 개인들, 이스라엘 안에서 죄악을 고백하는 자들, 이스라엘의 자녀들을 의롭게 한다(52:13-53:12). 그들은 종들이 된다(54:17; 56:1-8; 59:21; 63:17; 66:18-23). 둘째, 국가나 민족에 상관없이 하나님께 신실하게 반응하는 자들은 종들의 공동체 안에 포함될 것이다. 하나님께 의와 공의로 반응하는 고자들은 하나님의 종들이 되며 하나님께서는 반응하는 민족들의 예배를 받으시기 위해 그의 거룩한 산에 모으실 것이다(56:1-8; 66:18-23). 셋째, 종들의 특징적인 자질은 하나님을 신뢰하는 것과 이웃을 자비와 사랑으로 돌보는 것이다(57:13b; 58:6-13). 그들은 안식일을 더럽힘 없이 준수하므로 하나님께 순종한다(56:6; 58:14). 또한 그들은 통회하고 자복하며 하나님의 말씀을 인하여 떠는 자들이다(57:15; 66:2). 넷째, 종들은 기업의 상실에 대해 탄식하는 자들이며 죄악에 대한 책임을 자신이 지는 자들이다(63:17; 64:4-6; 66:10-14). 다섯째, 종들은 야곱의 자손들이며(43:5, 6; 44:3; 45:18-25; 48:19; 49:17-26, 65:9), 땅과 거룩한 산의 상속자들이며(57:13b; 65:9), 하나님의 택한 백성들이다(65:9). 결국 하나님께서 고난의 종의 사역을 통하여 종들을 산출하신다.

우리는 종들의 기업의 주제를 다음과 같이 제시할 수 있다. 첫째, 기업은 종의 대속적 고난을 통한 하나님 백성들의 갱신이다(52:13-53:12; 54:1-17). 둘째, 거주민의 증거와 하나님의 임재와 보호로 특징되는 시온의 회복은 종들에게 기업으로 약속된다(54:1-17). 셋째, 물리적인 땅은 바벨론의 포로자들에게 하나님께서 기업으로 약속하신 것이다(49:8; 57:13b; 58:14). 하나님께서는 종들에게 옛적에 황폐된 곳들과 파괴된 성벽에 대한 회복과 야곱에게 약속한 땅에서의 풍요롭고 안전한 삶을 약속하신다(58:12, 14). 종들은 회복된 가나안의 산악 지형의 땅에 거할 것이다(65:9, 10). 셋째, 하나님께서는 백성들이 하나님의 임재 안에서 하나님을 찬양하는 거룩한 산을 하나님의 기업으로 약속하신다(56:7; 57:13b; 66:20). 넷째, 종들은 백성들과 하나님 사이의 영원한 관계성을 암시하는 하나님의 기업이다(63:17). 다섯째, 새 하늘과 새 땅의 종말론적 환상은 물리적인 땅을 넘어 하나님께서 그리스도를 통하여 그 약속을 성취하시는 때인 구원의 새 시대를 가리킨다(65:17-25).

신학적 의미들

주제 분석의 과정에서 우리는 또한 종들과 기업의 주제의 신학적 의미들을 논의하였다. 특별히 상호텍스트성은 본문들 사이의 신학적으로 풍부한 의미들을 제공한다. 갈라디아서 4:21-31에서 사도 바울은 어머니-자녀 은유의 관점으로 이사야 49-54장에 나타난 신학적 주제의 패턴과 비슷한 패턴을 제공한다. 시온의 운명의 대전환(불임의 여인에서 자녀들의 증가)은 이사야 53장의 고난의 종의 사역을 통해서만 가능하다. 바울은 이사야 49-54장의 넓은 신학적 문맥 안에서 이 주제의 패턴을 선택하여 유대 율법 교사들과의 논쟁 가운데 인용한다. 그는 서로 다른 두 자녀의 출생의 기원을 이 땅의 예루살렘(하갈, 이스마엘, 종의 자녀, 시내산)과 하늘의 예루살렘(사라, 이삭, 자유하는 여자의 자녀, 시온)과 연관시켜 논쟁한다. 바울은 기독교 신자들을 시온의 자녀들과 동일시한다(갈3:13, 14). 종들이 야곱의 후손들과 동일시되는 것처럼(59:21; 65:8) 기독교인들은 아브라함과 맺은 언약을 성취하신 예수 그리스도의 대속적 사역을 통하여 아브라함의 후손이 된다. 그들은 또한 아브라함에게 약속하신 축복의 참 상속자들이 된다(갈 3:16-29; 4:7, 30; 엡 1:10, 11; 롬4:13, 8:17).

54:11-17에 나타난 새 예루살렘의 종말론적 환상과 65:17-21의 새 창조는 이미지의 전개와 중요한 신학적 주제들의 확증을 통하여 요한계시록 21, 22장에서 더욱더 발전된다. 첫째, 요한계시록 21장은 이사야 54장의 남편-아내 관계의 주제를 선택하여 하나님의 백성들과 하나님 사이의 관계의 친밀성을 강조한다. 하늘로부터 내려오는 새 예루살렘은 신랑을 위해 단장한 신부의 모습으로 묘사된다(계 21:2. cf. 계 21:9, 10; 사 61:10-62:5). 둘째, 54:11-12에 나오는 묘사들과 비슷하게 요한계시록 21:11-22도 또한 하나님의 영광스러운 임재를 묘사하기 위해 값진 보석으로 단장한 성전을 묘사한다. 요한의 새 예루살렘 환상의 중요한 관심사 가운데 하나는 하나님의 백성들 가운데 임하는 하나님의 임재이다. 셋째, 요한계시록 21장은 새 하늘과 새 땅의 주제와 함께 시작되며 하나님께서는 이기는 자들에게

새 창조를 주실 것을 약속하신다(계 21:1-8). 이 주제는 하나님께서 종들에게 축복의 약속과 함께 새 하늘과 새 땅 새 예루살렘을 제시한 65:17-21으로부터 발전된다. 넷째, 신실한 자들과 악인 사이의 대조에 대한 주제는 요한계시록 21, 22장에서도 나타난다. 이기는 경건한 자들은 하나님의 임재를 경험할 것이나 믿지 않는 자들과 살인자들, 우상 숭배자들, 음란한 자들은 영원한 심판에 던져질 것이다(계 21:7, 8, 27; 22:14, 15). 다섯째, 요한계시록 21-22장은 민족들이 하나님께 예배하기 위해 새 예루살렘으로 모이는 것을 제시한다(계 21:22-27; 22:3). 이사야 66장에서 반응하는 민족들을 포함하여 모든 신실한 자들은 하나님께 예배하기 위해 거룩한 산으로 나온다. 요한계시록 22:3에서는 모든 민족들로부터 나온 종들이 하나님과 어린양의 보좌 앞에서 예배한다. 마지막으로 이사야서의 종말론적 환상은 결국 예수 그리스도를 통하여 성취된다. 예수 그리스도는 신실한 종들을 모든 민족으로부터 모으시고 자신의 영광의 빛을 영원토록 허락하신다. 갈라디아서와 요한 계시록에 타나난 신학적 주제들의 반복은 오늘날에도 지속되는 예수 그리스도의 구속사적 드라마의 한 부분으로 오늘날 교회의 새로운 상황 가운데 적용할 수 있도록 격려한다.

참고 문헌

Abrahams, R. D. "The Complex Relations of Simple Forms." *Genre* 2 (1969): 104-28.

Abrams, M. H. *The Mirror and the Lamp: Romantic Theory and the Critical Tradition*. New York: Oxford University, 1953.

Ackroyd, P. R. "A Note on Isaiah 2:1." *Zeitschrift für die alttestamentliche Wissenschaft* 75 (1963): 320-21.

______. "Isaiah 36-39: Structure and Function." Pages 3-21 in *Von Kanaan bis Kerala: Festschrift für Prof. Mag. Dr. Dr. J. P. M. van der Ploeg O. P.* Edited by W. C. Delsman, J. T. Nelis, J. R. T. M. Peters, W. H. Rh. Römer und A. S. van der Woude. Kevelaer: Butzon & Bercker; Neukirchen-Vluyn: Neukirchner Verlag, 1982.

______. *Studies in the Religious Tradition of the Old Testament*. London: SCM, 1987.

Adams, Jim W. *The Performative Nature and Function of Isaiah 40-55*. New York: T&T Clark, 2006.

Aejmelaeus, Anneli. "Function and Interpretation of כי in Biblical Hebrew." *Journal of Biblical Literature* 105 (1986): 193-209

Albaladejo Mayordomo, Tomás. "On Text Linguistic Theory." Pages 1-15 in *Text vs Sentence: Continued*. Edited by János S. Petöfi. Hamburg: Helmut Buske, 1982.

Allis, O. T. *The Unity of Isaiah*. Philadelphia: Presbyterian and Reformed, 1950.

Alston, William P. *Philosophy of Language*. Englewood Cliffs, N.J.: Prentice-Hall, 1964.

______. "Semantic Rules." Pages 17-48 in *Semantics and Philosophy*. Edited by Milton K. Munitz and Peter K. Unger. New York: New York University,

1974.

______. "The Supposed Power of Words in the Biblical Writings." *JTS* 25 (1974): 283-99.

______. *Illocutionary Acts and Sentence Meaning*. Ithaca, N.Y.: Cornell University, 2000.

Amsler, M. E. "Literary Theory and the Genres of Middle English Literature." *Genre* 13 (1980): 389-90.

Anderson, Bernhard W. "Exodus Typology in Second Isaiah." Pages 177-95 in Israel's *Prophetic Heritage: Essays in Honor of James Muilenburg*. Edited by B. W. Anderson and W. Harrelson. New York: Harper & Row, 1962.

Anderson, D. "Renaming and Wedding Imagery in Isaiah 62." *Biblica* 67 (1986): 75-80.

Arens, Edmund. *Gottesrede-Glaubenspraxis: Perspektiven theologischer Handlungstheorie*. Darmstadt: Wissenschaftliche Buchgesellschaft, 1994.

Austin, J. L. *How to Do Things with Words*. Cambridge, Mass.: Harvard University, 1975.

Averbeck, Richard E. "אָשָׁם." Pages 562-64 in vol. 1 of *New International Dictionary of Old Testament Theology and Exegesis*. Edited by W. A. VanGemeren. 5 vols. Grand Rapids: Zondervan, 1997.

Bailey, James L. "Genre Analysis." Pages 197-221 in *Hearing the New Testament: Strategies for Interpretation*. Edited by Joel B. Green. Carlisle: Paternoster, 1995.

Baker. D. L. *Two Testaments, One Bible: A Study of the Theological Relationship between the Old and New Testaments*. Leicester: Apollos, 1991.

Baker, David W. "Further Examples of the *WAW Explicativum*." *Vetus Testamentum* 30 (1980): 129-36.

Bakhtin, M. M. *Speech Genres and Other Late Essays*. Translated by Vern W. McGee. Austin: University of Texas Press, 1986.

Balthasar, Hans Urs von. *Theo-Drama: Theological Dramatic Theory*. Translated by Graham Harrison. 5 vols. San Francisco: Ignatius, 1983.

Baltzer, Klaus. *Deutero-Isaiah: A Commentary on Isaiah 40-55*. Minneapolis: Fortress Press, 2001.

Barr, James. *The Semantics of Biblical Language*. London: Oxford University Press, 1961.

Barrett, C. K. "The Allegory of Abraham, Sarah, and Hagar in the Argument of Galatians." Pages 154-70 in *Essays on Paul*. Edited by C. K. Barrett. Philadelphia: Westminster, 1982.

Barth, H. *Die Jesaja-Worte in der Josiazeit*. Wissenschaftliche Monographien zum Alten und Neuen Testament 48. Neukirchen-Vluyn: Neukirchener, 1977.

Barton, J. "Classifying Biblical Criticism." *Journal for the Study of the Old Testament* 29 (1984): 19-35.

______. *Reading the Old Testament: Method in Biblical Study*. Philadelphia: Westminster, 1984.

Baumgartner, W. "גור." Pages 184-85 in vol. 1 of *The Hebrew and Aramaic Lexicon of the Old Testament*. Edited by W. Baumgartner. 3 vols. Brill: Leiden, 1991.

Beal, Timothy K. "Ideology and Intertextuality: Surplus of Meaning and Controlling the Means of Production." Pages 27-39 in *Reading between Texts: Intertextuality and the Hebrew Bible*. Edited by Danna Nolan Fewell. Louisville: Westminster, 1992.

Beardsley, Monroe C. "The Metaphorical Twist." *Philosophy and Phenomenological Research* 22 (1962): 293-307.

Beaugrande, R., and Wolfgang U. Dressler. *Introduction to Text Linguistics*. New York: Longman, 1981.

Beaugrande, Robert-Alain. "Text Linguistics through the Years." Text 10 (1990):

9-17.

Beecher, W. J. *The Prophets and the Promise*. Grand Rapids: Baker, 1963.

Becker, Joachim. *Isaias-der Prophet und sein Buch*. Stuttgarter Bibelstudien 30. Stuttgart: Katholische Bibelwerk, 1968.

______. *Messianic Expectation in the Old Testament*. Translated by D. E. Green. Philadelphia: Fortress, 1980.

Begg, Christopher T. "Foreigners in Third Isaiah." *The Bible Today* 23 (1985): 90-102.

Beitzel, Barry J. *The Moody Atlas of Bible Lands*. Chicago: Moody, 1985.

Benhayim, Menahem. "Reckoning with God's Choice: The Election of a Land and a People." Pages 83-94 in *The Bible and the Land: An Encounter*. Edited by Lisa Loden, Peter Walker, and Michael Wood. Musalaha: Jerusalem, 2000.

Berlin, Adele. The Dynamics of Biblical Parallelism. Bloomington and Indianapolis: Indiana University, 1992.

______. "Reading Biblical Poetry." Pages 2097-104 in *The Jewish Study Bible*. Edited by Adele Berlin and Marc Zvi Brettler. Oxford: Oxford University, 2004.

Betz, Hans Dieter. *Galatians*. Philadelphia: Fortress, 1979.

Beuken, W. A. M. "An Example of the Isaianic Legacy of Trito-Isaiah." Pages 48-64 in *Tradition and Re-interpretation in Jewish and Early Christian Literature: Essays in Honour of Jürgen C. H. Lebram*. Leiden: Brill, 1986.

______. "Servant and Herald of Good Tidings: Isaiah 61 as an Interpretation of Isaiah 40-55." Pages 411-42 in *The Book of Isaiah*. Edited by J. Vermeylen. Bibliotheca Ephemeridum Theologicarum Lovaniensium 81. Louvain: Leuven University Press, 1989.

______. "The Main Theme of Trito-Isaiah 'The Servants of YHWH.'" *Journal for the Study of the Old Testament* 47 (1990): 67-87.

______. "Isaiah Chapters LXV-LXVI: Trito-Isaiah and the Closure of the Book of Isaiah." Pages 204-21 in *Congress Volume, Leuven 1989*. Edited by J. A. Emerton. Leiden: E. J. Brill, 1991.

Biddle, M. E. "The Figure of Lady Jerusalem: Identification, Deification and Personification of Cities in the ANE." Pages 173-94 in *The Biblical Canon in Comparative Perspective: Scripture in Context 4*. Edited by Bernard Frank Batto, William W. Hallo, and K. Lawson Younger. Lewiston/Queenston/Lampeter: Edwin Mellen, 1991.

Black, Max. *Models and Metaphors: Studies in Language and Philosophy*. Ithaca, N.Y.: Cornell University, 1962.

Blenkinsopp, Joseph. "Second Isaiah-Prophet of Universalism." *Journal for the Study of the Old Testament* 41 (1988): 83-103.

______. *A History of Prophecy in Israel*. Louisville: Westminster John Knox, 1996.

______. "The Servant and the Servants in Isaiah and the Formation of the Book." Pages 155-75 in vol.1 of *Writing and Reading the Scroll of Isaiah: Studies of an Interpretive Tradition*. Edited by C. C. Broyles and C. A. Evans. Supplements to Vetus Testamentum 70. Leiden: E. J. Brill, 1997.

______. *Isaiah 1-39: A New Translation with Introduction and Commentary*. The Anchor Bible 19. New York: Doubleday, 2000.

______. *Isaiah 40-55: A New Translation with Introduction and Commentary*. The Anchor Bible 19A. New York: Doubleday, 2002.

______. *Isaiah 56-66: A New Translation with Introduction and Commentary*. The Anchor Bible 19B. New York: Doubleday, 2003.

Block, Daniel I. "Bringing Back David: Ezekiel's Messianic Hope." Pages 167-88 in *The Lord's Anointed: Interpretation of Old Testament Messianic Texts*. Edited by P. E. Satterthwaite, Richard S. Hess, and Gordon J. Wenham. Grand Rapids: Baker, 1995.

Bodine, Walter R., ed. *Discourse Analysis of Biblical Literature: What It Is and What It Offers*. Atlanta: Scholars, 1995.

______. "Introduction: Discourse Analysis of Biblical Literature: What It Is and What It Offers." Pages 1-18 in Discourse *Analysis of Biblical Literature: What It Is and What It Offers*. Edited by Walter R. Bodine. Atlanta: Georgia, 1995.

Boer, P. A. H. de. *Second Isaiah's Message*. Oudtestamentische Studiën 11. Leiden: E. J. Brill, 1956.

Bonnard, P. -E. *Le Second Isaïe, son disciple et leurs éditeurs: Isaïe 40-66*. Paris: J. Gabalda, 1972.

Botterweck, G. Johannes, and Helmer Riggren. *Theological Dictionary of the Old Testament*. 12 vols. Grand Rapids: Eerdmans, 1974-2003.

Box, G. H. *The Book of Isaiah: Translated from a Text Revised in Accordance with the Results of Recent Criticism*. New York: Macmillan, 1909.

Brensinger, Terry L. "Jerusalem." Pages 772-76 in vol. 4 of *New International Dictionary of Old Testament Theology and Exegesis*. Edited by W. A. VanGemeren. 5 vols. Grand Rapids: Zondervan, 1997.

Briggs, Richard S. *Words in Action: Speech Act Theory and Biblical Interpretation*. Edinburgh: T&T Clark, 2001.

______. "The Uses of Speech-Act Theory in Biblical Interpretation." *Current Research in Biblical Studies* 9 (2001): 229-76.

Brown, Gillian, and George Yule. *Discourse Analysis*. Cambridge Textbooks in Linguistics. Cambridge: Cambridge University, 1983.

Bruce, F. F. *The Epistle to the Galatians*. New International Commentary on the New Testament. Grand Rapids: Eerdmans, 1982.

Brueggemann, W. *The Land: Place as Gift, Promise, and Challenge in Biblical Faith*. Overtures to Biblical Theology1. 2d ed. Philadelphia: Fortress, 2002.

______. "Unity and Dynamic in the Isaiah Tradition." *Journal for the Study of the Old Testament* 29 (1984): 89-127.

______. "Planned People/Planned Book?" Pages 19-37 in vol. 1 of *Writing and Reading the Scroll of Isaiah: Studies of an Interpretive Tradition*. Edited by Craig C. Broyles and Craig A. Evans. Leiden: E. J. Brill, 1997.

______. *Isaiah 1-39*. Louisville: Westminster John Knox, 1998.

______. *Isaiah 40-66*. Louisville: Westminster John Knox, 1998.

Buchanan, George W. "Eschatology and the 'End of Days.'" *Journal of Near Eastern Studies* 20 (1961): 188-93.

Bugenhagen, Robert. "Theme in English Expository Discourse and Its Application to Bible Translation." Pages 62-74 in *Pragmatics and Theme Identification*. Research Papers of the Text SIL at Dallas 8. Dallas: Summer Institute of Linguistics, 1979.

Cahill, P. Joseph "The Unity of the Bible." *Biblica* 65 (1984): 404-11.

Caird, G. B. *The Language and Imagery of the Bible*. Grand Rapids: Eerdmans, 1997.

Calvin, John. *Commentary on the Book of the Prophet Isaiah*. Vol. 3. Translated by William Pringle. Edinburgh: Constable, 1850.

______. *Commentary on the Book of the Prophet Isaiah*. Vol. 4. Translated by William Pringle. Edinburgh: Constable, 1850.

Carr, David McLain. "Reaching for Unity in Isaiah." *Journal for the Study of the Old Testament* 57 (1993): 61-80.

______. "Reading Isaiah from the Beginning (Isaiah 1) to End (Isaiah 65-66): Multiple Modern Possibilities." Pages 188-218 in *New Visions of Isaiah*. Edited by R. F. Melugin, and M. Sweeney. Journal for the Study of the Old Testament: Supplement Series 214. Sheffield: Sheffield Academic Press, 1996.

Carroll, Robert P. "Second Isaiah and the Failure of Prophecy." *Studia Theologica* 32 (1978): 119-31

______. *When Prophecy Failed: Reactions and Responses to Failure in the Old Testament Prophetic Traditions*. London: SCM, 1979.

Charpentier, Etienne. *The Old Testament, Always Relevant*. Edited by Lisa McGaw. Translated by Sheila Richards. De Pere, Wis.: St. Norbert Abbey, 1969.

Cheyne, T. K. *Prophecies of Isaiah: A New Translation with Commentary and Appendices*. Vol. 2. London: Kegan Paul, Trench, & Co., Paternoster Square, 1884.

______. *Introduction to the Book of Isaiah: With an Appendix Containing the Undoubted Portions of the Two Chief Prophetic Writers in a Translation*. London: Adam and Charles Black, 1895.

Chisholm, Robert B. *From Exegesis to Exposition: A Practical Guide to Using Biblical Hebrew*. Grand Rapids: Baker, 2002.

Childs, Brevard S. *Biblical Theology in Crisis*. Philadelphia: Westminster, 1970.

______. *Myth and Reality in the Old Testament*. Studies in Biblical Theology 27. Naperville: Alec R. Allenson, 1960.

______. "The Sensus Literalis of Scripture: An Ancient and Modern Problem." Pages 80–93 in *Beiträge zur alttestamentlichen Theologie*. Göttingen: Vandenhoeck & Ruprecht, 1977.

______. *Introduction to the Old Testament as Scripture*. Philadelphia: Fortress, 1979.

______. *Old Testament Theology in a Canonical Context*. Philadelphia: Fortress, 1985.

______. *Isaiah*. Old Testament Library. Louisville: Westminster John Knox, 2001.

Clark, David K. *To Know and Love God: Foundations of Evangelical Theology*. Wheaton: Good News Publishers, 2003.

Clark, H. H. "Word Associations and Linguistic Theory." Pages 271–86 in *New*

Horizons in Linguistics. Edited by J. Lyons. Harmondsworth: Penguin, 1970.

Clements, R. E. *God and Temple*. Philadelphia, Fortress Press, 1965.

______. *Prophecy and Tradition*. Atlanta: John Knox, 1975.

______. *Isaiah and Deliverance of Jerusalem*. Journal for the Study of the Old Testament: Supplement Series 13. Sheffield: Sheffield Academic Press, 1980.

______. "The Prophecy of Isaiah and the Fall of Jerusalem in 587 B.C." *Vetus Testamentum* 30 (1980): 421-36.

______. "The Unity of the Book of Isaiah." *Interpretation* 36 (1982): 117-29.

______. "Beyond Tradition-History: Deutero-Isaianic Development of First Isaiah's Themes." *Journal for the Study of the Old Testament* 31 (1985): 95-113.

______. "A Light to the Nations: A Central Theme of the Book of Isaiah." Pages 57-69 in *Forming Prophetic Literature: Essays on Isaiah and the Twelve in Honor of John D. W. Watts*. Edited by James W. Watts and Paul R. House. Journal for the Study of the Old Testament: Supplement Series 235. Sheffield: Sheffield Academic Press, 1996.

Clendenen, E. Ray. "Postholes, Postmodernism, and the Prophets: Toward a Textlinguistic Paradigm." Pages 132-47 in *The Challenge of Postmodernism*. Edited by David S. Dockery. Wheaton: Victor Books, 1995.

Clifford, R. J. *The Cosmic Mountain in Canaan and the Old Testament*. Cambridge: Harvard University, 1972.

Dobbs-Allsopp, F. W. "Rethinking Historical Criticism." *Bibical Interpretation* 7 (1999): 235-71.

Coggins, Richard J. "Do We Still Need Deutero-Isaiah?" *Journal for the Study of the Old Testament* 80 (1998): 72-92.

Cohen, Ted. "Figurative Speech and Figurative Acts." Pages 182-99 in *Philosophical Perspectives on Metaphor*. Edited by Mark Johnson.

Minneapolis: University of Minnesota Press, 1981.

Collins, J. J. "Introduction: Towards the Morphology of a Genre." *Semeia* 14 (1979): 1-20.

______. *The Apocalyptic Imagination: An Introduction to the Jewish Matrix of Christianity: An Introduction to the Jewish Matrix of Christianity*. New York: Crossroad, 1984.

Conrad, Edgar W. "The Royal Narratives and the Structure of the Book of Isaiah." *Journal for the Study of the Old Testament* 41 (1988): 67-81.

______. *Reading Isaiah*. Overtures to Biblical Theology. Minneapolis: Fortress, 1991.

Coseriu, Eugenio. *Textlinguistik: Eine Einführung*. Tübingen: Narr, 1980.

Cosgrove, C. H. "The Law Has Given Sarah No Children." *Novum Testamentum* 29 (1987): 219-35.

Cotterell, P., and M. Turner. *Linguistics & Biblical Interpretation*. Downers Grove: InterVarsity, 1989.

Crenshaw, J. L. "Wedōrēk 'al-bāmŏtê 'āres." *Catholic Biblical Quarterly* 34 (1972): 39-53.

Crozier, D. H. "A Study in the Discourse Grammar of Cishingini." Ph.D. diss., University of Ibadan, 1984.

Dahood, M. "Hebrew-Ugaritic Lexicography VII." *Biblica* (1969): 337-56.

Danell, Gustaf A. *Studies in the Name of Israel in the Old Testament*. Uppsala: Appelbergs boktrykeri-a.-b., 1946.

Davis, Andrew. *Double Standards in Isaiah: Re-evaluating Prophetic Ethics & Divine Justice*. Leiden: Brill, 2000.

Davies, Graham I. "The Destiny of the Nations in the Book of Isaiah." Pages 93-120 in *The Book of Isaiah, Le livre d'Isaïe: Les oracles et leures relectures unité et complexité de l'ouvrage*. Edited by J. Vermeylen. Uitgeverij. Bibliotheca Ephemeridum theologicarum Lovaniensium 81. Peeters: Leuven

University, 1989

Dawson, D. A. *Text Linguistics and Biblical Hebrew*. Journal for the Study of the Old Testament: Supplement Series 177. Sheffield: Sheffield Academic Press, 1994.

Delitzsch, Franz. *Commentary on The Old Testament in Ten Volumes: Isaiah*. Vol. 7. Grand Rapids: Eerdmans, 1976.

Dijk, T. A. van. *Text and Context: Explorations in the Semantics and Pragmatics of Discourse*. London: Longman, 1977.

Dijk T. A. van, and W. Kintsch. *Strategies of Discourse Comprehension*. New York: Academic Press, 1983.

Dille, Sarah J. *Mixing Metaphors: God as Mother and Father in Deutero-Isaiah*. Jouranl for the Study of the Old Testament: Suppliment Series 398. London: T&T Clark International, 2004.

Dion, P.-E. "L'universalisme religieux dans les différentes couches redactionalles d'Isaïe 4-55." *Biblica* 51 (1970): 161-82.

Dorsey, David A. *The Literary Structure of the Old Testament: A Commentary on Genesis-Malachi*. Grand Rapids: Baker Books, 1999.

Doyle, Brian. *The Apocalypse of Isaiah Metaphorically Speaking: A Study of the Use, Function and Significance of Metaphors in Isaiah 24-27*. Bibliotheca Ephemeridum theologicarum Lovaniensium 151. Uitgeverij Peeters Leuven-Sterling, Va.: Leuven University Press, 2000.

Dressler, W., ed. *Current Trends in Textlinguistics*. Berlin: Walter de Gruyter, 1978.

_______. *Einführung in die Textlinguistik*. Konzepte der Sprach-und Literaturwissenschaft 13. 2d ed. Tübingenn: Niemeyer, 1973.

Duhm, Bernhard. *Das Buch Jesaia*. Handkommentar zum Alten Testament 3/1. Göttingen: Vandenhoeck & Ruprecht, 1892.

Dumbrell, William. J. *Covenant & Creation: A Theology of the Old Testament*

Covenants. Grand Rapids: Baker Book House, 1984.

______. "The Purpose of the Book of Isaiah." *Tyndale Bulletin* 36 (1985): 111-28.

Eissfelt, Otto. "The Promises of Grace to David in Isaiah 55:1-5." Pages 196-207 in *Israel's Prophetic Heritage: Essays in Honor of James Muilenburg*. Edited by B. W. Anderson and W. Harrelson. London: SCM Press, 1962.

Elliger, Karl. "Der Prophet Tritojesaja." *Zeitschrift für die alttestamentliche Wissenschaft* 49 (1931): 112-40.

______. *Die Einheit des Tritojesaja (Jes 56-66). Beitrage zur Wissenschaft vom Alten und Neuen Testament 45*. Stuttgart: Kohlhammer, 1928.

______. *Deuterojesaja in seinem Verhaltnis zu Tritojesaja*. Stuttgart: Kohlhammer, 1933.

Ellis, Donald G. *From Language to Communication*. Hillsdale, N.J.: Lawrence Erlbaum Associates, 1992.

Emmerson, Grace I. *Isaiah 56-66*. Sheffield: Sheffield Academic, 1992.

Erlandsson, S. *The Burden of Babylon*. Coniectanea biblica: Old Testament Series 4. Lund: Gleerup, 1970.

Eroms, Hans-Werner. *Funktionale Satzperspektive*. Germanistische Arbeitshefte 31. Tübingen: Max Niemeyer Verlag, 1986.

Eslinger, Lyle "Ezekiel 20 and the Metaphor of Historical Teleology: Concepts of Biblical History." *Journal for the Study of the Old Testament* 81 (1998): 93-125.

Evans, Craig A. "On the Unity and Parallel Structure of Isaiah." *Vetus Testamentum* 38 (1988): 129-47.

Fabiny, Tibor. *The Lion and the Lamb: Figuralism and Fulfilment in the Bible, Art and Literature*. New York: St. Martin's Press, 1992.

Farmer, William R. "Reflection on Isaiah 53 and Christian Origins." Pages 260-80 in *Jesus and the Suffering Servant: Isaiah 53 and Christian Origins*.

Edited by William H. Bellinger, Jr. and William R. Farmer. Harrisburg, Pa.: Trinity Press International, 1998.

Fensham, F. Charles "Father and Son as Terminology for Treaty and Covenant." Pages 121–35 in *Near Eastern Studies in Honor of W. F. Albright*. Edited by H. Goedicke. Baltimore: Johns Hopkins University, 1971.

Fiske, John. *Introduction to Communication Studies*. London and New York: Methuen, 1982.

Fokkelman, J. P. *Reading Biblical Poetry: An Introductory Guide*. Louisville: Westminster John Knox Press, 2001.

Fowl, Stephen E. *Engaging Scripture: A Model for Theological Interpretation*. Malden: Blackwell, 1998.

______. *The Theological Interpretation of Scripture*. Cambridge: Blackwell, 1997.

Fredericks, D. C. "נפש." Pages 113–34 in vol. 3 of *New International Dictionary of Old Testament Theology and Exegesis*. Edited by W. A. VanGemeren. 5 vols. Grand Rapids: Zondervan, 1997.

Freedman, D. N. "Headings in the Books of the Eighth-Century Prophets." *Andrew University Seminary Studies* 25 (1987): 9–26.

______. ed. *The Anchor Bible Dictionary*. 5 vols. New York: Doubleday, 1992.

Frege, Gottlob. "On Sense and Reference." Pages 56–78 in *Translation from the Philosophical Writings of Gottlob Frege*. Edited by Peter Geach and Max Black. Translated by Max Black. Oxford: Basil Blackwell, 1970.

Frye, Northrop. *The Great Code: The Bible and Literature*. New York: A Harvest/HBJ Book, 1982.

Gadamer, Hans-Georg. *Truth and Method*. Translated by Joel Weinsheimer and Donald G. Marshall. 2d ed. New York: Crossroad, 1989.

Gaster, T. H. *Thespis: Ritual, Myth, and Drama in the Ancient Near East*. Garden City: Anchor, 1961.

Geertz, Clifford. *The Interpretation of Cultures*. London: Fontana, 1993.

Gillingham, Susan E. *One Bible, Many Voices: Different Approach to Biblical Studies*. Eerdmans: Grand Rapids, 1999.

Giese, Jr., Ronald L. "Literary Forms of the Old Testament." Pages 5-27 in *Cracking Old Testament Codes*. Edited by D. B. Sandy and R. L. Giese. Nashville: Broadman and Holman, 1995.

Ginsberg, H. L. "Some Emendations in Isaiah." *Journal of Biblical Literature* 69 (1950): 51-60.

Gitay, Y. *Isaiah and His audience: The Structure and Meaning of Isaiah 1-12*. Studia semitica neerlandica 30. Assen: Van Gorcum, 1991.

______. "Why Metaphors? A Study of the Texture of Isaiah." Pages 57-65 in *Writing and Reading the Scroll of Isaiah: Studies of an Interpretive Tradition*. Edited by Craig C. Broyles and Craig A. Evans. Leiden: Brill, 1997.

Givón, T. "Topic Continuity in Discourse: An Introduction." Pages 5-41 in *Topic Continuity in Discourse: A Quantitative Cross-Language Study*. Edited by T. Givón. Amsterdam: John Benjamins, 1983.

Goldingay, John. "Isaiah I 1 and II 1." *Vetus Testamentum* 48 (1998): 326-32.

______. *Isaiah*. New International Biblical Commentary. Peabody, Mass.: Hendrickson, 2001.

______. *The Message of Isaiah 40-55: A Literary-Theological Commentary*. New York: T&T Clark International, 2005.

Gottwald, Norman K. *The Hebrew Bible: A Socio-Literary Introduction*. Philadelphia: Fortress, 1985.

Gowan, Donald E. *Eschatology in the Old Testament*. T&T Clark: Edinburgh, 2000.

Green, Joel B. "Rethinking History (and Theology)." Pages 237-42 in *Between Two Horizons: Spanning New Testament Studies & Systematic Theology*. Edited by Joel B. Green and Max Turner. Grand Rapids: Eerdmans, 2000.

Grice, Paul. "Meaning." *Philosophical Review* 66 (1957): 377-88.

______. *Studies in the Ways of Words*. Cambridge, Mass.: Harvard University, 1992.

Green, Garrett. *Imagining God: Theology and the Religious Imagination*. New York: Harper & Row, 1989.

Gressmann, Hugo. *Ursprung der israelitische-j?dischen Eschatologie*. Forschungen zur Religion und Literatur des Alten und Neuen Testaments 6. Göttingen: Vandenhoeck und Ruprecht, 1905.

Groom, Susan Anne. *Linguistic Analysis of Biblical Hebrew*. Waynesboro, Ga.: Paternoster Press, 2003.

Gruchy, John W. de. "A New Heaven and a New Earth." *Journal of Theology for Southern Africa* 105 (1999): 65-74.

G?lich, E. and W. Raible. *Linguistische Textmodelle: Grundlagen U. Möglichkeiten*. München: Fink, 1977.

Gundry, Robert H. *Mark: A Commentary on His Apology for the Cross*. Grand Rapids: Eerdmans, 1993.

Guthrie, D. *Galatians*. The Century Bible. London: Nelson, 1969.

Guthrie, George H. "Cohesion Shifts and Stitches in Philippians." Pages 36-59 in *Discourse Analysis and Other Topics in Biblical Greek*. Edited by Stanley E. Porter and D. A. Carson. Journal for the Study of the New Testament: Supplement Series 113. Sheffield: Sheffield Academic Press, 1995.

Gutwinski, Waldemar. *Cohesion in Literary Texts: A Study of Some Grammatical and Lexical Features of English Discourse*. The Hague: Mouton, 1976.

Habel, Norman C. *The Land Is Mine: Six Biblical Land Ideologies*. Minneapolis: Fortress, 1995.

Hajicǒvá, Eva, and P. Sgall. "Topic and Focus of a Sentence and the Patterning of a Text." Pages 70-96 in *Text and Discourse Constitution: Empirical Aspects, Theoretical Approaches*. Edited by J. Petöfi. Berlin: Walter de

Gruyter, 1988.

Halliday, M. A. K., and R. Hasan. *Cohesion in English*. London: Longman, 1976.

Hammock, Clinton E. "Isaiah 56:1-8 and the Redefining of the Restoration Judean Community." *Biblical Theology Bulletin* 30 (2000): 46-57.

Hamlin, E. John. "The Joshua Tradition Reinterpreted." *South East Asia Journal of Theology* 23 (1982): 103-8.

Hanson, Paul D. "Old Testament Apocalyptic Reexamined." *Interpretation* 25 (1971): 454-79.

______. *The Dawn of Apocalyptic*. Philadelphia: Fortress, 1975.

______. *Isaiah 40-66. Interpretation*. Louisville: John Knox, 1995.

Haran, M. "The Literary Structure and Chronological Framework of the Prophecies in Is. XL-XLVIII." Pages 127-55 in *Congress Volume, Bonn 1962*. Supplements to Vetus Testamentum 9. Leiden: E. J. Brill, 1963.

Harner, Philip B. "The Salvation Oracle in Second Isaiah." *Journal of Biblical Literature* 88 (1969): 418-34.

Hart, Trevor. "Imagination and Responsible Reading." Pages 307-33 in *Renewing Biblical Interpretation*. Edited by Craig Bartholomew, Colin Greene, and Karl Möller. Grand Rapids: Eerdmans, 2000.

Hartley, John E. *Leviticus*. Word Biblical Commentary. Dallas: Word Books, 1992.

Hasel, Gerhard F. "Sabbath." Pages 849-56 in vol. 5 of *The Anchor Bible Dictionary*. Edited by D. N. Freedman. 5 vols. New York: Doubleday, 1992.

Hellholm, D. *Das Visionenbuch des Herman als Apokalypse: Formgeschichtliche und Textheoretische Studien zu einer literarischen Gattung*. Coniectanea Biblica, New Testament 13. Lund: Gleerup, 1980.

Herbert, A. S. *The Book of the Prophet Isaiah: Chapters 40-66*. London: Cambridge University, 1975.

Hester, James. *Paul's Concept of Inheritance: A Contribution to the*

Understanding of Heilsgeschichte. Scottish Journal of Theology Occasional Papers 14. Edinburgh: Oliver and Boyd, 1968.

Hess, Richard S. "חפץ." Pages 231–35 in vol. 2 of *New International Dictionary of Old Testament Theology and Exegesis*. Edited by W. A. VanGemeren. 5 vols. Grand Rapids: Zondervan, 1997.

Hillers, Delbert R. "Běrît ʿām: 'Emancipation of the People.'" *Journal of Biblical Literature* 97 (1978): 175–82.

Hirsch, E. D. *Validity in Interpretation*. New Haven: Yale University, 1967.

Hodge, Charles. *Systematic Theology*. 3 vols. Grand Rapids: Eerdmans, 1986.

Holladay, W. *Isaiah: Scroll of a Prophetic Heritage*. Grand Rapids: Eerdmans, 1978.

Hollenberg, D. E. "Nationalism and 'the Nations' in Isaiah 40–55." *Vetus Testamentum* 19 (1969): 23–36.

Hoppe, L. "Isaiah 58:1–12, Fasting and Idolatry." *Biblical Theological Bulletin* 13 (1983): 44–47.

Hossfeld, Frank-Lothar, and Erich Zenger. *Psalms 2: A Commentary on Psalms 51-100*. Minneapolis: Fortress, 2005.

Houston, Walter. "What Did the Prophets Think They Were Doing? Speech Acts and Prophetic Discourse in the Old Testament." *Biblical Interpretation* (1993): 167–88.

Hubbard, Robert L. "Jai Alai, Hermeneutic, and Isaianic Peace." Pages 185–204 in *Conflict and Context: Hermeneutics in the Americas*. Edited by Mark Lau Branson and C. René Padilla. Grand Rapids: Eerdmans, 1986.

Huffmon, Herbert B. "The Covenant Lawsuit in the Prophets." *Journal of Biblical Literature* 78 (1959): 285–95.

Hugenberger, G. "The Servant of the Lord in the 'Servant Songs' of Isaiah: A Second Moses Figure." Pages 105–40 in *The Lord's Anointed: Interpretation of Old Testament Messianic Texts*. Edited by P. E. Satterthwaite, Richard S.

Hess, and Gorden J. Wenham. Grand Rapids: Baker, 1995.

Irsigler, Hubert. "Speech Acts and Intention in the 'Song of the Vineyard' Isaiah 5:1-7." *Old Testament Essays* 10 (1997): 39-60.

Irwin, W. "The Smooth Stones of the Wady? Isaiah 57, 6." *Catholic Biblical Quarterly* 29 (1967): 31-40.

Janowski, B. "He Bore Our Sins: Isaiah 53 and the Drama of Taking Another's Place." Pages 48-74 in *The Suffering Servant: Isaiah 53 in Jewish and Christian Sources*. Edited by Bernd Janowski and Peter Stuhlmacher. Translated by Daniel P. Bailey. Grand Rapids: Eerdmans, 2004.

Japhet, Sara. "יד ושם (Isa 56:5)-A Different Proposal." Maarav 8 (1992): 69-80.

Jeanrond, W. G. *Text and Interpretation as Categories of Theological Thinking*. Translated by T. J. Wilson. New York: Crossroad, 1988.

______. "The Theological Understanding of Texts and Linguistic Explication." *Modern Theology* 1, no. 1 (1984): 55-66.

Jensen, Joseph. *The Use of tôrâ by Isaiah: His Debate with the Wisdom Tradition*. Catholic Biblical Quarterly Monograph Series 3. Washington, D.C.: The Catholic Biblical Association of America, 1973.

______. *Isaiah 1-39*. Old Testament Message 8. Wilmington: Michael Glazier, 1989.

Johnson, Mark, ed. *Philosophical Perspectives on Metaphor*. Minneapolis: University of Minnesota, 1981.

Jones, Douglas R. "The Tradition of the Oracles of Isaiah of Jerusalem." *Zeitschrift für die alttestamentliche Wissenschaft* 67 (1955): 226-46.

______. *Isaiah 56-66 and Joel: Introduction and commentary*. London: SCM, 1964.

Jones, Larry B. "Pragmatic Information in the Fourth Gospel." Pages 29-41 in *Pragmatics and Theme Identification*. Research Papers of the Text SIL at Dallas 8. Dallas: Summer Institute of Linguistics, 1979.

______. *Theme in English Expository Discourse*. Lake Bluff: Jupiter, 1977.

Kaiser, Otto. *Isaiah 1-12*. 2d ed. Translated by J. Bowden. Old Testament Library. Philadelphia: Westminster, 1983.

______. *Isaiah 13-39*. Translated by R. A. Wilson. Old Testament Library. Philadelphia: Westminster, 1974.

Kaiser, Walter C., Jr. "The Unfailing Kindnesses Promised to David: Isaiah 55.3." *Journal for the Study of the Old Testament* 45 (1989): 91-98.

______. *The Messiah in the Old Testament*. Zondervan: Grand Rapids, 1995.

______. "Biblical Theology and the Interpretation of Messianic Texts." *Andrew University Seminary Studies* 34 (1996): 195-209.

Kessler, W. *Gott geht es um das Ganze*. Die Botschaft des Alten Testaments 19. Stuggart: Calwer Verlag, 1960.

Kittay, E. F., and A. Lehrer. "Semantic Fields and the Structure of Metaphor." *Studies in Language* 5 (1981): 31-63.

Kissane, Edward J. *The Book of Isaiah: Translated from a Critically Revised Hebrew Text with Commentary*. 2 vols. Dublin: Browne and Nolan Limited, 1941, and 1943.

Klemm, David E. *The Hermeneutical Theory of Paul Ricoeur: A Constructive Analysis*. London and Toronto: Associated University Presses, 1983.

Klein, G. L. "The Prophetic Perfect." *Journal of Northwest Semitic Languages* 16 (1990): 45-60.

Knud Jeppesen, Aarhus. "From You, My Servant to the Hand of the Lord Is with My Servants." *Scandinavian Journal of the Old Testament* (1990): 113-29.

Knight, George A. *Deutero-Isaiah: A Theological Commentary on Isaiah 40-55*. Nashville: Abingdon Press, 1965.

Knight, George A. *Isaiah 56-66: The New Israel*. International Theological Commentary. Grand Rapids: Eerdmans, 1985.

Koktová, Eva. "Wh-extraction and the Topic-Focus Articulation of the Sentence." Pages 255-72 in *Discourse and Meaning: Papers in Honor of Eva Hajičová*. Edited by Barbara H. Partee and Petr Sgall. Philadelphia: John Benjamins North America, 1996.

Koenen, K. *Ethik und Eschatologie im Tritojesajabuch: Eine literarkritische und redaktionsgeschichtliche Studie*. Wissenschaftliche Monographien zum Alten und Neuen Testament 62. Tübingen: Neukirchener, 1990.

Koole, Jan L. *Isaiah III, vol. 1: Isaiah Chapters 40-48*. Translated by A. P. Runia. Kampen: KOK Pharos, 1997.

______. *Isaiah III, vol. 2: Isaiah Chapters 49-55*. Translated by A. P. Runia. Leuven: Peeters, 1998.

______. *Isaiah III, vol. 3: Isaiah Chapters 56-66*. Translated by A. P. Runia. Leuven: Peeters, 2001.

Kopesec, Michael F. "The Integration of Semantic and Pragmatic Concerns in a Hierarchical Framework." Pages 1-28 in *Pragmatics and Theme Identification*. Research Papers of the Text SIL at Dallas 8. Dallas: Summer Institute of Linguistics, 1979.

Korpel, M. C. A., and J. C. de Moor. *The Structure of Classical Hebrew Poetry: Isaiah 40-55*. Leiden: E. J. Brill, 1998.

Kosmala, H. "The Form and Structure of Isaiah 58." *Annual of Swedish Theological Institute* 5 (1967): 69-81.

Kraus, Hans-Joachim. *Psalms 1-59: A Commentary*. Minneapolis: Augsburg, 1988.

Kugel, J. *The Idea of Biblical Poetry: Parallelism and Its History*. New Haven: Yale University Press, 1981.

Labuschagne, J. C. *The Incomparability of Yahweh in the Old Testament*. Leiden: Brill, 1966.

Labov, W. *Sociolinguistic Patterns*. Philadelphia: University of Pennsylvania,

1972.

Lack, Rémi. *La symbolique du livre d'Isaïe: Essai sur l'image littéraire comme élément de structuration*. Analecta biblica 59. Rome: Pontifical Biblical Institute, 1973.

Lakoff, George, and Mark Johnson. *Metaphors We Live By*. Chicago: University of Chicago Press, 1980.

Lamarque, Peter. "The Intentional Fallacy." Pages 177–88 in *Literary Theory and Criticism: An Oxford Guide*. Edited by Patricia Waugh. Oxford: Oxford University, 2006.

Latto, Antti. *The Servant of YHWH and Cyrus: A Reinterpretation of the Exilic Messianic Programme in Isaiah 40-55*. Coniectanea biblica, Old Testament Series 35. Stockholm: Almqvist & Wiksell International, 1992.

______. *"About Zion I Will Not be Silent": The Book of Isaiah as an Ideological Unity* Stockholm: Almqvist & Wiksell International, 1998.

Leclerc, Thomas L. *Yahweh Is Exalted in Justice: Solidarity and Conflict in Isaiah*. Minneapolis: Fortress, 2001.

Leech, Geoffrey N. *Principles of Pragmatics*. London: Longman, 1983.

Levenson, Jon D. *Sinai & Zion: An Entry into the Jewish Bible*. New York: HarperSanFrancisco, 1985.

______. "Zion Traditions." Pages 1098–102 in vol. 6 of *The Anchor Bible Dictionary*. Edited by D. N. Freedman. 5 vols. New York: Doubleday, 1992.

______. *The Hebrew Bible, The Old Testament, and Historical Criticism: Jews and Christians in Biblical Studies*. Louisville: Westminster/John Knox Press, 1993.

Levinsohn, Stephen H. "A Discourse Study of Constituent Order and the Article in Philippians." Pages 61–74 in *Discourse Analysis and Other Topics in Biblical Greek*. Edited by S. E. Porter and D. A. Carson. Journal for the

Study of the New Testament: Supplement Series 113. Sheffield: Sheffield Academic Press, 1995.

Lewis, C. S. *Experiment in Criticism*. Cambridge: University Press, 1961.

Liebreich, Leon, J. "The Compilation of the Book of Isaiah." *Jewish Quarterly Review* 46 (1955-56): 259-77; 47 (1956-57): 114-38.

Lindars, B. "Good Tidings to Zion: Interpreting Deutero-Isaiah Today." *Bulletin of the John Rylands University Library of Manchester* 68 (1986): 473-97.

Lindsey, F. D. "Isaiah's Songs of the Servant." *Bibliotheca Sacra* 140 (1983): 21-39.

Lode, Lars. "A Discourse Perspective on the Significance of the Masoretic Accents." Pages 155-72 in *Biblical Hebrew and Discourse Linguistics*. Edited by R. D. Bergen. Winona Lake: Eisenbrauns, 1994.

Long, V. Philips. *The Art of Biblical History*. Grand Rapids: Zondervan, 1994.

Longacre, Robert E. *Joseph: A Story of Divine Providence: A Text Theoretical and Textlinguistic Analysis of Gen. 37 and 39-48*. Winona Lake: Eisenbrauns, 1988.

______. "Discourse Perspective on the Hebrew Verb: Affirmation and Restatement." Pages 177-89 in *Linguistics and Biblical Hebrew*. Edited by W. R. Bodine. Winona Lake: Eisenbrauns, 1992.

______. *The Grammar of Discourse*. 2d. ed. New York: Plenum, 1996.

Longenecker, Richard N. *Galatians*. Word Biblical Commentary 41. Dallas, Tex.: Word Books, 1990.

Longman III, Tremper. "The Literature of the Old Testament." Pages 95-107 in *A Complete Literary Guide to the Bible*. Edited by Leland Ryken and Tremper Longman III. Grand Rapids: Zondervan, 1993.

Lowery, Kirk E. "The Theoretical Foundations of Hebrew Discourse Grammar." Pages 103-30 in *Discourse Analysis of Biblical Literature: What*

It Is and What It Offers. Edited by Walter R. Bodine. Journal for the Study of the New Testament: Supplement Series 113. Sheffield: Sheffield Academic Press, 1995.

Lowth, R. *Isaiah: A New Translation with a Preliminary Dissertation and Notes*. Edinburgh: Walker & Greig, 1835.

Lu, Jeffrey Shaochang. "Called to Proclaim Covenantal Transformation: A Text Linguistic Analysis of Isaiah 59:21-63:6." Ph.D. diss., Trinity Evangelical Divinity School, 1992.

Lucas, E. C. *Daniel*. Apollos Old Testament Commentary 20. Downers Grove: InterVarsity, 2002.

Lundin, Roger. "Metaphor in the Modern Critical Arena." *Christianity and Literature* 33.1 (1983): 19-25.

Luther, Martin. *Lectures on Isaiah Chapter 1-39*. Edited by Jaroslav Pelikan. St. Louis: Concordia, 1969.

______. *Lectures on Isaiah Chapters 40-66*. Edited by Hilton C. Oswald; Saint Louis: Concordia, 1972.

Lutz, Luise. *Zum Thema "Thema": Einf?hrung in die Thema-Rhema-Theorie*. Hamburg : Hamburger Buchagentur, 1981.

Lyons, J. *Introduction to Theoretical Linguistics*. Cambridge: Cambridge University, 1968.

______. *Semantics*. Cambridge: Cambridge University, 1977.

______. *Language and Linguistics: An Introduction*. New York: Cambridge University Press, 1981.

Macdonald, Peter J. "Discourse Analysis and Biblical Interpretation." Pages 153-176 in *Linguistics and Biblical Hebrew*. Edited by Walter R. Bodine. Winona Lake: Eisenbrauns, 1992.

Macky, Peter W. "The Role of Metaphor in Christian Thought and Experience as Understood by Gordon Clark and C. S. Lewis." *Journal of Evangelical*

Theological Society 24 (1981): 239–42.

_______. "The Theory of Essential Metaphor: A Rejoinder." *Journal of Evangelical Theological Society* 25 (1982): 205–11.

_______. *The Centrality of Metaphors to Biblical Thought: A Method for Interpreting the Bible*. Lewiston: The Edwin Press, 1990.

Manabe, Takashi. "The Notions of Subject and Topic." Pages 24–30 in *Readings in Semantics*. Research Papers of the Text SIL at Dallas 3. Dallas: Summer Institute of Linguistics, 1978.

Mare, W. Harold. "Zion." Pages 1096–97 in vol. 6 of *The Anchor Bible Dictionary*. Edited by D. N. Freedman. 5 vols. New York: Doubleday, 1992.

Martin, A., and J. Martin. *Isaiah: The Glory of the Messiah*. Chicago: Moody, 1983.

McCarthy, Michael. *Discourse Analysis for Language Teachers*. Cambridge: Cambridge University, 1991.

McConville, J. G. *Deuteronomy*. Apollos Old Testament Commentary 5. Downers Grove: InterVarsity, 2002.

McCutchen, Deborah, and Charles A. Perfetti. "Coherence and Connectedness in the Development of Discourse Production." *Text* 2 (1982): 113–39.

McFague, Sallie. *Metaphorical Theology: Models of God in Religious Language*. Philadelphia: Fortress, 1982.

McKenzie, J. L. *Second Isaiah*. Anchor Bible. Garden City: Doubleday & Company, 1968.

McKnight, Edgar V. "Reader-Response Criticism." Pages 197–219 in *To Each Its Own Meaning: An Introduction to Biblical Criticisms and Their Application*. Edited by S. L. McKenzie and Stephen R. Haynes. Louisville: Westminster/ John Knox, 1993.

Melugin, R. F. "Israel and the Nations in Isaiah 40–55." Pages 249–64 in *Problems in Biblical Theology: Essays in Honor of Rolf Knierim*. Edited by

Henry T. C. Sun, Keith L. Eades, James M. Robinson, and Garth I. Moller. Grand Rapids: Eerdmans, 1997.

Merrill, Eugene H. *Deuteronomy*. New American Commentary. Nashville: Broadman & Holman, 1994.

Merwe, Christo H. J. van der. "Discourse Linguistics and Biblical Hebrew Grammar." Pages 13-49 in *Biblical Hebrew and Discourse Linguistics*. Edited by Robert D. Bergen. Winona Lake: Eisenbrauns, 1994.

Michel, D. "Zur Eigenart Tritojesajas." *Theologica Viatorum* 10 (1965): 213-30.

Motyer, J. Alec. *The Prophecy of Isaiah*. Downers Grove: InterVarsity, 1993.

______. "Three in One or One in Three: A Dipstick into the Isaianic Literature." *Churchman* 108 (1994): 22-36.

Mowinckel, Sigmund. "Die Komposition des deuterojesajanischen Buches." *Zeitschrift für die alttestamentliche Wissenschaft* 49 (1931): 82-112.

______. *He That Cometh*. Translated by G. W. Anderson. New York: Abingdon, 1954.

Muilenburg, J. "A Study in Hebrew Rhetoric: Repetition and Style." *Supplements to Vetus Testamentum* (1953): 97-111.

______. "The Linguistic and Rhetorical Usages of the Particle yk in the Old Testament." *Hebrew Union College Annual* 32 (1961): 135-60.

______. *Isaiah Chapters 40-66*. Nashville: Abingdon Press, 1956.

______. "Form Criticism and Beyond." *Journal of Biblical Literautre* 88 (1969): 1-18.

Nelson, Richard D. *Deuteronomy*. Louisville: Westminster John Knox, 2002.

Niccacci, A. *The Syntax of the Verb in Classical Hebrew Prose*. Translated by W. G. E. Watson. Journal for the Study of the Old Testament: Supplement Series 86. Sheffield: Sheffield Academic Press, 1990.

______. "On the Hebrew Verbal System." Pages 117-32 in *Hebrew and Discourse Linguistics*. Edited by R. D. Bergen. Dallas: Summer Institute of

Linguistics, 1994.

Nida, Eugene A. *Componential Analysis of Meaning: An Introduction to Semantic Structures*. The Hague: Mouton, 1975.

______. "The Role of Context in the Understanding of Discourse." Pages 20-27 in *Discourse Analysis and the New Testament: Approaches and Results*. Edited by Stanley E. Porter and Jeffrey T. Reed. Journal for the Study of the New Testament: Supplement Series 170. Sheffield: Sheffield Academic Press, 1999.

Nielsen, K. *There Is Hope: The Tree as Metaphor in Isaiah*. Journal for the Study of the Old Testament: Supplement Series 65. Sheffield: Sheffield Academic Press, 1989.

Niskanen, Paul. "Yhwh as Father, Redeemer, and Potter in Isaiah 63:7-64:11." *Catholic Biblical Quarterly* 68 (2006): 403.

Nsiku, Edouard Kitoko. "Isaiah." Pages 809-52 in *Africa Bible Commentary: A One-Volume Commentary Written by 70 African Scholars*. Edited by Tokunboh Adeyemo. Grand Rapids: Zondervan, 2006.

North, Christopher R. *The Suffering Servant in Deutero-Isaiah: A Historical and Critical Study*. 2d ed. Oxford: Oxford University, 1956.

O'Connell, Robert H. *Concentricity and Continuity: The Literary Structure of Isaiah*. Journal for the Study of the Old Testament: Supplement Series 188. Sheffield: Sheffield Academic Press, 1994.

Odendaal, D. *The Eschatological Expectation of Isaiah 40-66 with Special Reference to Israel and the Nations*. Nutley: Presbyterian and Reformed, 1970.

Ogden, C. K., and I. A. Richards. *The Meaning of Meaning: A Study of the Influence of Language upon Thought and of the Science of Symbolism*. New York: Harcourt Brace Jovanovich, 1989.

Olley, J. W. "'The Many': How Is Is 53,12a to Be Understood?" *Biblica* 68

(1987): 330-56.

Olsson, Birger. *Structure and Meaning in the Fourth Gospel: A Text-Linguistic Analysis of John 2:1-11 and 4:1-42*. Translated by Jean Gray. Lund: Gleerup, 1974.

______. "A Decade of Text-Linguistic Analyses of Biblical Texts at Uppsala." *Studia Theologica* 39 (1985): 123-25.

Orlinsky, H. M. "The So-called 'Servant of the Lord' and 'Suffering Servant' in Second Isaiah." Pages 1-133 in *Studies in the Second Part of the Book of Isaiah*. Supplements to Vetus Testamentum 14. Leiden: Brill, 1967.

Orlinsky, Harry M. "The Biblical Concept of the Land of Israel: Cornerstone of the Covenant between God and Israel." Pages 27-64 in *The Land of Israel: Jewish Perspectives*. Edited by L. A. Huffman. Notre Dame: Notre Dame University, 1986.

Osborne, Grant R. *The Hermeneutical Spiral: A Comprehensive Introduction to Biblical Interpretation*. Downers Grove: InterVarsity, 1991.

______. *Revelation*. Grand Rapids: Baker Academic, 2002.

Oswalt, John N. "Recent Studies in Old Testament Eschatology and Apocalyptic." *Journal of the Evangelical Theological Society* 24 (1985): 289-301.

______. *The Book of Isaiah: Chapters 1-39*. New International Commentary of the Old Testament. Grand Rapids: Eerdmans, 1986.

______. *The Book of Isaiah: Chapters 40-66*. New International Commentary of the Old Testament. Grand Rapids: Eerdmans, 1998.

______. "The Mission of Israel to the Nations." Pages 85-95 in *Through No Fault of Their Own*. Edited by W. V. Crockett and J. G. Sigountos. Grand Rapids: Baker, 1991.

______. "Righteousness in Isaiah: A Study of the Function of Chapters 56-66 in the Present Structure of the Book." Pages 177-91 in *Writing and*

Reading the Scroll of Isaiah: Studies of an Interpretive Tradition. Edited by C. C. Broyles and C. A. Evans. Leiden: E. J. Brill, 1997.

Park, Sang Hoon. "Eschatology in the Book of Amos: A Text-Linguistic Analysis." Ph.D. diss., Trinity Evangelical Divinity School, 1996.

Patte, Daniel. "Speech Act Theory and Biblical Exegesis." *Semeia* 41 (1988): 85-102

Pauritsch, K. *Die neue Gemeinde: Gott sammelt Ausgestossene und Arme (56-66)*. Analecta biblica 47. Rome: Biblical Institute, 1971.

Perfetti, Charles A., and Susan R. Goldman. "Thematization and Sentence Retrieval." *Journal of Verbal Learning and Verbal Behavior* 13 (1974): 70-79.

Peregrin, Jaroslav. "Topic and Focus in a Formal Framework." Pages 233-54 in *Discourse and Meaning: Papers in Honor of Eva Hajičová*. Edited by Barbara H. Partee and Petr Sgall. Philadelphia: John Benjamins North America, 1996.

Pickering, Wilbur. *A Framework for Discourse Analysis*. Summer Institute of Linguistics 64. Arlington: Summer Institute of Linguistics and University of Texas, 1980.

Plöger, Otto. *Theocracy and Eschatology*. Translated by S. Rudman. Richmond: John Knox, 1968.

Polaski, Donald C. *Authorizing an End: The Isaiah Apocalypse and Intertextuality*. Biblical Interpretation Series 50. Leiden: E. J. Brill, 2001.

Porter, Stanley E. "Discourse Analysis and New Testament Studies: An Introductory Survey." Pages 14-35 in *Discourse Analysis and Other Topics in Biblical Greek*. Edited by S. E. Porter and D. A. Carson. Journal for the Study of the New Testament: Supplement Series 113. Sheffield: Sheffield Academic Press, 1995.

______. "How Can Biblical Discourse Be Analyzed? A Response to Several

Attempts." Pages 107–16 in *Discourse Analysis and Other Topics in Biblical Greek*. Edited by S. E. Porter and D. A. Carson. Journal for the Study of the New Testament: Supplement Series 113. Sheffield: Sheffield Academic Press, 1995.

______. "Linguistics and Rhetorical Criticism." Pages 63–92 in *Linguistics and the New Testament: Critical Junctures*. Edited by S. E. Porter and D. A. Carson. Journal for the Study of the New Testament: Supplement Series 168. Sheffield: Sheffield Academic Press, 1999.

Rad, G. von. "The City on the Hill." Pages 232–42 in *The Problem of the Hexateuch and Other Essays*. Translated by E. T. Dicken. Edinburgh: Oliver & Boyd, 1966.

______. *Old Testament Theology*. Translated by D. M. G. Stalker. 2 vols. San Francisco: Harper & Row, 1965.

Ramm, Bernard. *Evangelical Heritage: A Study in Historical Theology*. Grand Rapids: Baker, 2000.

Reddy, Michael J. "The Conduit Metaphor." Pages 284–323 in *Metaphor and Thought*. Edited by A. Ortony; Cambridge: Cambridge University Press, 1979.

Reed, Jeffrey T. "Identifying Theme in the New Testament: Insights from Discourse Analysis." Pages in *Discourse Analysis and Other Topics in Biblical Greek*. Edited by S. E. Porter and D. A. Carson, 75–101. Journal for the Study of the New Testament: Supplement Series 113. Sheffield: Sheffield Academic Press, 1995.

______. "Discourse Analysis as New Testament Hermeneutic: A Retrospective and Prospective Appraisal." *Journal of Evangelical Theological Society* 39 (1996): 223–40.

______. *A Discourse Analysis of Philippians: Method and Rhetoric in the Debate over Literary Integrity*. Journal for the Study of the New Testament:

Supplement Series 136. Sheffield: Sheffield Academic Press, 1997.

Reinhart Tanya. "Conditions for Text Coherence." *Poetics Today* 1 (1980): 161-80.

Rendtorff, Rolf. "Zur Komposition des Buches Jesaja." *Vetus Testamentum* 34 (1984): 295-320.

______. "Jesaja 6 im Rahmen der Komposition des Jesajabuches." Pages 73-82 In *Book of Isaiah: Le livre d'Isaië*. Louvain: Leuven University, 1989.

______. *Canon and Theology*. Minneapolis: Fortress, 1993.

______. "The Book of Isaiah-A Complex Unity: Synchronic and Diachronic Reading." Pages 109-28 in *Prophecy and Prophets: The Diversity of Contemporary Issues in Scholarship*. Edited by Yehoshua Gitay. Atlanta: Scholars, 1997.

Richards, I. A. *Philosophy of Rhetoric*. London: Oxford University Press, 1936.

Ricoeur, Paul. *Fallible Man: Philosophy of the Will*. Translated by Charles Kelbley. Chicago: Henry Regnery Company, 1965.

______. *From Text to Action: Essays in Hermeneutics II*. Translated by Kathleen Blamey and John Thompson. Evanston: Northwestern University, 1991.

______. *Interpretation Theory: Discourse and the Surplus of Meaning*. Fort Worth, Tex.: The Texas Christian University Press, 1976.

______. *The Conflict of Interpretations: Essays in Hermeneutics*. Evanston: Northwestern University Press, 1974.

______. "Metaphorical Process." *Semeia* 4 (1975): 75-106.

______. *The Rule of Metaphor: Multi-disciplinary Studies of the Creation of Meaning in Language*. Toronto: University of Toronto Press, 1977.

Rignell, Lars Gösta. *A Study of Isaiah 40-55*. Lunds Universitets Årsskrift, NF Avd. 1, Bd. 52, Nr. 5. Lund: C. W. K. Gleerup, 1956.

Roberts, J. J. M. "Isaiah in Old Testament Theology." *Interpretation* 36 (1982): 130-43.

______. "The Divine King and the Human Community in Isaiah's Vision of the Future." Pages 127-36 in *The Quest for the Kingdom of God: Studies in Honor of George E. Mendenhall*. Edited by H. B. Huffmon, F. A. Spina, and A. R. W. Green. Winona Lake: Eisenbrauns, 1983.

Robinson, Gnana. "The Meaning of יָד in Isaiah 56:5." *Zeitschrift für die alttestamentliche Wissenschaft* 88 (1976): 282-84.

Ruiten, J. T. A. G. M. van. "The Intertextual Relationship Between Isaiah 65,25 and Isaiah 11,6-9." Pages 31-42 in *The Scriptures and the Scrolls; Fs A. S. van der Woude*. Edited by F. García Martínez, A. Hilhorst, and C. J. Labuschagne. Supplements to Vetus Testamentum 49. Leiden: E. J. Brill, 1992.

______. "The Role of Syntax in the Versification of Is 65:13-25." Pages 118-47 in *A Prophet on the Screen: Computerized Description and Literary Interpretation of Isaianic Texts*. Edited by E. Talstra and A. L. H. M. Wieringen. Applicatio 9. Amsterdam: VU University, 1992.

______. "The Intertextual Relationship between Isaiah 65, 17-20 and Revelation 21, 1-5b." *Estudios Bíblicos* 51 (1993): 473-510.

Ryle, Gilbert. *Collected Papers*. Vol. 2. New York: Barns & Noble, 1971.

Sasson, Jack Murad. "Isaiah LXVI 3-4a." *Vetus Testamentum* 26 (1976): 199-207.

Saussure, Ferdinande de. *Course in General Linguistics*. Translated by Roy Harris. La Salle: Open Court, 1986.

Satterthwaite, P. E., Richard S. Hess, and Gorden J. Wenham, eds. *The Lord's Anointed: Interpretation of Old Testament Messianic Texts*. Grand Rapids: Baker, 1995.

Schneider, Wolfgang. *Grammatik des biblischen Hebräisch: Ein Lehrbuch*. München: Claudius-Verlag, 1974.

Schoors, A. *I Am God Your Saviour: A Form Critical Study of the Main Genres in*

Is. 40-55. Supplements to Vetus Testamentum 24. Leiden: E. J. Brill, 1973.

______. "The Particle כִּי." *Old Testament Studies* 21 (1981): 240–76.

Schramm, Brooks. *The Opponents of Third Isaiah: Reconstructing the Cultic History of the Restoration*. Journal for the Study of the Old Testament: Supplement Series 193. Sheffield: Sheffield Academic Press, 1995.

Schultz, Richard L. "The King in the Book of Isaiah." Pages 141–65 in *The Lord's Anointed: Interpretation of Old Testament Messianic Texts*. Edited by P. E. Satterthwaite, Richard S. Hess, and Gorden J. Wenham. Grand Rapids: Baker, 1995.

______. *The Search for Quotation: Verbal Parallels in the Prophets*. Journal for the Study of the Old Testament: Supplement Series 180. Sheffield: Sheffield Academic Press, 1999.

______. "Servant, Slave." Pages 1183–97 in vol. 4 of *New International Dictionary of Old Testament Theology and Exegesis*. Edited by W. A. VanGemeren. 5 vols. Grand Rapids: Zondervan, 1997.

Scott, R. B. Y. "The Book of Isaiah: Chapters 1–39." Pages 149–381 in vol. 5 of *The Interpreter's Bible*. Nashville: Abingdon, 1956.

______. "The Literary Structure of Isaiah's Oracles." Pages 175–86 in *Studies in Old Testament Prophecy*. Edited by H. H. Rowley. Edinburgh: T. & T. Clark, 1957.

Scullion, J. "*SiEDEQ-SiEDAQAH* in Isaiah 40–66." *Ugarit-Forschungen* 3 (1971): 335–48.

Sehmsdorf, E. "Studien zur Redaktionsgeschichte von Jesaja 56–66." *Zeitschrift für die alttestamentliche Wissenschaft* 84 (1972): 517–76.

Searle, J. R. *Speech Acts: An Essay in the Philosophy of Language*. Cambridge: Cambridge University, 1969.

______. *The Philosophy of Language*. London: Oxford University, 1971.

______. *Expression and Meaning: Studies in the Theory of Speech Acts*.

Cambridge: Cambridge University Press, 1979.

Seitz, Christopher R. *Zion's Final Destiny: The Development of the Book of Isaiah*. Minneapolis: Fortress, 1991.

______. "Isaiah, Book of." Pages 472-88 in vol. 3 of *The Anchor Bible Dictionary*. Edited by D. N. Freedman. 5 vols. New York: Doubleday, 1992.

______. *Isaiah 1-39. Interpretation*. Louisville: John Knox, 1993.

______. *Figured Out: Typology and Providence in Christian Scripture*. Louisville: Westminster John Knox Press, 2001.

______. "The Book of Isaiah 40-66." Pages 307-552 in vol. 5 of *The New Interpreter's Bible*. Nashville: Abingdon, 2001.

Sekine, Seizo. *Die Tritojesajanische Sammlung (Jes 56-66) redaktionsgeschichtlich untersucht*. Beihefte zur Zeitschrift für die alttestamentliche Wissenschaft 175. Berlin: W. de Gruyter, 1989.

Sheppard, Gerald T. "Isaiah." Pages 489-537 in *The HarperCollins Bible Commentary*. Edited by James L. Mays. San Francisco: HarperCollins, 1988.

______. "The Book of Isaiah: Competing Structures according to a Late Modern Description of Its Shape and Scope." Pages 549-82 in *Society of Biblical Literature 1992 Seminar Papers*. Atlanta: Scholars, 1992.

Silva, Moisés. *Biblical Words and Their Meaning: An Introduction to Lexical Semantics*. Grand Rapids: Zondervan, 1994.

______. *God, Language and Scripture: Reading the Bible in the Light of General Linguistics*. Grand Rapids: Zondervan, 1990.

Skinner, J. *Isaiah I-XXXIX*. Cambridge: Cambridge University, 1951.

______. *The Book of the Prophet Isaiah: Chapters XL.-LXVI*. Cambridge: Cambridge University, 1902.

Smart, James D. *History and Theology in Second Isaiah: A Commentary on Isaiah 35, 40-66* Philadelphia: Westminster, 1965.

Smelik, K. A. D. "Distortion of Old Testament Prophecy: The Purpose of Isaiah xxxvi and xxxvii." *Old Testament Studies* 24 (1989): 70–93.

Smith, Mark S. "Bĕrît ʻām / Bĕrît ʻôlām: A New Proposal for the Crux of Isa 42:6." *Journal of Biblical Literature* 100 (1981): 241–48.

Smith, Paul A. *Rhetoric and Redaction in Trito-Isaiah: The Structure, Growth and Authorship of Isaiah 56-66*. Supplements to Vetus Testamentum 62. Leiden: E. J. Brill, 1995.

Snaith, N. H. "The Servant of the Lord in Deutero-Isaiah." Pages 187–200 in *Studies in Old Testament Prophecy*. Edited by H. H. Rowley. Edinburgh: T. & T. Clark, 1950.

Soggin, J. A. *Introduction to the Old Testament*. Translated by J. Bowden. Philadelphia: Westminster, 1976.

Soskice, Martin. *Metaphor and Religious Language*. Oxford: Clarendon, 1985.

Spykerboer, H. C. *The Structure and Composition of Deutero-Isaiah with Special Reference to the Polemics against Idolatry*. Meppel: Krips, 1976.

Steck, Odil H. "Aspekte des Gottesknechts in Jes. 52,13–53,12." *Zeitschrift für die alttestamentliche Wissenschaft* 97 (1985): 36–58.

______. "Beobachtungen zu Jesaja 56–59." *Biblische Zeitschrift* 31 (1987): 237.

______. "Beobachtungen zur Anlage von Jes 65–66." *Biblische Notizen* 38–39 (1987): 103–16.

______. *Studien zu Tritojesaja*. Beihefte zur Zeitschrift für die alttestamentliche Wissenschaft 203. Berlin: de Gruyter, 1991.

______. *The Prophetic Books and Their Theological Witness*. Translated by James D. Nogalski. Resources for Biblical Study 39. Atlanta: Society of Biblical Literature, 1998.

Steiner, George. *Real Presence*. Chicago: The University of Chicago Press, 1989.

Stienstra, N. *YHWH Is the Husband of His People: Analysis of a Biblical Metaphor with Special Reference to Translations*. Kampen: Kok Pharos Publishing House, 1993.

Strawson, P. F. *Individual: An Essay in Descriptive Metaphysics*. London: Methuen, 1957.

Stuart, Douglas K. *Exodus*. New American Commentary. Nashville: Broadman & Holman Publishers, 2006.

Stubbs, M. *Discourse Analysis: The Sociolinguistic Analysis of Natural Language*. Language in Society 4. Oxford: Basil Blackwell, 1983.

Svoboda, Aleš. "On Two Communicative Dynamisms." Pages 38-42 in *Papers in Functional Sentence Perspective*. Janua Linguarum Series Minor 147. Edited by František Daneš; Prague: Academia, 1974.

Sweeney, Marvin A. *Isaiah 1-4 and the Post-Exilic Understanding of the Isaianic Tradition*. New York: Walter de Gruyter, 1988.

______. "The Book of Isaiah as Prophetic Torah." Pages 50-67 in *New Visions of Isaiah*. Edited by R. F. Melugin and M. Sweeney. Journal for the Study of the Old Testament: Supplement Series 214. Sheffield: Sheffield Academic Press, 1996.

______. *Isaiah 1-39: With an Introduction to Prophetic Literature*. The Forms of the Old Testament Literature 16. Grand Rapids: Eerdmans, 1996.

______. "The Reconceptualization of the Davidic Covenant in Isaiah." Pages 41-61 in *Studies in the Book of Isaiah: Festschrift Willem A. M. Beuken*. Edited by J. Van Ruiten and M. Vervenne. Bibliotheca Ephemeridum Theologicarum Lovaniensium 132. Leuven: Leuven University, 1997.

______. "Prophetic Exegesis in Isaiah 65-66." Pages 455-74 in vol. 1of *Writings and Reading the Scroll of Isaiah: Studies of an Interpretive Tradition*. Edited by Craig C. Broyles and Craig A. Evans. Leiden: E. J. Brill, 1997.

Szabó, Zoltán. "Stylistics within the Interdisciplinary Framework of Text Linguistics." Pages 433-49 in *Text vs. Sentence: Basic Questions of Text Linguistics, Second Part*. Edited by Jáno Petöfi. Hamburg: Helmut Buske,

1979.

Talmon, Shemaryahu. "YAD WAŠEM: An Idiomatic Phrase in Biblical Literature and Its Variations." *Hebrew Studies* 25 (1984): 8-17.

Tate, Marvin E. *Psalms 51-100*. Word Biblical Commentary 20. Nashville: Thomas Nelson, 1990.

Thiselton, Anthony C. *New Horizons in Hermeneutics: The Theory and Practice of Transforming Biblical Reading*. Grand Rapids: Zondervan, 1992.

Tracy, David. *Blessed Rage for Order: The New Pluralism in Theology*. New York: Seabury, 1975.

______. *The Analogical Imagination: Christian Theology and the Culture of Pluralism*. New York: Crossroad, 1981.

Treier, Daniel J. "Theological Hermeneutics, Contemporary." Pages 787-93 in *Dictionary for Theological Interpretation of the Bible*. Edited by Kevin J. Vanhoozer. Grand Rapids: Baker Academic, 2005.

Tsohatzidis, Savas L., ed. *Foundations of Speech Act Theory: Philosophical and Linguistic Perspective*. London: Routledge, 1994.

Tiemeyer, Lena-Sofia "The Haughtiness of the Priesthood (Isa 65, 5)." *Biblica* 85 (2004): 237-44.

Tilson, Everett. "Homiletical Resources: Exegesis of Isaiah Passages for Advent." *Quarterly Review* 1 (1980): 8-35.

Tolbert, Mary Ann. *Sowing the Gospel: Mark's World in Literary-Historical Perspective*. Minneapolis: Fortress, 1989.

Tomasino, Anthony J. "Isaiah 1:1-2:4 and 63-66, and the Composition of the Isaianic Corpus." *Journal for the Study of the Old Testament* 57 (1993): 81-98.

Torrey, C. C. *The Second Isaiah*. New York: Charles Scribner's Sons, 1928.

Tov, Emmanuel. *Textual Criticism of the Hebrew Bible*. Minneapolis: Fortress, 1992.

Tucker, Gene M. "Prophetic Superscriptions and the Growth of a Canon." Pages 56-70 in *Canon and Authority: Essays in Old Testament Religion and Theology*. Edited by B. O. Long and G. W. Coats. Philadelphia: Fortress, 1977.

Tull, Patricia K. "Rhetorical Criticism and Intertextuality." Pages 156-80 in *To Each Its Own Meaning*. Edited by S. L. McKenzie and S. R. Haynes. Louisville: Wesminster John Knox Press, 1999.

______. "Intertextuality and the Hebrew Scriptures." *Currents in Research* 8 (2000): 59-90.

______. "The Book of Isaiah 1-39." Pages 27-305 in vol. 6 of The New Interpreter's Bible. Nashville: Abingdon, 2001.

VanGemeren, Willem A. "Israel as the Hermeneutical Crux in the Interpretation of Prophecy." Westminster Theological Journal 45 (1983): 132-44; 46 (1984): 254-97.

______. *The Progress of Redemption: The Story of Salvation from Creation to the New Jerusalem*. Grand Rapids: Zondervan, 1988.

______. *Interpreting the Prophetic Word*. Grand Rapids: Academie, 1990.

______. "Psalms." Pages 1-880 in vol. 5 of *The Expositor's Bible Commentary*. 12 vols. Grand Rapids: Zondervan, 1991.

________, ed. *New International Dictionary of Old Testament Theology and Exegesis*. 5 vols. Grand Rapids: Zondervan, 1997.

Vanhoozer, K. J. *Biblical Narrative in the Philosophy of Paul Ricoeur: A Study in Hermeneutics and Theology*. Cambridge: Cambridge University Press, 1990.

______. "Language, Literature, Hermeneutics, and Biblical Theology: What's Theological About a Theological Dictionary?" Pages 12-29 in *A Guide to Old Testament Theology and Exegesis*. Edited by Willem A. VanGemeren. Grand Rapids: Zondervan, 1997.

______. *Is There a Meaning in This Text?* Grand Rapids: Zondervan, 1998.

______. "From Speech Acts to Scripture Acts: The Covenant of Discourse and the Discourse of the Covenant." Pages 1-49 in *After Pentecost: Language & Biblical Interpretation, Scripture & Hermeneutics Series*. Vol. 2. Edited by Craig Bartholomew, Colin Greene, and Karl Möller. Grand Rapids: Zondervan, 2001.

______. *First Theology: God, Scripture & Hermeneutics*. Downers Grove: InterVarsity, 2002.

______. *The Drama of Doctrine: A Canonical Linguistic Approach to Christian Theology*. Louisville: Westminster John Knox Press, 2005.

Van Winkle, D. W. "The Meaning of *YĀD WĀŠĒM* in Isaiah LVI 5." *Vetus Testamentum* 47 (1997): 378-85.

Vermeylen, Jacques, ed. *The Book of Isaiah, Le livre d'Isaïe: Les oracles et leures relectures unité et complexité de l'ouvrage*. Bibliotheca Ephemeridum theologicarum Lovaniensium 81. Uitgeverij Peeters: Leuven University, 1989.

______. "L'unité du livre d'Isaïe." Pages 11-53 in *The Book of Isaiah*. Uitgeverij Peeters: Leuven University, 1989.

Volz, P. *Das Buch Jesaia II*. Kommentar zum Alten Testament 9/2. Leipzig: Deichertsche Verlagsbuchhandlung, 1932.

Warfield, Benjamin B. *The Inspiration and Authority of the Bible*. Philipsburg, N.J.: Presbyterian and Reformed Publishing Company, 1979.

Watson, Francis. *Text, Church and World: Biblical Interpretation in Theological Perspective* Grand Rapids: Eerdmans, 1994.

Watson, Wilfred G. E. *Classical Hebrew Poetry: A Guide to Its Techniques*. Sheffield: JSOT Press, 1984.

Watts, J. D. W. *Isaiah 1-33*. Word Biblical Commentary 24. Waco, Tex.: Word Books, 1985.

______. *Isaiah 34-66*. Word Biblical Commentary 24. Waco, Tex.: Word

Books, 1987.

Webb, Barry G. *The Message of Isaiah: On Eagles' Wings*. The Bible Speaks Today. Downers Grove: InterVarsity Press, 1996.

Webster, E. "A Rhetorical Study of Isaiah 66." *Journal for the Study of the Old Testament* 34 (1986): 93-108.

_______. "The Rhetoric of Isaiah 63-65." *Journal for the Study of the Old Testament* 47 (1990): 89-102.

Webster, John. "Hermeneutics in Modern Theology: Some Doctrinal Reflections." *Scottish Journal of Theology* 51 (1998): 307-41.

Weinfeld, Moshe. *The Promise of the Land*. Berkeley: University of California, 1993.

Wells, Roy D. Jr. "'Isaiah' as an Exponent of Torah: Isaiah 56:1-8." Pages 140-55 in *New Vision of Isaiah*. Edited by Roy F. Melugin and Marvin A. Sweeney. Sheffield: Sheffield Academic, 1996.

Wendland, Ernst R. *The Discourse Analysis of Hebrew Prophetic Literature: Determining the Larger Textual Units of Hosea and Joel*. Mellen Biblical Press Series 40. Lewiston: Mellen Biblical Press, 1995.

Westermann, Claus. *Isaiah 40-66: A Commentary*. Old Testament Library. London: SCM Press, 1966.

_______. *Prophetic Oracles of Salvation in the Old Testament*. Louisville: Westminster/John Knox, 1991.

Whybray, R. N. *Isaiah 40-66*. New Century Bible Commentary. Grand Rapids: Eerdmans, 1981.

_______. *Thanksgiving for a Liberated Prophet: An Interpretation of Isaiah Chapter 53*. Journal for the Study of the Old Testament: Supplement Series 4. Sheffield: JSOT Press, 1978.

Whedbee, J. William. *Isaiah & Wisdom*. Nashville: Abingdon Press, 1971.

White, Hugh C. "Introduction: Speech Act Theory and Literary Criticism."

Semeia 41 (1988): 1-24.

Wiens, Hartmut. "An Experiment on Theme Identification in English Translation." Pages 75-95 in *Pragmatics and Theme Identification*. Research Papers of the Text SIL at Dallas 8. Dallas: Summer Institute of Linguistics, 1979.

Wiklander, Bertil. *Prophecy as Literature: A Text-Linguistic and Rhetorical Approach to Isaiah 2-4*. Coniectanea biblica, Old Testament Series 22. Uppsala: CWK Gleerup, 1984.

Wilcox, P., and D. Paton-Williams. "The Servant Songs in Deutero-Isaiah." *Journal for the Study of the Old Testament* 42 (1988): 79-102.

Wildberger, Hans. "Die V?lkerwallfahrt zum Zion. Jes. ii 1-5." Vetus Testamentum 7 (1957): 62-81.

______. *Isaiah 1-12*. Translated by T. H. Trapp. Continental Commentaries. Minneapolis: Fortress, 1991.

______. *Isaiah 13-27*. Translated by T. H. Trapp. Continental Commentaries. Minneapolis: Fortress, 1997.

______. *Isaiah 28-39*. Translated by T. H. Trapp. Continental Commentaries. Minneapolis: Fortress, 2002.

Williamson, H. G. M. "'The Sure Mercies of David': Subjective or Objective Genitive?" Journal of Semitic Studies 23 (1978): 31-49.

______. "The Concept of Israel in Transition." Pages 141-61 in *The World of Ancient Israel: Sociological, Anthropological and Political Perspectives Essays by Members of the Society for Old Testament Study*. Edited by R. E. Clements. Cambridge: Cambridge University, 1989.

______. *The Book Called Isaiah: Deutero-Isaiah's Role in Composition and Redaction*. Oxford: Clarendon, 1994.

______. *Variations on a Theme: King, Messiah and Servant in the Book of Isaiah*. Carlisle: Paternoster, 1998.

Williamson, Paul R. "Promise and Fulfillment: The Territorial Inheritance." Pages 15-34 in *The Land of Promise: Biblical, Theological and Contemporary Perspective*. Downers Grove: InterVarsity, 2000.

Willey, Patricia Tull. *Remember the Former Things: The Recollection of Previous Texts in Second Isaiah*. SBL Dissertation Series 161. Atlanta: Scholars Press, 1997.

Willis, John T. "Isaiah 2:2-5 and the Psalms of Zion." Pages 295-316 in vol. 1 of *Writing and Reading the Scroll of Isaiah: Studies of Interpretive Tradition*. Edited by Craig C. Broyles and Craig A. Evans. Leiden: E. J. Brill, 1997.

Wilson, Andrew. *The Nations in Deutero-Isaiah: A Study on Composition and Structure*. Ancient Near Eastern Texts and Studies 1. Lewiston/Queenston: The Edwin Mellen Press, 1986.

Wilson, Gerald H. *Psalms: Vol. 1*. NIV Application Commentary. Grand Rapids: Zondervan, 2002.

Winkle, D. W. Van. "The Relationship of the Nations to Yahweh and to Israel in Isaiah XL-LV." *Vetus Testamentum* 35(1985): 446-58.

Wolf, Herbert M. *Interpreting Isaiah: The Suffering and Glory of the Messiah*. Grand Rapids: Zondervan, 1985.

Wolff, Hans W. "The Understanding of History in the Old Testament Prophets." Pages 336-55 in *Essays on Old Testament Hermeneutics*. Edited by C. Westermann. Richmond: John Knox, 1963.

Wolterstorf, Nicholas. *Divine Discourse: Philosophical Reflections on the Claim That God Speaks*. Cambridge: Cambridge University, 1995.

Wood, Charles M. *Formation of Christian Understanding: An Essay in Theological Hermeneutics*. Philadelphia: Westminster, 1981.

Wright, Christopher J. H. "נחל." Pages 77-81 in vol. 3 of *New International Dictionary of Old Testament Theology & Exegesis*. Edited by W. A. VanGemeren. 5 vols. Grand Rapids: Zondervan, 1997.